KB143154

미의 역정

현대의
고전06

미의 역정

美的歷程

리쩌허우 지음 | 이유진 옮김

글항아리

차례

일러두기

- 타이완 삼민서국三民書局에서 간행(1996)한 『미의 역정美的歷程』을 번역 텍스트로 삼았다.
- 책명은 『 』, 편명·논문·미술품 등은 「 」로 표시했다.
- 한자는 처음 나올 때 한 차례만 병기하는 것을 원칙으로 하되, 필요한 경우에는 중복 병기했다.
- 인명은 몰년을 기준으로 신해혁명(1911) 이전의 인물은 우리 한자음으로 표기하고 그 이후 인물은 현대 중국어 발음을 따랐다.
- 지명은 기본적으로 현대 중국어 발음을 따르되, 다음 경우에는 우리 한자음으로 표기했다. 회하淮河(자연 지리), 동북東北(특정 지명이 아닌 일대를 지칭), 양주팔괴揚州八怪·영주팔기永州八記(관례적으로 굳어진 경우) 등.
- 산시陝西 성은 한글로만 표기하고, 산시山西 성은 한자를 병기했다.
- [ ]로 표시한 것은 옮긴이가 보충한 내용이다.

여는 말

아직까지 중국에는 전문적인 예술박물관이 매우 드뭅니다. 베이징 톈안먼 앞에 있는 중국역사박물관에 가본 적이 있는지요? 그곳에서 접한 사실史實들을 충분히 알고 있지 못하다면, 미의 순례에 나서보는 게 어떨까요?

물고기를 입에 물고 있는 사람의 얼굴이 그려진 채도분, 고색창연한 청동기, 진귀한 것들로 가득한 한대의 공예품, 호리호리하고 수척한 북조의 조소, 생동하고 기세가 넘치는 진晉·당唐의 서법, 말로는 다 표현할 수 없는 송·원의 산수화, 굴원·도잠·이백·두보·조설근 등 유명한 시인과 작가가 상상으로 빚어낸 형상들. 이상의 것들이 펼쳐 보이는 것이야말로, 바로 여러분이 이 문명 고국古國의 정신사를 직접 느낄 수 있도록 해주는 것이 아닐까요? 시대정신의 불꽃이 바로 여기에 응결되어 누적-침전되어 전해져오면서 사람들의 사상·정감·관념·정서에 영향을 주고 있습니다. 또한 그 앞에서 찬탄하며 차마 발길을 돌리지 못하게 만들지요.

이제부터 발걸음을 재촉하며 지나가게 될 우리의 여정은, 바로 이러한 '미의 역정歷程'입니다. 자, 어디서부터 출발할까요? 제대로 헤아릴 수조차 없을 만큼 까마득한 과거로부터 시작해야겠지요.

제1장

용이 날고 봉황이 춤추다

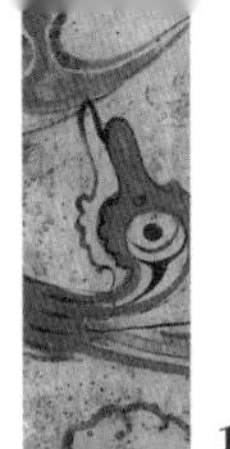

1

상고시대의 토템

중국의 선사시대 문화는 기존에 알려진 것보다 훨씬 더 유구하고 찬란한 역사를 지니고 있다. 1970년대에 잇따라 발굴된, 저장浙江 허무두河姆渡, 허베이河北 츠산磁山[1], 허난河南의 신정新鄭[2]과 미密 현[3] 등 신석기시대 유적지가 이를 지속적으로 증명해주었다. 약 8000년 전에 이미 중국 문명의 서광이 비추기 시작했던 것이다.

구석기시대로 거슬러 올라가면, 남방의 위안모우인元謀人에서 북방의 란톈인藍田人·베이징인北京人·산딩둥인山頂洞人에 이르기까지, 유럽의 동굴벽화 같은 예술은 아직 발견되지 않았지만 석기 도구의 진보를 통해서 사물의 형체·성질·상태에 대한 그들의 초보적 체득을 엿볼 수 있다. 베이징인의 석기는 아직 일정한 형태가 없었던 듯하다. 딩춘인丁村人의 경우에는 첨상尖狀·구상球狀·타원형 등 대략적인 규범이 있었다. 산딩둥인에 이르면, 석기가 매우 균일하고 일정한 표준에 부합한다. 또한 매끄럽게 갈아서 구멍을 뚫고 무늬를 새긴 골기骨器 및 대단히 많은 '장식품'이 나타났다.

장식품 중에는 구멍 뚫린 작은 자갈이나 돌구슬, 여우·오소리·사슴의 구멍 뚫린 송곳니, 홈을 판 골관骨管, 구멍 뚫린 바다조개 껍데기, 구멍 뚫린 고등어 눈언저리 뼈 등이 있다. 장식품 모두가 상당히 정교한데, 작은 자갈 장식품은 연녹색의 화성암을 양쪽에서 대칭이 되도록 구멍을 뚫어 만든 것이다. 선택된 자갈은 매우 반듯한 모양인데, 현대 여성들이 패용하는 하트형 장신구와 아주 비슷하다. 작은 돌구슬은 흰색의 작은 석회암 덩어리를 갈아서 만든 것으로, 가운데에 작은 구멍이 뚫려 있다. 구멍 뚫린 치아는 치근의 양측에서 치강을 관통하여 만든 것이다. 장식품의 구멍은 거의 다 붉은색인데, 아마도 적철석을 사용해서 구멍을 꿰는 끈을 물들였던 듯하다.[4]

이는 형체의 매끄러움과 정연함, 색채의 선명함과 두드러짐, 사물의 동일성(동일한 크기의 물건 혹은 같은 종류의 물건을 하나로 꿰는 것) 등에 대해 모호하게나마 이해하고 애호하고 운용하기 시작했음을 말해준다. 주의해야 할 점은, 사용하는 도구가 합법칙적인 형태인지에 대한 느낌과 '장식품'에 대한 자각적인 가공 사이에는 기나긴 시간의 간극(수십만 년)이 있으며, 양자의 성격 역시 근본적으로 다르다는 것이다. 양자 모두 실용적이고 공리功利적인 내용을 지니고 있지만, 전자의 내용은 현실적인 것이고 후자의 내용은 환상(상상)적인 것이다. 노동도구와 노동과정에 있어서, 합법칙적인 형식의 요구(리듬·균일성·매끄러움) 및 주체의 느낌은 물질생산의 산물이다. 한편 '장식'은 정신생산의 산물, 의식형태의 산물이다. 비록 양자가 모두 '자연의 인간화'와 '인간의 대상화'[5]인 것처럼 보이지만, 그렇지 않다. 전자는 생물적 존재를 뛰어넘는 존재로서의 인간의 사회생활을 외재화하여 그것을 생산도구에 응집시킨 것으로서, 진정한 물화物化 활동이다. 후자는 인간의 관념과 환상을 외재화하여 '장식품'이

산딩둥인 유적지.

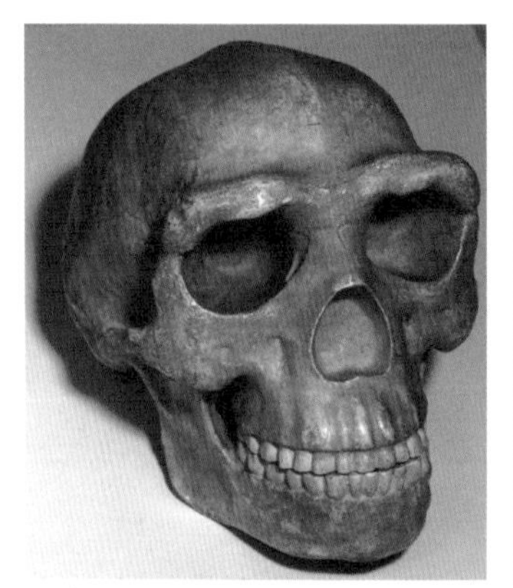
베이징인의 두개골.

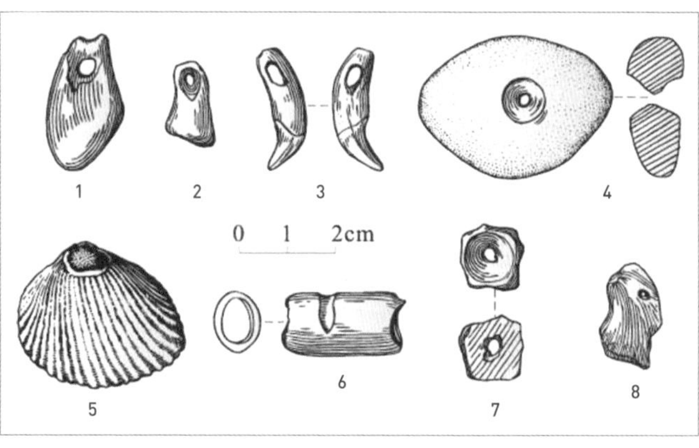

1·2·3 구멍 뚫린 짐승 이빨
4 구멍 뚫린 작은 자갈
5 구멍 뚫린 바다조개껍데기
6 홈을 판 골관
7 구멍 뚫린 작은 돌구슬
8 구멍 뚫린 고등어 눈언저리 뼈

라는 물질 대상에 응집시킨 것으로, 단지 물태화物態化 활동이다. 전자는 현실에서의 '인간의 대상화'와 '자연의 인간화'이며, 후자는 상상에서의 '인간의 대상화'와 '자연의 인간화'다. 전자는 종족의 번식(몸의 확대 재생산)과 더불어서 원시인류의 토대를 구성하며, 후자는 종교·예술·철학 등을 그 내부에 배태하고 있는 상부구조다. 산딩둥인이 시체 곁에 광물질의 붉은 가루를 뿌리고 앞에서 서술한 여러 가지 '장식품'을 만든 것과 같은 원시적인 물태화 활동이 바로 인류사회의 의식형태 및 상부구조의 시작이다. 그것의 성숙한 형태가 바로 원시사회의 무술巫術의례, 즉 상고시대의 토템 활동이다.

> 미개기[6]의 낮은 단계에 인류의 고급 속성이 발전하기 시작했다. (…) 인류 발전에 그토록 큰 역할을 한 상상력이 이 시기에 신화·전설·서사시 등의 구전문학을 생산하기 시작했고 인류에게 강력한 영향을 미쳤다.[7]

산딩둥인이 적철석을 사용해서 구멍을 꿰는 끈을 물들이고 시체 곁에 붉은 가루를 뿌리던 때로 거슬러 올라가 보면, '붉은' 색은 그들에게 단지 생리적인 자극(이는 동물에게도 있을 수 있다)을 주는 것에 그치지 않고 모종의 관념적 의미(이는 동물에게 있을 수 없다)를 제공했다. 원시인류가 구멍을 꿰는 끈을 붉게 물들이고 시체 곁에 붉은 가루를 뿌린 것은, 눈부시도록 선명한 붉은빛에 대한 동물적인 생리반응이 아니라 사회적인 무술의례의 상징적 의미가 존재하게 되었기 때문이다. 즉 상상을 통해, 붉은색 자체가 인류(사회)만이 유일하게 지니고 있는 부호와 상징이라는 관념적 의미를 부여받았던 것이다. 이로써 붉은색은 그 당시 원시인류에게 단순히 감각기관의 즐거움에 그치지 않고, 특정한 관념적 의미가 그 안에 개입되고 저장되었다. 즉 대상의 측면에서는, 자연 형식(붉은 색채) 안에 이미 사회 내용이 누적-침전(적전積澱)[8]되었다. 주체의 측면에서는, 감각의 느낌(붉은색에 대한 유쾌한 감각) 안에 이미 관념적인 상상과 이해가 누적-침전되었다. 이렇게 해서 도구 제작 및 노동 과정과는 구별되는, 원시인류의 의식형태 활동 즉 종교·예술·심미審美 등을 포함한 원시 무술의례[9]가 진정으로 시작된 셈이다. 원시의 심미 내지 예술로서의 유럽 동굴벽화가 본래는 무술의례의 표현 형태일 뿐이었으며 단독으로 존재할 수 없었던 것과 마찬가지로, 산딩둥인의 '장식' 및 붉은색의 운용 역시 심미를 위한 것이 결코 아니었다. 심미 내지 예술은 이때까지는 결코 독립하거나 분화하지 않았다. 그것은 갖가지 원시 무술의례의 토템 활동 가운데 잠재되어 있을 따름이었다.

아득히 먼 옛날의 토템 활동과 무술의례는 재현될 수 없는 시간 속으로 일찌감치 잠겨버렸다. 그것의 구체적인 형태와 내용과 형식이 어떤 것인지는 명확히 알기 어렵다. "이 감정도 추억이 되는 때가 있겠지만, 다만 그때는 이미 어렴풋하리."[10] 후세에 전해지면서 여러 차례 왜곡과 첨삭을 거친 상고시대의 '신화·전설·서사시', 즉 원시인류의 상상과 부호관념을 부분적으로 반영하거나 대표하는 '터무니없는 말不經之談'만이 우리가 상고시대의 무술의례 및 토템 활동의 어렴풋한 면모를 대략적으로나마 추측할 수 있게 해준다.

중국의 신화와 전설 서열에서, 수인씨燧人氏가 나무를 마찰시켜 불을 얻은(아마도 불을 사용했던 베이징인 시대를 대표하는 것이 아닐까?) 이후의 이야기는 바로 가장 널리 전해지고 자료도 가장 많으며 가장 유명한 여와女媧·복희伏羲의 '전설'이다.

> 여와는 고대의 신성한 여성으로, 만물을 화육化育한 자다.[11](『설문說文』)

옛날에 사극四極이 무너지고 구주九州가 갈라져, 하늘은 두루 덮지 못하고 땅은 두루 싣지 못했다. 여와가 오색석五色石을 녹여서 하늘을 보수하고, 자라의 다리를 잘라서 사극을 세웠다.[12](『회남홍렬淮南鴻烈』「남명훈覽冥訓」)

세간에 전해 내려오는 말에 의하면, 천지가 개벽할 때 인간은 아직 없었는데 여와가 황토를 뭉쳐서 인간을 만들었다고 한다.[13](『태평어람太平御覽』 권78에서 인용한 『풍속통風俗通』)

여와는 사당의 신에게 기도하며 여매女禖[14]가 되길 빌었고, 이로써 혼인제도를 갖추게 되었다.[15](『역사繹史』에서 인용한 『풍속통』)

복희씨宓羲氏 시대에 천하에 짐승이 많아서 백성들에게 사냥을 가르쳤다.[16](『시자尸子』「군치君治」)

옛날에 포희씨庖犧氏가 천하의 왕이었을 때, (…) 가깝게는 몸身에서 취하고 멀게는 물物에서 취하여 팔괘를 만듦으로써 신명神明의 덕에 통하고 만물의 본성情을 분류했다. 새끼줄을 엮어 그물을 만듦으로써 사냥하고 물고기를 잡게 했다.[17](『역』「계사繫辭」)

복伏은 별別(나누다)이고 변變(변화하다)이다. 희戲는 헌獻(공헌)이고 법法(법칙)이다. 복희伏羲가 처음으로 팔괘를 나누어서 천하를 변화시키자, 천하의 법칙이 모두 그 공헌에 복종하게 되었으므로 복희라고 부른다.[18](『풍속통의風俗通義』「삼황三皇」)

복희(오른쪽)와 여와, 비단에 채색, 당대, 신장新疆 가오창高昌 출토.

'황토로 사람을 만든 것'에서부터 '혼인제도를 만든 것(씨족 외혼제의 시작)'에 이르기까지, '사냥하고 물고기 잡던 것'에서부터 '팔괘를 만든 것(무술의례의 추상적 부호화가 아닐까?)'에 이르기까지, 거의 백만 년에 이르는 인류의 원시 역사가 모두 여와·복희 두 인물(이들은 고대 문헌에서 동시에 함께 언급된다)[19]에 집중적으로 응집되어 있다. 이것은 그 두 인물이 중국의 가장 이른 시기 아득한 옛 문화를 대표할 수 있음을 의미하는 게 아닐까?

그렇다면 '여와'와 '복희'는 대체 어떤 인물인가? 아득한 옛날 중화中華 문화의 대표인 그들은 대체 어떤 존재인가? 후세에 겹겹이 인간화된 베일을 벗겨내면, 그 옛날 사람들의 실제 관념에서 그들은 아마도 거대한 용사龍蛇[20]였을 것이다. 후세에 전해지는 문헌에서도 그 흔적을 엿볼 수 있다.

> 여와는 고대에 신녀神女로서 제帝가 된 이로, 사람 얼굴에 뱀의 몸이며 하루에 70번을 변화한다.[21](『산해경山海經』「대황서경大荒西經」의 곽박郭璞 주)

> 수인燧人의 시대에 (…) [화서華胥가 거인의 발자국을 밟고 임신하여] 복희를 낳았는데 (…) 사람 머리에 뱀의 몸이었다.[22](『제왕세기』)

> 여와씨는 (…) 포희庖羲의 제도를 이어받았는데, (…) 뱀의 몸에 사람의 머리였다.[23](『제왕세기』)

주목할 만한 점은, 중국의 고대 전설에 나오는 신·신인·영웅은 대부분 '사람 머리에 뱀의 몸'이라는 것이다. 복희와 여와도 그렇고, 『산해경』과 다른 문헌들에 나오는 수많은 신인(예를 들면 공공共工, 공공의 신하[24] 등) 역시 그렇다. 굉장히 늦게 출현한, 천지개벽의 주인공 반고盤古 역시 '사람 머리에 뱀의 몸'이라는 설을 그대로 따르고 있다. 『산해경』에는 "사람 머리에 말의 몸人首馬身" "돼지 몸에 사람 얼굴豕身人面" "새의 몸에 사람 얼굴鳥身人面"도 많긴 하지만 가장 두드러지는 것은 역시 '사람 머리에 뱀의 몸'이다. 예를 들면 다음과 같다.[25]

- 「북산경北山經」의 첫머리 단호지산單狐之山에서 제산隄山까지는 모두

25개의 산으로, 5490리에 달한다. 이곳의 신은 모두 사람 얼굴에 뱀의 몸이다.[26](「북산경」)

- 「북차이경北次二經」의 첫머리 관잠지산管涔之山에서 돈제지산敦題之山까지는 모두 17개의 산으로, 5690리에 달한다. 이곳의 신은 모두 뱀의 몸에 사람 얼굴이다.[27](「북산경」)
- 수양산의 첫머리 수산首山에서 병산丙山까지는 모두 9개의 산으로, 267리에 달한다. 이곳의 신의 모습은 모두 용의 몸에 사람 얼굴이다.[28](「중산경中山經」)

이상에서 말하고 있는 사람 얼굴에 뱀의 몸을 하고 있는 신들은, 상고시대 씨족의 토템이자 부호이고 상징이다. 『죽서기년竹書紀年』에서도 말하길, 복희씨 계통에 속하는 것으로는 장룡씨長龍氏·잠룡씨潛龍氏·거룡씨居龍氏·강룡씨降龍氏·상룡씨上龍氏·수룡씨水龍氏·청룡씨青龍氏·적룡씨赤龍氏·백룡씨白龍氏 등이 있다고 했다. 이들은 상술한 『산해경』의 내용과 상당히 일치하는데, 역시 용사龍蛇의 무리다.

이밖에도 『산해경』에는 괴이한 형상의 '촉룡燭龍' '촉음燭陰'이 나온다.

- 서북해의 밖, 적수赤水의 북쪽에 장미산章尾山이 있다. 신이 있는데, 사람의 얼굴에 뱀의 몸이며 붉다. (…) 그를 일러 촉룡이라고 한다.[29](「대황북경大荒北經」)
- 종산鍾山의 신은 이름을 촉음이라고 한다. 눈을 뜨면 낮이 되고 눈을 감으면 밤이 된다. 입김을 세게 훅 불면 겨울이 되고 입김을 약하게 호 불면 여름이 된다. 마시지도 먹지도 않으며 숨 쉬지도 않는데, 숨을 쉬면 바람이 된다. 몸길이가 천 리다. (…) 그 생김새는 사람의 얼굴에 뱀의 몸이며 붉은빛이다.[30](「해외북경海外北經」)

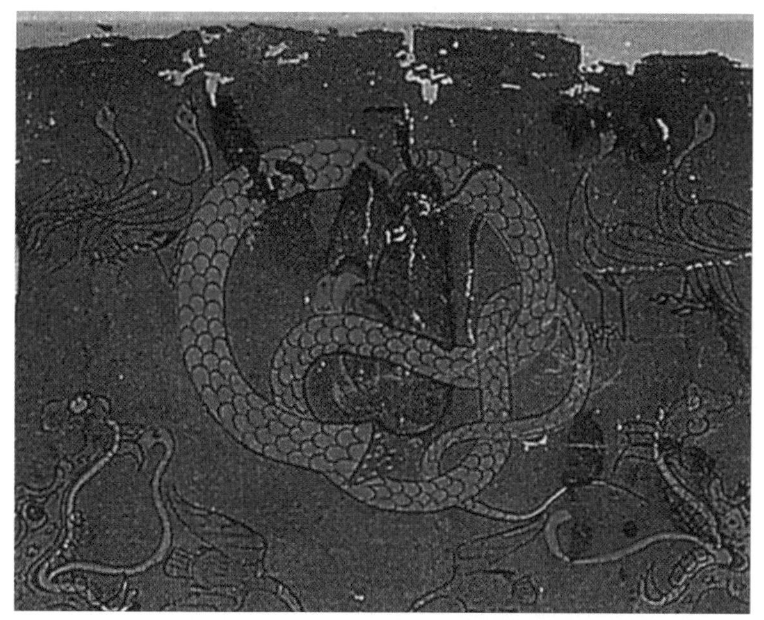

중국 고대 신화에 나오는 촉룡일 수도 있다.
사람 얼굴에 뱀의 몸을 한 촉룡은 낮과 밤, 비와 바람, 계절을 주관한다. 마왕두이 백화.

이상에는 용사龍蛇의 원시 상태에 대한 관념과 상상이 보다 완벽하게 보존되어 있다. 장학성章學誠은 『역易』에 대해 말하면서 "사람의 마음이 만들어내는 상象"**31**에 대해 언급한 적이 있는데, 이 거대한 용사는 아마도 원시 선조들 최초의 '사람의 마음이 만들어낸 상'일 것이다. '촉룡'에서 '여와'에 이르기까지, '사람 얼굴에 뱀의 몸'인 거대한 파충류는 아마도 오랜 세월 중국 대지의 많은 씨족·부락·부족 연맹을 뒤덮고 있었던 공동의 관념체계의 대표적 표지일 것이다.

원이둬聞一多는 중국 민족의 상징인 '용'의 형상이 뱀에다 각종 동물을 가미해서 형성된 것임을 지적한 바 있다. 용은 뱀의 몸을 주요 부분으로 삼고 "짐승의 네 다리, 말의 머리와 갈기와 꼬리, 사슴의 뿔, 개의 발톱,

청동 유卣 뚜껑의 반사蟠蛇 문양, 상대, 장시성박물관 소장.

물고기의 비늘과 수염을 받아들였다."[32](『복희고伏羲考』) 이는 뱀 토템을 중심으로 한 상고시대 화하華夏의 씨족과 부락[33]이 전쟁에서 끊임없이 승리하여 기타 씨족과 부락을 융합했음을 의미하는 것일 테다. 즉 뱀 토템이 기타 토템을 끊임없이 병합함으로써 점차 '용'으로 변해갔던 것이다. 촉음과 여와의 신괴한 전설에서부터 갑골甲骨과 금문金文에 보이는 뿔 달린 용사龍蛇를 나타내는 글자[34]에 이르기까지, 청동기의 각종 기룡夔龍에서부터 "비룡은 하늘에飛龍在天"(천상), "때로는 연못에서 뛰어오르다或躍在淵"[35](수중), "현룡은 밭에見龍在田"(지면) 등 『주역周易』에 나오는 용에 관한 기록에 이르기까지, 그리고 한대漢代의 예술(예를 들면 마왕두이馬王堆 백화帛畫와 화상석畫像石)에 보이는 사람 머리에 뱀의 몸을 하고 있는 여러 형상에 이르기까지, 이상은 아마도 상고시대 어렵 시기에 생겨나 문명시대까지 뜻밖에도 지속적으로 보존되어왔을 것이다. 이처럼 강대한 생명력을 지니고 있으며 오랜 세월 사람들이 숭배하고 환상을 갖도록 매료시켰던 신괴한 형상과 신기한 전설은, 늘 그렇게 변화막측하고 웅장하다. 이야말로 상고시대 중국 선조들의 대표적인 예술로 간주할 수 있지 않겠는가?

신화와 전설이 근거하는 것은 후세의 문헌자료다. 그렇다면 신석기문화 유적지에서 발굴된, 사람 머리에 뱀의 몸이 그려진 도기의 뚜껑은 아마도 오랜 세월을 거친 [문헌에 기록된] 신이한 용사의 가장 이른 시기의 조형적 표현일 것이다.

아직은 조잡하고 바닥에 붙어서 기어가는 저 원시 형태를 보라. 그것은 아직 날아오르지 못한다. 뿔도 없고 다리도 없다. 아마도 그것의 '사람 머리'만이, 그것이 결국에는 공중으로 날아올라 가볍게 춤추게 될 평범하지 않은 날이 오리라는 것을 예시하고 있다. 그것이 결국에는 중국의 서부·북부·남부의 수많은 씨족·부락·부족 연맹의 주요한 토템 깃발이 되

도룡뇽 문양이 담긴 채도. 사람 머리에 뱀의 몸으로 해석하기도 한다.
먀오디거우廟底溝 유형, 간쑤甘肅 성 간구甘谷 출토.

어 공중에 높이 치켜들려 바람에 펄럭이게 될 것임을 예시하고 있다.

……

용사와 동시기 혹은 조금 뒤에 나타난 봉황은 중국 동방 집단의 토템 부호가 되었다. 비록 후세에 많은 이견이 있고 봉황의 구체적인 형상에 대한 전설도 일치하지 않지만, 제준帝俊(제곡帝嚳)에서부터 순舜에 이르기까지 그리고 소호少昊·후예后羿·치우蚩尤에서부터 상商나라 설契에 이르기까지, 새 토템이야말로 동방 집단이 가장 숭배했던 대상임은 확실하다. 새 토템에 관한 문헌자료는 더욱 풍부하고 명확하다.

봉황은 신조神鳥다. 천로天老가 봉황의 생김새에 대해 이렇게 말했다. 앞모습은 기러기이고 뒷모습은 사슴이다. 뱀의 목과 물고기 꼬리, 황새 이마와 원앙의 뺨, 용무늬와 거북의 등, 제비 턱과 닭의 부리를 하고 있다. 오색五色을 모두 갖추었고, 동방 군자의 나라에서 난다.[36](『설문』)

하늘이 현조玄鳥에게 명하사, 내려가서 상商을 낳게 하셨네.[37](『시경詩經』「상송商頌」)

대황大荒의 한가운데 (…) 머리가 아홉인 신이 있는데, 사람 얼굴에 새의 몸을 하고 있다. 이름을 구봉九鳳이라고 한다.[38](『산해경』「대황북경」)

오채지조五彩之鳥(오색 빛깔의 새)가 있는데, (…) 제준帝俊의 하계의 친구다. 제帝의 하계의 두 제단을 오채지조가 주관한다.[39](『산해경』「대황동경」)

상나라 후기 주기의 봉황 형태의 뚜껑 꼭지, 장시성박물관 소장.

"사람 얼굴에 새의 몸" "오채지조" "난조가 절로 노래하고 봉조가 절로 춤춘다鸞鳥自歌, 鳳鳥自舞"는 표현이 "뱀의 몸에 사람 얼굴"과 마찬가지로 『산해경』에 많이 보인다. 궈모뤄郭沫若가 지적했듯이, "현조는 바로 봉황"이고 "오채지조는 아마도 복사卜辭에 나오는 봉鳳이다."[40] '용'이 뱀을 과장하고 보충하고 신격화한 것이듯, '봉황' 역시 새를 신격화한 형태다. 그것들은 현실의 대상이 아니라 환상의 대상이자 관념의 산물이며 무술의례의 토템이다. 각종 용 씨족이 있었던 것처럼 각종 새 씨족도 있었는데, 그들은 새의 이름을 관명官名으로 삼았다.

소호少皞 지摯가 즉위할 때 봉조鳳鳥가 마침 이르렀으므로 새에 근본을 두었고 관명을 새의 이름으로 명명했습니다. 봉조씨鳳鳥氏는 천문역법을 관장했는데, [그 속관인] 현조씨玄鳥氏는 춘분과 추분을 관장하는 자이고 백조씨伯趙氏는 하지와 동지를 관장하는 자이고 청조씨靑鳥氏는 입춘과 입하를 관장하는 자이고 단조씨丹鳥氏는 입추와 입동을 관장하는 자였습니다. 축구씨祝鳩氏는 교화를 관장하고, 저구씨鴡鳩氏는 법률을 관장하고, 시구씨鳲鳩氏는 수토水土의 다스림을 관장하고, 상구씨爽鳩氏는 치안을 관장하고, 골구씨鶻鳩氏는 농사를 관장했습니다.[41](『좌전左傳』 소공昭公 17년)

'용'과 '봉황'을 주요 토템 상징으로 삼은 동서 양대 부락연맹은 오랜 기간에 걸친 잔혹한 전쟁과 약탈과 살육을 겪으며 점차 하나로 융합했다. "사람 얼굴에 새의 몸이며 붉은 뱀 두 마리를 밟고 있다"(『산해경』에 많이 보인다), "포희씨는 풍성風姓이다" 등의 표현은 그러한 투쟁과 융합을 반영하는 게 아닐까? 여러 역사문헌과 출토 기물과 후대의 연구성과를 통해 볼 때, 그러한 투쟁과 융합은 서쪽 세력(염황炎黃 집단)이 동쪽 세력(이

신이 봉황을 탄 모습이 새겨진 진대秦代의 벽돌.
산시 성 셴양咸陽 제1호 궁전 건축 유적지 출토.

청동 궤簋(음식을 담는 용도)에 담긴 봉황 도안.
서주 중기, 저우위안周原박물관 소장.

인夷人 집단)으로부터 승리를 거둠으로써 종결되었다. '뱀'의 경우에는 날개가 첨가되어 날아오름으로써 '용'이 되었던 반면에 '봉황'은 별다른 변화가 없었던 것은 바로 이 때문이 아닐까? 아마도 '봉황'에 소속되어 있던 대표적인 씨족부락의 규모가 크고 수가 많아서 '용[용을 토템으로 삼았던 집단]'에게 완전히 먹히지는 않았기에, 비록 '용'에게 종속되기는 했지만 상대적으로 독립된 자신의 성질과 지위를 계속 유지했으며 그로 인해 그들의 토템 역시 독립적으로 보존되고 연속될 수 있었던 게 아닐까? 은상殷商 및 그 이후에 이르기까지 그리고 전국戰國시대 초楚나라 백화에 이르기까지, '봉황'의 신성한 도상 아래에서 기도하고 있는 이의 모습이 여

주작, 전한, 뤄양洛陽 복천추卜千秋 묘 주실 천장의 벽화.

주작 문양이 담긴 벽돌, 전한, 산시 성 출토.

복희, 전한, 뤄양 복천추 묘 주실 천장 벽화.

「인물용봉백화」, 묘주로 보이는 귀족 여인 앞쪽에 봉황과 용이 있다. 전국시대, 후난 성 창사長沙 동남쪽 교외의 초묘楚墓에서 출토, 후난성박물관 소장.

전히 존재했다.

용비봉무龍飛鳳舞, 용이 날고 봉황이 춤추는 이것은 바로 문명시대가 도래하기 전, 구석기시대 어렵 단계에서 신석기시대 농경 단계를 지나고 모계사회에서 부계 가부장제를 지나 하夏·상商의 초기 노예제의 문 앞에 이르기까지 중국 대지 위에서 높이 나부끼던, 선사시대의 유구한 역사적 전통을 지닌 찬란한 두 개의 토템 깃발이 아니겠는가?

이는 원시 예술 내지 심미인가? 그렇기도 하고 아니기도 하다. 그것들은 산딩둥인이 붉은 가루를 뿌리던 행위(원시 무술의례)의 연속이자 발전이며 진일보 부호화·도상화된 것일 따름이다. 그것들은 관념과 의식의 물태화 활동의 부호이자 표지일 따름이다. 하지만 이러한 갖가지 도상 형식 속에 응결되고 결집된 사회의식 및 원시인류의 도취된 정감·관념·심리야말로, 그 도상 형식으로 하여금 모방을 초월한 함의와 의미를 획득하도록 했고 원시인류가 도상 형식에 대해 감각을 초월한 성능과 가치를 느끼도록 했다. 이는 자연의 형식 속에 사회의 가치와 내용이 누적-침전되고, 감성적 자연 속에 인간의 이성적 특성이 누적-침전된 것이다. 객관적 형상과 주관적 느낌이라는 두 측면에 있어서도 마찬가지다. 이는 다름이 아니라 바로 심미의식이자 예술창작의 맹아다.

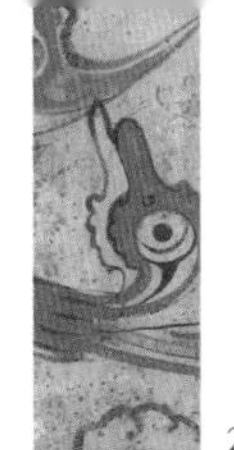

2 원시 가무

이와 같은 원시의 심미의식과 예술창작은 결코 관조나 정관靜觀이 아니며 후세의 미학자들이 미의 본성을 논할 때 생각하는 것과도 다르다. 오히려 정반대로 그것은 맹렬한 활동 과정이다. "용이 날고 봉황이 춤춘다"고 말한 까닭은, 토템인 그것들이 나타내고 대표하는 것이 열광적인 무술의례 활동이기 때문이다. 후세의 노래·춤·극·그림·신화·주문 등은

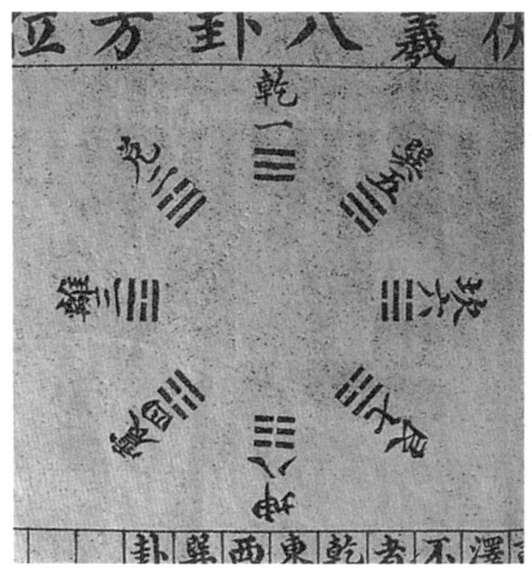

복희 팔괘 방위도.

상고시대에 미분화되어 하나로 뒤엉킨 무술의례 활동 속에서 완전히 혼합되어 있었다. 그것은 맹렬한 기세와 도취와 열광으로 가득했고, 경건하면서도 야만스럽고 열렬하면서도 근엄했다. 이미 낡고 경직된 도상의 윤곽을 얕보지 마라. 그것이 단지 황당무계한 신화 이야기라고 여기지 마라. 아주 냉정한 듯한 음양陰陽 팔괘八卦[42]를 얕보지 마라.

그 옛날을 생각하면, 그것들은 모두 불처럼 타오르는 경건한 신앙이었던 무술의례의 구성 부분 내지 그것의 부호와 표지였다. 그것들은 신비한 마법의 힘을 지닌 춤·노래·주문[43]이 응결된 전형이다. 그것들은 원시인류의 강렬한 정감·사상·신앙·기대를 농축하고 있으며 누적-침전하고 있다.

고대 문헌에도 이러한 원시 가무에 관한 사료가 보존되어 있다.

> 석경을 두드리고 어루만지면서 백수百獸가 잇따라 춤추도록 하겠습니다.[44](『상서尙書』「익직益稷」)

> 나라에 큰 가뭄이 들면 무당을 이끌고 춤을 추며 기우제를 지낸다.[45](『주례周禮』「사무司巫」)

> 제준帝俊에게 아들 여덟이 있었는데, 이들이 처음으로 가무를 행했다.[46](『산해경』「해내경」)

> 옛날 갈천씨葛天氏의 음악은 세 사람이 소의 꼬리를 쥐고서 발을 구르며投足 여덟 가지八闋를 노래했다.[47](『여씨춘추呂氏春秋』「고악古樂」)

> 복희는 금琴을 만들고 슬瑟을 만들었으며, 신농은 금을 만들고 슬을

만들었으며, 여와는 생황笙簧을 만들었다.[48](『세본世本』)

고대에 대해 서술한 후세의 사료에서도 다음과 같이 말하고 있다.

음악이 귀에 들리는 것을 성聲이라 하고, 눈에 보이는 것을 용容이라 한다. 성은 귀에 와 닿으니 들어서 알 수 있지만, 용은 마음에 감추어져 있기 때문에 그 모습을 보기 어렵다. 그러므로 성인聖人은 간척干戚과 우모羽旄[49]를 통해서 그 용을 나타내고, 힘찬 동작으로 씩씩한 기운을 떨쳐 일으켜 그 뜻을 드러냈다. 성과 용이 잘 어우러져야 대악大樂이 갖추어진다. (…) 이것이 춤의 유래다.[50](두우杜佑, 『통전通典』 권145)

「악기」에서도 '음악'과 춤은 연결되어 있는데, "무도 행렬에서 사람들 사이의 간격이 촘촘하다" "무도 행렬에서 사람들 사이의 간격이 느슨하다"[51], "[마음을 표현하는 데 노래로도 부족하면] 자기도 모르게 손을 덩실거리며 발을 구르게 된다"[52] 등의 기록이 이를 잘 말해준다. "간척과 우모" "힘찬 동작으로 씩씩한 기운을 떨쳐 일으킨다"는 게 바로 토템 춤이 아니겠는가? 이것이 바로 깃털을 꽂고 가면을 쓴 채 이루어진 원시 가무가 아니겠는가?

왕궈웨이王國維는 『송원희곡사宋元戲曲史』에서 이렇게 말했다.

- 『초사楚辭』에 나오는 영靈과 태殆는 무당으로서 시尸[53]를 겸한 자다. 『초사』에서는 무당을 영이라고 하는데, (…) 무당의 무리 중에는 신의 복장·형상·동작과 흡사한 자가 반드시 있다. 그를 신이 빙의한 자라고 여겨서 영이라 일컫는 것이다.
- 영의 직무는 [신을 흉내 내거나 춤으로 신을 즐겁게 하는 것으로] 대개 후

세 희곡의 맹아가 이미 여기에 존재했던 것이다.

무술의례로서 상고시대 토템 가무[54]에는 관념적인 내용과 플롯이 담겨 있다. 이것이 바로 희극과 문학의 선구가 되었다. 고대에 예禮와 악樂을 나란히 내세우고 양자를 정치의 흥망과 직접적으로 연결한 것 역시 원시 가무(악)와 무술의례(예)가 상고시대에는 둘이면서도 하나였으며 양자가 씨족이나 부락의 흥망성쇠 및 운명과 직접적으로 관련되어 있어 불가분이었음을 반영한다. 상술한 자료에서 노래와 춤과 악기의 기원을 상고시대의 신이한 '성왕聖王' 조상에게까지 거슬러 올라가 귀속시킨 것 역시 이것들의 기원이 확실히 유구하며 모두가 동일한 원시 토템 활동이었음을 증명한다. 신체의 도약(춤), 입에서 중얼대는 말이나 미친 듯 외치는 고함(노래·시·주문), 두드려 소리 내고 연주하는 온갖 것들(음악), 이것들은 본래 함께 존재했다.

시는 그 뜻志을 말하는 것이고, 노래는 그 소리聲를 노래하는 것이고, 춤은 그 자태容를 동작으로 나타내는 것이다. 세 가지[시·노래·춤]가 마음에 뿌리를 둔 연후에 음악의 기樂氣가 이를 따른다.[55](「악기·악상樂象」)

이는 비록 후대의 기술이긴 하지만 그것들이 하나로 뒤엉켜 있던 원시 면모를 가리지 못한다. 그것들은 원시인류 특유의, 물질생산과는 구별되는 정신생산 즉 물태화 활동이다. 그것들은 무술의례이자 원시 가무다. 양자는 후세에 이르러서야 점차 분화되었다. 전자는 '예', 즉 정형政刑·전장典章이 되었다. 후자는 바로 '악', 즉 문학·예술이 되었다.

토템 가무는 시·노래·춤·음악·신화·전설로 분화되었고 이것들은 각자 독립적인 성격 및 서로 다른 발전 경로를 갖게 되었다. 신과 인간이 뒤섞여 있었던 용과 봉황 토템의 뒤를 이은 것은, 가부장제 사회에서의 영웅숭배와 조상숭배다. 예를 들면 상나라 시조 설契과 주周나라 시조 직稷의 출생과 성장에 관한 유명한 여러 이야기는, 한결같이 해당 씨족 시조로서의 영웅에 대한 범상치 않은 신비한 탄생 및 그의 거대한 역사적 사명을 설명하고자 한다.[56] 코끼리를 길들인 순舜, 해를 쏘아 떨어뜨린 예羿, 물을 다스린 곤鯀과 우禹는 위대한 영웅의 혁혁한 전공戰功이나 업적을 직접적으로 보여준다. 축룡과 여와에서부터 황제黃帝와 치우 그리고 후예·요堯·순에 이르면서, 토템 신화는 혼돈의 세계에서 영웅의 시대로 들어섰다. 무술의례로서의 의미가 핵심이었던 원시신화는 끊임없이 인간화·이성화되었다. 모호하고 다양한 의미를 지니고 있으며 합리적으로 해석할 수 없는 갖가지 원시적 요소는 날이 갈수록 약화되고 감소되었으며, 무술의례와 원시 토템은 정치와 역사에 점차 자리를 내주었다. 이러한 과정이 철저하게 완성된 것은 춘추전국시대에 이르러서다. 그 전까지는 여전히 원시 가무의 토템 활동이 사회 전반의 의식형태를 뒤덮고 있었다.

1973년에 발굴된 신석기시대 채도분彩陶盆의 춤추는 모습의 도안은 아마도 처음으로 원시 가무를 조형적으로 묘사한 것이 아닐까? "다섯 사람이 한 조를 이루어 손에 손을 잡고서 같은 방향을 보고 있다. 머리에 옆으로 비껴 내려온 것은 머리 장식인 듯하다. 각 조의 양끝에 있는 두 사람은 한쪽 팔이 두 갈래로 그려져 있는데, 팔의 춤 동작이 비교적 크고 빈번하다는 의미를 반영하는 것 같다. 하체에는 세 개의 선이 있는데, 지면에 닿아 있는 두 개의 수직선은 두 다리가 확실하다. 그리고 하복부에서 비스듬히 뻗어 있는 선은 장식물인 듯하다."[57] 저들의 활기 넘치고 선명한 춤의 자태를 보라. 그 얼마나 경쾌하면서도 가지런하고 생기가 넘치며 귀여운가! 이는 아마도 비교적 평화롭고 안정적이었던 전설시대, 즉 모계사회 번영기의 산물일 것이다.[58] 그런데 이 도상에 대해, "고대인들이 일하다가 잠시 짬이 났을 때 커다란 나무가 있는 호숫가나 풀밭에서 즐겁게 손에 손을 잡고서 춤추며 노래하고 있는 것"[59]이라고 말하는 건 너무 단순한 설명인 듯하다. 이것 역시 토템 활동의 표현으로, 중대한 주술적 작용 내지 기도의 기능을 지니고 있다. 땋은 머리처럼 보이는 장식물과 하체에 꼬리처럼 붙어 있는 장식물은 "소의 꼬리"와 "간척과 우모" 같은 종류일 것이다. 손에 손을 잡고서 춤을 추는 것은 "힘찬 동작으로 씩씩한 기운을 떨쳐 일으키는 것"이 아니겠는가? 그러므로 이 도기陶器의 도상은 공교롭게도 생동적인 묘사로써 상술한 문헌자료에서 말하고 있는 원시 가무를 증명해준다. 이 도상은 사실적이면서도 우의寓意적이다. 마치 도안과 같이 틀에 들어맞고 가지런한 저 형상을 보라. 그 형상은 뜻밖에도 유럽의 후기 구석기시대 동굴벽화의 사실적 조형과 비슷한 데가 있는데, 모두가 투박한 테두리로 정확하게 묘사하고 있으며 생동하는 어떤 움직임을 그려내고 있다. 하지만 그것[신석기시대 채도분의 도안]은 결

무도 문양 채도분, 신석기시대.
칭하이靑海 성 다퉁大通 현 상쑨자자이上孫家寨 출토.

국 신석기시대의 산물이기 때문에 같은 시기에 지배적인 지위를 차지하고 있던 기하무늬 관념과 일치하기 마련이다. 따라서 그것은 유럽의 동굴 벽화보다 훨씬 더 추상적인 조형과 더 신비한 의미를 지니고 있다. 오늘날 표면적으로 보기에는 마음대로 그려진 것 같지만 결코 그렇지 않다. 그것은 인간의 춤을 규범적이고 사실적으로 묘사함으로써 당시의 엄숙하고도 중요한 무술의례를 직접적으로 표현한 것이다. 단지 커다란 나무 아래나 풀밭에서 마음대로 덩실덩실 춤추던 모습이 결코 아니다.

덩실덩실 춤추는 것은 무술의례의 활동일 뿐이며, 원시 가무야말로 용과 봉황 토템의 실천 형식이다.

3 의미 있는 형식

원시사회는 완만하고 기나긴 발전 과정을 거쳤다. 서로 다른 단계를 거치거나 교차하는 중에 상대적으로 평화로운 시대도 있었고 격렬한 전쟁의 시대도 있었다. 신석기시대 전기의 모계씨족사회는 상대적으로 평화롭고 안정된 시기였다. 그 당시의 무술의례, 원시 토템, 도상화한 부호 형상도 이와 부합한다. 문헌자료에 나오는 신농神農의 시대가 대략 이 시기에 해당한다.

> 옛 사람들은 모두 짐승의 고기를 먹었다. 신농에 이르러서 사람들이 많아져 짐승이 부족해지자 신농이 천시天時에 따라 지리地利를 분간하여 뇌사耒耜를 만들어 백성들에게 농사를 가르쳤다. 신묘한 이치로 변화를 이끌어 백성들로 하여금 그 마땅한 바를 얻게 했으므로 그를 일러 신농이라고 했다.[60](『백호통의』「호號」)

> 신농씨 시대에는 누우면 편안하고 일어나면 삶에 만족했다. 백성들은 자기의 어머니만 알지 아버지는 몰랐다. 미록麋鹿과 함께 살면서, 밭을

갈아서 먹고 베를 짜서 입었으며, 남을 헤치려는 마음이 없었다.[61](『장자莊子』「도척盜跖」)

"미록과 함께 살았다"는 말은 사실상 사슴을 길들였다는 것이다. 양사오 채도에는 사슴의 형상이 많다. 양사오형仰韶型(반포半坡와 먀오디거우廟底溝)과 마자야오형馬家窯型의 채도 문양은, 상대적으로 평화롭고 안정적이던 사회의 분위기와 맞아떨어지는 특징을 지니고 있다. 온갖 형태의 물고기를 보라. 내달리는 개, 기어가는 도마뱀, 둔한 새와 개구리를 보라. 특히 저 도분陶盆 안에 그려진, 물고기를 물고 있는 사람의 얼굴 형상을 보라. 이것들이 무술의례의 토템 성질을 지니고 있음은 분명하지만 그 구체적인 의미는 이미 알 도리가 없다. 그러나 그 형상들 자체에서 직접적으로 전해지는 예술 풍격과 심미의식은 확실히 다음과 같은 느낌이 들게 한다. 즉 여기에는 무거움·공포·신비·긴장은 아직 보이지 않고 생동·발랄·순박함·천진스러움이 존재하며, 이것은 생기발랄하고 건강하게 자라나는 유년기의 기운이라는 느낌이다.

양사오 반포 채도의 특징은 동물 형상과 동물 문양이 많다는 것이다.[62] 그중에서도 특히 물고기 문양이 가장 보편적인데, 10여 종류가 있다. 「물고기에 대하여說魚」라는 원이둬의 글에 의하면, 물고기는 중국어에서 생식과 번성이라는 축복의 의미를 지니고 있다. 그런데 원이둬는 그와 관련된 가장 이른 시기의 자료로서 『시경』과 『주역』에 대해서만 언급했다. 그렇다면 우리는 양사오 채도까지 좀 더 거슬러 올라갈 수 있지 않을까? 양사오 반포 채도에서 흔히 볼 수 있는 여러 가지 물고기 문양 및 물고기를 물고 있는 사람 얼굴의 경우, 무술의례로서 그것의 의미는 씨족의 자손이 "면면히 이어진 박덩굴"[63]처럼 오래도록 이어지라는 축복이 아닐까?

사슴 문양 채도분, 양사오 유적, 시안 반포 유적지 출토,
시안반포박물관 소장.

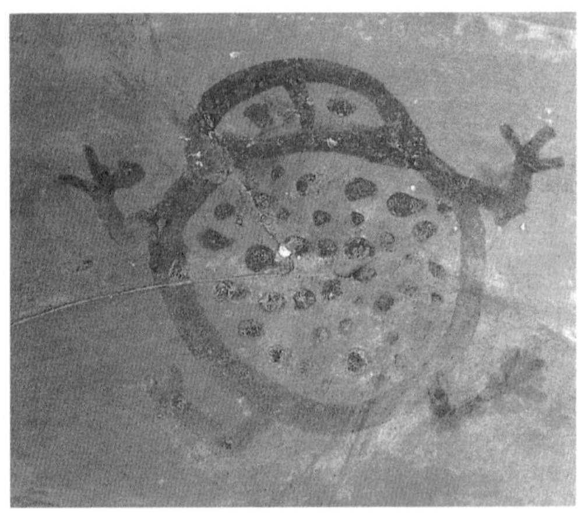

개구리 문양 채도분, 양사오 유적, 시안 출토.

물고기를 물고 있는 사람의 얼굴이 담긴 채도분,
양사오 유적, 시안 반포 유적지 출토.

인류 자신의 생산 및 확대 재생산 즉 종족 번식은 상고시대 원시사회가 발전하는 데 결정적인 요소였으며, 혈족관계는 그 당시 가장 중요한 사회구조[64]였다. 중국이 결국 세계에서 인구가 가장 많은 국가가 되고 한족漢族이 가장 큰 규모의 민족이 된 것의 기원 역시, 수천 년 전 축복의 의미가 담긴 무술 부호로까지 거슬러 올라갈 수 있지 않을까? 이밖에도 『산해경』에서는 "뱀이 물고기로 변한다"[65]고 했으며, 한대 무덤의 벽화에는 뱀과 물고기가 혼합된 형태의 괴물이 보존되어 있다. 그렇다면 양사오의 물고기 및 물고기를 물고 있는 사람 얼굴은, 앞에서 말했던 용사龍蛇나 '사람 얼굴에 뱀의 몸'과 어떤 관계가 있는 게 아닐까? 대체 어떤 관계일까? 또한 채도에 나타나는 새의 형상은 앞에서 말한 문헌 속의 '봉황'과 관계가 있는 게 아닐까? 이 모든 것들은 보다 심화된 연구가 필요하다. 여기서는 몇 가지 추측을 제시했을 뿐이다.

사회가 발전하면서 도기의 조형과 문양 역시 계속 변화했다. 세계 각

물고기 문양 채도분, 양사오 유적, 시안 반포 유적지 출토.

양사오 유적의 채도분.

황새와 돌도끼가 그려진 채도 항아리, 먀오디거우 유형,
허난河南 성 린루臨汝 옌閻 촌 출토.

소용돌이무늬의 호壺, 마자야오 유적지.

민족과 마찬가지로, 신석기시대 도기의 지배적인 무늬는 동물 문양이 아니라 추상적인 기하무늬였다. 즉 다양한 곡선·직선·물결무늬·소용돌이무늬·삼각형·톱날무늬 등이었다.

이러한 기하무늬의 기원과 유래는 지금까지도 세계 예술사의 수수께끼며, 이에 대해서는 아주 다양한 의견과 논쟁이 존재한다. 예를 들면, 중국 강남江南 지역의 인문印紋 도기에 대한 학술 토론회에서 많은 학자는 이렇게 생각했다. "초기 기하 인문 도기의 문양은 생산과 생활에서 기원했다. (…) 잎맥무늬는 나뭇잎의 잎맥 모양을 모방한 것이고, 물결무늬는 물결을 형상화한 것이며, 운뢰雲雷무늬[66]는 흐르는 물의 소용돌이에서 생겨났다." "기물器物에 대해 사람들은 실용 외에도 미관을 요구했기 때문에 인문印紋이 점차 정연해져 도안화되었으며, 장식의 수요가 점차 가장 중요한 자리를 차지하게 되었다."[67] 그런데 나는 이런 견해에 동의할 수 없다. 이미 분화된 수요의 관점에서 원시사회의 '미관'과 '장식'을 말하는 것은 증거와 논거가 부족하다.[68] 또한 기하무늬를 '나뭇잎'과 '물결'의 모방이라고 말하는 것은 너무 단순화한 것으로, 하필이면 왜 나뭇잎과 물결을 모방했는지에 대해 설명하지 않았고 설명할 수도 없다. 그래서 나는 다음의 견해가 훨씬 깊이 있고 정확하다고 본다. "이렇게 생각하는 이들도 있다. (…) 더 많은 기하무늬 도안은 고월족古越族의 뱀 토템 숭배와 관계가 있다. 예를 들면, 소용돌이무늬는 뱀이 똬리를 틀고 있는 모습과 비슷하고 물결무늬는 뱀이 기어가는 모습과 비슷하다."[69] 실제로 양사오와 마자야오의 어떤 기하무늬들은 그것이 동물 형상의 사실적인 묘사로부터 점차 추상화·부호화된 것임을 비교적 확실하게 보여주고 있다. 재현(모방)에서 표현(추상화)으로, 사실적인 묘사에서 부호화로의 과정은 바로 내용에서 형식으로의 누적–침전 과정이다. 이는 바로 '의미 있는 형식'으로서의 미美가 처음으로 형성되는 과정이기도 하다. 즉 후세에 보기에는 다만 '미관'이나 '장식'일 뿐 구체적인 의미와 내용을 전혀 지니고 있지 않은 듯한 기하무늬가 사실 그 당시에는 매우 중요한 내용과 의미를 지니고 있었다. 즉 원시 무술의례로서의 중대한 의미를 지니고 있었던 것이다.

'순수' 형식인 듯한 기하무늬는 원시 인류의 느낌에 있어서 균형·대칭의 형식적 쾌감을 훨씬 벗어나 복잡한 관념과 상상의 의미를 내포하고 있었다. 무술의례의 토템 형상은 점차 단순화·추상화되어 순수 형식의 기하무늬(부호)가 되었지만, 그것의 원시 토템으로서의 의미는 사라지지 않았다. 또한 기하무늬가 늘 동물 형상보다 도기의 표면을 더 많이 채웠던 것으로 보아 그러한 의미는 도리어 강화되었다. 추상적인 기하무늬는 결코 어떤 형식미가 아니다. 추상 형식에는 내용이 담겨 있고, 감각기관의 느낌에는 관념이 담겨 있다. 앞에서 말했듯이 이것은 바로 대상과 주체 두 측면에 있어서 미와 심미의 공통된 특징이다. 그 공통 특징은 바로 누적–침전이다. 내용은 누적–침전되어 형식이 되고, 상상과 관념은 누적–침전되어 느낌이 된다. 동물 형상이 부호화되어 추상적인 기하무늬로 변하는 누적–침전의 과정은 예술사와 심미의식에 있어서 매우 중요한 문제다. 다음은 이러한 과정의 사실事實에 대한 몇몇 고고학자들의 서술이다.

> 기하 도안 무늬가 물고기 형태의 도안으로부터 변화한 것임을 설명해 주는 단서는 매우 많다. (…) 간단한 법칙은, 물고기 머리 부위의 형상이 간단할수록 몸체 역시 도안화한다는 것이다. 서로 반대되는 방향의 물고기무늬가 융합하여 이루어진 도안 무늬는 몸체의 변화가 비교적 복잡하고, 동일한 방향으로 중첩·융합된 물고기무늬는 비교적 간단하다.[70](중국과학원 고고연구소)

이상의 내용과 관련해서는 「그림 1」「그림 2」「그림 3」을 보자.

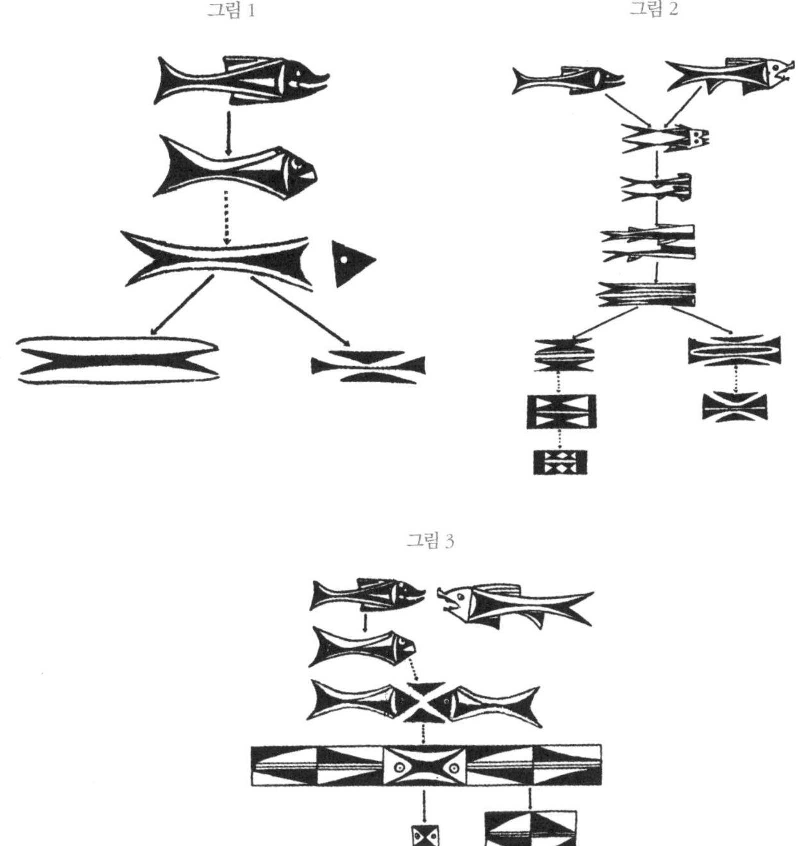

그림 1

그림 2

그림 3

새무늬 도안은 사실寫實에서 (새의 몇 가지 서로 다른 동태를 표현하고자 하는) 사의寫意로 나아갔고 다시 상징에 이르렀다.[71](쑤빙치蘇秉琦)

이에 대해서는 「그림 4」를 보자.

그림 4

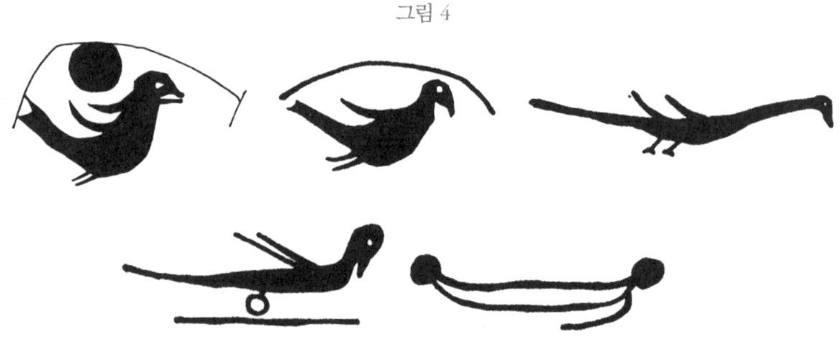

주요 기하무늬 도안은 동물 도안에서부터 점차 변화한 것이다. 대표적인 기하무늬는 두 종류로 나눌 수 있다. 즉 나선무늬는 새무늬에서 변화한 것이며, 물결 모양의 곡선무늬와 수장문垂幛紋[휘장을 드리운 듯한 무늬]은 개구리무늬로부터 변화한 것이다. (…) 이 두 가지 기하무늬는 이처럼 뚜렷이 구별되는데, 아마도 그 당시 서로 다른 씨족부락의 토템 표지였을 것이다.(스싱방石興邦)

이상의 내용과 관련해서는 「그림 5」와 「그림 6」을 보자.

원시사회에서 도기의 무늬는 장식예술이었을 뿐만 아니라 물질문화에 있어서 씨족 공동체의 표현이기도 했다. (…) 채도 무늬는 특정 공동체의 표지였는데, 그것은 절대다수의 경우에 씨족 토템 내지 기타 숭배의 표지로서 존재했다.
우리의 분석에 따르면, 반포 채도의 기하무늬는 물고기무늬로부터 변화한 것이다. 먀오디거우 채도의 기하무늬는 새무늬로부터 변화한 것이다. 따라서 전자는 단순한 직선인 데 반해 후자는 기복이 있는 곡선

그림 5　　그림 6

이다. (…)

만약 채도의 무늬가 확실히 씨족의 토템 표지이거나 특수한 의미를 지닌 부호라면, (…) 양사오 문화의 반포 유형과 먀오디거우 유형은 각각 물고기 토템과 새 토템에 속하는 서로 다른 씨족부락에 속하며, 마자야오 문화는 각각 새와 개구리를 토템으로 하는 두 씨족부락에 속한다.[73](스싱방)

반포 시기에서 먀오디거우 시기에 이르기까지 그리고 다시 마자야오 시기에 이르기까지의 개구리무늬와 새무늬를 연결해서 보면, 앞 시기를 계승하며 차례차례 변화한 맥락이 뚜렷하게 존재한다. 처음엔 사실적이고 생동적이며 형상이 다양했는데, 나중에는 점차 도안화·격식화·규범화되었다. 개구리와 새의 두 모티프 모두 한결같이 이 점을 보여준다. (…)

새무늬가 특정 시기의 발전을 거친 뒤 마자야오 시기에 이르렀을 때는 이미 소용돌이무늬로 변화하기 시작했다. 반산半山 시기의 소용돌이무늬와 마창馬廠 시기의 커다란 원형무늬는 태양을 본뜬 모양이므로 의일문擬日紋이라고 칭할 수 있는데, 이는 물론 마자야오 유형의 소용돌이무늬가 지속적으로 발전한 형태다. 이로써 새무늬는 애초에 의일문과 관련이 있는 것임을 알 수 있다. (…)
중국의 고대 신화전설 중에는 새와 개구리에 관한 이야기가 많다. 그 가운데 상당수는 토템 숭배와 관련이 있을 것이다. 나중에 새의 형상은 태양을 대표하는 금오金烏로 점차 변했고, 개구리 형상은 달을 대표하는 두꺼비로 점차 변했다. (…) 즉 반포 시기와 먀오디거우 시기에서 마자야오 시기의 새무늬와 개구리무늬에 이르기까지 그리고 반산 시기와 마창 시기에서 치자齊家 문화[74]와 쓰바四壩 문화[75]의 의와문擬蛙紋[개구리를 본뜬 무늬]에 이르기까지, 또한 반산 시기와 마창 시기의 의일문, 이상은 모두 일신과 월신에 대한 숭배가 채도 무늬에 구현된 것일 테다. 이 한 쌍의 채도 무늬 모티프가 이처럼 오래도록 지속될 수 있었던 것 자체가 그것이 우연한 현상이 아니라 한 민족의 신앙 및 전통 관념과 관련 있는 것임을 말해준다.[76](옌원밍嚴文明)

이상의 내용과 관련해서는 「표 1」을 보자.

도기 무늬의 변화는 매우 복잡하고도 어려운 학술 문제로, 보다 심화된 탐색이 필요하다. 하지만 상술한 구체적인 변화과정·순서·의미가 반드시 신뢰할 수 있을 만큼 정확하지는 않을지라도, 추측의 성분이 강할지라도, 심지어는 구체적 결론에 오류가 있을지라도, 사실적이고 생동적이고 다양화된 동물 현상이 추상화·부호화·규범화한 기하무늬로 변화

표 1

	개구리무늬	새무늬
반포 시기		
먀오디거우 시기		
마자야오 시기		

	의와문(개구리를 본뜬 무늬)	의일문(태양을 본뜬 무늬)
반산 시기		
마창 시기		
치자 문화 쓰바 문화		
한대 무덤의 백화		

한 총체적인 경향과 법칙은 과학적인 가설로 삼기에 충분한 성립 근거가 있는 듯하다. 이와 더불어서 동물 형상에서부터 기하 도안에 이르는 도기 무늬는 순수 형식의 '장식'이나 '심미'가 결코 아니며, 씨족 토템의 신성한 의미를 지니고 있다는 가설 역시 성립될 수 있을 듯하다.

앞에서 말한 것처럼 인간의 심미 감각이 동물적인 감각기관의 쾌락과 구별되는 이유는 그 안에 관념과 사상의 성분이 내재되어 있기 때문이다. 미美가 일반적인 형식이 아니라 소위 '의미 있는 형식'인 까닭 역시 그것이 바로 사회 내용이 누적-침전된 자연 형식이기 때문이다. 따라서 미는 형식 속에 존재하지만 그렇다고 미가 형식인 것은 아니다. 형식(자연 형체)을 떠나서 미가 존재할 수 없음은 물론이지만, 형식(자연 형체)만으로는 미가 될 수 없다. 클라이브 벨Clive Bell은 '미'란 '의미 있는 형식significant form'이라는 유명한 관점을 내놓았다.[78] 그는 재현을 부정하고 순수 형식(예를 들면 선)의 심미적 성질을 강조함으로써 후기 인상파 회화에 이론적 기초를 제공했다. 하지만 그의 이론은 순환 논증의 함정에 빠진 채 거기서 빠져나오지 못했다. 즉 '의미 있는 형식'은 일반적인 느낌과는 구별되는 '미적 정서aesthetic emotion'[79]를 불러일으킬 수 있느냐에 달려 있다고 하는 동시에 '미적 정서'는 '의미 있는 형식'에서 비롯된다고 본 것이다. 탁월하다고 할 수 있는 이 형식 이론에 만약 앞에서 말했던 '심미적전론積澱論'의 정의와 해석을 가미한다면 이와 같은 논증의 악순환에서 벗어날 수 있을 것이다.

순수 형식처럼 보이는 기하학적인 선이 실제로는 사실적인 형상에서 변화한 것인데, 그 속에 내용이 이미 누적-침전(용해)되어 있기 때문에 비로소 일반적인 형식·선과 구별되며 '의미 있는 형식'이 되는 것이다. 또한 그것[기하학적인 선]에 대한 느낌에는 특정한 관념과 상상이 누적-침전(용해)되어 있기에 비로소 일반적인 정서·감성·느낌과는 구별되고 '미적 정서'가 되는 것이다. 원시 무술의례에 담긴 사회적 정감은 강렬하고 치열하며 모호하고 다의적이다. 그 안에 포함되어 있는 많은 관념과 상상은, 이성·논리·개념으로는 명확히 해석할 수 없으며 그것이 감각기관의 느낌으로 변화하고 누적-침전될 때 비로소 개념으로는 표현할 수 없는 심층의 정서적 반응으로 자연스럽게 변화하게 된다. 어떤 심리분석학자들(예를 들면 융Jung)은 집단 무의식의 '원형原型'을 통해 이것을 신비롭게 해석하고자 했다. 하지만 실제로 그것은 결코 신비하지 않다. 그것은 바로 형식과 느낌 가운데 누적-침천되고 용해되어 있는 특정한 사회적 내용과 사회적 정서다.

그런데 주의할 점은, 세월이 흐르고 시대가 변천함에 따라 원래는 '의미 있는 형식'이었던 것이 반복적인 모방으로 인해 날이 갈수록 의미 있는 형식을 잃어버리고 규범화한 일반적인 형식미로 변해버렸다는 것이다. 이로 인해 특정한 미적 정서 역시 일반적인 형식적 정서로 점차 변했다. 이렇게 해서 기하무늬 또한 확실히 각종 장식미와 형식미의 가장 오랜 견본과 표본이 되었다.

도기의 기하무늬는 선의 구성과 흐름을 주요 선율로 삼는다. 선과 색채는 조형예술의 양대 요소다. 둘을 비교해보면, 색채는 보다 원시적인 심미 형식이다. 색채에 대한 느낌은 동물적인 자연스러운 반응이 그러한 느낌(예를 들면 붉은색이나 녹색에 대한 각각의 생리적 느낌)의 직접적인 토대이기 때문이다. 선은 그렇지 않다. 선을 느끼고 이해하고 파악하는 것은 훨씬 간접적이고 어려우며, 보다 많은 관념·상상·이해의 요소와 능력이 필요하다. 색채에 대한 심미적 감각이 구석기시대의 산딩둥인에서부터 이미 시작되었다고 한다면, 선에 대한 심미적 감각은 도기를 제작하던 신석기시대에 이르러서야 생겨났다고 하겠다. 이는 날이 갈수록 발전하고 종류도 많아진 도기의 조형(원형·방형·장단·높낮이에 있어서 비율이 다양한 발鉢·반盤·분盆·두豆·역鬲·언甗 등)을 능숙하게 파악하고 심혈을 기울여 제작했던 것과 밀접한 관계가 있다. 이러한 물질생산의 바탕 위에서 그것들[선과 색채]은 날이 갈수록 그 시기의 심미 내지 예술의 핵심이 될 수 있었다. 내용에서 형식으로의 누적-침전 역시, 노동과 생활 속에서 장악하고 숙지한 합법칙적인 자연법칙을 통해 실현되었다. 물태화 생산의 외적 형식 내지 외부 조형 역시 여전히 물화 생산의 형식 및 법칙과 관련되어 있다.[80] 다만 전자는 물화 생산보다 더 자유롭고 집중적일 따름이다. 합법칙적인 자연 형식은 물태화 생산에서 보다 두드러지고 순수한 양상을 띤다.

요컨대 재현에서 표현으로, 사실寫實에서 상징으로, 형形에서 선으로의 역사 과정에서 사람들은 비교적 순수한(선은 색채보다 순수하다) 미의 형식 및 심미의 형식감形式感을 자신도 모르게 창조하고 배양했다. 광대한 세계 속의 리듬·운율·대칭·균형·연속·간격·중첩·단독·굵기·밀도·반복·교차·착종·일치·변화·통일 등의 여러 형식법칙과 더불어서 노동·생산·자연대상이 그[형식법칙] 안에서 점차 자각적으로 장악되고 집중적으로 표현되었다. 이상의 합법칙적인 여러 형식은, 신석기시대 농경사회의 노동과 생활 및 이와 관련된 자연대상(농작물)의 경우에서 구석기시대 수렵사회보다 훨씬 두드러지고 확고하고 분명하게 나타난다. 그 형식들은 무술의례를 통해, 경직된 듯한 도기의 추상무늬 부호 위에 마침내 응결·누적-침전·농축됨으로써 선의 형식에 사회 역사의 원시적인 내용 및 풍부한 의미가 충만하도록 했다. 이와 더불어서 선은 감각에만 호소하는 게 아니라, 비교적 고정된 객관 사물의 직관적 재현에만 호소하는 게 아니라, 주관 정감의 운동형식을 상징하고 대표할 수 있다.

마치 음악의 선율처럼, 선에 대한 느낌은 단순히 공간의 대상이라기보다는 시간의 과정이다. 그렇다면 또한 이렇게 말할 수 있을 것이다. 즉 원

역鬲

두豆

연甗

시 무술의례에 나타나는 치열한 정감은, 오늘날에 보기에는 아주 평범한 선의 무늬 속에 독특한 형태로써 응결되고 누적-침전되어 있는 게 아닐까? 물결이 출렁이듯 반복적으로 맴도는 운율과 형식이야말로 원시 가무가 승화한 추상을 대표하는 게 아닐까? 앞에서 우리는 "손에 손을 잡은" 이러한 활동[원시 가무]의 모방과 재현을 살펴보았는데, 기하무늬를 포함한 모든 도기예술 역시 이러한 각도에서 그것의 사회적·심미적 의미를 이해하고 깨달아야 하지 않을까? 예를 들면, 그 당시[신석기시대] 땅바닥에 앉아서 도기 무늬를 바라보던 정적 관조는 "손에 손을 잡은" 원시 가무의 동적 '과정'으로부터 변화한 게 아닐까? 동적인 무술이 마법화하여 정적인 침묵의 기도로 변화한 게 아닐까?

무늬와 더불어서 도기의 조형 역시 매우 흥미로운 과제다. 예를 들면 다원커우大汶口 문화와 룽산龍山 문화에 보이는 도규陶鬹의 조형은 새의 형상과 비슷한데, 이는 동방 집단의 새 토템과 관계가 있는 게 아닐까? 여기서는 중국 민족과 특별한 관계가 있어 보이는 두 가지만 언급하기로 하겠다. 하나는 다원커우에서 발굴된 도저陶猪이고 다른 하나는 삼족기三足器다.

전자는, 허무두河姆渡에서 다원커우에 이르기까지 돼지를 길들여 사육했던 것이 상고시대 중국 민족의 큰 특징임을 보여준다. 이는 이른 시기에 정주定住 및 농경이 이루어졌음을 나타내는 것이다. 7500년 전의 허난 페이리강裴李崗 유적지에서 돼지 뼈와 점토로 만든 돼지가 발굴되었으며, 양사오 문화 말기에 이르러서는 돼지머리를 부장품으로 사용했다. 돼지는 생산수단이 아니라 소비

돼지 형태의 도기 솥鬲, 신석기시대, 산둥 성 자오膠 현 싼리 허三里河 출토.

다원커우 문화 도력陶鬲, 산둥 성 취푸曲阜, 시샤허우西夏侯 유적지 출토.

품이다. 지금까지도 중국 민족은 세계의 많은 타 민족과 달리 돼지고기 소비가 소고기와 양고기 소비를 훨씬 초과한다. 여전히 돼지고기는 중국 인구의 절대다수인 한족의 주요 육식인데, 이는 확실히 유구한 역사를 지니고 있다. 다원커우의 도저 형상은 중국 민족의 오래된 중요한 표지標識다.

그런데 심미 내지 예술에 있어서 보다 중요한 것은 삼족기 문제다. 삼족기 역시 중국 민족이 매우 아끼는 것이다. 삼족기의 형상은 어떤 것을 모방하거나 그대로 표현한 것이 아니라(동물은 다리가 넷이고 조류는 다리가 둘이다), 생활의 실용적(예를 들면 불을 지피기에 편리함) 기초에서 유래한 형식의 창조다. 삼족의 조형에서 비롯된 안정·견고(이족보다 견고하다)·간결·강건(사족보다 강건하다) 등의 형식감과 독특한 형상은 고도의 심미적 기능과 의미를 지닌다. 삼족기는 마침내 후세의 주요 예기禮器(종교 용구)인 '정鼎'으로 발전했다.

형식이 모방 및 실제 상태를 그대로 표현하는 단계를 벗어나자 스스로 독립적인 성격과 진로를 획득하게 되었다. 또한 형식 자체의 법칙과 요구는 날로 중요한 역할을 하게 되었으며, 인간의 느낌과 관념에 영향을 주었다. 그리고 인간의 느낌과 관념은 다시 거꾸로 형식의 발전을 촉진함으로써 형식의 법칙이 보다 자유롭게 전개되고 선의 특성이 더욱 충분히 발휘되도록 했다. 삼족기의 조형 및 도기 무늬의 변화는 모두 이러했다.

그렇긴 해도 도기 무늬의 변화·발전은 여전히 근본적으로 사회구조

상나라 시기의 세발솥.

상나라 시기의 세발솥.

및 원시 의식형태의 발전·변화에 의해 제약되었다. 반포·먀오디거우·마자야오에서부터 서쪽의 반산·마창·치자 및 동쪽의 다원커우(말기)와 산둥山東 룽산에 이르기까지, 도기 무늬에 변화가 많고 양식이 일치하지 않으며 매우 복잡하여 개괄하긴 어렵지만 다음과 같은 총체적인 추세와 특징이 있음은 인정할 수 있을 것이다. 즉 동일하게 추상적인 기하무늬에 속한다 하더라도, 신석기시대 말기는 초기에 비해 훨씬 더 신비롭고 공포스럽다. 전기는 생동·활발·자유·상쾌·개방·유동의 성격이 비교적 강한 반면, 후기에 두드러지는 것은 경직·엄준·정지·폐쇄·경외·위협이다. 형식에 있어서 구체적인 표현은 후기에 보다 명백하게 다음과 같은 특징을 보여준다. 직선이 곡선을 압도하고, 폐쇄성이 연속성보다 강하며, 호형弧形과 물결무늬는 감소하고, 직선과 삼각형이 두드러지며, 원호圓弧는 직사각형에 자리를 내주었다. 같은 톱날무늬와 삼각무늬[81]라 하더라도, 반포나 먀오디거우의 것은 룽산의 것과 다르고 마자야오의 것은 반산이나 마창의 것과는 다르다. 다원커우 말기 내지 산둥 룽산의 경우, 크고 뾰족하며 속이 텅 빈 직선 삼각형이 거꾸로 혹은 똑바로 서 있다. 기계적이고 정지 상태의 삼각형들이 도기 표면의 많은 면적과 주요 위치를 차지하고 있으며, 신비하고 괴이한 의미를 뚜렷이 나타낸다. 붉은색과 검은색이 뒤섞인 톱니무늬는 반산·마창 채도의 기본 무늬 가운데 하나로, 마자야오 채도에서는 아직 발견되지 않았다.

목이 긴 채도호彩陶壺, 마창 문화 유적지 출토.

상대적으로 평화롭고 안정

삼각무늬 채도호, 다원커우 문화, 산둥 성 타이안泰安 다원커우 출토.

돌자귀에 새겨진 짐승 얼굴 문양 탁본, 룽산 문화유적지,
산둥 성 르자오 량청兩城 진 출토.

적이던 신농씨의 시대는 이미 지나갔고, 사회가 발전하면서 대규모의 잔혹한 전쟁·약탈·살육을 기본 특징으로 하는 황제·요·순 시대로 접어들었다. 모계씨족사회는 가부장제에 자리를 내주었고, 갈수록 초기 노예제를 향해 나아갔다. 착취와 압박, 사회적 투쟁이 급격하게 증가했다. 도기의 무늬는, 신석기 전기의 생기발랄하고 귀엽고 구불구불하고 자연스러운 형태의 사실적인 무늬 및 기하무늬가 점차 사라졌다. 신석기 후기의 기하무늬는 권위적인 통치력을 느끼도록 하는 표현이 유달리 심화되었다. 산둥 룽산 문화 말기 르자오日照에서 출토된 돌자귀의 문양 및 동북 지역에서 출토된 도기 무늬에 이르면, 훨씬 더 뚜렷하게 은상 시기의 청동기에 접근하게 되고[82] 성질에 근본적인 변화가 생겨난다. 이는 청동기 문양의 선구다.

제2장

청동 도철

1 영려의 미

하나라에서 구정九鼎[1]을 주조했다는 전설은 청동시대의 첫 장을 여는 표지다. 하 문화는 여전히 탐색 중에 있긴 하지만 허난의 룽산과 얼리터우二里頭[2]가 하 문화에 해당할 것이다. 상 문화가 북방에서 유래했다는 설[3]을 채택한다면, 이 점은 더욱 확실하게 성립될 수 있다. 제1장의 마지막에서 말했듯이, 남쪽(강남·산둥)과 북쪽(동북)에 걸친 상당수 신석기시대 문화 유적지의 도기 문양은 모두 청동기 문양으로 넘어가는 뚜렷한 특징을 지니고 있다. 물론 이 도기들이 청동기보다 이른 시기의 것인지 혹은 같은 시기의 것인지 혹은 나중의 것인지에 대해서는 아직도 많은 논쟁이 존재한다. 하지만 전체적인 경향으로 볼 때, 도기 문양의 미학 풍격은 발랄하고 유쾌한 것에서 무겁고 신비로운 것으로 나아갔는데, 이는 청동시대로 나아갔다는 분명한 증거다.

황제 이래로 요·순·우의 이두 군장제二頭軍長制[4](군사 민주제[5])를 거쳐 하대夏代의 "현인에게 물려주지 않고 자식에게 물려줌傳子不傳賢"[부자 상속에 의한 왕위의 세습제]에 이르러, 중국의 고대사는 새로운 단계로 들어섰다. 비록 여전히 씨족공동체라는 사회구조에 토대를 두긴 했지만 초기 노예제의 통치질서(등급제도)가 점차 형성·확립되었다. 공동체의 성원이 점차 각급 씨족 귀족의 변형된 형태의 노예가 되어갔고, 귀족과 평민(국인國人)의 계급이 나뉘기 시작했다. 상부구조와 의식형태 영역에서는, '예禮'를 기치로 삼고 조상에 대한 제사를 핵심으로 하는 종교적 성질이 짙은 무사巫史문화가 형성되었다. 그것의 특징은 공동체 전체가 향유했던 원시의 무술의례가 일부 통치자에 의해 독차지되는, 사회 통치를 위한 차별적 법규로 변했다는 것이다. 또한 원시사회 말기에 무사巫師의 직책을 담당했던 이들이 통치계급의 종교 및 정치의 보좌역으로 변했다는 것이다.

은허갑골복사殷墟甲骨卜辭는 그 당시에 날마다 점을 쳐야 했음을 보여준다. "벼를 많이 수확할 수 있을지 점치고卜禾" "풍년이 들지 점치고卜年" "비가 올지 점치는卜雨" 등 농업과 관련된 내용, 그리고 전쟁·치병治病·제사 등의 내용이 그 상당수를 차지했다. 이는 원시사회에서 무사가 했던 활동과 기본적으로 동일하지만, 이러한 종교 활동은 갈수록 씨족의 귀족 통치집단과 통치계급의 이익을 수호하는 도구가 되어갔다. 이러한 활동이 점점 확대되면서, 온갖 크고 작은 일을 모두 상제上帝나 귀신에게 묻고 나서야 행동의 길흉과 가부를 결정하게 되었다. 은허에서 출토된 갑골에는 온갖 대소사에 대해 점친 내용이 기록되어 있다. 주대周代 역시 마찬가지였는데, 종정鐘鼎 명문銘文이 명백한 증거다. 『주역』도 실제로는 점을 위한 책이다. 『상서』「홍범洪範」에 나오는 다음 기록은, 은·주 사회의 그러한 활동에 대한 전형적인 사실적 묘사로 간주할 수 있다.

> 당신[왕]에게 큰 의문이 있으면, 자신의 마음에 물어보고 경사卿士들에게 물어보고 서민들에게 물어보고 거북점과 시초점에 물어보십시오. (…) 당신이 따르고 거북점이 따르고 시초점이 따르면, 경사들이 거

스르고 서민들이 거슬러도 길할 것입니다. 경사가 따르고 거북점이 따르고 시초점이 따르면, 당신이 거스르고 서민들이 거슬러도 길할 것입니다. 서민들이 따르고 거북점이 따르고 시초점이 따르면, 당신이 거스르고 경사들이 거슬러도 길할 것입니다. [당신이 따르고] 거북점이 따른다 할지라도, 시초점이 거스르고 경사들이 거스르고 서민들이 거스른다면, 안의 일은 길하고 밖의 일은 흉할 것입니다. 거북점과 시초점이 모두 사람들과 다를 경우, 가만히 있으면 길하고 움직이면 흉할 것입니다.[6]

이상은 모든 조건 중에서 "거북점이 따르고" "시초점이 따르는" 것이 가장 중요하며, 이것이야말로 '제帝'나 '왕' 자신의 의지와 요구를 포함한 기타 모든 측면과 요소를 초월한다는 것을 말하고 있다. 만약 "거북점과 시초점이 모두 사람들과 다를 경우"에는 아예 아무런 활동조차 할 수가 없다. 거북점과 시초점을 장악하고 점을 치던 사제司祭[7]들의 지위와 권세를 가히 짐작할 수 있다. 그들 가운데 일부는 실제로 나랏일을 관장하는 정권의 조종자가 되기도 했다.

내가 듣건대, 옛날 성탕成湯이 명命을 받으셨을 때에는 이윤伊尹과 같은 이가 있어 황천皇天에 이르렀소. (…) 태무太戊 때에는 이척伊陟과 신호臣扈 같은 이가 있어 상제上帝에게 이르렀고 무함巫咸이 왕가王家를 다스렸으며, 조을祖乙 때에는 무현巫賢 같은 이가 있었소.[8](『상서』「군석君奭」)

태무제太戊帝가 즉위하여 이척을 재상으로 삼았다. (…) 이척은 [불길한 징조를 없앨 수 있었던 공로를 무함에게 돌리며] 무함을 칭찬했다. 무함은

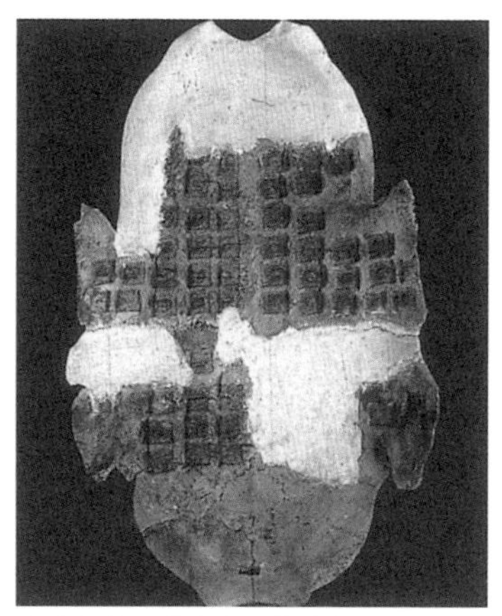

신에게 빌고 점칠 때 사용했던 거북 껍데기.
서주, 시안 출토.

제사와 수렵 등과 관련된 내용을
점치고 글로 새긴 소뼈.
상대, 허난 성 안양安陽 출토.

> 왕가를 잘 다스렸다. 조을제祖乙帝가 즉위하자 은나라가 부흥했는데, 무현이 정무를 담당했다.[9](『사기史記』「은본기殷本紀」)

‘무巫’와 ‘윤尹’(복사에 “다윤에게 명하다令多尹”라는 구절이 있다) 외에 ‘사史’(복사에 “경사에게 명하다其令卿史”라는 구절이 있다)도 있었다.[10] ‘사’는 무·윤과 마찬가지로 ‘천도天道를 아는’ 종교적·정치적 대인물이다. 장타이옌章太炎은 ‘사士·사事·사史·이吏’ 등은 본래 같은 존재라고 보았다. 왕궈웨이는 사史와 사事가 같다고 했다. 은허복사에서는 ‘경사卿史’라 했고 주대의 정鼎에서는 ‘경사卿事’라 했으며 경전에는 ‘경사卿士’로 나오는데, 모두가 사실은 같은 존재라는 것이다. 결국 “경사卿士는 본래 사史라고 했다”는 것이다. 또한 ‘윤’과 ‘사史’ 역시 동일한 존재로, “윤씨尹氏라는 칭호는 내사內史에서 유래했다”[11]고 한다. 사史는 손에 죽간竹簡을 쥐고 있는 형태인데, 최초로 문자를 독점했던 인물이다. 이밖에 복卜·종宗·축祝[12] 등도 모두 그 당시에 명칭은 다르지만 실질은 같은 사제 귀족이었다.

이상은 물질노동과 정신노동의 분리에 맞추어서 최초로 일군의 사상가들이 나타났는데, 그들이 바로 원시사회의 정신적 우두머리인 무사였음을 말해준다. 이는 마르크스가 『독일 이데올로기』에서 다음과 같이 언급한 그대로다. "이때부터 의식은 자만하게 되었다. 즉 자신[물질노동과 분리된 정신노동으로서의 의식]은 현존하는 실천에 대한 의식과는 다른 것으로, 모종의 실재하는 것을 표상하지 않고서도 모종의 것을 실제로 표상할 수 있다고 말이다." "이 계급의 내부에서 일부가 이 계급의 사상가로서 등장(이 계급의 적극적이고 구상력 있는 이데올로그인 이들은 이 계급 스스로에 대한 환상을 만들어내는 것을 생계의 주요 원천으로 삼았다)"했다.[13]

고대 중국의 무巫·윤尹·사史는 바로 은·주 통치계급 가운데 적극적이면서 개괄능력을 지닌 일군의 '사상가'였다. 그들이 "황천에 이르고" "상제에게 이른" 것은 사제의 최초 형식이다. 그들은 종교라는 옷을 걸치고 자기 계급의 이익을 위해 미래를 생각하고 계책을 세웠다. 따라서 그들의 이러한 두뇌활동은 현존 실천 의식과는 다른 종류의 것이었다. 그것은 현존하는 각종 사물을 상상하는 게 아니라, [현존하는 사물과는 별개로] 어떤 것을 진실하게 상상할 수 있었다.[14] 이는 바로 신비롭고 기이한 무술(종교적인 형식으로 제기한 '이상')을 통해 미래를 점치고 통치계급에 대한 환상을 꾸며내 그들에 의한 통치가 하늘의 뜻이라고 말했다. "예로부터 성왕聖王이 천명을 받아 나라를 세우고 사업을 일으키고자 할 때, 그 일이 잘 이루어지도록 하기 위해 점치는 일을 중히 여기지 않은 적이 있었던가? 당唐[요]·우虞[순] 이전에 대해서는 기록할 수 없지만, 삼대三代의 흥성함을 통해 보건데 각각 길조吉兆에 근거했다."[15](『사기』「귀책열전龜策列傳」) 공교롭게도 이 역시 "당·우 이전"의 원시사회에 대해서는 딱히 말하기 어렵지만, 하·상·주부터는 "천명을 받아 나라를 세우고" 통치를 확립하기 위해서는 무·사·윤에 의지하여 자기 계급의 환상과 '길조'를 만들어내고 선전해야 했음을 보여준다.

이러한 '환상'과 '길조' 그리고 '진실하게 상상'하는 의식형태의 독립적이고 전문적인 생산은 사실적인 도상의 형태로 청동기에 표현되어 있다. 도기 문양에 있어서 규범의 제정과 변화는, 물질생산을 담당하던 씨족 지도자로부터 아직 벗어나지 않았고 씨족부락 전체 구성원의 관념과 상상을 구현하는 것이었다. 한편 청동 문양의 규범을 제정한 이는 "어떤 것을 진실하게 상상할 수 있는" 종교적·정치적 대인물인 무·윤·사였다. 청동기를 주조한 사람이 육체노동자 심지어 노예라 할지라도, 청동 문양의 기원이 원시 토템 및 도기 도안까지 거슬러 올라간다 할지라도, 결국 그것이 구현하는 것은 초기 종법제사회의 통치자의 위엄·힘·의지다. 그것은 도기의 신비롭고 괴이한 기하무늬와는 성질에 있어서 이미 구별된다.

도철饕餮로 두드러지게 대표되는 청동 문양은, 기하학적이고 추상적인 신괴한 문양과는 다르다. 그것은 훨씬 더 구체적인 동물 형상이지만, "모종의 실재하는 것을 표상"하는 것은 이미 확실히 아니다. 현실세계에서 그런 동물에 대응하는 것은 없다. 그것은 "실제로 표상"해낸 "모종의 것"에 속한다. 이는 통치계급의 이익과 필요를 위해 상상하여 만들어낸 '길조' 내지 표지다. 그것은 세속을 초월한 신비롭고 위협적인 동물의 형상을 통해, 갓 탄생한 통치계급이 자신의 통치 지위에 대해 갖는 긍정과 환상을 나타낸다.

> 옛날에 하 왕조가 덕이 있었을 때, 먼 곳에 있는 나라들이 각지의 사물을 그려 올리자 구주九州의 우두머리들에게 청동을 바치게 하여 정鼎에다 그 사물의 형상을 주조하니 온갖 사물이 정 위에 갖추어졌고, 백성들로 하여금 [정에 주조된 사물의 형상을 보고] 귀신과 괴물을 알도

록 했습니다. 그래서 백성들은 천택川澤과 산림에 들어가도 불길한 것들을 만나지 않게 되었고, 이매망량螭魅罔兩도 만나지 않게 되었습니다. 이로써 상하가 서로 화합하게 할 수 있어 하늘의 도움을 받았던 것입니다.[16](『좌전』 선공宣公 3년)

도철을 대표로 하는 청동 문양은, 자신을 긍정하고 사회를 보호하며 "상하가 서로 화합하게 하고" "하늘을 도움을 받는다"는 상서로운 의미를 지니고 있다. 그렇다면 도철은 대체 어떤 것일까? 이에 대해서는 아직까지 정론定論이 없다. 유일하게 인정할 수 있는 점은 그것이 수면문獸面紋[짐승 얼굴 문양]이라는 것이다. 그렇다면 어떤 짐승일까? 이에 대해서는 소·양·용·사슴·산소山魈 등 아주 다양한 견해가 있다. 나는 그것이 소의 머리 문양이라는 데에 기본적으로 동의한다. 하지만 이는 평범한 소가 아니라 그 당시 무술 종교의례에 사용된 신성한 소다.[17] 서남 소수민족에 대한 민속학 조사에 의하면, 무술 종교의례의 주요 상징인 소의 머리를 나무 꼭대기에 높이 매다는 것은 해당 씨족부락에게 극히 중요한 신성한 의미와 보호 기능을 지니고 있다. 그것은 실제로 원시 제사의례의 부호다. 이 부호는 환상 속에서 거대한 원시적 힘을 지니고 있기에 신비·공포·위협을 상징한다. 그것은 아마도 상술한 무·윤·사의 환상을 통해 만들어진 걸작일 것이다. 그러므로 각종 도철 문양 및 그것을 주요 부분으로 삼는 청동기의 여타 문양과 조형은 다음과 같은 특징을 지닌다. 즉 그것은 무한한 심연의 원시적 힘에 대한 지향을 두드러지게 하며, 그처럼 신비롭고 위협적인 존재 앞에서 느껴지는 두려움·공포·잔혹·흉악 등을 두드러지게 한다.

저 유명한 상대의 정과 주대 초기의 정을 보라. 짐승(사람?) 얼굴의 커다란 도끼大鉞를 보라. 표면에 가득한 우레무늬를 보라. 도철과 서로 얽

청동기의 도철문.

사람 얼굴 무늬의 월(병기兵器). 상대. 산둥 성 출토.

혀 있는 기룡夔龍이나 기봉夔鳳의 무늬를 보라. 온갖 변형된 형태의, 현실세계에서는 결코 존재하지 않는 각종 동물의 형상(예를 들면 신비한 밤의 사자인 올빼미)을 보라. 저 무시무시한 사람 얼굴의 정人面鼎을 보라. 그것들[청동 문양]은 이제 더 이상 양사오 채도 문양과 같은 생동적이고 활발하며 유쾌한 사실적인 형상이 아니다. 또한 신비롭다 하더라도 결국은 추상적인 도기의 기하무늬와도 다르다. 그것들은 완전히 변형되고 양식화된, 환상의 무시무시한 동물의 형상이다. 그것들이 전달하는 느낌은 신비로운 위력과 영려獰厲[흉악하고 무시무시함]의 미美다. 그것들이 지니고 있는 위협적이고 신비로운 힘은, 괴이한 동물의 형상 자체가 어떤 위력을 지니고 있느냐에 달린 것이 아니라, 괴이한 형상을 상징 부호로 삼아 인간 세상을 초월한 듯한 권위와 신력神力의 관념을 지향하고 있는 데서 비롯된 것이다. 그것들이 미美인 까닭은, 그 형상이 (요즘 일부 미술사에서 생각하고 있듯이) 어떤 장식적 특징을 지니고 있느냐에 기인한 것이 아니라, 괴이한 형상의 웅건한 선 및 주조된 문양의 두드러지는 깊이감에서 비롯된 것이다. 이 선과 깊이감이, 무한하고 원시적이며 개념 언어로는 표현할 수 없는 원시종교의 정감·관념·이상을 아주 적절하게 구현하고 있다. 이것이 침착하고 굳건하고 안정된 기물의 조형과 조화를 이루면서, "경건하게 큰 도끼 잡아 쥔 모습, 불길이 활활 타오르는 듯"[18](『시경』「상송商頌」)에서처럼 문명시대로 진입하는 데 있어서 반드시 거쳐야만 하는 피와 불의 야만시대를 더할 나위 없이 성공적으로 반영하고 있다.

인류는 동물에서부터 시작했다. 동물 상태에서 벗어나기 위해 인류는 최초에 거의 동물과 같은 야만적인 수단을 사용했다. 이것이 역사의 진상이다. 여태 역사는 온정이 넘쳐흐르는 인도적인 목가牧歌 소리 속에서 펼쳐진 적이 없다. 정반대로 역사는 늘 수많은 시체를 냉정하게 짓밟으면서 전진했다. 전쟁은 바로 가장 야만적인 수단 가운데 하나다. 원시

올빼미 형상의 술그릇尊,
상대, 허난 성 안양 부호婦好 묘에서 출토,
중국국가박물관 소장.

사람 얼굴 문양의 청동 방정方鼎,
후난성박물관 소장.
상대 후기,
후난 성 닝샹寧鄕 황黃 촌 출토.

사람 얼굴 문양의 청동 방정(부분).

사회 말기 이후로 씨족부락의 병탄과 더불어 전쟁은 갈수록 빈번해지고 규모 역시 커졌다. 중국에서 병서兵書가 아주 이른 시기에 성숙한 것은, 오랜 기간의 전쟁 경험을 개괄적으로 반영하는 것이다.

> [전쟁 무기를 만들기 위해] 숲의 나무를 깎은 이래로 어느 날인들 전쟁이 없었던 적이 있는가? 대호大昊의 전쟁은 70번을 싸운 뒤에야 끝났고, 황제의 전쟁은 52번을 싸운 뒤에야 끝났고, 소호少昊의 전쟁은 48번을 싸운 뒤에야 끝났고, 곤오昆吾의 전쟁은 50번을 싸운 뒤에야 끝났다. 목야牧野의 전투에서는 피가 넘쳐흘러 절굿공이를 띄웠다.[19](나필羅泌, 『노사路史』「전기前紀」 권5)

대체로 염제炎帝·황제 시대로부터 은·주에 이르기까지, 대규모 씨족 부락 간의 합병 전쟁 및 그에 수반한 대규모의 빈번한 살육·노획·약탈·노예화·압박·착취는 사회의 기본적인 흐름이자 역사의 관례였다. 폭력은 문명사회를 탄생시킨 산파다. 폭력과 무공의 과시는, 씨족부락의 대규모 합병이 이루어지던 초기 종법제 역사시기의 찬란한 빛이자 자랑거리였다. 따라서 원시 신화 및 영웅 이야기를 뒤이어 나타난 것은 바로 자기 씨족과 조상 및 그 당시 야만스런 온갖 병탄 전쟁에 대한 찬양과 선양이었다. 은·주 시기의 청동기 역시 대부분 이를 위해 제작되었다. 제사의 '예기禮器'였던 청동기는 대부분 조상에게 바치거나 자신의 무력 정벌의 승리를 새겨두기 위함이었다. 이는 그 당시에 포로를 대규모로 살육하여 제사지내던 사실과 완전히 일치한다. "나와 같은 족류族類가 아니면 그 마음이 반드시 다르다"[20]는 말이 있는데, 자신의 씨족과 부락이 아닌 적을 죽이거나 잡아먹었던 것은 원시 전쟁 이후의 역사적 사실이다. 또한 포로를 죽여 씨족의 토템과 조상에게 제사지내는 것은 그 당시의 상례常禮였다. 이로 인해 사람을 잡아먹는 도철이 마침 이 시대의 표준적인 부호가 될 수 있었던 것이다.

『여씨춘추』「선식람先識覽」에서 말하길, "주나라 정鼎에 주조된 도철은 머리만 있고 몸통은 없는데, 사람을 잡아먹을 때 삼키지도 못한 채 그 자신에게 해가 미쳤다"[21]고 했다. 관련 신화가 이미 전해지지 않기 때문에 그 의미를 이해하기 어렵다. 하지만 "사람을 잡아먹는다"는 말의 기본적인 의미는, 사납고 괴이하고 무시무시한 도철의 형상과 완전히 부합한다. 도철은 공포의 화신이면서 수호신이기도 하다. 그것은 다른 씨족과 부락에게는 위협과 공포의 부호였던 반면, 자신의 씨족과 부락에게는 그들을 지켜주는 신령한 힘을 지닌 존재였다.[22] 이러한 이중적인 종교관념·정감·상상이 이 괴이하고 흉악하고 무시무시한 형상에 응결되어

도철식인유饕餮食人卣. 도철이 사람을 잡아먹는 모습의 청동 술그릇,
도철이 사람을 보호하는 것이라고 해석하기도 한다.
상대 후기, 후난 성 닝샹 현 출토, 일본 센오쿠泉屋박물관 소장.

있었다. 오늘날 보기에는 그것이 너무나 야만스럽지만 그 당시에는 역사적인 합리성을 지니고 있었다. 바로 이 때문에 고대의 여러 씨족의 야만적인 신화전설과 잔인한 전쟁 이야기와 예술작품(호머의 서사시와 아프리카의 가면 등을 포함) 등이 매우 거칠고 조잡스러우며 심지어 흉악하고 무시무시하다 할지라도 커다란 미학적 매력을 지니고 있는 것이다.

중국의 청동 도철 역시 마찬가지다. 두려우리만큼 흉악하고 무시무시해 보이는 위협과 신비 속에는 깊은 역사의 힘이 누적-침전되어 있다. 그것의 신비와 공포는, 저항할 수 없는 거대한 역사의 힘과 결합해야만 비로소 숭고한 미가 된다. 여기서 인간은 확실히 아무런 지위와 힘이 없다. 중요한 자리를 차지하고 있는 것은 신비화된 동물의 변형이다. 그것이 인간의 몸과 마음을 위협하고 삼키고 억누르고 짓밟는다. 하지만 그 당시 사회는 반드시 이러한 피와 불의 잔인·야만·공포·위력을 통해 자신의 길을 개척하며 앞으로 나아가야 했다.

감상적인 태도로는 청동시대의 예술을 이해할 수 없다. 걸핏하면 수많은 포로와 노예를 살육하던 역사시대는 이미 지나갔다. 하지만 그 시대의 정신을 대표하고 구현하는 청동예술이 지금까지도 사람들에게 끊이지 않는 감상과 찬탄의 대상이 되는 까닭은, 신비화되어버린 객관적 역사의 전진을 이끈 초인적 힘을 바로 그것이 구현하고 있기 때문 아니겠는가? 바로 이러한 초인적 역사의 힘이야말로 청동예술이 지닌 '영려의 미'를 구성하는 본질이다. 이는 사람들에게 공포 효과를 선사하는 그리스 비극이 보여주는 운명감運命感이, 역사의 필연성과 힘을 구현함으로써 아름다운 예술이 되는 이치와 마찬가지다. 초인적인 역사의 힘과 원시종교의 신비로운 관념의 결합 역시 청동예술로 하여금 가혹한 운명의 분위기를 자아내게 함으로써 그것의 신비하고 흉악하고 무시무시한 풍격을 심화시켰다.

청동 입인立人상,
높이가 172센티미터에 달하며 왕권과 신권을 겸비한 존재로 해석된다.
상대, 쓰촨四川 성 광한廣漢 싼싱두이 제사갱 출토.

한편 초기 종법제는 원시사회와 불가분의 관계이므로, 흉악하고 잔인한 갖가지 형상에도 모종의 풋내가 여전히 간직되어 있다. 따라서 조금도 숨김없는 신비와 무시무시함 가운데, 되풀이할 수 없고 따라잡을 수 없는 유년의 기풍을 띤 아름다움이 뜻밖에도 넘쳐흐른다. 특히 오늘날에 보면 이러한 특색이 더 뚜렷하다. 저 짐승(사람) 얼굴의 큰 도끼를 보라. 흉악하고 무시무시함을 의식적으로 있는 힘을 다해 과장하고 있다 하더라도, 그 안에는 풋내가 나는 심지어는 사랑스럽게 느껴지는 어떤 것이 여전히 보존되어 있지 않은가? 많은 도철 문양 역시 마찬가지다. 그것들 역시 모종의 원시적이고 천진스럽고 투박한 미를 지니고 있다.

신비롭고 흉악하고 무시시무시하다고 해서 아무 것이나 미가 되는 것은 아니다. 흉악하고 무시무시하게 표현된 후세의 다양한 인간과 신의 조형 및 동물의 형상은, 아무리 위협과 공포를 과시하려고 한들 결

청동 도철문.

청동 용문.

청동 기문夔紋.

수면문獸面紋 세발솥, 상대.

국 가소로운 공허함만 헛되이 드러낼 뿐이다. 거기에는 청동예술에 담긴, 역사의 필연적인 운명의 힘과 인류 초기의 유년의 기풍이 없기 때문이다.

사회가 발전하고 문명이 진보할수록 숭고와 영려의 미를 더욱 잘 감상하고 평가할 수 있게 되었다. 종법제 시기에 그것[청동예술]은 심미와 감상의 대상이 아니라 두려워하며 무릎을 꿇고서 신에게 바치는 종교 예기였다. 봉건시대에도 그 흉악하고 무시무시한 형상을 두려워했기 때문에 그것의 역사적 사실을 없애버렸다. "옛날에는 종정鐘鼎이 앙화를 일으킨다고 생각해서 그것을 훼손한 일이 있었는데, 대체로 이러한 형상이 두렵고 기괴했기 때문이다."[23] 물질문명이 고도로 발달하고 종교관념이 이미 옅어지고 잔혹과 흉악이 옛 자취가 되어버린 문명사회에서만이 역사 전진의 힘과 운명을 구현한 상고시대의 예술이 비로소 사람들에게 이해되고 감상되고 애호될 수 있으며 진정한 심미의 대상이 될 수 있다.

2

선의 예술

청동시대와 더불어서 발달·성숙한 것은 한자다. 서법書法으로서 한자는 마침내 후세에 중국 고유의 예술 갈래 및 심미 대상이 되었다. 그 근원을 탐구하자면, 한자의 형태가 고정·확립된 시기를 돌이켜보아야 한다.

갑골문은 이미 상당히 성숙한 한자다. 그것의 형체 구조 및 조자造字 방식은 후세 한자와 서법이 발전하는 데 원칙과 기초를 마련했다. 한자는 '상형象形'을 근원으로 하는 부호다. '상형'은 그림과 마찬가지로 대상에 대해 고도의 개괄성을 지닌, 실제 상태를 그대로 그려내는 모방에서 비롯되었다. 하지만 전해지는 이야기 중의 결승기사結繩記事[매듭을 통해 일을 기록함]와 마찬가지로, 애초부터 상형자는 모방 대상을 초월하는 부호적 의미를 포함하고 있다. 한 글자가 표현하는 것은 어떤 대상일 뿐만 아니라 어떤 사실이나 과정이기도 하며, 주관적 의미·요구·기대까지 포괄한다. 즉 '상형'에는 '지사指事'와 '회의會意'의 내용이 이미 내포되어 있는 것이다. 바로 이와 같은 측면에서 한자의 상형은 본질적으로 그림과 다르며, 부호 고유의 추상적 의미·가치·기능을 지니게 된다.

하지만 한자는 '상형'에서 비롯되었으며 발전 과정에서도 상형의 원칙

갑골문, 허난 성 은허 유적지 출토.

상형문자.

을 완전히 포기하지 않았다. 이로 인해 부호의 기능이 깃들어 있는 자형 자체가, 형체 모방의 다양한 가능성을 통해 상대적으로 독립된 성질과 자체적인 발전 경로를 획득할 수 있었던 것이다. 즉 한자의 형체가 부호의 의미(자의字義)로부터 독립된 발전 경로를 획득할 수 있었다. 그 뒤로 한자는 정화된 선의 미(채도 문양의 추상적 기하무늬보다 더 자유롭고 다양한 선의 곡선과 직선 운동 및 공간 구조)를 통해 온갖 형체와 자태, 정감과 흥미, 기세와 힘을 표현해냈다. 그리고 마침내 중국 특유의 선의 예술인 서법이 형성되었다.

허신許愼은 『설문해자說文解字』 서문에서 이렇게 말했다.

> 창힐倉頡이 처음으로 글자를 만들었는데, 종류에 따라서 형체를 본떴으므로象形 이를 문文이라고 한다.[24]

그 뒤로 많은 서도가들 역시 서법으로서의 한자에는 확실히 모방과 조형造型의 측면이 있다고 여겼다.

혹은 거북무늬를 본떴고 혹은 용의 비늘을 본떴다. 느슨한 몸체에 늘어뜨린 꼬리, 긴 날개에 짧은 몸통이다. 기울어진 모양은 기장이 이삭을 드리운 듯하고, 한데 모여 있는 모양은 벌레와 뱀이 어지럽게 얽혀 있는 듯하다.[25](채옹蔡邕, 「전세篆勢」)

혹은 빗살이 나란하고 바늘이 줄지어 있는 듯하고, 혹은 숫돌처럼 평평하고 먹줄처럼 곧은 듯하며, 혹은 뱀이 기어가듯 구불구불하고, 혹은 길게 기울어지고 모난 자태를 하고 있다.[26](채옹, 「예세隸勢」)

성현께서 괘卦와 글자를 만든 의미를 생각하며, 육합六合[천지와 사방]의 끝을 다시 우러러 바라보고 굽어 살핀다. 천지산천으로부터 모나고 둥글고 흐르고 우뚝 솟은 형상形을 얻는다. 일월성신으로부터 종횡으로 움직이고 회전하는 법도度를 얻는다. 구름·노을·풀·나무로부터 조용히 움직이면서 널리 깔리고 자라면서 뻗어나가는 모양容을 얻는다. 의관衣冠과 문물로부터 읍양揖讓과 주선周旋[접대]의 형체體를 얻는다. 수염·눈썹·입·코로부터 기쁨과 노함, 참담함과 명랑함의 구별分을 얻는다. 벌레·물고기·날짐승·길짐승으로부터 굽히고 펴고 날고 움직이는 이치理를 얻는다. 뼈와 뿔과 치아로부터 흔들고 꺾고 씹고 깨무는 기세勢를 얻는다. 손의 움직임을 따라 끊임없이 변화하고 마음대로 하여 이루어지면, 삼재三才[천·지·인]의 성질品을 꿰뚫고 만물의 정상情狀을 두루 갖추었다고 이를 만하다.[27](이양빙李陽冰, 「논전論篆」)

이상은 전서篆書에서부터 시작해서, 서도가와 서법이 객관세계의 각종 대상·형체·자태를 모방하고 흡수하는 데 주의를 기울였으며 모방과 흡수라 할지라도 고도의 융통성과 개괄성 및 추상화의 자유를 지니고

전각. '여女'

있었음을 말해준다.

또한 앞에서 말한 '상형象形[형체를 본뜬다]'은 '문文'의 본래 의미로, 한자의 시원이다. 후세에 '문'의 개념이 확대되고 내용이 충실해져 '미'에 상당하게 되었다. 한자 서법의 미는 확실히 상형의 토대에서 변화해온 선의 구도와 형체의 구조 위에서, 즉 곡직曲直의 적절함, 세로와 가로의 적당함, 필획 구조의 자유로움, 배치의 원만함 위에서 수립되었다. 갑골문에서부터 이러한 미의 역정이 시작되었다.

> 갑골문에 나타나는 침이나 부추의 끝처럼 뾰족한 필치, 가로획과 세로획의 구불구불함, 잘 짜인 구조, 방형과 삼각형의 배합, 공백과 밀도의 조화 등의 요소가 일련의 문자에 전체적인 미관을 부여할 수 있었다. 갑골문의 미는 모두 의경意境[28]에서 비롯되었으며, 그 당시 서도가들이 심혈을 기울여 구상해낸 것임을 짐작할 수 있다.[29]

이처럼 정화된 선의 미(서법예술)는 그 당시로서는 전혀 의식적인 것이 아니었다고 해야 할 것이다.

종정 금문에 이르기까지의 수백 년 과정에서, 애초의 그림 형체가 나중에는 심혈을 기울인 선의 전개로 발전했고, 애초의 개별적 토템 부호가 나중에는 장편의 공적功績의 기록으로 발전했다. 또한 동주東周 춘추시대에 이르러서야 비로소 서법의 미에 대한 의식적 추구가 비교적 명확하게 나타났다. 이는 그 당시에 명문의 내용이 많아지고 문장의 풍격을 추구하던 것과 서로 맞물려 있다. 궈모뤄는 이렇게 말했다.

> 동주 이후, 글자의 성질이 변하여 장식이 되었다. 예를 들면 종이나 박鎛[30]의 명문에는 운韻이 있는 경우가 많은데, 이것을 정연한 양식에 따라 기물의 표면에 새겼다. 글자체 역시 파책波磔[삐침]을 많이 사용하고 의식적으로 정교함을 추구했다. (…) 이는 모두 심미의식 아래 이루어진 수식으로, 그 효용은 장식용 무늬와 동일하다. 문자를 예술품으로 삼는 중국의 풍습은 이로부터 시작되었다.(『청동시대』「주대 이명 진화관周代彝銘進化觀」)

이는 청동 도철 역시 이 시기에 보기 좋은 장식으로 점차 변하게 되었던 것과 마찬가지다. 초기에는 청동 도철과 한자 부호(기물의 바닥 등 사람들 눈에 쉽게 띄지 않는 부위에 주조되어 있었음) 모두 중대한 신성한 의미를 지니고 있었으며, 심미는 전혀 고려하지 않았다. 그런데 춘추전국시대에 이르자 그것은 심미 대상으로서의 예술적 특성이 두드러지면서 독립적으로 발전하기 시작했다. 이와 동시에, 독립적 성질을 지닌 예술작품과 심미의식 역시 이 시기에 비로소 진정으로 출현하게 되었다.

은대와 주대의 금문을 비교하면, 은대의 금문이 갑골문에 보다 가깝

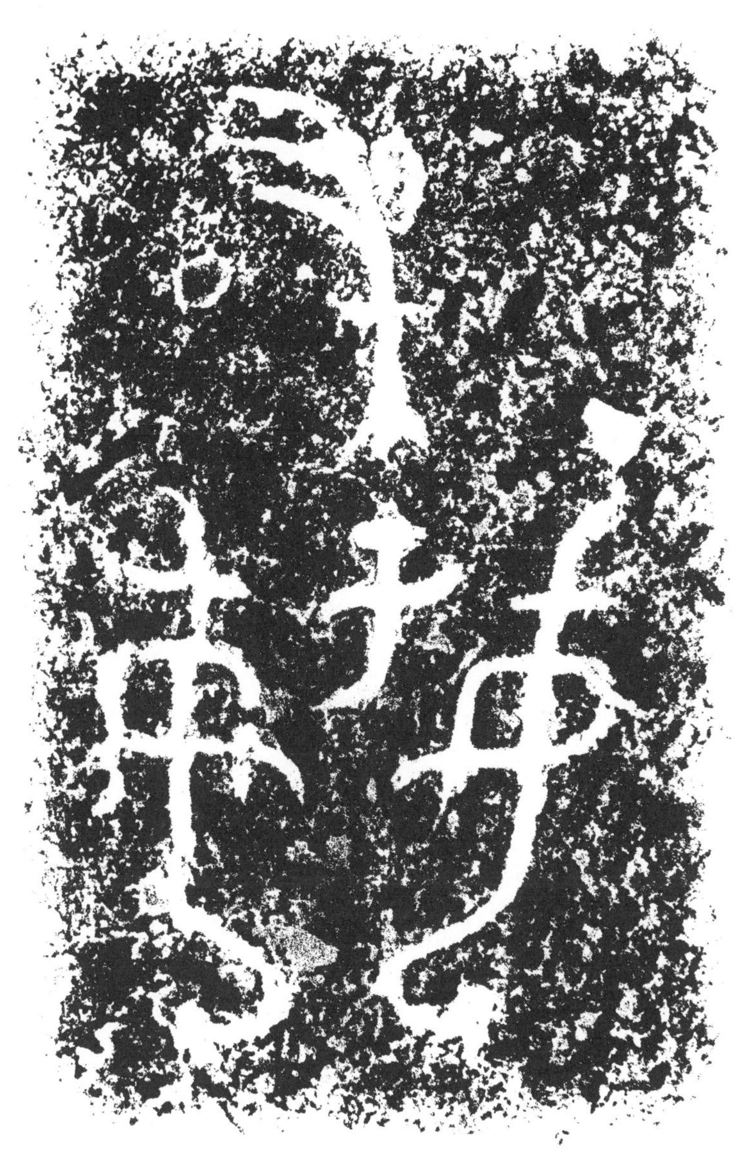

청동 명각銘刻.

사장반史墻盤. 서주 공왕恭王 시기, 산시 성 푸펑扶風 출토.

다. 즉 직선이 많고 둥근귀는 적으며, 처음과 끝은 언제나 뾰족하고 날카롭다. 하지만 은대의 금문에는 이미 의식적이진 않더라도 배치와 구조의 미가 뚜렷이 드러난다. 주대 금문의 중기인 장편 명문에 이르면, 짜임새를 추구하고 필세가 매끄러워지며 풍격이 분화되어 여러 갈래가 출현한다. 글자체는 길어지거나 둥글어지고, 도드라짐의 정도는 옅거나 깊다. 유명한 「모공정毛公鼎」「산씨반散氏盤」 등은 금문 예술의 극치에 도달했다. 주대 금문에는 모난 것도 있고 둥근 것도 있다. 혹은 필획 구조가 엄정하며 짜임새가 굳세고 강건하여, 숭고하고 엄숙한 기운이 감돈다. 혹은 필획 구조가 침착하고 원만하며 성긴 듯하지만 조밀하고 겉으로는 부드러우나 속으로는 꿋꿋하여, 탁 트이고 관대한 모습을 보여준다. 이들 금문은 부드럽고 자연스러우며 깊이 있고 웅건한 풍격을 공통적으로 지니고 있다는 점에서, 은상시대의 날카롭고 딱딱하며 소박한 풍격과 구별된다.

- 중국 고대 상·주 시기의 청동 명문에 나타나는 글자의 짜임새가 지닌 미는, 창힐倉頡이 4개의 눈으로 우주의 신비를 엿보고서 자연계의 가장 심오한 형식의 비밀을 획득했음을 사람들이 믿게 만든다.

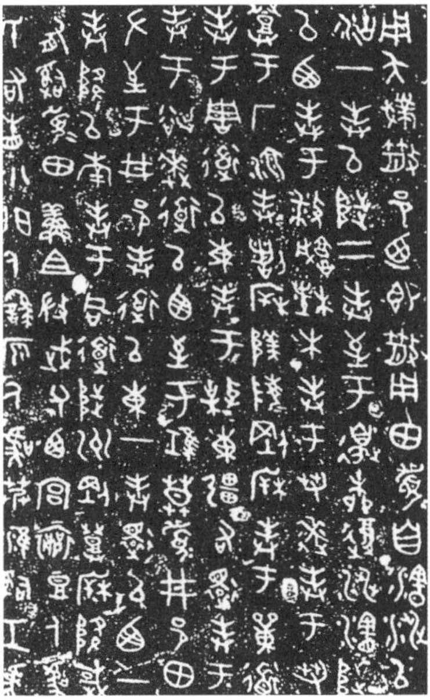

산씨반 명문 탁본(부분), 서주 후기, 산시 성 출토.

> • 구조의 소밀疏密, 점과 획의 경중輕重, 붓놀림의 완급 등을 통해 [형상에 대한 작자의 정감을 표현하고 자신의 의경을 나타냈는데, 이는][31] 음악예술이 자연계의 많은 소리 속에서 순수한 '악음樂音'[32]을 추출해 이 악음을 서로 결합하는 법칙을 발전시킴으로써 강약·고저·박자·선율 등의 규칙적 변화를 통해 자연계와 사회계의 형상 및 마음의 정감을 표현한 것과 마찬가지다.[33]

자못 과장이 섞인 이러한 견해에서 선의 예술인 중국 서법의 특징을 엿볼 수 있다. 음악이 소리의 세계에서 악음을 추출해 내어 자신의 법칙에 따라 선율과 화성으로 독립적으로 전개되듯이, 정화된 선인 서법의 미는 형체의 모방에서 벗어나 그것을 초월한 필획(후대에 소위 '영자팔법永

'영자팔법', 한자 기본 필법의 대표.

字八法'[34]이 된다)의 자유로운 전개를 통해, 제각기 교차하는 풍부하고 다양한 음악과 춤을 종이 위에 만들어냄으로써 감정을 표현하고 의지를 나타낸다. 갑골문과 금문이 중국 서법예술의 독자적인 발전 노선을 개척할 수 있었던 비밀이 바로 상형의 형체 모방을 순수화(정화)된 추상적인 선과 구조로 점차 변화시킨 데 있음을 알 수 있다.

정화된 선인 서법의 미는 일반적인 도안 무늬의 형식미나 장식미가 아니라 진정한 의미에서의 '의미 있는 형식'이다. 일반적인 형식미는 언제나 정태적이고 도식화·규격화되어 있으며 현실의 생명감과 힘을 잃어버린 것인데(예를 들면 도안 문자), '의미 있는 형식'은 이와 정반대다. 그것은 생동하고 유동流動하며 생명의 암시와 표현력이 풍부한 미美다. 중국의 서법인 선의 예술은 전자가 아니라 후자다. 그것은 선의 일률적인 균형과 대칭에서 비롯된 형식미가 아니라, 훨씬 다양하고 유동적인 자유의 미다. 떠가는 구름과 흘러가는 물처럼 자연스럽고, 바람을 따라잡듯 힘차다. 부드러우면서도 굳세고, 모남과 둥긂이 적절히 조화를 이룬다. 한 글자, 한 편, 한 폭이 모두 창조와 변혁을 담고 있으며 개성까지 지니고 있다. 결코 기계적인 되풀이를 하지 않고 경직된 규범에 얽매이지도 않는다. 그것은 사물을 묘사하는 것과 더불어서 감정을 표현하며, 조형造型(개괄적 모방)과 표현(정감의 토로)이라는 두 요소와 성분을 겸비하고 있다. 그리고 오랜 발전과정 속에서 마침내 후자[표현]가 주도권과 우위를 차지하게 되었다.(제7장 참조)

회화와 조각에 가까웠던 서법은 점차 변화하여 음악이나 춤과 동등한 지위를 갖게 되었다. 또한 서법이 회화를 통해서가 아니라 오히려 회화가 서법으로부터 경험·기교·힘을 흡수했다. 붓놀림의 경중·질삽疾澀
35 ·허실·강약, 꺾음과 멈춤, 박자와 운율 등 음악의 선율과 같은 정화된 선은 마침내 중국의 각종 조형예술과 표현예술의 영혼이 되었다.

금문 다음에는 소전小篆이 출현했다. 소전은 필획이 균일한 곡선으로 이루어져 있고 글자가 길쭉하며, 구조미가 매우 두드러진다. 그 다음은 한대의 예서隸書다. [글자의 전체적인 형태가] 원형을 깨고 방형이 되었으며, [선의 이음매는] 연속에서 단절로 변했다. 예서가 또 변하여 행서行書·초서草書·진서眞書[해서楷書]가 되었다.

청동 호부虎符의 소전, 전국시대, 산시 성 출토.

화산묘비華山廟碑 탁본(부분), 한대.

인장, 한대.

시대와 사회가 발전·변천함에 따라, '상하좌우의 위치 및 방원대소方圓大小의 형태'라는 구조, '밀도의 변화疏密起伏' 및 '곡직의 변화曲直波瀾'라는 필세를 통해 다채롭고 다양한 온갖 서법예술이 창조되었다. 그것들은 고도의 심미적 가치를 지닌다. 서법과 같은 부류인 인장印章 역시 마찬가지다. 지극히 제한된 작은 공간에서, 칼로 깎아낸 글자와 구조를 통해 온갖 의취意趣와 기세를 표현하고 각종 풍격과 유파를 형성했다. 이것 역시 중국 고유의 또 다른 '의미 있는 형식'이다. 인장 글자체의 시원을 탐구하려면, 역시 청동시대의 종정 금문까지 거슬러 올라가야 한다.

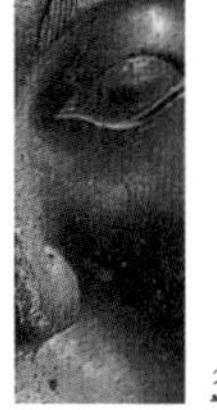

3 해체와 해방

상술한 바와 같이, 금문과 서법은 춘추전국시대에 이르러 이미 의식적으로 미를 추구하기 시작했다. 모든 청동예술 역시 그랬다. 심미와 예술은 갈수록 무술과 종교의 틀에서 해방되었다. 이는 날이 갈수록 모든 사회생활이 초기 종법제사회에 남아있던 원시공산사회의 구조와 체제에서 해방되었던 것과 마찬가지다. 그런데 이렇게 되자 시대의 거울인 청동예술 역시 몰락의 길을 걷게 되었다. "불길이 활활 타오르는 것 같던" 야만과 공포는 이미 과거가 되었으며, 이성적이고 분석적이고 섬세하고 세속적인 흥미와 취향 및 시대의 면모가 나날이 확산되었다. 제사용의 청동예기 역시 갈수록 그 신성한 빛과 위협적인 힘을 상실했다. 조형과 문양을 막론하고 청동기는 변화하고 있었다.

이 문제와 관련해 지금까지 중국에서 나온 자료 가운데 따를 만한 것은 궈모뤄가 1930년대에 제기한 청동기의 분기分期다. 그는 은·주의 청동기를 다음과 같이 4기로 나눌 수 있다고 했다.

제1기는 '남상기濫觴期'다.[36] 청동기가 처음으로 만들어졌으며, 조잡하고 투박하며 문양은 빈약하여, 감상할 만한 미가 결핍되어 있다.

제2기는 '발고기勃古期'(은상시대 후기에서 주나라 성왕成王·강왕康王·소왕昭王·목왕穆王까지의 시기)다. 이 시기의 기물에 대한 설명은 다음과 같다.

> 옛것을 좋아하는 이들이 줄곧 소중히 여겼던 것이다. 기물 가운데 정鼎이 많고, (…) 형태와 구조는 대체로 중후하다. 문양이 있는 것은 새김이 대개 깊이가 있는데, 대부분 기물 전체에 우레무늬가 있고 거기에 도철문饕餮紋이 더해져 있으며, 기봉문夔鳳紋·기룡문夔龍紋·코끼리 무늬 등이 그 다음 순이다. 대체로 우레무늬와 도철이 문양의 주축이다. (…) 도철·기룡·기봉은 모두 상상의 기이한 동물이다. (…) 코끼리 무늬는 환상을 통해 나온 것이지 사실 그대로를 묘사한 게 아니다.[37]

발고기는 청동예술의 성숙기이자 심미적 가치가 가장 큰 청동 예술품이 나온 시기다. 중국 특유의 삼족기三足器인 정이 가장 대표적인데, 기물의 형태는 웅건하고 튼실하다. 문양은 무시무시하고 신비로우며, 새김이 깊고 뚜렷하다. 이밖에도 은대의 기물인 「고부기유古父己卣」는 "목 부분과 권족圈足에 기夔 문양이 장식되어 있다. 배 부분에는 커다란 소머리가 부조되어 있는데, 두 뿔은 날개를 펼친 듯 기물 밖으로 돌출되어 있고 커다란 눈은 뭔가를 응시하고 있으며 위엄과 신비로움을 지닌 풍격이다. 명문의 글자체는 전형적인 상대 후기의 풍격이다." 주대의 기물인 「백구력伯矩鬲」 역시 소머리의 돌출된 뾰족한 뿔이 위압적이고 웅건하고 신비한 느낌을 자아낸다. 이것들은 청동예술의 미의 표본이다.

제3기는 '개방기開放期'다.[39] 궈모뤄은 이렇게 말했다.

> 개방기의 기물은 (…) 형태와 구조가 대체로 이전 시기보다 간단하다. 문양이 있는 것은, 새김이 점점 얕아지고 빈약한 무늬가 많다. 이전 시

고부기유.

백구력.

> 기에 한동안 성행했던 우레무늬는 거의 자취를 감추었다. 도철은 권위를 잃었으며, 대부분 축소되어 [그것이 차지하고 있는 위치는] 정·궤鼎簋의 다리와 같이 부차적인 부위로 하락했다. 기룡과 기봉 등은 변형된 기夔 문양 및 반기문蟠夔紋[똬리를 틀고 있는 기 문양]으로 바뀌었다. (…) 대체로 이 시기의 기물은 신화 전통의 속박에서 이미 벗어났다.[40]

"주조된 기물이 나날이 빈약해지면서 명문 역시 나날이 빈약해진 것"과 더불어서, 이것은 바로 청동시대의 해체기에 해당한다. 사회는 발전하고 있었으며 문명은 약진하고 있었다. 생산력은 향상되고 있었으며 철기와 우경牛耕이 대량으로 보급되었다. 원시사회의 체제와 구조가 많이 남아있던 초기 종법제는 멸망의 길로 나아갔다. 공업과 상업 분야의 노예주, 정형政刑[정령과 형벌] 성문법을 기치로 삼은 신흥세력과 신흥체제, 변법變法운동이 그것을 대신해 흥기했다. 사회의 해체는 관념의 해방과 연결되어 있다. 회의론과 무신론의 사조가 춘추시대에 이미 성행하게 되어, 고대의 무술 종교의 전통은 급속도로 퇴색했으며 그 신성한 지위 및 문양으로서의 지위도 상실했다. 이제 더 이상 원시적이고 비이성적이며 말로 표현할 수 없는 무시무시함과 신비로움을 통해 인간의 몸과 마음을 위협하고 통제하고 통치할 수 없게 되었다. 이로써 그 시대정신의 예술 부호인 청동 도철 역시 "권위를 잃었으며, 대부분 축소되어 부차적인 부위로 하락"했던 것이다. 중국 고대사회는 의식형태 영역에서 첫 번째 이성주의의 새로운 시기로 들어섰다.

제4기는 '신식기新式期'다.[41] 신식기의 기물에 대한 설명은 다음과 같다.

> 형식상 타락식墮落式과 정진식精進式 두 가지로 나눌 수 있다. 타락식은 앞 시기의 노선을 따라 갈수록 빈약해졌고, 대부분 문양이 없다.

(…) 정진식은 날렵하며 구조가 기이한 것이 많고 문양의 새김이 훨씬 얕다. (…) 동일한 문양을 반복한 경우가 많은데 문양의 종류가 많고 관례에 구속받지 않아, 정해진 양식이 있었던 앞의 두 시기와는 많이 다르다. 비교적 흔한 것은 반리문蟠螭紋[똬리를 틀고 있는 이무기 문양]과 반훼문蟠虺紋[똬리를 틀고 있는 살무사 문양]으로, 이전 시기의 반기문이 정교화된 것이다. 신기한 상감象嵌도 있고, 날개 달린 사람과 날아다니는 짐승의 약진이 두드러진다. 기물의 몸통에 덧붙이는 동물은 사실적인 형태를 많이 이용했다.[42]

이 시기는 이미 전국시대다. 앞의 두 양식[타락식과 정진식]은 그 당시 신·구 두 종류의 체제·힘·관념의 흥망성쇠를 정확히 나타내고 있으며, 구체제의 패망과 신체제의 굴기를 반영한다. 문양이 없는 '타락식'은 기존의 무술 종교 관념이 이미 쇠퇴했음을 반영하며, 날렵하고 정교한 '정진식'은 새로운 취향·관념·기준·이상의 발흥을 반영한다. 이상의 것들이 청동기 기물·문양·형상에 관한 양식의 변화라 하더라도, 완전히 새로운 성질·내용·의미를 지닌다. 그것들은 또 다른 청동예술이자 또 다른 미다.

종교적 속박에서 벗어난 이러한 미는, 전통 예기인 청동의 영역에 현실생활과 인간 세상의 취향이 보다 자유롭게 진입할 수 있게 해주었다. 표현기법은 상징에서 사실적인 묘사로, 기물의 형태는 중후함에서 날렵함으로, 조형은 엄정함에서 정교함으로, 새김은 깊음에서 얕음으로 바뀌었다. 문양은 간단하고 고정적이고 신비한 것에서 복잡화·다변화·이성화되었다. 전국시대에 이르자, 인간 세상의 출정·거마車馬·무기 등 모든 것이 생활에 접근한 사실적인 면모 및 비교적 자유롭고 생동적이며 구속받지 않는 새로운 형식이 청동기에 부여되었다.

근년에 출토된 전국시대 중산왕中山王 묘[43]의 대량의 청동기는 매우 전형적이다. 쉽사리 움직일 수 없는 '中' 형태의 예기[44]에 오래된 토템의 무시무시하고 위협적인 특색이 보존되어 있는 것을 제외하면, 나머지는 모두 이미 이성화·세속화되었다. 옥기玉器 역시 상고시대의 상징적 의미를 점차 상실하고, 감상용이 되거나 윤리적인 의미가 부여되는 경우가 많았다. 기 문양이 새겨진 옥패玉佩 장식을 보라. 부조된 석판을 보라. 장편의 수려한 명문을 보라. 이것들은 비록 제사 예기에 속하지만, 조금도 사람을 두렵거나 불안하게 만들지 못하며 숭배감도 주지 못한다. 다만 놀라고 칭찬하고 어루만지게 만들 뿐이다. 사슴 넷, 용 넷, 봉황 넷이 있는 청동 사각 책상, 15개의 등잔이 달린 청동등을 보라. 얼마나 정교하고 기이하게 만들었는가! '기이한 구조'임에는 손색이 없고 매우 아름답지만, 어떠한 숭고한 느낌도 불러일으키지 못한다. 용과 봉황이 있다 한

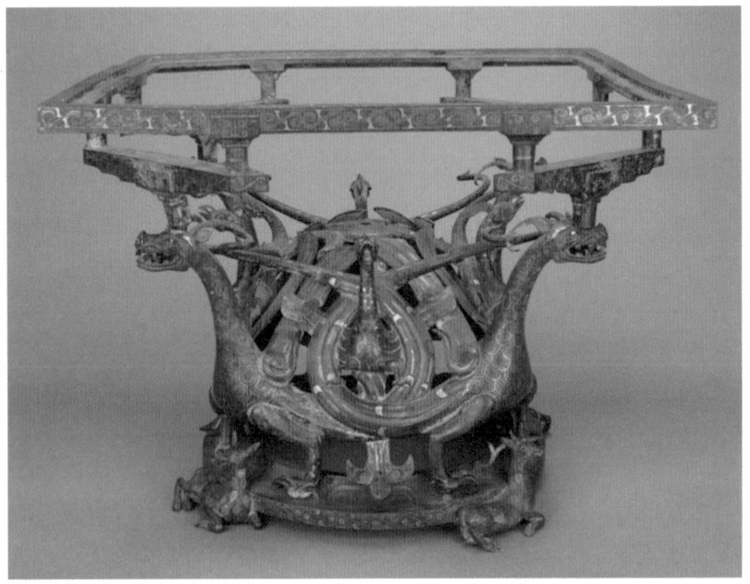

청동 용봉 방안方案, 전국시대, 허베이 성 핑산平山 현 중산왕 묘 출토.

장쑤 성 쉬저우徐州 시 사자산獅子山 초왕楚王 묘에서 출토된
기룡 문양 옥패, 전한 시기.

들, 이러한 용과 봉황과 도철은 그것이 인간을 주재하고 운명을 지배하던 시기의 위력을 완전히 잃어버렸다. 기껏해야 약간의 기괴한 의미를 지닌 감상용 장식에 불과하게 된 것이다. 전국시대 청동호青銅壺 위에 새겨진 유명한 여러 연회와 수륙전투水陸攻戰의 문양을 보라. 문양이 너무 얕아서 마치 기물 표면의 회화 같다. 이는 완전히 새로운 심미적 취향·이상·요구가 널리 전파되고 있었음을 보여준다. 그것의 기본 특징은 세속의 현실생활에 대한 긍정, 전통 종교의 속박으로부터 벗어남, 관념·정감·상상의 해방이다. 이들 청동기에는 인간 세상의 온갖 활기찬 경관이 가득하다. 청동호 하나에만 다음 장면이 모두 담겨 있다.

> 제1층[제일 위층] 오른쪽은 뽕잎 따기, 왼쪽은 활쏘기와 수렵이다. 제2층 왼쪽은 기러기를 활로 쏘고 (…) 오른쪽은 많은 사람들이 누각에서 연회를 즐기고 있는데, 누각 아래서 한 여인이 춤을 추며 그 곁에는 악기를 연주하는 사람들이 함께하고 있다. 경쇠를 치는 자도 있고 종을 치는 자도 있다. (…) 제3층 왼쪽은 수중전이다. 오른쪽은 공방전인데, 한쪽은 견고한 성벽에서 방어하고 다른 한쪽은 운제雲梯를 사용해 성을 공격한다.[45]

팽팽히 당긴 활, 헤엄치는 물고기, 날아가는 새, 창을 메고 있는 사람을 보라. 상술한 중산왕의 묘에서 나온 15개의 등잔이 달린 청동등 등의 청동기가 한대의 「장신궁등長信宮燈」[46] 「마답비연馬踏飛燕」[47] 같은 작품의 직접적인 선구인 것과 마찬가지로, 이들 청동기의 얕은 부조 역시 한대 예술(예를 들면 유명한 화상석)의 직접적인 선도자가 아니겠는가? 이것들은 청동예술에 속하긴 하지만 은·주에 가깝지 않고 한대에 가깝다. 이는 바로 사회 성질에 있어서 전국시대가 진·한에 보다 가깝고 은·주(전

수렵과 연회와 수륙전투 장면이 새겨진 청동호,
전국시대, 고궁故宮박물원 소장.

기)와는 차이가 큰 것과 마찬가지다.

청동예술이 단지 고도의 공예 기교의 수준을 나타내는 예술작품일 수밖에 없을 때, 이는 실제로 그것의 종결 지점에 이른 것이다. 전국시대의 청동기는 정교한데다가 확실히 사람의 마음과 눈을 부시게 한다. 하지만 앞에서 살펴본 영려의 미가 깃든 은·주 시기의 기물과 비교한다면, 힘의 강도, 기백의 크기, 내용의 깊이, 심미적 가치의 정도에 있어서 확연히 다르다. 명백한 것은, 사람들은 무시무시하고 신비로운 청동 도철의 숭고미를 감상하길 더 원한다는 사실이다. 그것[영려의 미가 깃든 은·주 시기의 기물]은 "불길이 활활 타오르는 것 같던" 사회의 시대정신의 미를 구현한 것이다. 그것이야말로 청동예술의 진정한 전범典範이다.

제3장

선진시대의 이성정신

1

유가와 도가의 상호 보충

'선진先秦'이라고 하면 일반적으로 춘추전국시대를 가리킨다. 이 시기는 씨족공동체사회 기본 구조의 해체에 기반하고 있으며, 중국 고대사회에서 가장 급격한 변혁의 시기였다. 의식형태 영역에서도 가장 활기찬 개척과 창조의 시기로, 여러 학파와 학자가 일어나 각자의 주장을 펼쳤다. 이를 관통하는 총체적인 사조와 경향은 바로 이성주의다. 이성주의는 그 이전 시대를 잇고 이후 시대를 열며 원시 무술 종교의 온갖 관념 전통에서 벗어나는 한편, 한족의 문화-심리 구조를 다지기 시작했다. 이것은 사상과 문예의 측면에서 공자를 대표로 하는 유가儒家 학설로 주로 표현되었고, 장자를 대표로 하는 도가道家는 유가의 대립·보충 역할을 했다. 유가와 도가의 상호 보충은 2000년 동안 이어진 중국사상의 기본 맥락이다.

한족의 문화가 다른 민족의 문화와 다른 까닭, 중국인이 외국인과 다른 까닭, 중화中華 예술이 다른 예술과 다른 까닭, 그 사상적 유래는 선진의 공학孔學[공자의 학설]까지 거슬러 올라가야 한다. 좋아하든 싫어하든, 비판하든 계승하든, 중국 민족의 성격 및 문화-심리 구조에서 공자가 차지하는 역사적 지위는 이미 부정하기 어려운 객관적 사실이 되었다.[1] 공학이 세계에서 중국문화의 대명사로 통하게 된 것도 결코 우연이 아니다.

공자가 이러한 역사적 지위를 얻게 된 것은, 그가 고대의 원시문화인 '예악禮樂'을 이성주의 정신으로 새롭게 해석한 것과 분리해서 생각할 수 없다. 그는 원시문화를 실천이성의 통솔 범위 안으로 편입시켰다. '실천이성'이란 추상적인 공상을 하는 게 아니라, 일상현실의 세속적 삶과 도덕감정과 정치 관념 속으로 이성을 끌어들이고 관철시키는 것을 말한다. 공자의 뒤를 이어 맹자孟子와 순자荀子가 유학儒學의 노선을 완성했다.

이 노선의 기본 특징은 회의론 내지 무신론의 세계관, 그리고 현실의 삶에 대한 적극적이고 진취적인 인생관이다. 이는 심리학과 윤리학의 결합 및 통일을 핵심과 기초로 삼는다. 공자가 '삼년상'과 관련해 재아宰我에게 답한 내용은 이를 매우 분명하게 말해준다.

> 재아가 여쭈었다. "삼년상은 기간이 너무 깁니다. 군자가 3년 동안 예를 행하지 않으면 예가 반드시 무너지고, 3년 동안 음악을 연주하지 않으면 음악 역시 반드시 무너질 것입니다. 묵은 곡식이 동나고 햇곡식이 나며 불붙이는 나무를 바꾸었으니, 1년이면 상을 끝낼 만합니다." "쌀밥을 먹으며 비단옷을 입는 것이 너에겐 편하겠느냐?" "편합니다." "네가 편하다면 그렇게 해라! 군자가 상중에 있을 때는, 맛있는 음식을 먹어도 달지 않고 음악을 들어도 즐겁지 않고, 집에 있어도 편안하지 않기 때문에 하지 않는 것이다. 이제 네가 편하다면 그렇게 해라!" 재아가 나가자 공자께서 말씀하셨다. "여予[재아]는 인仁하지 않구나! 자식은 태어나면 3년이 지나서야 부모의 품에서 벗어난다. 삼년상은 천하 공통의 상례喪禮다. 여도 그 부모로부터 3년의 사랑을 받지 않았던가!"[2](『논어論語』「양화陽貨」)

「공자행교도」 탁본, 산둥 성 취푸.

삼년상이라는 제도가 유가의 날조인지에 대해서는 일단 논하지 않기로 한다. 여기서 중요한 것은 전통 예제禮制를, 부모와 자식의 사랑이라는 보편적이고도 일상적인 심리 기초 및 원칙에 귀결시켜 이를 전통 예제의 성립 근거로 삼았다는 점이다. 본래는 별다른 이치가 없는 예의제도에 실천이성의 심리학적 해석을 부여함으로써 강제적인 외재적 규범을 자발적인 내재적 욕구로 변화시켰으며, 신에게 복무하고 복종하던 예악을 인간에게 복무하고 복종하도록 변화시켰다. 공자는 인간의 정감·관념·의례(종교의 세 요소)[3]를 외재적 숭배의 대상이나 신비로운 경지로 이끌어간 게 아니다. 이와 반대로 이 세 요소를 부모와 자식의 혈연을 기초로 하는 세속관계와 현실생활 속으로 이끌고 녹여냈다. 이로써 소외된 상태의 신학 및 우상 부호를 향해 정감을 유도하는 게 아니라, 일상 심리(윤리)의 사회와 인생 속에서 정감을 토로하고 만족을 느끼도록 했다. 이것 역시 중국의 예술과 심미의 중요한 특징이다. 「악론樂論」(순자)과 『시학詩學』(아리스토텔레스)에 나타나는 동서양의 차이(전자는 정감을 빚어내는 데 있어서 예술의 기능을 중시하는 반면, 후자는 예술의 인식·모방 기능 및 종교적 정서에 가까운 카타르시스 기능을 중시한다) 역시 바로 이 때문이다. 중국이 중요시하는 것은 정情과 이理의 결합이되, '이'로써 '정'을 조절하는 평형이다. 이는 사회적·윤리적인 심리의 느낌과 만족이지, 관능에 대한 금욕적인 억압이 아니다. 또한 이지적인 인식의 즐거움도 아니고, 정서의 신비로운 광적 도취(플라톤)나 감정의 정화(아리스토텔레스)는 더더욱 아니다.

'예'가 '인仁'(공자), '인정仁政', "누구나 지니고 있는 차마 하지 못하는 마음"[4](맹자)으로 새롭게 해석되었듯이 '음악樂' 역시 일련의 실천이성으로서 새롭게 규정되고 해석됨으로써 원시 무술의 노래와 춤으로부터 해방되었다.

예라 예라 이르는 것이 옥과 비단을 말하는 것이겠느냐! 음악이라 음악이라 이르는 것이 종과 북을 말하는 것이겠느냐! [5](『논어』「양화」)

즐거움이 생겨나면 억제할 수 없게 된다. 억제할 수 없으면 자신도 모르게 손발을 덩실거리며 춤추게 된다.[6](『맹자』「이루離婁 상」)

맛에 있어서 누구의 입이나 다 좋아하는 것이 있고, 소리에 있어서 누구의 귀나 다 좋아하는 소리가 있으며, 모양에 있어서 누구의 눈이나 다 아름답다고 여기는 것이 있다.[7](『맹자』「고자告子 상」)

이상에서 예술은 의례라는 외재적 형식이 아니다. 그것은 반드시 감각기관의 즐거움에 호소하고 보편성을 지녀야 한다. 또한 그것은 윤리적인 사회 정서와 연계됨으로써 현실 정치와도 관련되어 있다. 공자로부터 시작된, 예악에 대한 이성주의적인 새로운 해석은 순자학파에 이르러 최고조에 이르렀다. 또한 「악기」는 중국 고대 최초의 전문적인 미학 문헌이 되었다.

음악樂이란 즐거움樂으로, 인간이라면 누구나 다 가지고 있는 감정이다. 따라서 인간에게 음악이 없을 수 없다. (…) [선왕先王이 아雅와 송頌을 만들어] 그 소리聲로 하여금 충분히 즐겁되 음탕하지 않게 하고, 그 가사文로 하여금 충분히 표현하되 교묘히 꾸미지는 못하게 하며, 그 [음률의] 굽음과 곧음, 복잡함과 간단함, 낭랑함과 구성짐, 장단과 세기로 하여금 사람의 선한 마음을 충분히 감동시켜 사악하고 더러운 기운이 접근하지 못하게 했다.[8](『순자』「악론樂論」)

무릇 음音이란 사람의 마음에서 생기는 것이다. 정情이 마음속에서 움직이기 때문에 소리聲에 나타난다. 소리가 가락을 이룬 것을 음이라 한다. 따라서 치세治世의 음은 편안하고 즐거우니, 그 정치가 조화롭기 때문이다. 난세亂世의 음은 원망하고 분노에 차 있으니, 그 정치가 어그러져 있기 때문이다. 망국亡國의 음은 슬프고 시름에 잠겨 있으니, 그 백성이 곤궁하기 때문이다. 성음聲音의 도道는 정치와 통한다.[9](「악기·악본樂本」)

궈모뤄는 이렇게 말했다.

고대 중국에서 '악'이 포괄하는 내용은 매우 광범위하다. 음악·시가·춤이 본래 삼위일체임은 말할 필요도 없고, 회화·조각·건축 등의 조형 예술 역시 그 안에 포함되어 있으며 심지어는 의장儀仗·수렵·효찬肴饌 등도 포함될 수 있다. 소위 악樂이란 즐거움이다. 인간을 즐겁게 해주며 인간의 감각기관이 즐거움을 누리도록 해주는 것이라면, 광범위하게 그것을 모두 악이라고 칭할 수 있다. 하지만 음악이 그 대표라는 데는 의심의 여지가 없다.[10]

이를 통해 볼 때, 「악기」가 총괄하여 제시한 것은 단지 음악 이론이 아니다. 그것은 음악을 대표로 하는 예술의 모든 영역에 걸친 미학 사상으로, 음악과 각종 예술을 감각("눈은 지극히 보기 좋은 것을 원하고, 귀는 지극히 듣기 좋은 소리를 원하고, 입은 지극히 맛있는 것을 원한다"[11]) 및 정감("즐거움은 마음에서 나온다" "백성에게 호오好惡의 정만 있고 희노喜怒의 감응이 없다면 어지러워진다"[12])과 긴밀히 결부시켰다. 그것[「악기」의 미학 사상]은 "음악은 인仁에 가깝고 의義는 이理에 가깝다" "음악은 같음을 묶고 예는 다름을 구별한다"[13]고 하면서, 이지理知와 제도 등의 외재적 규범과는 다른 예술과 심미의 내재적 정감의 특징을 분명히 지적했다. 하지만 이러한 정서의 감화와 도야 역시 현실사회의 삶 및 정치현실과 긴밀히 연결되어 있는데, "[음악은] 민심을 선하게 하고 풍속을 바꿀 수 있다."[14]

중요시하는 것이 인식과 모방이 아닌 정감과 느낌이기에 [중국의 미학은] 중국의 철학사상과 일치한다. 중국 미학의 착안점은 대상과 실체가 아니라 기능·관계·운율이다. '음양'(후대의 유무有無·형신形神·허실虛實 등도 포함)과 '화동和同'에서부터 기세와 정취에 이르기까지, 중국 고전미학의 범주·규율·원칙은 대부분 기능적이다. 모순 구조로서 그것들이 강조하는 것은, 대립자의 배척과 충돌이 아니라 대립자 간의 스며듦과 협

한대 화상석畵像石에 보이는 건고무健鼓舞.

조다. 반영으로서 강조하는 것은, 모방의 충실성이나 재현의 신뢰성이 아니라 내재적 생명의 흥취를 표현하는 것이다. 효과로서 강조하는 것은, 비이성적인 광적 도취 혹은 초세속적인 신념이 아니라 감정과 이성의 결합 및 감정에 잠재되어 있는 지혜를 통해 현실의 삶의 조화와 만족을 얻는 것이다. 형상形象으로서 강조하는 것은, 숙명의 두려움이나 비극적인 숭고함이 아니라 정감적인 우아미(음유陰柔)와 웅장미(양강陽剛)다. 중국 고전미학이 지닌 이러한 '중화中和'의 원칙과 예술 특징은 모두 선진시대의 이성정신에 근원을 두고 있다.

이성정신은 선진시대 각 학파의 공통된 경향이다. 명가名家가 논리를 주장하고 법가法家가 형명刑名[15]을 제창한 것 역시 이를 말해준다. 그 가운데 미학과 예술 영역에서 관계가 보다 깊고 영향이 큰 것으로, 유학 다음으로는 장자를 대표로 하는 도가를 꼽아야 할 것이다. 유가의 보충이자 대립자인 도가는 유가와 반대되면서도 상호 의존하고 보완하며 중국인의 세계관과 인생관, 문화심리 구조, 예술 이상, 심미 취향을 빚어내는 데 있어서 유가와 더불어 결정적 역할을 했다.

아무래도 공자에서부터 논의를 풀어나가야겠다. 공자의 세계관에 담긴 회의론적 요소("귀신을 공경하되 멀리하면 지혜롭다고 말할 수 있다"[16])는 한편으로는 순자와 『역전易傳』의 낙관적이고 진취적인 무신론("자연의 법칙天命을 제어하고 이용한다"[17], "하늘의 운행은 건실하니, 군자는 자강불식自强不息한다"[18])으로 발전했고, 다른 한편으로는 장자의 범신론으로 발전했다. 씨족 구성원의 개체 인격에 대한 공자의 존중("삼군三軍의 장수는 빼앗을 수 있어도 필부匹夫의 뜻은 빼앗을 수 없다"[19])은 한편으로는 맹자의 위대한 인격 이상("부귀도 마음을 어지럽히지 못하고, 빈천도 뜻을 바꾸어 놓지 못하고, 위협과 무력도 굴복시키지 못한다"[20])으로 발전했고, 다른 한편으로는 장자의 세속을 떠난 독립적인 인격 이상("세속 바깥에서 자유로이 배회하고, 무위無爲의 업業에서 소요한다"[21])으로 발전했다.

표면적으로 보기에, 유가와 도가는 서로 다르고 대립적이다. 전자가 입세入世라면, 후자는 출세出世다. 또한 전자가 낙관과 진취라면, 후자는 소극과 회피다. 하지만 실제로 양자는 적절히 상호 보충하며 조화를 이루었다. '겸제천하兼濟天下'와 '독선기신獨善其身'[22]은 후세 사대부의 상호 보완적인 인생길이었다. 또한 비장한 마음을 토로하고 세상의 부조리에 격분하며, 몸은 강호江湖에 있어도 마음은 조정에 있는 것은 중국 역대 지식인의 일반심리 및 예술관념이 되었다.

하지만 유가와 도가는 결국 서로 다르다. 순자가 강조한 것이 "인위적 노력이 없으면 본성은 스스로 아름다워질 수 없다"[23]는 것이라고 한다면, 장자가 강조한 것은 "천지는 커다란 아름다움을 지니고 있지만 말하지 않는다"[24]는 것이다. 전자가 예술의 인공적인 제조와 외재적인 공리를 강조하는 반면, 후자가 부각하고 있는 것은 자연 즉 미와 예술의 독립이다. 전자가 협애하고 실용적인 공리적인 틀로 예술과 심미에 대한 속박·손상·파괴를 조성했다고 한다면, 후자는 이러한 틀과 속박에 강력한 충격·해탈·부정을 가했다. 낭만적이고 구속받지 않는 형상의 상상, 뜨겁고 거리낌 없는 감정의 토로, 독특하고 개성적인 추구의 표현, 이는 내용과 형식에 있어서 중국 예술의 발전에 신선한 원동력을 끊임없이 제공했다.

장자가 세상을 기피했긴 했지만 결코 생명을 부정하진 않았다. 그는 자연과 생명을 귀중히 여기고 아끼는 태도를 지니고 있었는데, 이는 그의 범신론적 철학사상 및 인생을 대하는 심미적 태도에 정감의 빛이 가득하도록 했다. 또한 이로 인해 유가를 보충·심화하고 유가와 일치될 수 있었다. 따라서 노장老莊 도가는 공학 유가의 대립적인 보충자였다고 할 수 있다.

말로 논할 수 있는 것은 사물의 거침粗[외재적 표상]이고, 생각으로 이를 수 있는 것은 사물의 정밀함精[내재적 실질]이오. 말로 논할 수 없고 생각으로 살펴서 이를 수 없는 것은, 거침과 정밀함에 한정되지 않는다오.[25](『장자』「추수秋水」)

세상이 귀중하게 여기는 도道는 글書에 있는데, 글은 말語을 뛰어넘을 수 없으니 말이 귀중하다. 말이 귀중하게 여기는 것은 뜻意인데, 뜻에는 추구하는 바가 있다. 뜻이 추구하는 것은 말로 전할 수 없다. 그런데 세상은 말을 귀중하게 여겨 그것을 글로 전한다. 세상이 비록 그것을 귀중하게 여기지만 나는 오히려 귀중하게 여기지 않는데, 그 귀중함이 결코 진정한 귀중함이 아니기 때문이다.[26](『장자』「천도天道」)

신비스러워 보이는 이러한 견해가 유가를 비롯한 다른 학파들보다 예술·심미·창작의 기본 특징을 오히려 잘 파악하고 있는데, 다음의 견해도 그러하다. 형상은 사상보다 위대하다, 상상은 개념보다 중요하다, 진정으로 뛰어난 자는 서툴러 보인다[27], 말로는 뜻을 다 나타낼 수 없다[28], 마음을 분산시키지 않는 것이 정신을 집중하는 것이다.[29]

유가가 강조하는 것은, 감각과 정감의 정상적인 만족과 토로(심미는 정감 및 감각과 관련이 있다) 및 예술이 사회와 정치를 위해 복무해야 한다는 실용과 공리功利다. 반면에 도가가 강조하는 것은 인간과 외부 대상의 공리를 초월한 무위無爲관계 즉 심미관계로, 내재적·정신적·실질적인 미이자 예술 창조의 비인식적 법칙이다. 후세 문예에 미친 영향에 있어서, 유가는 주로 주제와 내용 방면에 관한 것이었다고 한다면 도가는 주로 창작법칙의 방면 즉 심미 방면에 관한 것이었다. 독특한 의식형태로서 예술의 중요성은 바로 그 심미법칙에 있다.

2

부·비·흥의 원칙

감각기관이나 지각에 호소하는 심미 형식의 예술이 구석기·신석기 시대에 시작되었다고 한다면, 개념과 문자를 재료로 삼고 상상에 호소하는 예술인 문학의 발생과 발전은 훨씬 나중이다. 갑골문(복사), 금문(종정 명문), 『역경易經』의 일부 경문經文, 『시경』의 아雅(대아大雅)와 송頌, 이것들에 심미적 의미가 담긴 단편적인 문구가 있다 하더라도, 이를 진정한 문학작품이라고 하긴 어렵다. "우虞·하夏 시대의 글은 질박·순후하고, 상대의 글은 끝없이 아득하고, 주대의 글은 엄숙하다."[30](양웅揚雄, 『법언法言』) 이들 옛 문자는 끝까지 읽기 어려울 뿐만 아니라 심미적 느낌을 불러일으킬 수도 없다.

정말로 문학작품으로 간주할 수 있는 것은 『시경』의 국풍國風과 선진시대의 제자諸子 산문을 꼽아야 할 것이다. 일의 기록 및 신에 대한 제사에 사용되던 원시문자가 정감을 토로하고 이치를 설명하는 용도로 바뀐 것은 바로 춘추전국시대 내지 그보다 약간 이른 시기다. 그것은 예술의 형식을 통해 그 당시의 이성정신을 공동으로 구현했다. 『시경』「국풍」에 나오는 '민간'의 연가와 씨족 귀족의 영탄詠嘆은 중국시의 기초를 다졌으며 정감의 토로가 중심인 기본적 미학 특징을 확립했다.

두둥실 저 잣나무 배,
정처 없이 떠다니네.
두 눈 뜬 채 잠 못 이루니,
깊은 근심 있음이라.
(…)
내 마음은 돌이 아니니,
구를 수 없고.
내 마음은 자리가 아니니,
둘둘 말 수 없네.
품위 우아하니,
아무렇게나 고를 수도 없어라.
마음에는 근심 가득,
소인들에게 미움을 샀나니.
마음 아픈 일 많이 겪었고,
당한 모욕 적지 않아.
곰곰이 생각하자니,
잠에서 깨어 가슴을 칠 수밖에.[31](「패풍邶風·잣나무 배柏舟」)

저기 기장 우거지고,
저기 수수 싹도 나왔네.
걸음걸이 늦춰지고,
마음은 술렁댄다.
나를 알아주는 사람 내 마음 시름겹다 하고,

나를 모르는 사람 나더러 무얼 구하느냐 묻는다.
아득히 먼 하늘이여,
이는 누구의 탓이오?[32](「왕풍王風·기장 우거지고黍離」)

비바람 구슬피 불고,
닭 울음소리 급박해라.
임 만났으니,
어이 이 마음 즐겁지 않으리.
비바람 몰아치고,
닭 울음소리 끝없어라.
임 만났으니,
어이 마음의 병 풀리지 않으리.
비바람에 캄캄하고,
닭 울음소리 그치지 않네.
임 만났으니,
어이 이 마음 기쁘지 않으리.[33](「정풍鄭風·비바람風雨」)

갈대 무성하고,
흰 이슬은 서리가 되었다.
마음의 그 사람,
강 저쪽에 있네.
빙 돌아 흐르는 물길 거슬러 올라가 그를 따르려는데,
길은 험하고도 멀어라.
도도히 흐르는 물길 거슬러 올라가 그를 따르려는데,
강물 한가운데에 있는 것만 같아라.[34](「진풍秦風·갈대蒹葭」)

옛날 내가 떠나던 날,
수양버들 바람에 한들거렸지.
이제 내가 돌아오는 날,
진눈깨비 펄펄 내린다.
가는 길은 더딘데,
목마르고 배고파라.
내 마음 슬프기만 한데,
아무도 내 슬픔 모르리.[35](「소아小雅·고사리를 뜯다采薇」)

이상의 시에서 정회情懷를 읊고 감탄하고 슬퍼하는 구체적인 사건이나 내용은 비록 알기 어렵게 되었지만 그것[시]이 전달하는 기쁨이나 침통의 진지한 감정, 그것이 빚어낸 생동하고 진실한 예술형상, 반복적으로 맴도는 언어형식, 완곡하고 그윽한 깊은 의미는 지금까지도 여전히 감동을 주지 않는가? 그것은 다른 민족의 고대 장편 서사시와는 달리, 애초부터 이처럼 짤막하지만 깊이 있는 실천이성의 서정 예술을 통해 사람들을 감화시키고 격려했다. 그것은 구체적인 예술작품을 통해 중국 미학의 민족적 특색을 구현했다.

『시경』의 수많은 구체적인 작품 속에서 후대인은 '부賦·비比·흥興'이라는 미학원칙을 귀납해냈고, 이것이 2000년의 긴 시간 동안 영향을 끼쳤다. 이 원칙에 대한 가장 유명하고 가장 널리 유행한 해석은 바로 주희朱熹의 해석이다. "부란 그 사실을 진술하고 사실을 바로 말하는 것이다. 비란 다른 사물로써 이 사물을 비유하는 것이다. 흥이란 먼저 다른 사물을 말함으로써 노래하고자 하는 바를 환기시키는 것이다."[36](『시경집전詩經集傳』) 옛날 사람이나 지금 사람이나 이에 대해 많은 설명을 했다. '부'는 비교적 단순하고 명확하기 때문에 대부분 비와 흥의 문제를 토론하는

데 집중했다. 이는 정감을 어떻게 표현해야 비로소 예술이 될 수 있는가라는 근본적인 문제와 '비와 흥'이 관련되어 있기 때문이다.

중국문학(시와 산문을 포함)은 정감의 토로에 뛰어나다. 하지만 정감의 토로라고 해서 모든 표현이 다 예술이 될 수 있는 것은 결코 아니다. 주관적 정감은 반드시 객관화되고 특정한 상상·이해와 결합하여 통일을 이루어야만, 비로소 어느 정도의 보편성과 필연성을 지닌 예술작품을 구성하고 그에 상응하는 감화의 효과를 거둘 수 있다. 이른바 '비'와 '흥'이란, 정감이 상상·이해와 결합하여 객관화를 획득할 수 있게 해주는 구체적인 경로다.

『문심조룡文心雕龍』에서는 이렇게 말했다. "비는 부附(빗대다)이고, 흥은 기起(일으키다)다."[37] "정감情을 일으키기 때문에 흥의 체재興體가 성립되고, 사리理에 빗대기 때문에 비의 체재比例가 생겨난다."[38] 종영鍾嶸은 『시품詩品』에서 이렇게 말했다. "글은 이미 다했으나 뜻은 남음이 있는 것이 흥이다. 사물에 근거해 뜻을 말하는 것이 비다."[39]

실제로 '비'와 '흥'은 늘 함께 연결되어 있어서 절대적으로 구분하는 것은 매우 어렵다. '비·흥'은 모두 외부의 사물이나 광경을 통해 정감(정情)과 관념(지志)을 토로하고 기탁하고 표현하고 전달한다. 그래야만 비로소 주관적 정감이 상상 및 이해(대비對比·정비正比·반비反比를 막론하고 그 안에는 모두 일정한 이해의 요소가 포함되어 있다)와 한데 연결되어 객관화·대상화를 획득할 수 있게 되고, 기존의 이지理知가 부지불식간에 관여하게 되며, 정감이 충만한 예술형상을 구성하게 된다. 외부 사물과 광경은 더 이상 스스로 존재하는 사물 그 자체가 아니라 정감의 색채가 한 층 더해지게 되고, 정감 역시 더 이상 개인의 주관적 정서 그 자체가 아니라 이해·상상과 융합한 뒤의 객관형상이 된다. 이로써 문학형상 역시 외부 사물의 직접적 모방이 아니고 주관적 정감의 임의적 발산도 아니며, 개념적 이성 인식에만 호소하는 것은 더더욱 아니다. 이와 반대로 문학형상은 개념으로 철저히 파헤칠 수 없고 인식으로 포괄할 수 없는("말은 다함이 있으나 뜻은 무궁하다"), 정감의 감화력을 지닌 예술형상과 문학언어가 된다.

왕부지王夫之는 이렇게 말했다. "「소아·학명鶴鳴」은 완전히 비의 체재比體를 사용하고 있으며, 한 마디도 까발리지 않는다."[40](『강재시화薑齋詩話』) "한 마디도 까발리지 않는다"는 것은 줄곧 중국 미학의 중요한 기준의 하나였다. "한 글자도 더하지 않고 풍류를 모두 얻었다"[41](사공도司空圖의 『이십사시품二十四詩品』), "영양이 [땅에 자취를 남기지 않고 나뭇가지에] 뿔을 걸고 있으니 찾을 수 있는 흔적이 없다"[42](엄우嚴羽의 『창랑시화滄浪詩話』) 등은 개념으로 철저히 파헤칠 수 없고 인식으로 포괄할 수 없는 예술과 심미의 특징을 가리킨다. 이러한 특징은 바로 '비흥'의 경로를 통해 주관적 정감과 객관적 경물이 합일되어 나온 산물이다. 『시경』은 이와 관련된 최초의 모델로, 역대의 원조가 되었다. 명대明代 이동양李東陽은 이렇게 말했다.

> 시에는 삼의三義가 있는데, 부가 그 하나고 비·흥이 나머지 둘이다. 이른바 비와 흥이란, 사물에 기탁해 정을 깃들게 함으로써 이루어지는 것이다. 그대로 진술하는 것은 다 말하기는 쉽지만 마음을 감동시키기는 어렵다. 오직 기탁하는 바가 있어서, 형용하고 묘사하며 반복하여 읊음으로써 스스로 깨달을 때까지 기다린다면, 말은 다함이 있어도 뜻은 무궁하게 되니, 정신이 상쾌하여 날아갈 듯하고 손을 덩실거리고 발을 구르면서도 의식하지 못한다. 이것이 시가 감정을 귀하게 여기고 사실을 가볍게 여기는 까닭이다.[43](『회록당시화懷麓堂詩話』)

이는 시(예술)에 있어서 '비흥'의 중요성이 바로 앞에서 말했던 정감·상상·이해의 종합적 통일체에 있음을 집중적이고도 명확하게 설명하고 있다. "사물에 기탁해 정을 깃들게" 하고 "정신이 상쾌하여 날아갈 듯"한 것이 "그대로 진술하는 것"보다 나은 까닭은, 후자는 개념적인 인식으로 흘러가버려 말을 다하면 뜻도 다하기 십상이기 때문이다. 감정을 "그대로 진술하는 것" 역시 개념적 인식이 되어버려 감화 작용을 일으키지 못하는 경우가 흔하다. "아! 나는 얼마나 슬픈가!", 이는 결코 시가 되지 못하며 단지 개념일 뿐이다. 정감을 직접적으로 표현하는 것도 '비흥'을 통해서만이 심미적 효과를 거둘 수 있다. 따라서 "경물로써 정감을 갈무리한다以景結情" "즐거운 경물로 슬픔을 묘사하고, 슬픈 경물로 즐거움을 묘사하면 그 슬픔과 기쁨이 배로 증가한다"[44](『강재시화』) 등 후대의 이론은 이러한 단서(정감은 경물을 통해 객관화되고, 정감에는 이해와 상상이 포함된다)를 따른 것이다.

'비흥'이란 반드시 예술 창작에 나타난 작품 형상의 특징이라는 측면에서 그 미학적 원칙을 밝혀야 하는 것이지, 고대의 주석가들처럼 죽어라 하고 세세하게 파고들어서는 안 된다. 그런데 그처럼 죽어라 하고 세세하게 파고든 것에도 역사적 의미가 있어서 주의를 기울일 만한 점은, 한대의 경학가들이 '비흥'을 각종 사회·정치·역사 사건과 억지로 연관 지었다는 것이다. 그들의 견강부회가 계속 전해지면서 한대 이후 당·송·명·청에 이르기까지 끊이지 않고 이어졌다. 『시경』의 처음에 나오는 「관저關雎」를 "후비后妃의 덕德"이라고 해석한 것이 그런 예인데, 문예사상이 비교적 깨어 있었던 주희마저도 그런 해석에 기꺼이 동의했다. 예술을 정치 수수께끼와 같은 것으로 취급하는 견해가 순전히 주관적 추측이자 견강부회임은 물론이다. 하지만 총체적으로 볼 때, 이러한 방식에도 어느 정도의 원인이 있다. 그 원인은 바로 역사적인 것이다. 한대 유학자에 의한 견강부회는, 사실상 원시 시가가 무사巫史문화의 종교·정치 작품에서 서정적 문학작품으로 이행해간 중요한 역사적 사실을 부지불식간에 반영하고 있다.

원래 "시는 뜻을 말한다詩言志"는 것은, 실제로는 "도를 싣는다載道"[45]와 "일을 기술한다記事"[46]이다. 즉 고대의 '시'란 본래 씨족·부락·국가의 역사적·정치적·종교적 문헌이지, 개인의 서정 작품이 결코 아니었다. 많은 자료들이 보여주듯이, '시'와 '음악'은 본래 분리될 수 없는 것으로, 신에게 제사지내고 공로를 축하하기 위한 것이었다. '대아'와 '송'에는 이러한 성질과 흔적이 여전히 남아 있다. 하지만 '국풍' 시기에 이르면, 고대 씨족사회는 해체되고 이성주의가 고양되면서 문학예술은 신에 대한 제사 의례에서 해방되어 상대적으로 독립적 성격을 지니게 된다. 문학예술은 더 이상 종교적·정치적 일의 기술 및 신에 대한 제사와 관련된 문헌이 아니었는데, 한대 유학자들이 역사적 사실 등으로 견강부회한 것은 잘못이다. 선진시대의 총체적인 시대사조를 통해 이해해야만 그러한 견강부회의 객관적 근원 및 역사적 이유를 비로소 진정으로 볼 수 있다. 그리고 그러한 견강부회를 과학적으로 이해해야만, 문학(시)이 종교·역사·정치 문헌에서 해방되어 서정예술로 변화한 진정한 면모를 제대로 볼 수 있다.

'부'에 대해서는 사람들이 그다지 주목하거나 논쟁하지 않았다. 부가 가리키는 것은 단순한 묘사식의 일의 기술, 사물의 묘사, 정감의 토로, 뜻의 표현이다. 이중에서도 특히 일의 기술을 가리킨다. 『시경』「국풍」이 상고시대의 일의 기술 및 뜻의 표현이라는 종교적 복합체에서 분화되어 나와 서정적 예술이 되었으며 '비흥'을 창작 방법 및 원칙으로 삼았다고 한다면, 선진시대의 산문은 어떤 의미에서 보자면 '부'의 원칙을 구현함으로써 그 복합체로부터 분화·해방되어 나와 이치를 설명하는說理 도구가 되었다고 할 수 있다.

그런데 이치를 설명하는 글들 가운데 일부는 문학작품이 되었는데, 이는 앞서 말했던 정감의 법칙이 효과를 발휘했기 때문이다. 그 덕분에 형상성形象性이 부족한 중국의 고대 산문이 기세氣勢·표일飄逸 등의 심미적 요소를 갖춰, 후세 사람들이 오래도록 감상하고 송독하고 모방하는 본보기가 될 수 있었다. 물론 부분적으로는 형상성을 지닌 산문도 있는데, 『논어』『맹자』『장자』의 일부 장면 및 이야기와 우언寓言, 그리고 『좌전』의 일부 전쟁에 관한 기록 등이다. 하지만 『맹자』『장자』『순자』『한비자韓非子』『좌전』 등이 문학의 본보기가 될 수 있었던 것은 형상성 때문이 아니라, 오히려 이치를 설명하고 논증하는 풍격과 기세 덕분이다. 예를 들면 『맹자』의 호탕함, 『장자』의 기이함, 『순자』의 근엄함, 『한비자』의 준엄함이야말로 그것들이 심미적 대상이 될 수 있었던 원인이다. 호탕함·기이함·근엄함·준엄함 등은 문자를 운용하고 배치하는 가운데 배태되거나 전달되는 특정한 정감·풍모·품격이 아닌가? 바로 이 때문에 중국의 고대 산문이 심미·예술 기능을 갖추는 데 정감성이 형상성보다 큰 역할을 했다. 또한 이것은 중국의 예술과 문학(시와 산문을 포함) 작품이 보여주는 매우 두드러지는 민족 특징 가운데 하나이며, 앞에서 말했던 미학 이론에 있어서 중국의 「악기」와 서양의 『시학』의 차이와도 완전히 일치하는 것이다. 요컨대 산문문학에서도 정감·이해·상상 등의 여러 요소 및 심리적 작용이 통일되어 한데 어우러져야만 한다. 다만 시와 비교하자면, 산문에 있어서 이해의 요소가 보다 두드러질 따름이다.

> 양혜왕梁惠王이 말했다. "과인이 편안한 마음으로 가르침을 받고자 합니다." 맹자가 대답했다. "사람을 죽이는 데 몽둥이로 죽이는 것과 칼로 죽이는 것에 다름이 있습니까?" "다름이 없습니다." "칼로 죽이는 것과

정치로 죽이는 것에는 다름이 있습니까?" "다름이 없습니다." "부엌에 살진 고기가 있고 마구간에 살진 말이 있는데, 백성들은 굶주린 기색이고 들에는 굶주려 죽은 시체가 있다면, 이는 짐승을 몰아 사람을 잡아먹도록 한 것입니다. 짐승끼리 잡아먹는 것도 사람들은 증오하는데, 백성의 부모가 되어 정치를 행함에 짐승을 몰아 사람을 잡아먹게 하는 것을 면치 못하면, 백성의 부모됨은 어디에 있겠습니까?"[47](『맹자』「양혜왕梁惠王 상」)

북쪽 바다에 물고기가 있는데, 그 이름을 곤鯤이라고 한다. 곤의 크기가 몇 천리나 되는지 알 수 없다. 변화하여 새가 되는데, 그 이름을 붕鵬이라고 한다. 붕의 등은 몇 천리가 되는지 알 수 없다. 힘차게 솟구쳐 날아오르면, 그 날개가 하늘을 뒤덮은 구름 같다.[48](『장자』「소요유逍遙遊」)

이상에서는 모두 이치를 설명하고 있는데, 그것은 정치적 이치(맹자) 혹은 철학적 이치(장자)다. 맹자의 글은 상당히 정연한 순차적인 형식을 통해, 논리와 추리에 담긴 정감의 색채와 힘을 최대한 강화함으로써 이치의 설명 속에 저지할 수 없는 '기세'를 갖추고 있다. 장자의 글은 기이하고 과장된 상상을 중심으로 삼아, 분산되어 있으면서도 정연한 구성을 통해, 논리와 의견을 구체적인 형상 속에 녹여냄으로써 세상으로부터 초연한 형태의 '표일飄逸'을 갖추고 있다. 이것들은 바로 정감·이해·상상 등의 요소가 각기 서로 다른 비율로 배합 내지 결합된 것이 아닌가? 또한 이것들은 풍부한 정감과 상상을 통해, 이치의 설명과 변론을 위한 글이 마침내 산문문학이 된 것이 아닌가? 이것들은 앞에서 말했던 중국 시가의 민족적 미학 특징과도 일맥상통하는 것이 아닌가?

3

건축예술

앞에서 이미 말했듯이 시문의 정감 요소가 중국 민족의 심미적 특징을 구현하고 있는 것과 마찬가지로 조형예술 분야에 있어서는 선의 요소가 그러하다. 선의 예술은 공교롭게도 정감과 관련이 있다. 음악과 마찬가지로 그것[정감과 관련된 선의 예술] 역시 시간의 흐름 속에서 전개된다. 또한 앞에서 언급했듯이 이러한 정감의 표출은 대체로 이성의 침투·제약·통제 아래서, 정감 속에 깃든 이성의 아름다움으로 표현된다. 이러한 특징은 추상적인 선과 체적體積을 심미의 대상으로 삼는 건축예술에도 어느 정도 나타나며, 중국 민족의 기본적인 심미 특징을 펼쳐 보인다.

신석기시대의 반포 유적지 등을 통해 볼 때, 방형 내지 장방형의 토목 건축체제가 그 당시에 이미 시작되었으며 그것이 결국 이후 중국의 주요 건축형식이 되었음을 알 수 있다. 세계의 다른 여러 고대 문명들과 달리, 석조건축이 아닌 목조건축이 중국의 큰 특징이다. 왜일까? 이에 대해서는 아직까지도 해답이 없는 듯하다. 『시경』을 비롯한 고대 문헌에 "꿩이 나는 듯"[49], "사당을 지으니 날개를 쫙 펼친 듯"[50] 등의 묘사가 있는 것을 보아 그 당시의 건축이 꽤 규모를 갖추고 있었으며 심미적 기능도 지니고 있었음을 알 수 있다. "날개를 쫙 펼친 듯" "나는 듯" 등의 표현을 통해 볼 때, [그 당시의 건축이] 새의 날개처럼 쫙 펼쳐지거나 사방의 처마가 날아오를 듯한 예술효과를 지니고 있었음을 알 수 있다.

하지만 건축에 대한 심미적 요구가 진정으로 최고점에 도달한 것은 춘추전국시대에 이르러서다. 사회가 새로운 단계로 접어들면서 소위 "높고 크고 화려한美輪美奐"[51] 건축 열기가 한 시대를 풍미하며 퍼져나갔다. 단순히 비바람을 막기 위해서만이 아니라 사람을 찬탄하게 만드는 화려한 미의 추구가 날이 갈수록 신흥귀족들의 중요한 요구와 흥취가 되었다. 『좌전』과 『국어』에 이에 관한 기록이 많다. "아름다운 집이로다! 장차 누구의 것이 될 것인가?"[52](『좌전』 소공 26년), "대臺가 아름답구나!"[53](『국어』「초어楚語」) 등이 그 예다. 또한 『묵자墨子』「비공非攻」에서는 오왕吳王 부차夫差가 고소대姑蘇臺를 7년 동안 지었는데도 완공하지 못했다는 이야기가 나온다.[54] 『좌전』 장공莊公 31년에는 봄·여름·가을 세 계절에 각각 대를 쌓았던 기록이 나온다.[55] 『국어』「제어齊語」에는 제나라 양공襄公이 대를 쌓은 기록이 나온다.[56]

이러한 건축 열기는 진秦나라 시황始皇이 6국을 병탄한 이후 아방궁阿房宮을 대대적으로 축조함에 이르러 최고조에 이르렀다. 문헌 기록에 의하면, 2000여 년 전에 축조된 진나라 궁전건축은 상당히 놀랄 정도다.

- 진나라는 제후들을 격파할 때마다 그 나라의 궁실을 모방해 셴양咸陽의 북쪽 비탈에 그것을 지었다. 남쪽으로는 위수渭水에 임했으며, 옹문雍門 동쪽에서부터 경수涇水와 위수가 합류하는 곳까지 이르렀다. 궁전의 복도는 서로 이어져 있었다.[57]
- 시황은 셴양에 사람은 많지만 선왕의 궁전은 작다고 여겼다. (…) 위수의 남쪽 상림원上林苑에 궁전을 지었다. 먼저 전전前殿인 아방阿房

표범 문양의 와당, 진대秦代, 산시 성 출토.

태양무늬의 기와, 진대秦代, 산시 성 린퉁臨潼 시황릉 1호갱에서 출토.

을 지었는데, 동서로 400보步이고 남북으로는 50장丈[58]으로, 위에는 1만 명이 앉을 수 있고 아래쪽에는 깃대가 5장 높이에 달하는 깃발을 세울 수 있었다. 주위에는 쭉 이어진 복도를 만들어서 궁전 아래서 남산南山까지 곧장 다다를 수 있게 했으며, 남산의 봉우리를 궐문闕門으로 삼았다.[59](『사기』「진시황본기秦始皇本紀」)

이상의 기록을 통해, 중국 건축은 목조 구조의 가능성과 특징을 최대한으로 이용했으며 애초에 단일한 독립된 개별 건축물을 목표로 한 것이 아니라, 거대한 규모의 공간에 평면으로 넓게 펼쳐지면서 서로 연결되고 맞물리는 건축군建築群을 특징으로 한다는 것을 알 수 있다. 중국 건축이 중시하는 것은 평면 전체에 있어서 각 건축물 간의 유기적인 배치다.

그 당시의 지상 건축은 이미 볼 수 없게 되었지만, 지하 시황릉始皇陵의 규모와 구조를 통해서 이를 확실히 알 수 있다. 극히 일부가 발굴된, 시황릉의 최전방 진지에 해당하는 병마용갱兵馬俑坑만 하더라도 그 광경은 실로 불가사의할 정도로 웅장한 장관이다. 토용土俑의 체격과 생김새부터 건축재료(진전秦磚[흙을 구워서 만든 진나라 때의 벽돌])의 두께와 크기와 견고함에 이르기까지, 상상하기 어려운 웅대한 기백을 뚜렷이 보여준다. 이는 그야말로 이집트 피라미드에 필적할 만하다. 시황릉이 피라미드와 다른 점이라면, 하나하나가 각각 독립적이며 위를 향해 쌓아올린 비교적 단순한 첨탑구조가 아니라, 평면으로 전개되는 전체적이고 복잡한 구조라는 것이다.

"백대百代가 모두 진나라의 제도를 따랐다"는 말이 있는데, 건축 역시 그랬다. 건축의 체제와 풍모는 대체로 선진시대에 다져진 기본 규범을 벗어난 적이 없다. 진·한, 당·송, 명·청 시기의 건축예술은 상당히 일치하는 미학 풍격을 기본적으로 유지하고 이어나갔다.

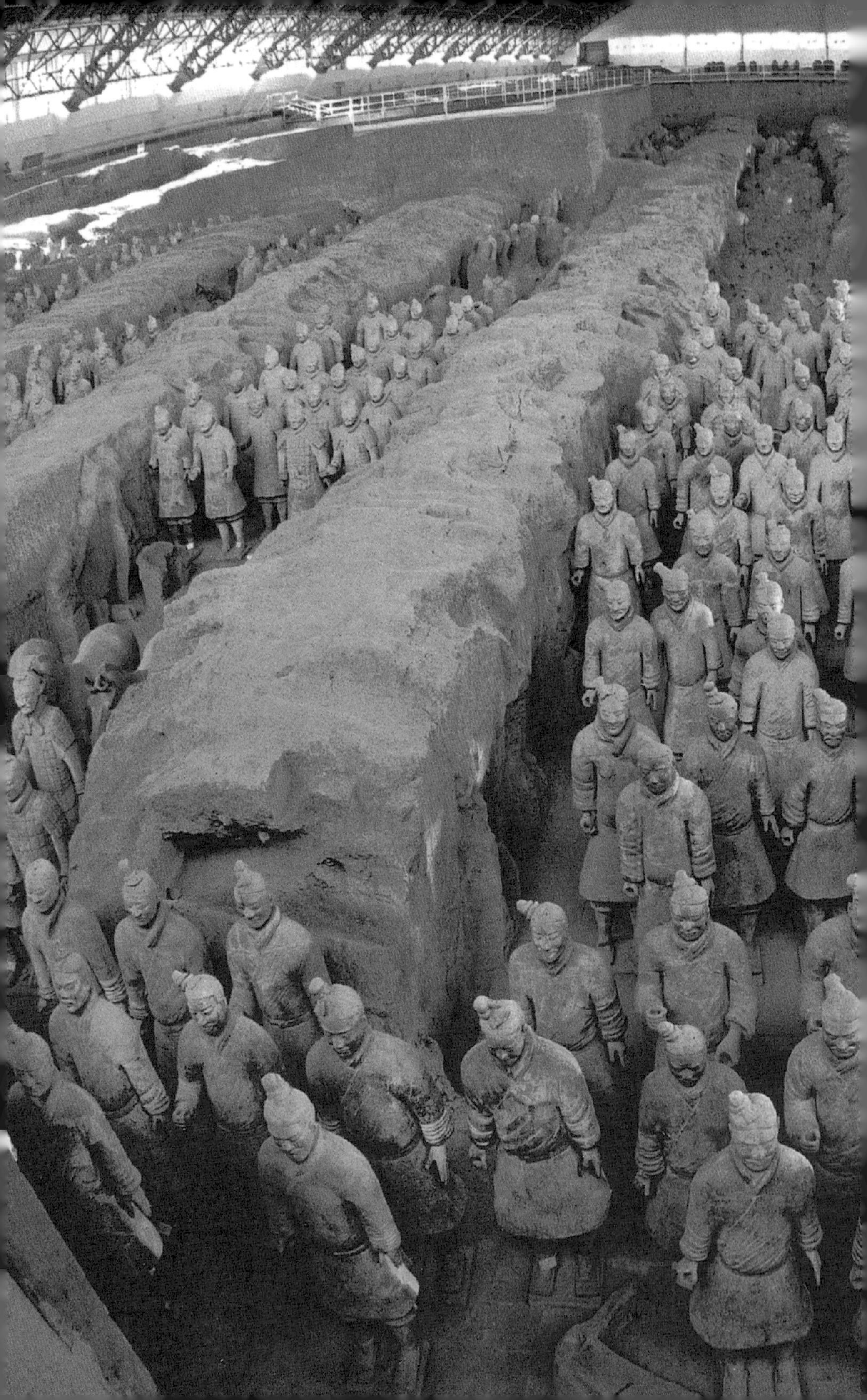

진시황릉 1호 병마용갱. 산시 성 린퉁 시황릉 동쪽 1.5km 지점.

진대 병마용의 다양한 모습.

그 예술 풍격은 무엇인가? 간단히 말하자면, 이는 본장에서 언급한 중국 민족의 특징인 실천이성 정신이다.

각 민족의 주요 건축은 그리스 신전, 이슬람 건축, 고딕양식의 교회당처럼 대부분 신을 섬기는 사당이다. 반면에 중국의 주요 건축은 궁전 건축, 즉 세상에 살아있는 군주가 거주하기 위한 장소다. 대체로 신석기 시대의 소위 '대방자大房子'[60]에서부터, 신령에 대한 중국의 제사와 예배는 세속생활에서 벗어난 특별한 장소가 아니라 현실생활과 긴밀하게 연결된 거주의 중심지에서 이루어졌다. 유가가 종교의 자리를 대신한 이후로, 관념·정감·의례 속에서 이처럼 신과 인간이 함께 존재하는 경향이 더욱 강하게 관철되었다. 이렇게 해서 고립적이고 세속생활에서 벗어나 인간 세상의 초월을 상징하는 출세出世적인 종교건축이 아닌, 입세入世적이고 세속의 생활환경과 연결되어 있는 궁전·종묘 건축이 중국 건축의 대표가 되었다. 구름에 닿을 듯 우뚝 솟아 신비를 지향하는 하늘 관념이 아니라 평면으로 펼쳐져 현실의 인간 세상으로 이끄는 연상, 공포감을 자아내는 너무나 광활한 내부 공간이 아니라 온화하며 일상생활에 아주 가까운 내부 공간의 조합, 음침하고 차가운 돌이 아닌 따뜻한 나무 재질, 이런 것들이 중국 건축의 예술적 특징을 구성한다.

중국 건축의 공간의식은, 신비롭고 긴장된 영감·회개·격정을 획득하고자 하는 것이 아니라 명확하고 실용적인 관념과 분위기를 제공하고자 한다. 이는 중국 회화 이론에서 산수화를 두고 하는 말과 같은 맥락이다. 산수화에는 '볼 만한可望 것' '갈 만한可行 것' '노닐 만한可遊 것' '살 만한可居 것'의 여러 종류가 있는데, '노닐 만한 것'과 '살 만한 것'이 '볼 만한 것'과 '갈 만한 것'보다 낫다.(제9장 참조) 중국 건축 역시 이러한 정신을 구현하고 있다. 즉 중국 건축은 강렬한 자극이나 인식을 중시하는 게 아니라 생활의 정서를 감화하고 도야하는 데 중점을 두고 있다. 그것은 일주일

천단天壇 기년전祈年殿, 명대, 베이징.

에 한 번 가서 영혼을 씻는 장소가 아니라, 늘 바라보고 머무를 수 있는 생활의 장소다. 바로 이런 점에서, 평면으로 넓게 펼쳐진 유기적인 건축군은 공간의식을 시간의 흐름으로 전환했다. 즉 고딕양식의 교회당처럼 거대하고 닫힌 공간 속으로 사람이 갑자기 내던져져 자신의 미미함을 느끼며 두려움에 휩싸여 신의 보호를 기구하는 것이 아니다. 이와 반대로, 평면으로 깊숙한 중국 건축의 공간은 복잡하고 다양한 누대정각樓臺亭閣[61]을 천천히 두루 돌아다니는 끊임없는 과정에서 생활의 안정과 편안함 및 환경과의 조화를 느끼게 해준다. 여기에서는 순간적·직관적으로 파악한 거대한 공간감이, 오래도록 노니는 시간의 흐름으로 변화한다. 여기에서는 실용적·입세적·이지적·역사적 요소가 뚜렷한 우위를 차지함으로써 반이성적인 광적 도취를 배척하게 된다. 다른 여러 종교건축에서는 광적인 도취 의식이 기본적 심미 특징을 구성한다.

중국의 이러한 이성정신은 건축물의 엄격한 대칭구조에서도 표현되

고궁 태화전太和殿, 명대, 베이징.

어, 엄숙·방정·질서정연(이성)을 펼쳐 보인다. 따라서 하나의 건축만 두고 말하자면, 기독교·이슬람교·불교의 건축에 비해 중국의 건축은 확실히 상대적으로 낮고 평범하며 손색이 있음을 인정해야 한다. 하지만 전체 건축군을 두고 말하자면, 중국 건축은 구조가 방정하고 구부구불 이어지며 뒤얽혀 있고 기세가 웅혼하다. 그것은 단일 건축물의 형체와 모습이 아닌, 전체 건축군의 구조와 배치 및 제약과 조화로써 승리를 거둔다. 매우 간단한 기본 단위가 모여 복잡한 건축군의 구조를 구성하면서, 엄격한 대칭 속에서도 변화가 있고 다양한 변화 속에서도 통일을 유지한다.

만리장성을 예로 들자면, 비록 이렇다 할 엄격한 대칭구조는 없지만 각 체제는 완벽하게 유사하다. 만 리를 휘감고 있는 만리장성은 그다지 높지는 않지만, 끝없이 긴 용사龍蛇가 영원히 춤추며 나는 듯이 군산 준령의 봉우리를 따라 끊임없이 이어져 있다. 만리장성의 공간적인 연속은 시간의 유구한 이어짐을 나타내면서 중국 민족의 위대한 활력의 상징이

무톈위慕田峪 장성. 베이징 화이러우懷柔, 싼두허三渡河 촌.

되었다.

본질적으로 시간의 흐름인 유동미가 단일 건축물의 공간형식 속에서도 똑같이 표현되어 나올 때 선의 예술적 특징을 드러내는데, 이는 선을 통해서 건축물의 유동미를 획득하기 때문이다.

중국 목조건축에서 지붕의 형상 및 장식은 중요한 위치를 차지한다. 지붕의 곡선, 그리고 위를 향해 살짝 비껴 올라간 비첨飛檐[62](한대 이후)은 아래를 향해 내리누르고 있는 매우 무거운 커다란 모자 모습의 지붕이 선의 구부러짐을 따라서 위를 향해 들리도록 함으로써 생동감과 경쾌함을 드러낸다. 또한 지붕의 곡선과 비첨이 건축의 커다란 몸채 및 넓은 토대와 조화를 이룸으로써 건축 전체가 안정되고 튼튼하게 보이도록 하여, 위가 무겁고 아래가 가벼운 느낌이 전혀 들지 않는다. 이는 정감과 이성의 조화, 쾌적함과 실용성, 선명한 리듬감 등의 효과를 구현하며, 유럽·이슬람·인도의 건축과는 다르다.

인도에서 전래된 종교적 성질의 보탑寶塔의 경우, 조소彫塑나 벽화와 마찬가지로(제6장 참조) 외래에서 들어온 뒤 결국은 중국화되었다. 중국식 보탑은 더 이상 임의로 쌓아올린 복잡한 포갬이 아니고, 수직선상으로 각 층이 같은 크기인 것도 아니었다. 그것은 층마다 매우 선명한, 수학의 정수식整數式 같은 리드미컬한 미를 보여준다. 이는 앙코르와트 사원처럼 복잡한 퇴적의 미와는 굉장히 다르다. 서로 멀리 떨어져 있지 않은 시안西安의 대안탑大雁塔과 소안탑小雁塔을 비교해보면, 대안탑이 중국식 보탑의 미를 훨씬 더 전형적으로 나타낸다는 것을 알 수 있다. 대안탑의 각 층은 리듬이 매우 단순하면서도 분명하고 각 층간 비율의 차이도 뚜렷해서, 각 층간의 거리가 가까워 전체적으로 일체인 듯한 소안탑과는 굉장히 다르다. 소안탑 역시 중국화되긴 했지만 대안탑과 비교하자면 이역의 본래 분위기에 보다 가깝다.

1968년에 베이징에서 발견된 원대의 성문을, 사람들이 잘 알고 있는 명대의 성문과 비교해도 민족 건축의 예술적 특징이 매우 뚜렷하게 나타난다. 원대의 성문은 두께가 얇고 경사가 보다 크기 때문에 자연스럽게 이국적인 특색을 띠는데, 이슬람의 성문과 유사한 점이 있는 듯하다. 명대의 성문과 성벽(특히 난징南京 성의 성벽)은 이와 반대로, 두껍고 곧게 서 있어서 훨씬 웅혼해 보인다.

이상의 모든 것들이 후대의 발전이라 하더라도 그 기본 실마리는 여전히 선진시대의 이성정신으로 거슬러 올라가야 한다.

인간 세상의 생활과 관련된 궁전 건축이기에, 그 용도는 숭배와 공경만을 위한 것이 아니라 즐거움을 누리도록 하기 위한 것이기도 했다. 선진시대부터 중국 건축은 사람들이 자유롭게 감상할 수 있는 각종 정교한 미술작품(회화·조소)으로 가득했다. 『논어』에는 "두공에 산을 새기고, 동자기둥에 수초水草를 새기다"[63] "썩은 나무는 조각할 수 없다"[64] 등의 구절이 있다. 그리고 한부漢賦를 통해서도 그 당시 건축에 회화와 조각이 풍부했음을 엿볼 수 있다. 두공과 비첨에 대한 섬세한 관심, 문과 창문 형식의 자유로움과 다양함, 선명하고 아름다운 색채의 적극적인 추구는, "황금 포수金鋪[65]와 옥으로 장식한 문玉户" "겹겹의 난간重軒과 그림이 새겨진 난간鏤檻" "들보의 조각과 대들보의 그림" 등의 표현으로 형용·묘사되었다.[66] 건축의 이러한 특징은 근대까지도 이어졌다.

"정원은 깊고도 깊어, 대체 얼마나 깊은지?"[67] 후기 봉건사회의 경제생활과 의식형태가 변함에 따라 원림園林예술도 나날이 발전했다. 위엄과 장중함을 드러내던 궁전 건축의 엄격한 대칭성이 타파되고, 구불구불 복잡하고 흥취가 넘치며 자연산림을 모방하고 자연산림에 가까워지는 것을 목표로 하는 건축미가 출현했다. 공간은 탁 트인 데도 있고 막힌 데도 있어서, 변화무상하고 예상에서 벗어남으로써 보다 많은 상상과 정

자은사慈恩寺 대안탑, 당대, 산시 성 시안.

천복사薦福寺 소안탑, 당대, 산시 성 시안.

감을 불러일으킬 수 있었다. "산 첩첩 물 첩첩 길마저 없나 했더니, 버드나무 우거지고 꽃 활짝 핀 곳에 또 하나의 마을."[68]

전체적이고 유기적인 배치를 특징으로 삼는 원림건축은, 봉건 후기 문인 사대부의 보다 자유로운 예술관과 심미적 이상을 나타낸다. 이는 산수화의 흥기(제9장 참조)와 깊은 관계가 있는데, 그것[원림건축]은 인간 세계의 환경이 자연계와 보다 더 밀접해지길 바라고 인위적 장소의 자연화를 추구하면서 가능한 한 자연과 하나가 되고자 했다. 그것은 '차경借景'[69] '허실虛實'[70] 등의 온갖 교묘한 방법과 기교를 통해 건축군이 자연산수의 미와 교류하고 만나게 함으로써 보다 자유롭고 광활한 유기적이고 전체적인 미를 이루었다. 먼 곳에 있는 산수조차도 이 인위적인 배치 안으로 들어가는 듯하다. 실재하는 작은 다리, 흐르는 물, 벼 향기 나는 마을은 물론이고 산의 빛깔, 구름에 닿을 듯한 나무, 물에 비친 돛의 그림자, 강의 물결도 모두 건축 안에 받아들여질 수 있다. 이로써 그 낭만적

남방 원림, 청대.

망사원網師園, 청대 건륭乾隆 연간, 장쑤 성 쑤저우蘇州.

인 정취는 더욱 짙어졌다.

그런데 중국의 고대 문예에서 낭만주의는 고전 이성의 범위에서 크게 벗어난 적이 없다. 건축에 있어서도 그러한 낭만주의는, 평면으로 넓게 펼쳐진 이성정신의 기본 노선에서 이탈하지 않았으며 여전히 공간의식을 시간의 흐름으로 전환했다. 그것[낭만주의]이 나타내는 것은 현실을 초월한 종교적 신비가 아니라 현실세계의 생활 정서였다. 실제로 그것은 완상하는 자유로운 원림(도가)으로써 거주하는 정돈된 집(유가)을 보충하려는 것이었을 따름이다.

제4장

초·한의 낭만주의

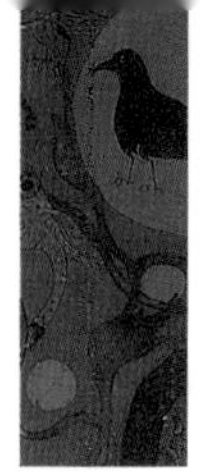

1

굴원 「이소」의 전통

이성정신이 중국의 북방에서 연승을 거두며 공자부터 순경荀卿까지 명가名家부터 법가까지 청동기부터 건축까지 시가부터 산문에 이르기까지 모든 것이 무술 종교의 속박으로부터 점차 벗어나면서 의례와 옛 제도를 타파하고 있을 때, 중국의 남방에는 원시씨족사회의 구조가 상당히 많이 보존·잔존하고 있었으며 찬란하고 아름다운 먼 고대의 전통이 여전히 강력하게 유지·발전하고 있었다. 『초사』부터 『산해경』[1]까지 그리고 장자에서부터 "너그러움과 부드러움으로 가르치며 무도함에 보복하지 않는" "남방의 강함"[2]에 이르기까지 의식형태 각 영역에는, 기이한 상상과 뜨거운 정감이 담긴 토템(신화의 세계) 속에 먼 고대의 전통이 여전히 가득 차 있었다. 문예 심미의 영역에서는 굴원屈原을 대표로 하는 초楚 문화가 나타났다.

굴원은 중국 최초의 시인이자 가장 위대한 시인이다. 그가 "후대 사인詞人에게 영향을 미친 것은 한 세대에 그치지 않는다."[3](『문심조룡』) 한 개인이 후세의 문예에 이처럼 큰 영향을 미친 것은 확실히 드문 일이다. 바로 이 때문에 굴원의 작품집(다른 사람의 이름으로 되어 있는 작품도 포함)

이 뿌리 깊은 문화체계를 집중적으로 대표하게 된 것이다. 이 문화체계는 바로 앞에서 언급한, 낭만과 격정으로 충만하고 먼 고대의 전통을 보존하고 있는 남방의 신화·무술이다.

유가는 중국 북방에서, 먼 고대의 전통·신화·무술을 하나하나 이성화했고 신을 인간화했으며 기이한 전설을 군신과 부자라는 인간 세상의 질서로 변화시켰다. 예를 들면, "황제黃帝는 얼굴이 넷이었다"는 이야기는 황제가 네 명으로 하여금 사방을 다스리게 했다는 식으로 해석했고[4], "황제가 300년을 살았다"는 이야기는 그의 영향력이 300년 동안 지속되었다는 식으로 해석했다.[5] 공자가 편찬한 『시경』에서는 이러한 '괴력난신怪力亂神'의 흔적을 더 이상 발견할 수 없게 되었다.[6] 하지만 그러한 흔적은 굴원을 대표로 하는 남방문화에서 매우 생동적으로 보존되어 있다.

기본적으로 인정할 수 있는 것은 굴원의 주요 작품인 「이소離騷」다. 그토록 선명하고 아름답고 깊이 있는 상상과 정감으로 가득한 오색찬란한 세계를 보라! 미인, 온갖 향초, 넓은 땅의 난과 혜초蕙草[7], 마름芰荷과 부용芙蓉으로 만든 향기 나는 옷[8], 망서望舒[달의 신]와 비렴飛廉[바람의 신][9], 무함巫咸이 저녁에 강신降神함[10], 사막流沙과 적수赤水[11], 여덟 마리 용이 구불구불 나아감[12] (…). 「이소」에서는 또 이렇게 노래한다.

홀연히 고개 돌려 멀리 바라보나니,
사방 아득히 먼 곳으로 가서 살펴보리라.
몸에 찬 패물은 많고 화려하니,
향기가 물씬 풍기는구나.
사람마다 본래 각기 좋아하는 바가 있으니,
나만은 수양하길 일삼노라.
몸이 찢긴다 하더라도 변치 않으리니,

어찌 내 마음이 꺾이리오.
(…)
아침에 창오蒼梧를 떠나,
저녁에 현포縣圃에 도착했네.
신이 사는 이곳에 잠시 머물고 싶지만,
해가 어느덧 저물려 하네.
나는 희화羲和에게 속도를 늦추라고 명하여,
엄자崦嵫를 향해 가까이 가지 않게 하네.[13]
길은 까마득히 멀고멀지만,
나는 하늘 땅 곳곳을 다니며 찾아보리라.[14]

신화적 상상으로 가득한 자연환경 속에서 주인공은 도리어 이처럼 집착하고 완강하고 슬퍼하고 원망하면서 세상의 부조리에 분개한다. 그는 세상에 받아들여지지 않는 진리의 추구자다. 가장 생동적이고 아름다우며 오직 원시신화에서만 나타날 수 있는 자유롭고도 다의적인 낭만적 상상을, 가장 뜨겁고 깊이 있으며 오직 이성이 깨어있을 때만 존재할 수 있는 개체의 인격 및 정서와 가장 완벽하게 융화시켜 이루어진 유기적 총체가 바로 「이소」다. 이렇게 해서 「이소」는 중국 서정시에 있어서 진정으로 빛나는 기점起點 및 비할 바 없는 본보기를 세웠다. 2000년 동안, 예술 수준에 있어서 「이소」와 나란히 할 수 있는 것은 산문문학에 속하는 『홍루몽紅樓夢』뿐일 것이다.

굴원의 작품이라고 전해지는 「천문天問」은 먼 고대의 신화전통을 가장 많이 그리고 체계적으로 보존하고 있는 문학작품이다. 「천문」은 그 당시의 시대의식이 이성의 각성으로 인해 신화에서 역사를 향해 나아가고 있었음을 말해준다. 연속된 일련의 질문의 형태로 신화와 역사가 「천문」에서 제기되고 있는데, 그것은 겹겹이 교차하는 풍부한 정감과 상상 가운데 깃들어 있다.

어디에 돌로 이루어진 숲이 있으며,
어떤 짐승이 말을 할 수 있는가?
어디에 규룡虯龍이 있어서,
곰을 등에 지고서 노는가?
웅훼雄虺는 머리가 아홉인데,
재빨리 움직여 어디에 있는가?
어디에 죽지 않는 곳이 있으며,
거인은 어디를 지키는가?[15](「천문」)

「이소」와 「천문」을 비롯해 『초사』의 「구가九歌」 「구장九章」 「구변九辯」 「초혼招魂」 「대초大招」 등은 모두 매우 두드러지는 남방문화의 낭만 체계를 구성하고 있다. 실제로 그것들은 초 지역에서 신에게 제사지내던 원시의 춤과 노래의 연속이다. 한대의 왕일王逸은 『초사장구楚辭章句』에서 「구가」에 대해 이렇게 말했다. "옛날에 초나라 남영南郢 지역, 원강沅江과 상강湘江 일대의 민간에서는 귀신을 믿었고 제사지내기를 좋아했다. 제사지낼 때는 반드시 노래와 음악과 춤으로 신들을 즐겁게 했다. (…) 이렇게 해서 「구가」를 짓게 되었다."[16] 왕일의 말은 상술한 사실을 명확히 설명해 준다.

왕부지는 「구변」에 대해 설명하길, "변辯은 편遍이다. 1결闋을 1편이라고 한다. 하계夏啓가 「구변九辯」이라고 이름 지었던 것을 본뜬 것으로, 옛 체제를 이어받아 새롭게 만들었다. 관현악기에 맞추어 연주할 수 있다. 가사는 격동적이고 자유분방하고 힘차며 풍風·아雅와는 다른데, 대체로 초성楚聲[17]이다. 후에 부체賦體의 흥기는 모두 여기서 기원했다."[18] 왕부지의 말은 매우 중요한데, 관건이 되는 여러 문제를 일일이 밝히고 있다. 첫째, 『초사』가 "옛 체제를 이어받았으며" 그 '오랜' 정도가 하나라 초까지 거슬러 올라간다고 했다. 『초사』가 우연히 생겨난 게 아니라 오래된 근원이 있음을 알 수 있는데, 확실히 상고시대 씨족사회 유풍의 연속이자 모방이다. 둘째, "관현악기에 맞추어 연주할 수 있다"고 했으니, 본래 노래하고 춤출 수 있었던 것이다. 최근의 고증에서도 「구가」 등은 무술의례와 관계가 깊은, 신에 대한 제사에서의 가무와 음악이 분명하다고 본다. 따라서 『초사』는 개인의 창작이 아니라 집단의 활동이다. 셋째, "가사는 격동적이고 자유분방하고 힘차며 풍·아와는 다르다"고 했다. 즉 감정을 통쾌하게 토로하며, 형상에 대한 상상이 풍부하고 기이하며, 엄격한 속박을 받지 않았고 유가의 실천이성이라는 세례를 아직 받아들이지 않았기에, 수많은 도덕규범과 이성의 제약이 있는 소위 '시교詩教'의 부류와는 달랐다는 것이다. 오히려 원시의 활력, 자유분방한 정서, 거침없는 상상이 『초사』에서는 보다 자유롭고 충분하게 표현되어 있다. 넷째, 가장 중요한 점이기도 한데, 『초사』는 한대 부체 문학의 원조라는 것이다.

사실, 한漢의 문화는 초 문화다. 초와 한은 불가분의 관계다. 정치·경제·법률 등 제도의 측면에서 "한승진제漢承秦制" 즉 한나라가 기본적으로는 진나라의 체제를 계승했다 하더라도, 의식형태의 어떤 측면 특히 문학예술의 영역에서는 한나라가 본래 지니고 있던 남방 초 지역의 향토적 본색을 여전히 유지하고 있었다. 한나라는 초 지역에서 일어났다. 유방劉邦과 항우項羽의 기본적인 대오隊伍와 핵심 구성원은 대부분 초나라 출신이다. 초 지역에서 항우에게 포위되었을 때 "사방에서 모두 초나라 노래가 들렸다四面皆楚歌." 유방이 금의환향하며 부른 것은 「대풍가大風歌」였다.[19] 또한 전한前漢의 궁중에서는 시종일관 초성이 주도적이었다.

이상은 모두 한나라가 초 지역의 특징을 유지하고 있었음을 말해준다. 초·한 문화는 (적어도 문예 방면에서는) 일맥상통하며 내용과 형식에서 모두 뚜렷한 계승성과 연속성을 지니고 있다. 그것은 선진시대 북방과는 다르다. 초·한의 낭만주의는 선진시대의 이성정신을 계승하면서도 그것과의 상호보완을 통해 이루어진, 중국 고대의 또 하나의 위대한 예술전통이다. 이[초·한의 낭만주의]는 한대 예술의 미학 사조를 지배했다. 이러한 관건을 파악하지 않고서 한대 예술의 근본적인 특징을 제대로 설명하기란 매우 어렵다.

『시경』 혹은 선진시대 산문(장자는 물론 제외다. 장자는 남방문화체계에 속한다. 굴원에게 「원유遠遊」가 있다면, 장자에게는 「소요유」가 있다. 굴원과 장자의 유사점은 일찍이 공인된 바다)과 비교해 볼 때, 한대(특히 전한) 예술의 상이한 풍모는 매우 뚜렷하다. 한대 예술과 한대 사람들의 관념에 가득했던 것은 바로 상고시대로부터 전해져온 갖가지 신화와 고사故事였다. 이는 당시에 필수불가결한 주제 내지 제재였으며, 아주 거대한 흡인력을 지니고 있었다. 복희·여와의 사람 얼굴에 뱀의 몸, 서왕모西王母·동왕공東王公의 전설과 형상, 두 팔이 날개로 변한 불사의 신선 왕자교王子喬,그리고 적토赤兎와 금오金烏, 사자와 호랑이, 맹룡猛龍, 커다란 코끼리와 거대한 거북, 돼지 머리에 물고기 꼬리를 한 짐승 등 온갖 기괴한 날짐승과 들짐승, 이는 각각 심층적인 의미와 신비한 상징을 지니고 있다. 그것들은 표면적인 동물세계의 형상이 아닌, 동물을 부호 내지 상징으로 삼은 신화-무술의 세계를 예술 내용 및 심미 대상으로 삼은 것이다.

인간 세상의 묘당廟堂에서부터 지하 궁전에 이르기까지 그리고 남방의 마왕두이 백화에서부터 북방의 복천추卜千秋 묘실墓室에 이르기까지, 전한시대의 예술이 우리에게 펼쳐 보이는 것은 바로 『초사』와 『산해경』에 나오는 온갖 것들이다. 천상·인간 세상·지하가 하나로 이어져 구분되지

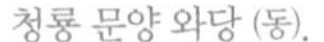

청룡 문양 와당 (동).

주작 문양 와당 (남).

현무 문양 와당 (북).

고대 음양오행설에 따르면 이들 네 동물은 신을 상징하고
각각 동·서·남·북 4방위를 가리킴.

백호 문양 와당 (서),
한대, 산시 성 시안 출토.

않고 뒤섞여 있다. 마왕두이 백화를 보라. 용사龍蛇와 아홉 개의 해, 올빼미, 땅을 받치고 있는 거인, 경건한 태도의 주인과 종 등이 그려져 있다. 복천추 묘실의 벽화를 보라. 몸은 뱀인 여와의 아름다운 얼굴, 귀신을 몰아내는 돼지 머리의 신[20], 발魃[가뭄의 신]을 잡아먹는 신마神魔[21], 그리고 괴인과 괴수가 묘실 복도의 벽에 가득하다.[22] 이것들은 분명히 『초사』의 「원유」「초혼」 등에 보이는 형상 및 분위기와 관련이 있다. 이는 인간과 신이 뒤섞여 지내는, 끝없이 넓고 기괴하고 맹수로 가득한 세계다. 「초혼」을 보자.

혼이여 돌아오라!
동방은 의탁할 수 없는 곳이라오.
거인들은 키가 천 길仞이나 되는데,
오직 혼백만을 찾는다오.
열 개의 해가 번갈아 떠오르는데,
금과 쇠도 녹여버린다오.
(…)
혼이여 돌아오라!
남방은 머물 수 없는 곳이라오.
(…)
독사가 우글대고,
커다란 여우가 천리에 가득하다오.
웅훼雄虺는 머리가 아홉인데,
재빠르게 오가면서,
사람을 삼켜야 만족해 한다오.
(…)

혼이여 돌아오라!
서방은 해로우니,
사막이 천리나 된다오.
뇌연雷淵에 휩쓸려 들어가면,
가루처럼 부서져 흩어지며 멈출 수가 없다오.
(…)
혼이여 돌아오라!
북방은 머물 수 없는 곳이라오.
겹겹이 쌓인 얼음이 산처럼 높고,
눈보라가 천리에 휘몰아친다오.
(…)
혼이여 돌아오라!
그대는 하늘로 올라가지 마오.
호랑이와 표범이 아홉 개의 문을 지키면서,
하계의 사람들을 물어뜯어 해친다오.
한 남자는 머리가 아홉인데,
하루에 9000그루의 나무를 뽑아낸다오.
승냥이와 이리가 눈을 부릅뜨고,
떼를 지어 오간다오.
(…)
혼이여 돌아오라!
그대는 저승에 내려가지 마오.
토백土伯은 구불구불하게 생겼는데[23],
그 뿔은 예리하다오.
두툼한 등과 피 묻은 엄지손가락을 하고서,

사람을 쫓아 재빨리 달린다오.

눈은 셋이고 호랑이 머리에,

그 몸은 소처럼 생겼다오.[24]

여기서 심혈을 기울여 묘사하고 있는 것은 악한 짐승이 사람을 해치며 도저히 머무를 수 없는 공포의 세계다. 마왕두이 백화와 복천추 묘실 벽화에서 심혈을 기울여 묘사한 것은, 신선이 되길 축복하고 보호를 기원하는 긍정적인 세계다. 이상은 공통적으로, 환상·신화·무술의 관념이 가득하고 기이한 날짐승과 길짐승 및 신비한 부호와 상징으로 가득한 낭만의 세계다. 그것들은 먼 옛날 전통의 원시적 활력과 야성을 이어왔다.

한대에는 의식형태에 있어서 "백가百家를 물리치고 오로지 유가 학설儒術만 받든다"[25]는 무제武帝의 중요한 변혁을 거쳤다. 유학을 기치로 내걸고 역사 경험을 내용으로 삼는 선진시대의 이성정신이 문예 영역과 사람들의 관념 속으로 날이 갈수록 스며들었으며 점차 남북문화가 혼합되었다. 초 지역의 신화와 환상이 북방의 역사 이야기와 뒤섞이고 유학이 선양한 도덕·절조節操와 도가가 전파한 황당한 이야기가 뒤얽혀, 사람들의 의식 관념 및 예술의 세계에서 상충되지 않고 혼합되어 나타났다. 생자·사자·신선·귀매鬼魅·역사인물, 그리고 현실세계의 경관, 신화와 환상이 동시에 펼쳐졌다. 원시 토템과 유가의 교의와 참위讖緯의 미신이 함께 자리했다. 이로써 혼돈스럽고 풍부한 상상과 뜨겁고 자유분방한 정서가 담긴 낭만의 세계가 여전히 존재했다.

다음은 후한의 몇몇 화상석에 새겨진 모습이다.

제1층[제일 위층]에 새겨져 있는 것: 복희·여와·축융祝融·신농·전욱顓頊·고신高辛·요·순·우·걸桀

마왕두이 T형 백화. 후난 성 창사 마왕두이 1호 한묘에서 출토.

복천추 묘실 벽화, 백호와 청룡, 전한, 허난 성 뤄양.

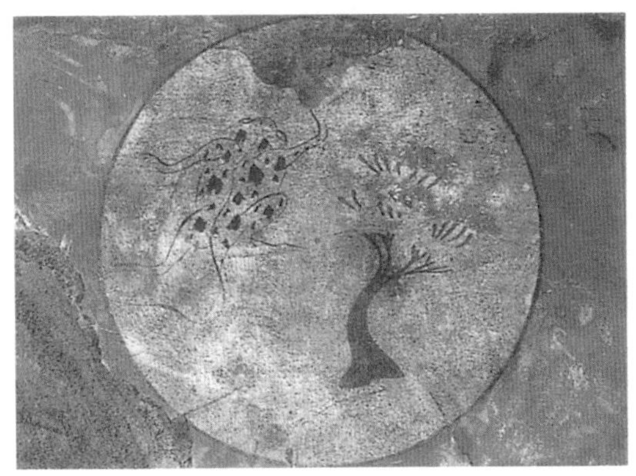

복천추 묘실 벽화, 월궁.

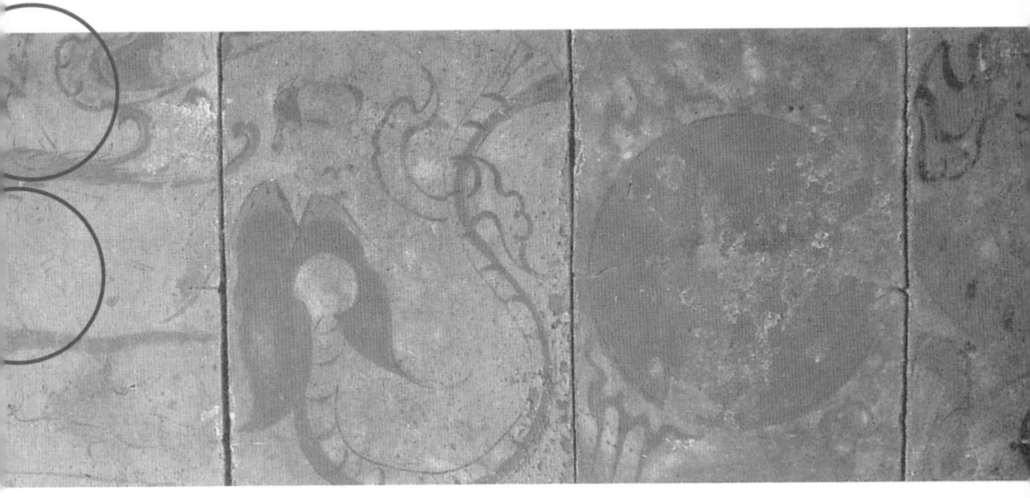

복천추 묘 주실 천장의 벽화, (좌측에서 우측으로) 복천추(아래)와 그의 아내(위), 복희, 태양, 누런 뱀.

무량사武梁祠 화상석 탁본. 4층으로 이루어진 화면 위로 서왕모가 있다.
후한, 산둥 성 자샹嘉祥 출토.

제2층에 새겨져 있는 것: 증삼曾參·민자건閔子騫·노래자老萊子·정란丁蘭 등의 효자 이야기

제3층에 새겨져 있는 것: 조말曹沫·전제專諸 등의 자객 이야기

제4층[최하단]에 새겨져 있는 것: 거마車馬와 사람들[26]

화면은 4층으로 나뉜다. 제1층은 여러 신들이 날개 달린 용을 타고 구름 속에서 날아가고 있다. 제2층은 왼쪽에서 오른쪽으로 보자면, 입에서 기를 내뿜고 있는 이는 풍백風伯이고, 수레에 앉아서 북을 치는 이는 뇌공雷公이며, 항아리를 끌어안고 있는 이는 우사雨師고, 용의 머리 두 개를 아래로 드리우고 있는 둥근 모양은 무지개虹霓이며, 무지개 위에서 채찍을 들고 있는 이는 전녀電女이고, 무지개 아래는 뇌신雷神이 망치를 쥐고서 사람을 치고 있다. (…) 제3층은 일곱 사람이 병기와 농기구를 들고서 괴수 몇몇과 싸우고 있다. 제4층은 많은 사람들이 호랑이·곰·들소 등을 사냥하고 있다.[27]

이상을 마왕두이 백화와 비교하면, 아무래도 원시신화는 상대적으로 퇴색했다. 인간 세상·역사·현실이 화면의 중요한 위치를 차지하고 있다. 이는 사회의 발전과 문명의 진보에 따른 필연적 결과다. 하지만 원시의 활력을 지닌 전통의 낭만과 환상은 줄곧 한대 예술을 떠나지 않았다. 오히려 그것이야말로 초·한 예술의 영혼이었다. 이는 앞에서 말한 진귀한 것으로 가득한 세계에 담긴 주제와 내용에 나타날 뿐만 아니라 운동·기세·고졸古拙[고아古雅하고 질박함]이라는 예술 풍격에서도 나타난다.

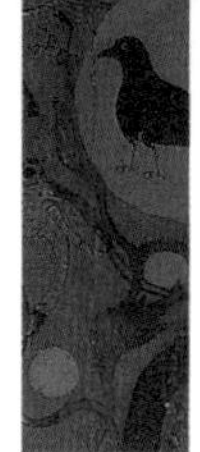

2 진귀한 것으로 가득한 세계

유가와 경학이 한대에 성행하여, "인륜을 두터이 하고 교화를 아름답게 하며"[28] "악을 징벌하고 선을 선양하는" 것이 문학에서부터 회화에 이르기까지 광대한 예술 영역의 현실적·공리적 직책으로 규정되었다. 그럼에도 한대 예술의 특징은 공교롭게도 이러한 유가의 협애한 공리적 신조의 속박을 받지 않았다. 오히려 반대로, 한대 예술은 신화·역사·현실·신·인간·짐승이 함께 같은 무대에서 연출하는 풍부하고 생동적인 화면을 통해 오색찬란하고 진귀한 것으로 가득한 세계를 패기만만하게 펼쳐 보였다. 이 세계는 의식적이든 무의식적이든, 인간 본질의 대상화로서 표현되었고 인간의 유기적·비유기적 신체로서 표현되었다. 그것은 객관세계에 대한 인간의 정복으로, 이것이야말로 한대 예술의 진정한 주제다.

먼저 신선세계를 보라. 그것은 후세 육조六朝시대의 불교에 대한 광적 도취(제6장 참조)와는 매우 다르다. 여기[신선세계]에는 고난의 신음이 없다. 여기에는 즐거운 갈망, 그리고 생전과 사후의 세계에서 모두 영원히 행복하길 바라는 간구가 존재한다. 여기서 추구하는 것은 장생불사와 우화등선羽化登仙이다. 진나라의 시황제와 한나라의 무제가 신선을 찾고

화상석 탁본, 가운데 날개 달린 서왕모 양쪽으로
인면사신의 복희와 여와가 있다, 산둥 성 텅滕 현 출토, 후한.

불사약을 구하러 사람을 여러 차례 보낸 이후로, 이 역사시기의 사람들은 현실 인생에 대한 관념을 포기하거나 부정(예를 들면 후대의 불교)하지 않았다. 오히려 반대로 인생이 영원히 지속되기를 희망하며 인생을 적극적으로 긍정하고 애착을 품었다. 따라서 신선세계는 현실의 고난과 대치하고 있는 다가가기 어려운 피안이 아니라, 현실의 인간 세상과 그리 멀지않은 곳에 있는 차안此岸에 존재하는 듯했다. 또한 그런 까닭에 사람과 신이 한데 섞여 지내며, 사람 머리에 뱀의 몸이고(복희·여와), 표범 꼬리에 호랑이 이빨인(『산해경』에 나오는 서왕모의 형상) 원시신화가 실제의 역사 이야기 및 현실인물과 한데 어울려 동시에 존재하는 것도 결코 이상한 일이 아니다. 이는 고대의 정취가 어린 낭만의 왕국이다.

하지만 한대 예술에 나타나는 신선 관념은 결국 상고시대의 토템과는 다르며, 청동 도철과도 다르다. 그것은 더 이상 현실에서의 위협적인 권세를 갖고 있지 못하며, 주관적 소망의 색채를 매우 짙게 띤다. 즉 이 신선세계는 원시예술처럼 현실적으로 작용하는 힘이 아닌 상상과 염원의 힘만을 간직하고 있다. 인간의 세계와 신의 세계가, 현실이 아닌 상상 속에서 이론적 사유가 아닌 예술과 환상 속에서 직접적인 교류 및 복잡한 연계를 유지하고 있다. 원시예술에서 꿈과 현실이 분리되지 않던 상황에서 이루어진 인간과 신의 일치가 이 상상의 세계에서는 정감과 소망을 통해 이루어졌다. 이는 원시예술에서처럼 신령을 모셔다가 인간 세상을 위협하고 지배하는 게 아니라, 인간이 하늘로 올라가서 신의 즐거움에 참여하며 그것을 함께 누리고자 했던 것이다.

한대 예술의 제재와 경관이 황당무계하고 지극히 미신적이라 하더라도 그 예술 풍격과 미학 기조基調는 공포와 위협이 아니고 의기소침함도 아니다. 그것은 도리어 유쾌·낙관·적극·명랑이다. 인간 세상의 삶의 흥취는, 신선세계를 동경하다가 시들어 떨어진 게 아니라 오히려 생기가 더욱 왕성히 넘쳐서 천상에도 인간 세상의 즐거움이 가득하게 하고 신의 세계를 천진난만하게 만들었다. 그것은 신이 인간을 정복한 것이 아니라 인간이 신을 정복한 것이다. 여기서 신은 인간과 속성이 다른 대상이나 힘이 아니라 인간의 직접적인 연장延長이었다.

귀신을 쫓는 의례를 표현한 그림. 곰의 모습을 한 이는 구나 의례에서 귀신을 쫓는 역할을 하는 방상씨方相氏다. 한편 궈모뤄는 이 그림이 유방과 항우의 '홍문연鴻門宴'을 표현한 것이라고 했다. 전한, 허난 성 뤄양 사오거우燒溝 한묘 벽화.

신선에 대한 동경과 더불어 존재했던 것은, 현실의 인간 세상에 대한 흥미진진한 만끽과 충분한 긍정이다. 이는 한편으로는 효자·의사義士·성군·현상賢相을 칭송하는 유가의 교의와 역사 이야기를 통해 표현되고, 다른 한편으로는 세속생활과 자연환경에 대한 다양한 묘사를 통해 표현되었다. 신선에 대한 환상이 한대 예술의 몸체라고 한다면, 이것들은 한대 예술의 두 날개다. 한대의 석각에는 역사 이야기가 매우 많은데, 예를 들면 다음과 같다. "주공이 성왕을 보좌하다周公輔成王"[29], "형가가 진나라 왕을 죽이려 하다荊軻刺秦王"[30], "섭정이 한나라 재상을 찌르다聶政刺韓相"[31], "관중이 환공에게 화살을 쏘다管仲射桓公"[32], "개가 조돈을 물다狗咬趙盾"[33], "인상여가 옥을 온전하게 가지고 조나라로 돌아오다藺相如完璧歸趙"[34], "후영과 주해가 위나라 장수를 위협해 죽이다侯嬴朱亥劫魏帥"[35], "고조가 뱀을 죽이다高祖斬蛇"[36], "홍문연鴻門宴"[37]. 온갖 역사 인물, 즉 공자에서 노래자에 이르기까지 의사에서 열녀에 이르기까지 상고시대의 역사에서 한대의 인물에 이르기까지, 모든 이들이 갖추어져 있다. 그중에서도 격정적이고 극적인 행위·인물·장면(예를 들면 암살)은 흥미와 생각을 자아낸다. 따라서 도덕적 설교와 유학의 신조가 화면에 스며들었다 할지라도, 뿌리가 깊고 왕성히 흘러넘치는 낭만적 격정을 감추기는 어렵다.

화상석 탁본. 위에서부터 아래로 서왕모, 주공이 성왕을 보좌하다, 제미명이 개를 죽여 조돈을 구하다, 거마출행과 관련된 내용이다. 산둥 성 자샹 쑹산宋山에서 출토.

역사 이야기라는 시간적 회고와 대응되는 것은 세속생활의 공간적 전개다. 그것은 극히 복잡하고 구체적인 현실 경관이다. 가장 유명한 산둥(무량사武梁祠), 허난(난양南陽), 쓰촨四川(청두成都) 세 곳에서 출토된 한대 화상석과 화상전畫像磚을 예로 들어본다.

- 산둥: 현실생활과 관계가 있는 것으로는 잔치·백희百戲·일상생활·부엌·출행·수렵·전쟁 등이다. 뱀 부리기와 각저희角觝戲, 의장儀仗과 수레의 성대함, 만물이 모이는 큰 행사, 생활의 자질구레한 일, 모든 문물과 제도가 하나하나 우리 눈앞에 펼쳐진다.[38]
그림에는 도보전·기마전·차전車戰·수중전 등의 각종 상황이 묘사되어 있다. 활·쇠뇌·창·방패·검 등의 병기가 전투에 사용된다.

(…) 왼쪽 아래의 두 층에 묘사된 것은 거마와 부엌이다. 상층에 묘사된 것은 춤추며 음악을 연주하는 생활이다. 그림에는 남자도 있고 여자도 있다. 거문고를 타는 사람, 훈壎을 부는 사람, 지篪를 부는 사람이 있고 어떤 사람은 잡기雜技를 선보인다.

쇠를 단련하는 노동의 과정을 나타냈다. 왼쪽에서 오른쪽으로 보자면, 첫 번째는 쇠를 정련하는 것이고 그 다음은 단조하는 것이다. 노동자들이 긴박하게 집단 노동을 하고 있다.(실제로 노예노동일 것이다.)

울창한 숲에 야수가 매우 많고, 농부들은 부지런히 땅을 일구고 있다. (…) 한 사람은 소를 끌고 또 한 사람은 쟁기를 잡고 있으며, 또 다른 사람은 채찍을 들고서 소리치고 있다.[39]

- 허난: 1)투호投壺하는 모습 2)남녀가 난쟁이를 데리고 춤추는 모습 3)검무 4)가면희象人戲 또는 각저角觝 5)음악에 맞춰 춤추는 모습[40]
- 쓰촨: (…) 또 하나의 벽돌은 상하 두 장면으로 나뉘는데, 위쪽에는 두 사람이 연못 기슭에 앉아서 허리를 굽힌 채 활시위를 얹으며 물에서 놀라 날아오르는 물새를 노리고 있다. 물속에서 날개를 펼치며 날아가려는 모습의 물새들도 있다. (…) 물속의 물고기와 연꽃, 그리고 기슭의 고목 등 전체 화면이 완전하고 통일된 총체를 이루고 있다. 벽돌 아래쪽 그림은 농사짓는 장면이다.[41]

최근에 발견된 산둥 자상嘉祥의 화상석[42]에 새겨진 내용은 다음과 같다.

- 제1석石: 세로 73센티미터, 가로 68센티미터. 화면은 4개 층으로 나뉜다.

  제1층은 상하 두 부분으로 나뉜다. 중앙에 앉아 있는 이는 동왕공

화상석 탁본. 위쪽은 물새를 활로 쏘려는 장면이고 아래쪽은 농사짓는 장면이다.
후한, 쓰촨 성 다이大邑 현 안런安仁 진 출토.

으로, 어깨에 날개가 있는 우인羽人의 무리가 그의 양쪽에 있다. 왼쪽에 있는 이는 사람 얼굴에 새의 몸인데, 아래쪽 우측에 있는 서왕모 왼쪽의 두꺼비 및 옥토끼 형상[43]과 대응 관계에 있음을 통해 볼 때 아마도 해 속의 새인 듯하다.

제2층은 좌우 양측으로 나뉜다. 좌측은 3인 1조로, 가운데 사람이 거문고를 연주하고 있다. 우측 역시 3인 1조로, 가운데 사람은 발을 굴러 북을 두드리고踏鼓 있으며 나머지 두 사람은 춤을 추고 있다.

제3층 왼쪽에는 아궁이가 둘인 부뚜막 하나가 있고 굴뚝이 비스듬히 있으며 부뚜막 위에 시루와 솥이 놓여 있고, 한 남자가 부뚜막 앞에 꿇어앉아서 불을 지피고 있다. 부뚜막 곁에는 돼지 다리와 머리, 물고기, 껍질을 벗긴 닭과 토끼 등이 걸려 있다. 두 남자가 칼을 쥐고 뭔가 하고 있으며, 그 아래쪽에 있는 한 여자는 뭔가를 씻고 있다. 오른쪽에는 우물이 있는데, 두레박이 갖추어져 있으며 한 여자가 물을 긷고 있다. 두레박 곁에 세워진 기둥에는 개(?) 한 마리가 걸려 있는데, 한 남자가 칼을 들고서 그 껍질을 벗기고 있다. 이상을 종합하자면 부엌에서 식사를 준비하고 있는 그림이다.

제4층 앞쪽에는 두 사람이 각각 말을 타고 있다. 뒤에는 둥근 형태의 작은 수레가 있는데, 두 사람이 타고 있다. 수레 앞에 편액이 있는데, 글자는 없다.

화상석 탁본. 위에서부터 아래로 동왕공, 악기 연주, 부엌에서의 식사 준비, 거마출행과 관련된 내용이다. 산둥 성 자샹 쑹산에서 출토.

• 제4석: 세로 69센티미터, 가로 67센티미터. 화면은 3개 층뿐이다. 위층은 서왕모가 머리에 화승華勝을 쓰고 안석에 기대앉아 있는데, 신좌神座 아래는 곤륜산 봉우리를 상징한다. 오른쪽에는 나체의 우인羽人이 자루가 굽은 산개傘蓋를 들고 있다. 서왕모의 좌우에는 다섯 명의 우인이 손에 상서로운 풀朱草을 들고 있으며, 아래쪽에는 옥토끼가 절굿공이를 잡고서 방아를 찧고 두꺼비가 합盒을 받들고 있으며 닭 머리의 우인이 [맑은 물 혹은 좋은 술이 담긴] 잔을 바치고 있다. 가운데층은 여러 신하들이 조정에 나가는 그림인 듯하다. 왼쪽에는 단층의 전당이 새겨져 있고, 왕이 문을 향해 앉아 있으며, 기둥 밖에 한 사람이 무릎을 꿇고서 알현하고 있다. 전당 앞에는 사다리가 비스듬히 놓여 있다. 한 사람이 물건을 짊어지고 맨발로 사다리를 올라가고 있으며, 그 뒤를 동자가 따르고 있다. 이들 뒤에 또 세 사람이 있는데, 그중 한 명도 동자가 뒤따르고 있다.

화상석 탁본. 위에서부터 아래로 서왕모·우인·옥토끼·두꺼비, 왕을 알현하는 신하, 거마출행과 관련된 내용이다.

아래층은 오른쪽에 한 필의 말이 끄는 작은 수레가 있는데 수레 몸통이 둥글다. 수레에는 두 사람이 서 있다. 수레 앞에는 창(?)을 멘 사람이 피리를 불고 있다. 그 앞에는 말을 탄 관리가 있다.

- 제5석: 세로 74센티미터, 가로 68센티미터. 화면은 4개 층으로 나뉜다.

제1층은 제1석의 제1층과 유사한 화면이다. 그런데 동왕공의 좌측에 있는 우인은 손에 삼주수三珠樹[44]를 들고 있다. 우측의 사람 얼굴에 새의 몸인 자는 침처럼 생긴 물건을 쥐고 있는데, 머리가 긴 사람에게 침구를 시술하고 있는 듯하다. 편작扁鵲이 침술로 치료하는 것과 비슷해 보인다.

제2층은 공자가 노자老子를 뵙는 그림이다. 노자가 왼쪽에 있는데, 구불구불한 지팡이를 짚고 있다. 그 뒤로는 수종 한 명이 있다. 노자 앞에 어린아이가 오른손으로 아주 작은 수레바퀴를 밀면서 왼손을 든 채로 공자와 마주보고 있는데, 항탁項橐[45]이 틀림없다. 공자는 항탁과 노자의 맞은편에 서서 몸을 굽혀 예禮에 대해 묻고 있는데, 위로 들어 올린 양쪽 소매에 새[46]의 머리가 삐져나와 있다. 공자의 뒤를 따르는 네 명은 안회顔回와 자로子路 등일 것이다.

제3층 역시 제1석의 제3층과 마찬가지로 부엌 및 물을 긷는 모습이다. 그런데 우물에는 두레박이 설치되어 있지 않고 도르래가 있다는 점에서 제1석[47] 제3층의 우물에서 물을 긷는 상황과는 다르다.

제4층 오른쪽에는 작은 수레가 정지 상태로 있는데, 수레 위에는 마부뿐이다. 수레 앞쪽에는 말을 타고 있는 사람이 있는데, 비단 주머니를 품고 있다. 그 앞에 진현관進賢冠을 쓰고 있는 사람은 몸을 구부린 채 홀을 들고 있는데 수레의 주인인 듯하다. 그의 앞에는 어떤 여자가 바닥에 앉아 있다.[48]

화상석 탁본, 공자가 노자를 만나는 장면이다. 후한, 산둥 성 자샹 치산齊山 촌에서 출토.

그야말로 진귀한 것들로 가득한 세계가 아닌가? 환상의 신화에 나오는 신선 세계를 비롯해서 현실 인간 세상 귀족들의 향락의 세계 및 사회 하층 노동자들이 고달프게 농사짓는 세계 등이 모두 담겨 있다. 천상과 지하 및 역사와 현실의 온갖 대상·사물·장면·생활이 모두 한대 예술에서 관심을 기울이고 묘사하고 감상한 바다. 위층에는 구선求仙·제사·잔치·일상생활·출행·수렵·의장儀仗·거마車馬·건축·벽사辟邪·액막이·부엌 등이 새겨져 있다. 아래층에는 수확, 제련, 도살, 장작 패기, 쌀 찧기, 솥 들어올리기, 칼춤, 줄타기, 백희百戲 등이 새겨져 있다. 또한 인간이 길들여 사육한 돼지·소·개·말에서부터 인간이 사냥하여 포획한 기러기·물고기·호랑이·사슴 등에 이르는 각종 동물이 새겨져 있다. 그리고 '창을 쥐고 호랑이를 찌르고' '호랑이와 곰이 싸우고' '호랑이가 커다란 소를 잡아먹는' 등 인간과 짐승, 짐승과 짐승의 온갖 싸움이 묘사되어 있다. 이를 앞에서 언급한 신화, 역사 이야기, 환상의 용봉 토템과 연관시켜 본다면, 말이 질주하고 소가 달리며 새가 날고 물고기가 뛰어오르며 사자가 내달리고 호랑이가 포효하며 봉황이 춤추고 용이 물에 잠기며 인간과 신이 뒤섞여 있고 만물이 서로 뒤얽혀 있는 세계가 아닌가? 극히 풍부하고 풍만하며, 비범한 생기와 왕성한 생명으로 충만하고 매우 변화한 세계가 아닌가?

헤겔은 『미학[미학강의]』에서 말하길, 17세기 네덜란드 화파가 평범한 방과 그릇과 인물 등 현실생활의 각종 장면과 디테일을 그토록 흥미진진하게 공들여 묘사한 것은 네덜란드 국민이 자신의 일상생활에 대한 열정과 애착 및 자연(해양)을 정복하려는 투쟁에 대한 긍정과 찬미를 표현한 것이므로, 평범함 속에 위대함이 존재한다고 했다.

한대 예술은 현실생활의 다양한 장면·정경·인물·대상, 심지어 곡식창고·부엌·돼지우리·닭장 등 매우 평범한 일상적인 것까지도 모두 이처럼 엄숙하고 진지하게 대량으로 새겨 넣었다. 죽은 이를 위한 부장품이라 할지라도 인간 세상의 삶 전반에 대한 적극적인 관심과 긍정을 반영한다. 인간 세상의 삶에 열정과 긍정을 품고 이러한 삶이 지속적으로 이어지고 보존되기를 희망해야만 비로소 예술이 현실의 모든 것에 지대한 흥미를 지니고서 그것들을 묘사·감상·표현하며 빠짐없이 전면적이고 풍부하게 펼쳐 보일 수 있다. 한대 예술처럼 풍부하고 수많은 제재와 대상을 후세에서는 다시 찾아보기 어렵다.

네덜란드 화파가 일상의 세속생활을 음미했던 것이 대양을 정복한 자신들의 현실적 존재에 대한 긍정을 의미하는 것과 마찬가지로, 한대 예술의 풍부한 생활 정경 역시 세계를 정복한 자신들의 사회적 생존에 대한 찬양을 의미한다. 네덜란드 화파에 비하면 한대 예술의 역량·기백·가치·주제는 훨씬 더 웅장하고 거대하다. 이는 광대한 땅과 수많은 인구를 지녔으며 고도로 중앙집권적인 통일을 처음으로 이룩한 중화제국 번영기의 예술이다. 진귀한 것들로 가득한 오색찬란한 일련의 형상 속에서, 광활한 현실 경관과 유구한 역사 전통과 아득히 먼 신화적 환상이 결합해 물질세계와 자연대상의 정복이라는 주제를 강력하게 표현했다. 이것이 바로 한대 예술의 특징이다.

화상석(또는 화상전)의 색채는 이미 사라졌지만 당시의 건축·조각·벽화에는 오색찬란함이 여전히 남아 있다. 오늘날 계속해서 발굴되고 있는 한대의 묘실 벽화와 도용陶俑이 이를 증명해준다. 후한 왕연수王延壽의 「노영광전부魯靈光殿賦」에서는 당시 지상 건축물의 조소와 회화에 대해 이렇게 묘사했다.

> 맹호가 발을 쳐들어 서로를 움켜쥐고 (…) 규룡虯龍이 날아오르고 (…) 주작朱鳥이 날개를 펼치고 (…) 흰 사슴이 머리를 내밀고 (…) 신선이 우뚝 서 있고 (…) 선녀가 창문으로 엿보고 (…) 하늘과 땅을 그려, 온갖 부류의 생물과 신괴한 온갖 것들과 산과 바다의 신령을 묘사했구나. (…) 오룡五龍이 날개를 나란히 하고서 날아가고 인황人皇은 머리가 아홉이며, 복희는 온몸에 비늘이 있고 여와는 사람 얼굴에 뱀의 몸이로다. (…) 황제·요·순은 수레와 면복冕服을 사용하고 (…) 충신과 효자, 열사와 정녀貞女, 현인과 우인愚人의 성공과 실패, 죄다 묘사되지 않은 게 없도다.[49]

이 역시 앞에서 말한 신화·역사·현실의 세 가지가 뒤섞인, 진정으로 오색찬란한 낭만적 예술세계가 아닌가?

이러한 예술과 병행한 문학이 바로 한부漢賦다. 한부는 『초사』에서 유래하긴 했지만, "노래하지 않고 읊는 것을 부賦라고 한다"[50]는 말처럼 이미 원시 가무에서 벗어난 순수 문학작품이 된 것이다. 후대에 유서類書나 자전字典으로 간주되고 무미건조하다고 여겨지는 이 대단한 한부의 특징 역시 앞에서 말한 동일한 시대정신의 구현이다. "부는 사물을 묘사하는

꿇어앉아 있는 여자 인형. 전한. 산시 성 시안 장가촌 한묘에서 출토.

것이기에 뚜렷하다."[51] 「자허부子虛賦」 「상림부上林賦」(전한)에서 「양도부兩都賦」 「양경부兩京賦」(후한)에 이르기까지 모두 사물의 모습이나 경물을 묘사하며 온갖 일을 나열해, "우주를 포괄하고 인간과 사물을 두루 살핀"[52] 것이다. 소위 '풍유諷喩와 권계勸戒'가 있다 할지라도 작품의 주요 내용과 목적은 인간 세상의 각종 사물, 특히 현실생활의 각종 환경과 사물 및 물질 대상을 힘껏 과시하고 떠벌리며 나열하는 데 있다. 산이 어떻고 강이 어떻고 수목이 어떻고 조수鳥獸가 어떻고 도시가 어떻고 궁전이 어떻고 미녀가 어떻고 복식服飾이 어떻고 각종 직업이 어떻다는 것으로, 한부에 가득한 것은 죄다 이러한 나열식 묘사가 아닌가.

> 만 치雉[53]에 이르는 철옹성을 세우고 성을 둘러싼 해자는 연못을 이루며, 세 갈래의 넓은 길을 내고 통행할 수 있는 성문 12개를 세웠습니다. 성안에는 대로가 막힘없이 통하고 골목은 대략 천 개에 달하며, 9개의 시장이 구역별로 나뉘어 있는데 물건에 따라서 가게가 들어선 길이 구분되어 있습니다.[54] 성안에 사람이 가득해 외성까지 넘쳐나고 온갖 가게가 두루 있으며, 흙먼지가 사방에서 일어나 운무雲霧와 이어져 있습니다. 이에 인구가 많고 넉넉하며 즐거움은 끝이 없습니다. 도성의 남녀는 다른 지역 사람들과 다른데, 돌아다니는 남자들의 옷차림은 공후公侯에 비길 만하고 가게에 줄지어 있는 여자들은 귀족 부인보다 사치스럽습니다. (…) 아래에는 정국거鄭國渠와 백거白渠로 관개한 비옥한 땅이 있어 의식衣食의 원천이 되는데, 그 면적이 대략 5만 경頃으로 전답의 경계가 종횡으로 교차하며, 봇도랑과 밭두둑이 땅에 아로새겨 있고 벌판의 저습지는 용의 비늘처럼 번뜩입니다. 봇도랑을 터면 비가 쏟아지는 듯하고 가래를 멘 이들은 구름처럼 몰려듭니다. 오곡이 고개를 숙이고 뽕나무와 삼나무가 무성함을 드러냅니다. 동쪽

교외에는 운하와 통하는 큰 수로가 있어, 위수를 통해 황하黃河와 이어지니 산동山東[55]까지 배를 띄울 수 있고, 회하淮河와 호수의 물을 끌어들이고 바다와 물결이 통합니다. 서쪽 교외에는 천자께서 수렵하시는 원림이 있고 산록과 소택지가 펼쳐졌는데, 못과 늪이 촉蜀 지역까지 이어져 있고 담장으로 에워싸여 있으며, 그 길이는 400여 리에 이릅니다. 이궁離宮과 별관別館이 36군데에 있고 신령한 연못이 가는 곳마다 있습니다. 원림 안에는 구진九眞의 기린, 대완大宛의 말, 황지黃支의 코뿔소, 조지條枝의 새가 있습니다. 곤륜崑崙을 넘고 대해를 건너, 이역의 온갖 기이한 것들이 3만 리에 달하는 거리를 지나서 왔습니다.[56](반고班固, 「양도부」)

문학은 화면의 제한이 없기에 보다 크고 많은 것을 묘사할 수 있다. 웅장하고 아름다운 산천, 우뚝 솟은 궁전, 광활한 대지, 수천수만의 백성을 죄다 글로 담아낼 수 있다. 한부는 바로 이러한 것이다. 미사여구를 늘어놓으며 장황하고 졸렬하고 판에 박은 듯할지라도, 강산의 웅장함, 도시의 번창, 상업의 발달, 물산의 풍요로움, 궁전의 우뚝 솟은 모습, 복식의 사치스러움, 조수의 기이함, 인물의 기백, 사냥할 때의 아슬아슬함, 가무의 즐거움 등이 부에서 전부 힘써 묘사되고 심혈을 기울여 선양되었다. 이는 바로 상술한 화상석과 벽화 등의 예술정신과 완전히 일치하는 것이 아닌가? 이것이 힘써 나타내고자 하는 것 역시 번영과 부강, 충만한 활력과 자신감, 현실에 강렬한 흥미와 관심과 애호를 지닌 세계의 경관이 아닌가? 판에 박은 듯 미사여구를 늘어놓았다 할지라도, 한부가 묘사하고 있는 영역·범위·대상의 광범위함은 확실히 후세의 문예가 더 이상 다시 도달할 수 없었다.

한부는 중화민족이 발달된 문명사회로 진입한 이후 세계를 직접적으로 정복하고 승리를 거두었음을 보여준다. 이러한 승리는 문학과 예술로 하여금 자신이 존재하고 있는 자연환경을 비롯해 산과 강, 궁전과 가옥, 온갖 지역의 온갖 사물, 각종 동물 등의 대상을 전면적으로 긍정하고 칭송하고 음미하기를 부단히 요구한다. 이들 대상은 모두 인간 삶의 직간접적인 대상화로서 예술 속에 존재한다. 이때 인간은 자신의 정신세계 속에 있는 게 아니라 외재적 삶과 환경의 세계 속에, 진귀한 것들로 가득한 대상화의 세계 속에 용해되어 있다. 한대의 문예가 투박하고 졸렬함에도 이토록 가슴을 확 트이게 하며 기개가 웅장한 것의 근본적 이유가 바로 여기에 있다. 한대의 조형예술은 반드시 이런 각도에서 감상해야 한다. 한부 역시 반드시 이런 각도에서 이해해야만 비로소 한 시대의 문학의 정통으로서 그것의 의의와 가치를 정확히 평가할 수 있다.

구름무늬 칠기,
마왕두이 한묘 출토.

한부·화상석·벽화와 더불어 이 시대의 정신을 구현하고 보존해온 것은 극히 정밀하고 아름다운, 전무후무하다고 할 수 있는 한대의 각종 공예품이다. 여기에는 칠기·동경銅鏡·직금織錦[57] 등이 포함된다. 이것들을 전무후무하다고 말하는 까닭은, 조형·문양·기교·의경意境의 측면에서 중국 역사상 가장 탁월하기 때문이다.

후세의 당·송·명·청의 공예 역시 이에 필적할 수 없다.(자기와 목가구는 예외다.) 이는 전국시대 이후부터 전한에 이르는 동안 완전히 성숙해 최고의 상태에 있었던 노예 집단수공업[58]의 성과 덕분이다. 마왕두이에서 출토된 직금 및 무게가 1냥兩도 나가지 않는 비단저고리, 허베이에서

연호문連弧紋 동경. 전한 초기. 산시 성 시안 훙먀오포紅廟坡에서 출토.

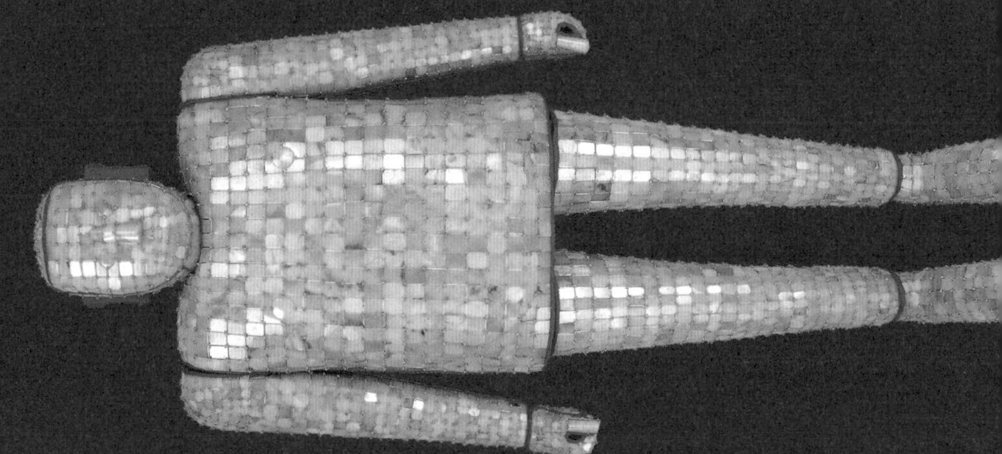

금루옥의, 허베이 성 만청滿城 현 한묘 출토.

소사단의素紗單衣, 매미 날개처럼 얇고 중량이 49그램에 불과하다.
마왕두이 1호묘에서 출토, 국가일급문물, 후난성박물관 소장.

출토된 시신 보존용 금루옥의金縷玉衣, 천하에 유명한 한대의 동경, 새것처럼 광택이 흐르는 칠기, 이것들의 공예 수준은 후세의 관영수공업이나 민간수공업이 도달하거나 모방할 수 없는 정도다. 이는 마치 후세에는 이집트의 피라미드 축조와 같은 공사가 더 이상 불가능하게 된 것과 마찬가지다. 세습 노예의 엄청난 노동의 산물인 이것들이 남긴 것은, 후세 사람이 눈을 휘둥그레 뜬 채 할 말을 잊게 만드는 경탄이다. 한대 공예품은 진귀한 것들로 가득한 세계를 작은 규모에 대략적으로 구현한 것으로서, 많고 복잡한 대상을 통해 나타난 인간 역량이며, 물질세계에 대한 직접적인 정복이자 거대한 승리다.

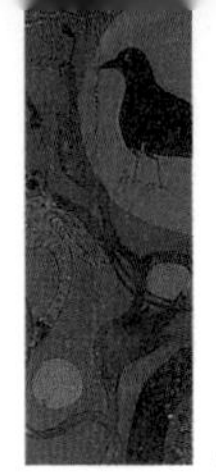

3

기세와 고졸

인간의 세계 정복 및 진귀한 것들로 가득한 대상이 구체적인 형상, 화면의 경관, 의경意境에 표현된 것이 바로 힘이고 운동이고 속도다. 힘·운동·속도가 한대 예술의 기세氣勢와 고졸古拙이라는 기본적인 미학 풍모를 형성하고 있다.

활을 당겨 새를 겨냥하는 화상석을 보라. 긴 소매를 휘날리며 춤추는 도용陶俑을 보라. 질주하는 저 말을 보라. 저 이야기꾼을 보라. 진시황을 찌르려는 장면을 보라. 수레와 말을 타고 전투하는 장면을 보라. 복천추 묘실 벽화의 사람과 신과 동물의 행진과 행렬을 보라. 여기에는 그 어떤 디테일이나 수식이나 개성의 표현도 없으며, 주관적인 서정도 없다. 이와 반대로 여기서 두드러지는 것은 매우 과장된 형체의 자태이고, 덩실덩실하는 손과 발의 커다란 동작이며, 매우 단순하고 간결한 전체적 형상이다. 이는 굵은 선과 거친 윤곽으로 드러난 형상이지만, 모든 한대 예술의 생명은 바로 여기에 있다. 세세한 수식에 힘쓰지 않는 과장된 자태와 커다란 동작, 거친 윤곽의 총체적인 형상의 나부끼는 움직임 속에서 힘과 운동 및 여기서 비롯되는 '기세'의 미가 드러난다. 운동·힘·기세야말로

도용. 후한. 허난 성 뤄양 출토.

춤추는 도용, 후한, 허난 성 뤄양 출토.

한대 예술의 본질이다.

이러한 기세는 자주 속도감으로 표현된다. 속도감이란, 출렁이며 흘러가는 순간의 상태로써 운동과 힘을 집중적으로 표현하는 것이 아닌가? 저 유명한 「마답비연」을 보라. 이것이 바로 속도가 아닌가? 「형가자진왕 荊軻刺秦王[형가가 진나라 왕을 죽이려 하다]」을 보라. 비수가 기둥에 박히는 순간 역시 속도가 아닌가? 격렬하고 긴장된 각종 전투, 극적인 장면과 이야기, 이는 모두 빠른 속도의 운동과 힘을 통해 드높은 기세를 나타낸다. 그러므로 여기서 동물은 보다 많은 야성을 지니고 있다. 광분하여 마구 내달리며 활기차게 도약하는 모습은 조용하고 온순한 것과는 거리가

「마답비연」. 말이 나는 제비를 밟고 있는 청동기. 한대, 높이 34.5센티미터.

화상석 탁본, 가운데 장면이 형가가 진나라 왕을 죽이려 하는「형가자진왕」을 묘사한 것이다.
후한, 산둥 성 자샹 출토.

설창하는 도용, 후한, 쓰촨 성 청두 톈후이산天回山에서 출토.

멀다.

물론 한대 예술에도 정지 상태의 형상이 많긴 하지만 그 특징은 정지 상태라 하더라도 내재적인 운동과 힘의 속도감을 느끼게 하는 데 있다. 여기서 인물은 정신·심령·개성 혹은 내재적 상태가 아닌 행적과 행동, 즉 세계에 대한 직접적이고 외재적인 관계(역사적 상황이든 현실적 활동이든지 간에)로써 자신의 존재 가치를 표현하고 있다. 이 역시 일종의 운동이 아닌가? 그렇기 때문에 행위·행적·동태 그리고 극적 상황이 한대 예술의 주요 제재 및 형상과 장면이 되었던 것이다. 아무도 막을 수 없이 거

뱀 위에서 반무盤舞를 추는 두 사람. 청동에 도금. 전한.
윈난雲南 성 진닝晉寧 현 스자이산石寨山 출토.

리낌 없이 앞으로 용감하게 나아가는 기세·운동·힘이 한대 예술의 미학적 풍격을 형성했다. 이는 육조시대 이후의 안정되고 간결한 정지 상태의 모습 및 내재적 정신(제5장과 제6장 참조)과 얼마나 선명한 대조를 이루는가!

미세한 정신 면모나 말과 표정이 아닌 행동·동작·상황을 통해 세계에 대한 정복을 표현하기 때문에 사실의 대략적인 윤곽만 나타낼 뿐, 세부적인 충실한 묘사는 결핍되어 있고 또한 불필요하다. 이것이 바로 한대 예술의 '고졸'한 외관을 형성했다. 한대 예술의 형상은 서툴고 예스러우며, 모습이 상식에 부합하지 않고, 장단의 비례가 맞지 않으며, 직선·모서리·사각형이 무척 두드러져 부드러움이 부족해 보인다. 하지만 이 모든 것이 앞에서 말한 운동·힘·기세의 미를 약화시키지 않을 뿐만 아니라 오히려 강화해준다. '고졸'은 이러한 기세의 미를 구성하는 데 불가분의 필요 요소다. 즉 만약 이러한 '서툶拙笨'이 없다면, 온갖 외재적인 동작과 자태의 운동·힘·기세의 느낌을 표현하기란 매우 어려울 것이다. 과도하게 구부러진 허리, 지나치게 긴 소매, 지나치게 드러나는 동작과 자태, 이것들은 현실적 비례와 부합하지 않을 정도로 서툴지만 운동과 힘을 과장해서 나타내고자 하는 요구에는 오히려 굉장히 잘 부합한다. 직선이나 직각 역시 마찬가지다. 조금도 부드럽지 않지만 오히려 힘을 더해준다. 한대 예술에서 기세와 고졸은 혼연일체를 이루고 있다.

한대 화상석과 당·송의 화상석을 비교한다면, 한대의 도용과 당대의 도용을 비교한다면, 한대의 조각과 당대의 조각을 비교한다면, 한대 예술이 초기 단계라서 유치하고 거칠고 단순하고 서툴게 보인다 하더라도 앞에서 말한 운동과 속도의 운율감 및 생동적이고 활기찬 기세와 힘은 오히려 이로 인해 그 우월함과 빼어남이 더욱 두드러진다. 당대의 도용이 위풍당당하고 웅장하며 동작과 자태를 갖추고 있다 할지라도, 분방한 기세는 결핍되어 있다. 한대의 도용에도 정립하거나 정좌한 형상이 있긴 하지만, 그것 역시 웅혼하고 중후한 솟구치는 힘으로 가득하다. 마찬가지로, 당대의 삼채三彩 마용馬俑이 아무리 눈부시게 아름답다 하더라도 한대의 고졸한 말에 비하면, 그 조형의 기세·힘·운동의 느낌에 있어서 한참 뒤떨어진다. 천룡산天龍山의 당대 석조石彫가 아무리 사람이 놀랄 정도로 근육이 튀어나왔다 하더라도, 한대의 서툰 석조에 비하면 역시 뒤떨어진다. 송대의 화상전畵像磚이 아무리 세밀하고 정제되어 있으며 어여쁜 얼굴에 날씬한 자태를 지니고 있다 하더라도, 한대의 작품에 비하면 생명감과 예술적 가치에 있어서 훨씬 뒤진다. 한대 예술의 활기차고 왕성한 생명, 총체적인 힘과 기세는 후대의 예술이 도달하기 어려운 것이다.

형상뿐만 아니라 구도 역시 마찬가지다. 한대 예술은, 후대에 추구하던 이허당실以虛當實[허로써 실을 삼는다]이나 계백당흑計白當黑[59] 같은 법칙을 아직 알지 못했다. 한대 예술은 천지를 뒤덮고 사방을 채우고 있다. 화면이 가득 채워져 공백이 거의 남아 있지 않다. 이것 역시 '서툶'인 듯하다. 하지만 이는 오히려 후세의 신묘하고 정교한 예술이 대신할 수 없는 풍만한 소박함의 의경意境을 느끼게 해준다. 이는 오늘날의 농민화와 유사하지 않은가? 이는 후대 문인이 애호하던 신묘한 미에 비하여 보다 충만하고 실재적인 느낌을 갖게 해준다.

후대의 정교함巧·세밀함細·가벼움輕에 비하면 확실히 한대 예술은 서툶拙·거침粗·무거움重이 유달리 두드러진다. 그것은 화려하지 않고 단순하며, 디테일이 없이 간결하다. 자신의 형상이 만족할 만한 목표라고 여기지 않았기 때문에 도리어 폐쇄적이지 않고 개방적이다. 단순화된 윤곽으로 이루어진 형상으로 인해, 호방한 기세가 속박을 받지 않고 비사실적인 낭만적 풍미를 더욱 띠게 된다. 이는 후세 문인의 낭만적 예술의 '사

목조, 일각수, 한대.

엎드려 있는 호랑이. 한 무제 원수元狩 6년, 200(길이)×84(너비)cm,
산시 성 싱핑興平 곽거병霍去病 묘 석조 작품.

두꺼비. 한 무제 원수 6년, 154.5(길이)×107(너비)×70(높이)cm,
산시 성 싱핑 곽거병 묘 석조 작품.

화상석 탁본, 수레를 이끄는 모습, 후한, 쓰촨 성 다이 현 안런 향 출토.

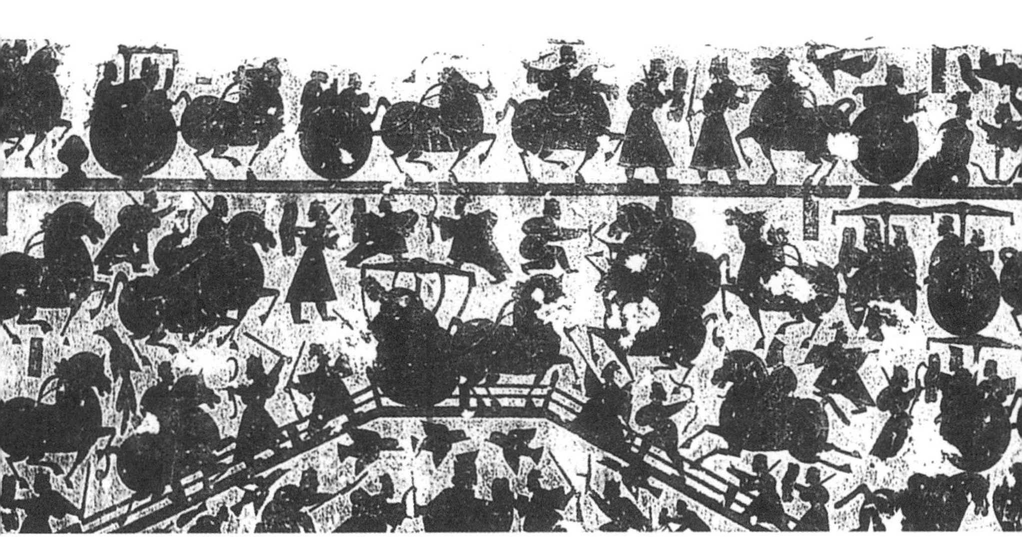

화상석 탁본, 거마도, 한대.

의寫意'와는 근본적으로 다르다. 이는 기세와 고졸의 결합으로 인해 총체적인 운동과 힘의 느낌이 충만하며 낭만적 풍모를 지니고 있는 것으로, 후세 예술에 나타나는 개인 정감의 낭만적 발산과는 결코 같지 않다.

민간예술과 문인예술이 아직 분화되지 않았던 당시에, 화상석에서부터 악부시樂府詩에 이르기까지 벽화에서 공예에 이르기까지 도용에서 예서에 이르기까지, 한대 예술이 보다 많이 나타냈던 것은 총체적 민족정신이다. 만약 당대의 예술이 중국 예술과 외국 예술의 융합을 보다 많이 표현함으로써 '호기胡氣'를 상당히 띠었다고 한다면, 한대의 예술은 오히려 중화 본토의 전통을 더 두드러지게 나타내고 있다. 그것은 바로 초 문화에서 비롯된 천진하고 분방한 낭만주의다. 또한 그것은 진귀한 것들로 가득한 세계를 행동으로 정복하는 가운데 깃들어 있는 고졸한 기세의 미다.

제5장

위진풍도

1 인간이라는 주제

위魏·진晉은 중국 역사에서 중대한 변화의 시기였다. 경제·정치·군사·문화는 물론이고, 철학·종교·문예 등을 포함한 의식형태 전반에 걸쳐서 방향 전환을 경험했다. 이는 선진시대 이후 제2차 사회형태의 변이로부터 초래된 것이다. 전국·진·한 시기에 번성했던 도시경제와 상품경제가 상대적으로 위축되고 후한 이후로 장원경제가 갈수록 공고해지고 확산되면서, 대량의 개별 소농小農 및 공업·상업에 종사하던 대규모의 노예들이 서로 다른 경로를 통해 영주의 토지에 예속되며 인신人身의 종속성이 지극히 강한 농노 또는 준準농노로 변했다. 이러한 전형적인 자연경제에 부응하여, 분열·할거해 각자 자기 지역을 다스리면서 그 지위를 세습하며 엄격한 계층구조 속에 자리한 문벌사족門閥士族 계급이 역사 무대의 중심을 차지했고, 이렇게 중국의 전기 봉건사회가 시작되었다.[1]

의식형태와 문화심리에서 나타난 사회변화는, 지배적 지위를 차지하고 있던 한대 경학經學의 붕괴로 나타났다. 장황하고 진부하고 황당하고 학술적 효율도 없고 이론적 가치도 없는 참위讖緯와 경학이 시대의 동란과 농민혁명[2]의 충격으로 인해 마침내 와해되었다. 이를 대신해 흥기한 것이 문벌사족 지주계급[3]의 세계관과 인생관이다. 이는 새로운 관념체계였다.

지금 중국철학사 연구에서 광범위하게 유행하는 견해, 즉 위·진시대의 새로운 세계관과 인생관 및 이것의 이론 형태로서의 위진현학魏晉玄學을 일률적으로 부패하고 반동적인 것으로 간주하는 견해에 나는 동의하지 않는다. 실제로 위·진시대는 공교롭게도 철학이 새롭게 해방되고 사상이 매우 활기를 띠고 많은 질문이 제기되면서 매우 풍성한 수확을 거둔 시기다. 시간·범위·규모·유파에 있어서는 선진시대보다 못하지만, 사변思辨철학이 도달한 순수성과 깊이에 있어서는 오히려 전대미문이었다. 천재 소년 왕필王弼을 대표로 하는 위진현학은, 장황하고 미신적인 한대 유학자들을 훨씬 뛰어넘을 뿐만 아니라 분명하고 기계적인 왕충王充보다도 뛰어나다. 시대는 결국 전진하는 것이다. 이 시대는 수백 년 동안의 지배의식을 타파하고 이론과 사유를 새롭게 모색하고 수립하던 해방의 과정이었다.

확실히 그러한 과정이 있었다. 그것은 후한 말부터 시작되었다. 100여 년 동안 묻혀 있었던 왕충의 『논형論衡』이 중시되어 유행한 것은 이성의 새로운 발견을 상징한다. 이와 동시에 그리고 조금 후에 중장통仲長統·왕부王符·서간徐幹의 현실 정론政論, 조조曹操와 제갈량諸葛亮의 법가 관념, 유소劉劭의 『인물지人物志』, 불경의 대량 번역 등이 나타났다. 이 모든 분야에서 한대와 달랐으며, 이는 참신하고 진보적인 사조였다. "백가를 물리치고 오로지 유가 학설만 받든다"[4]는 구호에 의해 수백 년 동안 억압되었던 선진시대의 명가·법가·도가 등이 집중적으로 탐구되었다. 지나친 통제와 속박이 없고 황제의 명으로 제정된 기준이 없는 상황에서, 당시의 문화·사상 영역은 비교적 자유롭고 개방적이었으며 토론과 논쟁의 기풍이 매우 성행했다.

이와 같은 토대 위에, 공덕을 찬양하고 실용을 중시했던 한대의 경학·문학과는 달리, 진정으로 사변적이고 이성적인 '순수한' 철학이 생겨났으며 진정으로 서정적이고 감성적인 '순수한' 문예가 생겨났다. 이 두 가지는 중국사상사의 비약이었다. 철학에 있어서 하안何晏[5]과 왕필, 문예에 있어서 삼조三曹[6]·혜강嵇康·완적阮籍, 서법에 있어서 종요鍾繇·위관衛瓘·이왕二王[7] 등이 바로 이 비약을 구현했다. 이들은 의식형태의 각 분야에서 진·선·미를 창조한 새로운 시대의 빛나는 대표다.

그렇다면 후한 말부터 위·진시대에 이르기까지 이러한 의식형태 영역에서의 새로운 사조, 즉 이른바 새로운 세계관·인생관 및 문예·미학에 반영된 동일한 사조의 기본 특징은 무엇일까?

간단히 말하자면, 그것은 바로 인간의 각성이다. 이는 한대로부터 점차 벗어나면서 생겨난, 역사가 전진하는 소리다. 신학의 목적론 및 참위의 숙명론의 지배와 통제에 인간의 활동과 관념이 완전히 굴복했던 한대에는 그러한 각성이 있을 수 없었다. 그러한 각성은 갖가지 뒤엉키고 복잡한 경로를 통해서 출발·전진·실현되었다. 문예 심리와 심미 심리는 다른 영역에 비해 이를 더 민감하고 직접적이고 뚜렷하게 반영하고 있다.

'고시십구수古詩十九首' 및 풍격이 이와 극히 유사한 소이시蘇李詩[8]는, 형식에서부터 내용에 이르기까지 한 시대의 서막을 열었다.[9] 이것들은 일상적인 사회상·인간사·계절·명리·향락 등을 노래하는 가운데, 품고 있는 생각을 툭 털어놓고 사무친 감개를 토로했다. 이러한 감탄과 토로 속에서 두드러지는 것은 생명의 촉박함과 인생무상에 대한 슬픔이다.[10] 이는 '고시십구수'의 기본적인 톤을 구성하고 있다.

인생이란 백년도 채우지 못하거늘,
늘 천년의 시름을 품는구나.[11]

한세상 살아가는 것이,
회오리바람에 티끌 흩어지듯 순식간이라.[12]

인생이란 잠시 머물렀다 가듯 순간이라,
목숨은 쇠나 바위처럼 영구할 수 없도다.
만 년 동안 [생사가] 갈마들었나니,
성현도 이를 초월할 순 없어라.[13]

접하는 것마다 예전 것은 없으니,
어찌 빨리 늙지 않을 수 있으리.
(…)
사람은 쇠나 돌이 아니니,
어찌 오래도록 살 수 있으랴.[14]

성문을 나와 앞을 바라보니,
보이는 건 언덕과 무덤뿐.[15]

"문장은 온화하고 아름다우며 뜻은 슬프고도 심원하여 마음과 혼백을 놀라게 하니, 한 글자가 천금의 가치가 있다고 가히 이를 수 있다"[16]고 종영이 찬양했던 이들 '고시' 가운데 얼마나 많은 글자들이 이러한 인생무상에 대한 탄식을 표현하는 데 사용되었는가! 한 글자가 1000근의 무게를 지닌다고 한다면, 여기에는 몇 만 근에 달하는 무게가 담겨 있다. 이들 고시는 우정·이별·그리움·향수·행역行役·운명·위로·소망·격려 등과 결합해 하나로 뒤섞이면서 생명의 촉박함, 인생의 불우함, 기쁨은 적고 슬픔은 많은 것에 대한 감개를 더욱 침울하고 처량하게 나타냈다.

가고 가고 또 가고 가더니,
그대와 생이별하였습니다.
서로 만 리를 사이에 두고,
각자 하늘 양끝에 있네요.
길은 험하고도 멀어서,
만날 날 언제런지 어찌 알겠습니까?
(…)
그대 생각하느라 늙어버리고,
세월은 순식간에 저무네요.
그만두고 더 이상 말하지 않을 터이니,
열심히 밥이나 잘 챙겨먹으렵니다.[17]

옛무덤은 쟁기질에 밭이 되고,
소나무와 잣나무는 베어져 장작이 되었네.
백양나무에 휘몰아치는 슬픈 바람소리,
스산한 그 소리가 사람을 애태우는구나.
마음은 고향으로 돌아가고픈데,
돌아가고자 해도 길은 막막할 뿐.[18]

원정 나갈 사내는 먼 길을 생각하며,
일어나 밤이 얼마나 지났는지 살핀다.
별도 이미 모두 사라졌으니,
떠나며 이별을 고해야 하리.
전쟁터에서 싸워야 하니,
만나게 될 날 기약할 수 없다.

손 꽉 잡고서 길게 탄식하니,
생이별에 하염없이 흐르는 눈물.
열심히 청춘을 아끼고,
즐거웠던 때를 잊지 맙시다.
산다면 당연히 다시 돌아올 테고,
죽는다면 마땅히 오래도록 그리워하리다.[19]

이처럼 생사존망에 대한 중시와 슬픔 및 인생의 촉박함에 대한 감개와 한탄은, 건안建安시대부터 진晉·송宋에 이르기까지 그리고 중하층부터 황실 귀족에 이르기까지, 상당한 범위의 시간과 공간에 걸쳐서 널리 퍼졌으며 시대 전체의 전형적인 분위기가 되었다. 조씨曹氏 부자[20]를 비롯한 이 시대 사람들의 글을 보자.

술을 마주했으니 마땅히 노래할지라,
인생이 얼마나 되는가?
아침이슬과 같아라,
가버린 날은 괴로우리만큼 많구나.[21](조조)

사람들은 말하지,
근심이 사람을 늙게 한다고.
나의 흰머리에 탄식이 나와,
어찌 이리도 빨리 생겼을까.[22](조비曹丕)

사람이 한세상 산다는 건,
아침 이슬이 햇볕에 사라지는 것과 같구나.

(…)

스스로 돌아봐도 쇠나 바위가 아니니,

탄식에 마음만 슬퍼지는구나.[23](조식)

인생은 티끌과 이슬 같은 것,

천도天道는 아득히 멀어라.

(…)

성인 공자도 흐르는 물 앞에서,

세월이 덧없이 흐름을 안타까워했지.[24](완적)

천도에도 분명코 성쇠가 있거늘,

인생이 어찌 영원하리?

북받침에 평생을 생각해보니,

순식간에 홀로 슬퍼지는구나.[25](육기陸機)

공업을 아직 미처 세우지도 못했는데,

석양은 어느덧 서쪽으로 흘러간다.

세월은 나와 함께하지 않으니,

구름이 흘러가듯 가버리는구나.[26](유곤劉琨)

죽음과 삶은 역시 큰일이다. 어찌 비통하지 않은가! (…) 죽음과 삶이 하나라는 말이 허황되고 장수와 요절이 같다는 말도 함부로 지어낸 것임을 진실로 알겠다. 후세 사람들이 오늘을 볼 때도 오늘 우리가 옛날을 보는 것과 같으리니, 슬프도다![27] (왕희지王羲之)

새벽빛이 석양으로 쉬이 바뀜이 슬프고,
인생의 긴 수고로움이 사무칩니다.
백년 지나면 똑같이 생을 다할 것인데,
어찌하여 기쁨은 적고 시름은 많은지요.[28](도잠陶潛)

이들이 노래한 것은 모두 동일한 슬픔, 동일한 탄식, 동일한 생각, 동일한 음색音色이다. 이 문제[생사존망에 대한 중시와 슬픔, 인생의 촉박함에 대한 감개와 한탄]는 그 당시 사회심리와 의식형태에서 중요한 위치를 차지하고 있었으며, 그들의 세계관과 인생관의 핵심 부분이었음을 알 수 있다.

그 핵심은 바로 회의론 철학사조에서 비롯된 인생에 대한 집착이다.

부조, 「경작도」, 북위.

점토 인형, 북위, 허난 성 뤄양 출토.

벽돌 부조, 다양한 사회생활, 남북조, 허난 성 덩鄧 현 출토.

벽돌 부조, 「사녀출유도仕女出遊圖」, 남북조, 허난 성 덩 현 출토.

표면적으로 보기에는 의기소침하고 비관적이고 소극적인 한탄처럼 보이지만 그 속에 깊이 감추어진 것은 공교롭게도 그 반대의 측면, 즉 인생·생명·운명·삶에 대한 강렬한 욕구와 미련이다. 그리고 이것들은, 애초에 지배적 지위를 차지하고 있던 노예제 의식형태(경학에서 숙명론에 이르기까지, 귀신에 대한 미신에서 도덕적 절개에 이르기까지)에 대한 회의와 부정이라는 바탕 위에서 생겨난 것이다. 외재적 권위에 대한 회의와 부정이 이루어져야만 비로소 내재적 인격의 각성과 추구가 생겨난다. 즉 이전에 선전하고 믿었던 윤리도덕, 귀신에 대한 미신, 참위에서 말하는 숙명, 장황한 경학 등의 규범·표준·가치가 죄다 허위거나 의심스러운 것이었다. 그것들은 결코 믿을 수 없고 무가치했다.

사람은 반드시 죽는다는 것이야말로 진실이며, 짧은 인생에 그토록 많은 생이별·사별·슬픔·불행이 가득하다는 것만이 진실이다. 그렇다면 어째서 삶을 다잡아 마음껏 누리지 않겠는가? 어째서 자신을 소중히 여기지 않으며, 어째서 생명을 소중히 여기지 않겠는가? 그래서 이렇게 노래했다. "낮은 짧고 밤은 길어 한스러우니, 어찌 촛불 들고 노닐지 않으리오."[29] "좋은 술 마시며 비단옷 걸치는 것만 못하네."[30] "어찌 서둘러서 먼저 요직을 차지하지 않으리."[31] 아무 것도 숨기지 않고서 명쾌하고 솔직하고 직접적으로 말하고 있다. 겉으로 보기에는 아무런 부끄러움 없이 향락을 추구하며 부패하고 타락한 것 같지만, 사실은 정반대로 당시의 특정 역사조건 아래에서 인생과 삶에 대한 적극적 추구를 심각하게 나타내고 있다.

생명은 무상하고 인생은 쉬이 늙는다는 것은 옛날부터 지금에 이르기까지의 보편적 명제다. 이 영원한 명제가 담긴 위·진시대 시의 영탄이 이처럼 감동적인 심미적 매력을 지니고 길이 전해져온 까닭은, 그것이 바로 이러한 정서와 감정 가운데 포함된 구체적인 시대적 내용과 불가분의 관계이기 때문이다. 황건黃巾의 기의起義를 전후해 사회 전체가 날이 갈수록 동요했고, 잇달아 전쟁이 그치지 않고 역병이 유행해 시체가 뒤엉켜 널려 있었다. 수많은 상층 귀족조차도 이를 피할 수 없었다. "서간·진림陳琳·응창應瑒·유정劉楨이 일시에 죄다 세상을 떠났다."[32](조비, 「오질에게 보내는 편지與吳質書」) 부귀영화는 순식간에 사라진다. 조식과 조비도 겨우 40년을 살았을 뿐이다. 그렇다면 기존의 전통·사물·공적·학문·신앙은 결코 믿을 수 없는 것이며 대부분 외부로부터 인간에게 강요된 것이다. 따라서 인간 존재의 의미와 가치가 부각되었다. 이 촉박하고도 고난에 찬 인생을 어떻게 해야 의미 있고 자각적으로 확실히 장악하여 보다 풍부하고 만족스럽게 만들 것인지의 문제가 부각된 것이다.

이는 실질적으로 인간의 각성을 상징한다. 즉 기존의 전통 기준과 신앙의 가치를 회의하고 부정하는 조건 아래에서, 자신의 생명·의미·운명에 대한 새로운 발견·사색·파악·추구가 이루어졌다. 이는 새로운 태도와 관점이다. 바로 이랬기 때문에 "인생을 즐기자人生行樂"고 공공연하게 부르짖던 시들의 내용이 후세의 부패한 작품들과는 다를 수 있었던 것이다. 지금까지 전해지는 대부분의 뛰어난 시들은 바로 이러한 인생의 영탄을 통해, 향상하고자 하며 마음을 고취시키는 정서와 정감을 토로하며 간직하고 있다. 그것들은 각각의 구체적인 시기에 따라 서로 다른 구체적 내용을 지니고 있다.

"술을 마주했으니 마땅히 노래할지라, 인생이 얼마나 되는가?"라는 시구 뒤에 이어지는 것은, "열사烈士는 나이가 들어도 웅대한 뜻이 약해지지 않는다"**[33]**라는 늙어서도 여전히 원대한 뜻이다. 건안풍골建安風骨**[34]**의 인생의 슬픔은, 공훈을 세우려는 '강개慷慨 및 기개'와 한데 결합되어 있다. "죽음과 삶은 역시 큰일이다. 어찌 비통하지 않은가!"라는 시구 뒤에 이어지는 것은 "만물의 온갖 소리가 비슷비슷하더라도, 나에게 와 닿는 것은 새롭지 않은 것이 없네"**[35]**인데, 이는 대자연의 품에서 인생의 위안과 철학적 안식을 찾고자 하는 것이다. 정시正始 연간의 명사들이 예법에 구속되지 않았던 것, 태강太康·영가永嘉 연간에 "안석을 어루만지며 잠 못 이루다가 옷을 입고 홀로 생각에 잠기네"**[36]**(육기), "백 번을 정련해 만든 강철이 손가락에 감길 정도로 유약해질 것임을 어찌 생각이나 했으랴"**[37]**(유곤) 등에 나타난 정치적 비분은 모두 어느 정도 구체적이고 적극적인 내용을 지니고 있다.

바로 이러한 내용 덕분에 이른바 '인간의 각성'이 의기소침한 방향으로 흘러가지 않았다. 또한 인간의 각성이 있었기에 비로소 이러한 내용이 미학적 깊이를 지닐 수 있었다. 고시십구수·건안풍골·정시지음正始之音**[38]**에서부터 도연명陶淵明[도잠]의 「만가시挽歌詩」에 이르기까지, 인생과 생사에 대한 슬픔이 결코 사람의 마음을 의기소침하게 만들지 않고 오히려 깊이를 지닌 적극적인 정감을 획득하게 했던 원인은 바로 여기에 있다.

앞에서 말했듯이, 내적 추구는 외적인 것에 대한 부정과 연결되어 있고 인간의 각성은 옛 전통·신앙·가치·풍습에 대한 파괴·대항·회의로부터 얻어진 것이다. "좋은 술 마시며 비단옷 걸치는 것만 못하네"는 유가 교의와 결코 병존할 수 없고 그것에 대항하는 것이었다. 조씨 부자는 절조와 윤리를 중시하던 후한의 가치 기준을 파괴했고, 정시 연간의 명사들은 더 나아가 전통 관념과 예의와 풍습을 부정했다. "탕왕湯王과 무왕武王을 비난하고 주공周公과 공자를 깔보던"[39] 혜강은 끝내 죽임을 당했다. 완적도 위태로웠다. '명교名敎'를 옹호한 하증何曾은 사마씨司馬氏에게 완적을 죽이라고 권고했는데, 그 이유는 "제멋대로 방종하며 예법을 어기고 풍속을 망친다"[40]는 것이었다. 유영劉伶이 「주덕송酒德頌」에서 말한 것처럼, "존귀한 공자公子와 벼슬아치와 고위 관리와 처사處士가 (…) 소매를 떨치고 옷을 걷어붙이며 눈을 부라리고 이를 갈면서 예법을 늘어놓으니 시비가 벌떼처럼 일어났다."[41] 그 당시 사상의 대립과 투쟁이 얼마나 격렬했는지 알 수 있다.

하지만 낡은 예법은 참신한 사상을 결국 막아낼 수 없었고, 정치적 박해 역시 기풍의 변화를 가로막을 수 없었다. 철학에서 문예에 이르기까지 그리고 관념에서 풍습에 이르기까지, 그토록 황당하고 이치에 맞지 않아 보이는 새로운 것이 결국엔 엄숙하며 허위적인 옛 것들과 싸워 이겨 그 자리를 빼앗았다. 재능과 천성이 절조를 이겼고, 박장薄葬이 후장厚葬을 대신했으며, 왕필이 한대 유가를 뛰어넘었다. '죽림칠현竹林七賢'이 육조시대의 이상적 인물이 되어, 심지어 묘실의 화상전에도 새겨지면서 한대의 신선에 대한 미신, 충신과 의사義士의 행렬을 대신하거나 그 사이로 비집고 들어갔다.[42] 성인을 비난하고 법을 무시하며非聖無法 엄청난

죽림칠현과 영계기榮啓期, 남조 시기, 전인磚印 벽화,
장쑤 성 난징 시산차오西善橋 궁산묘宮山墓 출토.

비판을 받았고 죽임까지 당한 인물이 뜻밖에도 지하 묘당에 새겨진 것이다.

그런데 이런 인물들은 빛나는 공훈도 없었고 무한한 신통력을 가진 것도 아니었으며 칭찬할 만한 절조는 더더욱 없었다. 그들은 개인의 인격 자체만으로 뜻밖에도 사람들의 이상과 본보기 될 수 있었던 것이니, 이는 새로운 세계관 및 인생관의 승리의 표현이 아닐 수 없다. 사람들은 그들의 예법에 구속받지 않는 방종함과 음주와 향락을 기어이 배우고자 했던 게 아니라, 그들의 내재적 재능·성격·품격·풍모에 끌리고 감화되었던 것이다. 이제 '인간'은 더 이상 한대처럼 외재적 공훈·절조·학문이 아닌, 내재적인 사변의 태도와 정신 상태를 통해 존경과 숭배를 받게 되었다. 외재적 사물이 아닌 인간과 인격 자체가 날이 갈수록 이 역사시기의 철학과 문예의 중심이 되었다.

물론 여기서 말하는 '인간' 역시 구체적인 사회성을 지닌 존재로, 그들

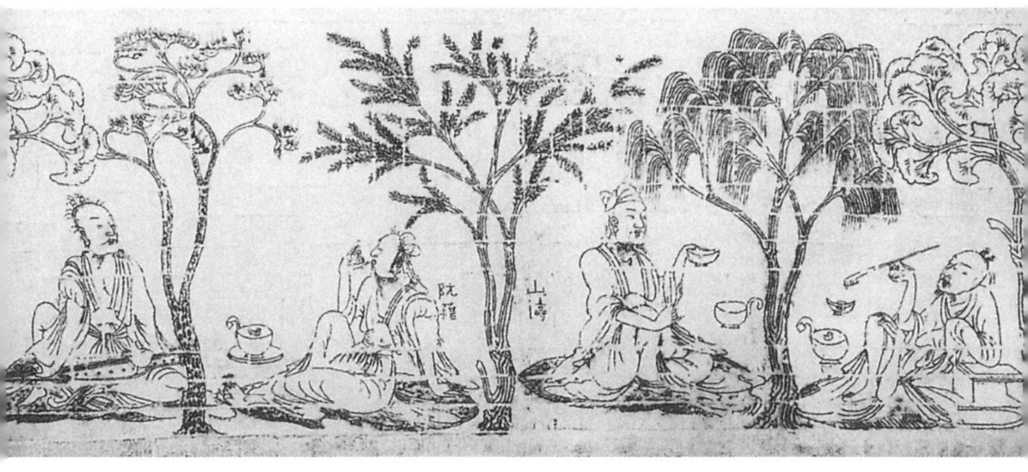

은 바로 문벌사족이었다. 인생에 대한 영탄에서부터 인물에 대한 품평에 이르기까지, 인간의 각성이라는 의식의 출현에서부터 인간 존재의 풍모에 대한 추구에 이르기까지, 이 모든 것에는 문벌사족의 정치제도와 인재 선발의 기준이 매개 역할을 했다. 후자[인재 선발의 기준]는, 인간의 내재적 정신으로 시선을 돌리게 되는 사회 분위기와 심리 상태를 조성하는 데 직접적인 관계가 있었다. 조비가 구품중정제九品中正制를 확정한 이래로, 인간에 대한 평론이 정식으로 사회·정치·문화 담론의 중심이 되었다.[43] 이제 더 이상 후한 시대의 도덕·절개·유학·지조의 품평에만 머물지 않았기에, 인간의 재능·기질·격조·풍모·성격·능력에 중점이 놓이게 되었다. 요컨대 인간의 외재적인 행위와 절조가 아닌, 인간의 내재적 정신성(잠재적인 무한한 가능성으로 간주되기도 했다)이 최고의 표준과 원칙이 되었다. 문벌사족의 귀족적 패기에 완전히 부응하여, 탈속적인 풍도風度와 면모를 강구하는 것이 이 시대의 미의 이상이 되었다. 일반적·세속적·표면적·외재적인 것이 아니라 모종의 내재적·본질적이고 특수하며 초탈한 풍모와 자태야말로 사람들이 감상하고 평가하고 토론하고 부추기는 대상이 되었다.

『인물지』로부터 『세설신어世說新語』에 이르기까지, 이러한 특징이 갈수록 더욱 뚜렷해졌다는 것을 명확히 알 수 있다. 『세설신어』는 우스운 많은 일화를 흥미진진하게 서술하고 있는데, 공신功臣·명장名將의 혁혁한 전공이나 충신·열사의 열렬한 절조가 내용의 전부를 차지하는 게 아니라, 그 반대로 손에 불진拂塵[44]을 들고 입으로 현언玄言을 토로하며 거리낌 없이 이야기하고 말재주가 뛰어난 이들의 내용이 훨씬 많다. 중점적으로 펼쳐 보이는 것은 내면의 지혜, 고결한 정신, 탈속적인 언행, 뛰어난 풍모다. 뛰어난 풍모란, 자연경물의 외관과 같은 미를 통해 인간의 내재적 지혜와 품격을 구현해낸 것이다. 예를 들면 다음과 같다.

- 당시 사람들은 왕우군王右軍[왕희지]에 대해 평가하길, 흘러가는 구름처럼 표일飄逸하고, 놀라 하늘로 솟구쳐 오르는 용처럼 날쌔다고 했다.[45]
- 혜숙야嵇叔夜[혜강]의 인물됨은 외로운 소나무가 홀로 서 있는 것처럼 우뚝하다. 그가 취하면 옥산玉山이 곧 무너질 것처럼 비틀거렸다.[46](『세설신어』)

해와 달을 가슴에 품고 있듯이 환하다[47], 바위 아래로 내리치는 번개처럼 두 눈동자가 반짝인다[48], 봄날의 버드나무처럼 해맑다[49], 굳센 소나무 아래로 부는 바람처럼 꿋꿋하고 힘이 있다[50], 산 위에 올라가서 아래를 내려다보는 것처럼 그윽하고 심원하다[51], 천길 석벽처럼 고요히 우뚝 서 있다.[52] 인물의 풍모를 이처럼 과장되게 형용하고 품평하면서, 뛰어난 외재적 풍모로써 고결한 내재적 인격을 드러내길 요구하던 것이 바로 당시 그 계급[문벌사족]의 심미적 이상이자 취향이었다.

외부에 의지할 필요가 없는 자급자족적인 장원경제가 존재하는데다가 대대로 세습되며 바뀔 리가 없는 사회적 지위와 정치적 특권을 지닌 바에야, 문벌사족의 마음과 시야와 흥취의 방향이 환경에서 내심을 향해 바뀌고 사회에서 자연을 향해 바뀌고 경학에서 예술을 향해 바뀌고 객관적 외부 사물에서 주체적 존재를 향해 바뀐 것도 결코 이상하지 않다. "돌아가는 기러기를 눈으로 전송하며, 손으로는 오현금五弦琴을 타네. 고개를 숙였다 위를 우러러보는 짧은 사이에 깨달음을 얻어, 현묘한 도太玄에 마음이 빠져든다네."[53](혜강) 그들은 일찍 죽는 것을 두려워하고 장생을 추구했다. 단약丹藥을 만들어 복용하고, 마음 내키는 대로 술을 마시고, 노장老莊사상에 대해 고상한 담론을 펼치고, 유학과 현학玄學을 모두 닦았으며, 한껏 향락을 즐기면서도 철학적 의미를 가슴에 가득 품었다. 이것이 바로 그토록 구속받지 않고 탁월하며 초연하고 스스로 만족하며 무위無爲이면서도 하지 못하는 것이 없는, 소위 위진풍도魏晉風度를 형성했다. 약·술·자태, 현묘한 도에 대한 담론, 산수의 풍경 등이 위진풍도를 부각시키는 데 필요한 후광이 되었다.

이는 물론 철학과 미학의 영역에도 반영되어 있다. 외재적인 복잡한 현상이 아닌 내재적인 허무 자체가, 자연관(원기론元氣論)이 아닌 본체론이 철학의 가장 중요한 과제가 되었다. 모든 잠재적 가능성을 구비해야만 비로소 풍부하고 다양한 현실성으로 드러나게 된다.

- 무無를 근본으로 삼는다.[54](왕필, 『노자』 40장 주)
- 근본本을 숭상하여 말단末을 자라게 한다.[55]([왕필], 『노자지략老子指略』)

• 근본은 무위無爲에 있고 어미母는 무명無名에 있거늘, 근본을 버리고 어미를 팽개친 채 그 자식子에게 가니, 공이 비록 크다 하더라도 이루지 못함이 반드시 있게 마련이다.[56](왕필, 『노자』 38장 주)

• 사물이 생겨나고 공功이 이루어지는 까닭은 반드시 무형無形에서 생기고 무명에서 말미암으니, 무형과 무명이 만물의 근본이다.[57](왕필, 『노자지략』)

외재적인 어떠한 공훈과 사물이라도 모두 유한하고 끝이 있으며, 오직 내재적인 정신 본체야말로 시원·근본·무한이자 끝이 없는 것이다. 후자(모母 [내재적인 정신 본체])가 있어야 비로소 전자[외재적인 것]도 있을 수 있다. 이것은 '성인聖人'이기도 하다. "성인이 범인보다 뛰어난 것은 의식神明이고, 범인과 같은 점은 오정五情[58]이다. 의식이 뛰어나므로 능히

「낙신부도落神賦圖」(부분, 모사본), 동진, 고개지.

육신이 천지와 조화를 이루어 무無와 통할 수 있다. 오정이 같으므로 슬픔과 기쁨 없이 사물을 대하는 것은 불가능하다."[59](하소何劭의 「왕필전王弼傳」에서 인용한 왕필의 말) 이는 바로 앞에서 말한 위진풍도의 철학적 사변화思辨化가 아닌가? 무위이면서도 하지 못하는 것이 없음, 의식이 뛰어나면서도 슬픔과 기쁨을 함께 지니고 있음, 외재적이고 유한하고 표면적인 공훈과 활동이 아닌 무한한 가능성을 지닌 잠재적인 정신·격조·풍모가 이 시기 철학의 '무'라는 주제와 예술의 '미'의 전범이 되었다.

이렇게 해서 한대의 오색찬란한 세계(동적 행위)는 위·진의 오색찬란한 인격(정적인 탈속적 사상玄想)에 자리를 내주었다. 서정시와 인물화가 이 시기에 성숙하기 시작해, 장황하며 길게 나열하고 난삽한 한부 및 한대 화상석의 자리를 대신했다. 이는 철학에서 현학이 경학을 대신하고 본체론(내재적 실체의 추구)이 자연관(외재적 세계의 탐색)의 자리를 대신하

「낙신부도」(부분).

게 된 것과 마찬가지다.

미학 이론과 예술 원칙으로서의 '이형사신以形寫神'[60]과 '기운생동氣韻生動'[61]이 바로 이 시기에 제기된 게 결코 우연이 아니었음이 분명하다. '기운생동'이란 회화가 인간의 내재적인 정신과 기질, 격조와 풍모를 생동적으로 표현해 내길 요구하는 것이다. 이는 외재적인 환경·사건·형상·자태를 어떻게 나열하고 묘사하는지에(한대 예술이 바로 이랬다. 제4장 참조) 달려있지 않았다. 사혁謝赫이 『고화품록古畵品錄』에서 제1품 제1인으로 평한 육탐미陸探微는 바로 "이치理와 본성性을 끝까지 궁구하여, 사물事이 언어言와 형상象을 초월"[62]하도록 했다. '이형사신'은 물론 이러한 의미다. 고개지顧愷之는 "형체의 미추는 신묘한 곳과는 본래 아무 관계가 없다오. 정신을 전달하는傳神 생생한 묘사는 바로 여기[눈동자]에 있소"[63]라고 말했다. 즉 '전신傳神'은 인간의 눈동자에 의지해야 하지, 인간의 형체나 동작에 의지하는 게 결코 아니다. 눈동자야말로 영혼의 창문이며, 외재적 활동은 종속적이고 부차적인 것일 뿐이다. 이처럼 인간의 '기운氣韻'과 '풍신風神'을 추구하는 미학적 취미와 기준은, 앞에서 말한 『세설신어』 속의 인물 품평과 완전히 일치하지 않는가? 또한 사변적 지혜에 대한 위진 현학의 요구와 완전히 일치하지 않는가? 이것들은 그 시대의 정신, 위진 풍도를 공동으로 구현했다.

조형예술의 '기운생동'과 '이형사신'에 상당하는 것으로, 언어예술의 '언부진의言不盡意[말로는 뜻을 다 나타낼 수 없다]' 역시 그것과 동일한 의미를 지닌다. 철학에서의 유심론적인 이 명제는 문학의 심미법칙을 파악하는 데 있어서 정확하고도 깊이 있는 의미를 지니고 있다. '언부지의'란, 개념적 언어로는 다 전달할 수 없는 것을 표현해야만 한다는 것이다. 이것은 원래 철학의 오묘한 이치를 설명하는 것이다.

• 뜻意를 다 나타내기에는 상象만한 것이 없고, 상을 다 나타내기에는 말言만한 것이 없다.[64]

• 말이란 상을 밝히는 것이므로 상을 얻으면 말을 잊어야 한다. 상이란 뜻을 담고 있는 것이므로 뜻을 얻으면 상을 잊어야 한다.[65](왕필, 『주역약례周易略例』)

언어와 형상은 모두 유한한 전달 수단이다. 중요한 것은 이러한 수단을 통해 다함이 없는 무한한 본체·현리玄理·심의深意를 파악하고 깨닫는 것이며, 이는 앞에서 말한 "이치와 본성을 끝까지 궁구하여, 사물이 언어와 형상을 초월"한 것이기도 하다. 이형사신·기운생동과 마찬가지로, 여기서 말하는 미학의 내용 역시 다함이 있는 유한한 외재적 언어현상을 통해, 무한하고 다함이 없으며 범인으로서는 가질 수도 도달할 수도 없는 '성인'의 내재적 정신을 전달하도록 요구하는 데 있다. 즉 평범한 사람의 희로애락의 감정을 통해 범인을 뛰어넘는[66] 의식의 탁월함을 표현하길 요구하는 것이다. 뒤집어 말하자면, 정적(본성性·본체)인 것으로 표현되는 무한한 가능성을 지닌 인격 이상을 수립하여, 동적(정情·현상現象·기능)[67]인 다양한 현실성을 그 안에 포함하길 요구하는 것이다. 후에 이러한 이상은 불상 조소라는 가장 적절한 예술형식으로 표현되었다.(제6장 참조) 언부진의, 기운생동, 이형사신은 그 당시에 확립되어 오래도록 영향을 미친 중국 예술과 미학의 원칙이다. 이것들의 출현은 인간의 각성이라는 주제와 분리될 수 없으며, 이는 '인간이라는 주제'의 구체적이고 심미적인 표현이다.

2 문에 대한 자각

루쉰魯迅은 이렇게 말했다. "조비의 시대는 문학의 자각 시대, 혹은 근대에 말하는 바와 같이 예술을 위한 예술의 일파라고 할 수 있다."[68] '예술을 위한 예술'이란, "인륜을 두터이 하고 교화를 아름답게 한다"는 한대 문예의 공리적인 예술과 대비되는 말이다. 인간이라는 주제가 봉건시대 전기의 문예의 새로운 내용이라고 한다면, 문文에 대한 자각은 그것의 새로운 형식이다. 양자의 밀접한 적응과 결합은 이 역사시기의 각종 예술형식의 준칙을 형성했다. 조비를 그 최초의 표지로 삼는 그것은 확실히 위·진시대의 새로운 기풍이었다.

루쉰은 또 이렇게 말했다. "한대의 문장이 점차 장대해진 것은 시대적 원인 때문이지, 전적으로 조씨 부자의 공로에만 기댄 것은 아니다. 그러나 문장이 화려하고 아름다워진 것은 조비가 부르짖은 덕분이다."[69] 조비의 지위는 매우 높았다. 그는 나중에 황제가 되어 인간 세상의 최고의 지위와 영화를 누렸으니, 인생의 최고 이상을 실현했을 법하지만 실제로는 결코 그렇지 않다. 그 역시 이렇게 느꼈다. "수명은 때가 되면 다하고, 영락榮樂[영화와 즐거움]은 자기 한 몸에서 그친다. 이 두 가지는 반드시 정해진 기한에 이르므로 문장의 무궁함만 못하다."[70] 왕후장상과 부귀공명은 어느새 백골로 변해 황량한 흙더미가 된다. 진정으로 영원히 썩지 않고 대대로 전해지는 것은 정신의 산물이다. "[고대의 작자는] 훌륭한 사관의 글을 빌지 않고 또 천하를 치달리는 권세에 몸을 맡기지 않고도 그 명성을 스스로 후세에까지 전했다."[71] 한때 찬란히 빛나던 황제도 소리 없이 사라질 수 있지만, 화려하고 아름다운 문장은 그 어떤 것에도 의지하지 않고 사람들에게 전송傳誦된다. 조비가 문장의 화려함을 추구하고 부르짖은 것은 그가 인생의 '불후不朽'를 추구했던 것(세계관·인생관)과 관련이 있음을 알 수 있다. 문장의 불후는 물론 인간의 불후이기도 한데, 이는 앞에서 말한 인간이라는 주제의 구현이다.

이상과 같이 위·진시대에는 문학, 문학의 형식 자체, 문학의 가치와 지위가 한대와는 크게 달랐다. 한대에는 문학이 실제로 궁중의 노리갯감에 불과했다. 사마상여司馬相如나 동방삭東方朔 같은 전문적인 언어의 대가들조차 황제의 농신弄臣으로서, 황제는 "그들을 배우俳優로 취급했다."[72] 위풍당당하고 빛나는 한부는, 공적과 은덕을 찬양하고 태평성세를 장식하면서 소위 '풍유諷諭' 같은 것을 가미해 황제를 즐겁게 해주었을 뿐이다. 회화와 서법 등은 더 말할 것도 없다. 이러한 종류의 예술은 노예제시대에서는 그 어떤 독립적인 지위도 지닐 수 없었다. 한대에는 문학이 아직 경학과 분리되지 않았다. 「염철론鹽鐵論」에서의 '문학'이 가리키는 것은 유생儒生이었고, 가의賈誼·사마천司馬遷·반고班固·장형張衡 등은 문학가로서가 아니라 정치가·대신·사관 등의 신분으로 그 지위와 명성을 누렸다. 문에 대한 자각(형식)과 인간이라는 주제(내용)는 모두 위·진시대의 산물이다.[73]

한대의 문벌귀족은 대대로 경학에 힘쓰고 사제 간에 학술을 전승하면서, 그 당시 문화를 보존하고 독점했다. 그들은 황권의 임의적인 지배를 받지 않는 독립적 지위를 획득한 뒤에 즉 봉건 전기의 문벌통치를 수립한 뒤에, 부귀영화를 대대로 이어받아 아무 부족함이 없었다. 이들 귀족들은, 오래도록 사라지지 않고 전해질 수 있는 진정으로 가치 있고 의미 있는 것은 오로지 문학으로 표현되는 그들 개인의 사상·정감·정신·품격이라고 생각했다. 그래서 그들은 고심하여 글을 짓고 '예술을 위한 예술'에 힘썼다. 시문詩文은 그 자체의 가치와 의의를 지니며 단순히 실리의 종속물이거나 정치적 도구만은 아니라고 그들이 확실히 인식했던 것도 매우 자연스러운 일이다.

이렇게 해서 조비가 제창한 이 새로운 관념은 매우 신속하게 광범위한 호응을 얻었고 오래도록 발전했다. 위·진시대에서 남조南朝에 이르기까지, 문장의 화려함, 문체의 분류, 필치의 구별, 구상의 과정, 글에 대한 평론, 문맥의 탐구, 문집의 편찬 등을 강구한 것은 전대미문의 현상이다. 이것들은 이 역사시기 의식형태의 두드러지는 특징이 되었다. 널리 알려져 있는 육기의 「문부文賦」에서는 글의 구상 및 문체의 분류에 대해서 다음과 같이 묘사하고 있다.

- 사시의 변화를 따르면서 세월의 흐름을 탄식하고, 만물을 바라보니 온갖 생각이 나는구나. 차가운 가을엔 낙엽에 슬퍼하고, 향기로운 봄에는 유연한 가지에 기뻐한다네. 마음은 서리를 품은 듯 엄정하고, 뜻은 구름에 닿을 듯 아득하구나. (…) 시작할 땐 보기와 듣기를 모두 거둬들이고, 생각에 잠겨 널리 모색한다네. 정신은 온 세상 끝까지 내달리고, 마음은 만길 높은 곳에서 노닌다네. 구상이 떠오르면, 감정은 모호한 데서 점차 선명해지고, 사물은 뚜렷하게 차례차례 솟구친다네. (…) 아주 짧은 시간에 고금을 관찰하고, 눈 깜짝할 동안에 사해를 어루만진다네.[74]

• 시는 감정을 토로하는 것이니 정교하고 아름다워야 하고, 부賦는 사물을 묘사하는 것이니 선명해야 한다네. 비碑는 단장하는 것이므로 형식과 내용이 어울려야 하고, 뇌誄[망자를 애도하는 글]는 슬픔에 사로잡히는 것이니 비통해야 한다네.[75]

창작의 부류, 특히 창작 심리에 대해 이처럼 전문적으로 묘사하고 연구한 것은 아마도 중국미학사에서 이 글이 처음일 것이다. 여기에서는 문에 대한 자각을 선명하게 나타내고 있다. 조비와 육기 이후, 남조에서는 이것[문에 대한 자각]이 지속적으로 발전했다. 종영의『시품』에서는 가까운 시대의 시인들의 작품을 비평하면서 이렇게 주장했다. "나라를 다스리는 글이라면 마땅히 옛일을 두루 참조해야 하고, (…) 감정을 노래하는 경우라면 전고典故를 인용하는 게 어찌 중요하겠는가?"[76] 이는 창작의 특징이라는 측면에서, 감정(내용)을 노래하는 시(형식)를 경세치용經世致用의 경학인 유학과 구별할 것을 거듭 강조한 것이다. 유협劉勰의『문심조룡』은 풍골風骨·신사神思·은수隱秀[77]·정채情采[78]·시서時序 등의 창작 법칙과 심미 특징을 전문적으로 연구했을 뿐만 아니라 시작 부분에서 이렇게 말했다. "해와 달은 둥근 옥을 겹쳐놓은 듯이 하늘에 붙어 있는 형상을 나타낸다. 산과 내는 고운 비단처럼 결이 있는 땅의 형상을 펼쳐낸다. 이것이 아마도 도道의 문文일 것이다."[79] "언어의 문文은 천지의 마음心이다."[80] 또한 시문의 기원을 주공·공자·육경六經과 연관시켰고, 시문을 자연의 '도'라는 철학적 수준까지 끌어올렸다. 이는 이 역사시기의 '문에 대한 자각'이라는 미학의 요지를 대표한다.

현언시玄言詩부터 산수시에 이르기까지, 창작 제재에 있어서 이러한 자각을 반영하고 있다. 이러한 창작 자체는, 곽박에서 사영운謝靈運에 이르기까지 그 당시에 명성을 떨치기는 했지만 실제로는 결코 성공하지 못했다. 그들의 시는 내용에 있어서는 철학의 본체론의 추구와 일치했는데, 인간이라는 주제는 결국 '도'(자연)와의 일치를 요구했다. 형식에 있어서는 회화와 일치했는데, 문에 대한 자각은 결국 형상으로써 오묘한 도를 논하고 경물을 묘사하길 요구했다. 그러나 여기서 자연은 그저 문벌귀족의 외재적 놀이의 대상에 불과하거나 '정신적 초탈과 마음의 안정'이라는 심오함을 추구하는 수단에 불과했으며, 그들의 생활·심경·정서와는 친밀한 관계(이것이 시대사조가 된 것은 송·원 이후다)를 맺지 못했다. 실제로 자연계는 진정으로 그들에게 삶의 일부 내지 심정을 토로하는 일부가 되지는 못했다. 그들의 예술에서 자연은 대부분 그저 묘사의 대상이자 정교하고 화려한 경직된 사물에 불과했다.

한부가 자연을 인간의 공훈 및 활동의 외화外化 내지 표현으로 여겼다면, 육조시대의 산수시는 자연을 인간의 사변 및 감상의 외화 내지 표현으로 여겼다. 여기[한부와 산수시]에서 주체는 객체와 여전히 대치하고 있는데, 전자에서는 공훈·행동과 대치하고 후자에서는 감상·사변과 대치한다. 이는 송·원 이후에 [자연이] 삶·정감과 더불어 하나로 녹아들었던 것과 다르다. 그러므로 사영운이 아무리 복잡하고 세밀하게 묘사했다 할지라도 자연 경물은 결코 생생하게 살아날 수 없었다. 그의 산수시는 고개지의 그림과 마찬가지로 개념적 묘사에 불과했고 개성과 정감이 결핍되었다. 하지만 그러한 묘사를 통해, 문학형식 그 자체는 격률·어휘·수사·음운에 있어서 다양한 자산을 축적하고 창조함으로써 후세에 자료와 참고가 되었다.

오언시五言詩를 예로 들면, 건안·정시 연간부터 현언시와 산수시를 통해 확립·성숙되었다. 『시경』의 '4언'에서 위·진시대의 '5언'이 된 것은, 한 글자의 차이지만 전달 용량과 전달 능력에 있어서는 차이가 크다. 이에 대해 종영은 이렇게 개괄했다. "4언은 글자 수는 적지만 담긴 뜻은 많은

데, 「국풍」과 「이소」를 본받으면 순조롭게 많은 것을 얻을 수 있다. 하지만 글자 수가 많아지거나 의미가 적어질까 늘 고심해야 하기 때문에 이것을 익히려는 사람들이 드물다. 5언은 시의 핵심을 차지하며 [5언으로 된] 많은 작품들이 재미를 지니고 있다."[81] '4언'은 두 구句로 표현하지만 '5언'은 하나의 구만 사용해도 된다. 이로 인해 오언시가 사언시보다 앞으로 더 나아갈 수 있었다. 또한 오언시는 한대의 잡언시雜言詩(한 수 안에 3자·4자·5자·6자·7자가 모두 있다)를 [5언으로] 규범화했으며 시의 표준 형식이 되었다. 당대 말에 이르기까지 오언시는 시종일관 지배적 지위를 차지한 주요 정통 형식이었으며, 그 이후에야 칠언시와 칠언 율시에 추월당했다.

이밖에 육조시대의 변문騈文과 심약沈約의 사성팔병설四聲八病說[82]은 한자 수사修辭의 심미적 특성을 매우 자각적으로 최대한 연구했다. 이 시대에는 중국어의 자의字義 및 음운의 대칭·균형·조화·어울림·착종錯綜[83]·통일 등 각종 형식미의 규율을 전례 없이 발굴하고 운용했다. 이는 외재적 형식이라는 측면에서 '문에 대한 자각'을 표현한 것이다. 원활하고 정제된 대구는 그때부터 지금에 이르기까지 중국 문학의 중요한 심미적 요소다.

구체적인 창작 및 비평에 있어서도 마찬가지였다. 조식이 당시 문단에서 그토록 높은 지위를 차지했던 중요한 원인 가운데 하나는, 종영이 조식을 두고 "비유하자면, 인륜人倫에 있어서 주공이나 공자와 같다"[84]고 했듯이, 심혈을 기울여 시구를 다듬는 것이 그에게서 비롯되었기 때문이다. "높은 누대에는 서글픈 바람 가득하고, 아침 햇살은 북쪽 숲을 비추는구나"[85]처럼 첫 구가 매우 정교하다. "질풍이 태양을 휙 스쳐지나가니"[86], "붉은 꽃이 푸른 못을 가득 덮었네"[87]처럼 단어는 세심히 다듬어졌다. "물속에 있던 물고기는 맑은 물결 위로 뛰어오르고, 고운 새는 높은 나뭇가지에서 노래하네"처럼 대구가 짜임새 있게 가지런하다.[88] "외로운 혼백은 옛 성을 배회하는데, 영구靈柩는 수도에 있구나[89]"처럼 음률이 조화를 이룬다. "됐다, 더 말하지 말자, 깊은 근심은 사람을 늙게 만든다네"[90]처럼 맺는말이 심원하다.[91]

이상은 모두 조식이 의식적으로 시작에 공을 들였으며 이전 시대와는 매우 달라졌음을 말해준다. 바로 이것 때문에 조식은 창시자의 대표가 되었으며, 시구를 따서 쓰기 어려운 한·위 고시[92]와 후세 시가와의 경계선을 그었다. 그래서 종영이 그를 두고 "비유하자면, 인륜에 있어서 주공이나 공자와 같다"고 말한 것이다. 이는 확실히 미학에 있어서 큰 의미를 지닌다. 그런데 작품의 예술적 성취로 말하자면 조식의 많은 시작들이 조비의 「연가행燕歌行」 한 수를 따를 수 없을 것이다. 왕선산王船山은 「연가행」에 대해, "정을 쏟고 생각을 쏟고, 형상이 넘치고 소리가 넘치니, 고금에 둘도 없다"[93]고 칭찬했다. 하지만 「연가행」은 무심결에 지어진 민가 형식의 작품으로, "하늘이 내려준 것이지, 인간의 힘으로 할 수 있는 게 아니다."[94](『강재시화』) 그것은 그 당시의 심미 관념에서는 "서로 소곤거리는 말처럼 모두가 속되고 질박한"[95](『시품』) 것으로, 조식이 '시구의 화려함'을 강구한 것에는 훨씬 뒤떨어진다. 이를 감안한다면, 종영이 『시품』에서 조비를 중품中品에 놓은 반면에 별 내용도 없이 그저 시구를 아름답게 꾸미기만 한 많은 시인들을 최상의 작품에 귀속시킨 것도 이상할 게 없다. 그 당시는 바로 "모든 글자가 대우對偶를 이룸으로써 아름다움을 이루고, 한 구의 기발함을 얻고자"[96] 했던 시대였다. 이 시대는 '화려하고 아름다운 것'을 추구하는 '문에 대한 자각'이라는 특징을 극단적으로 표현했다. 약·술·용모·신운神韻에다 '화려하고 아름다운' 문채가 더해져야 비로소 위진풍모를 이룰 수 있었던 것이다.

'문에 대한 자각'은 미학 개념으로, 단순히 문학만을 가리키는 게 아니다. 다른 예술, 특히 회화와 서법에서도 위·진시대부터 이러한 자각이 표현되었다. 이 역시 자신의 창작 규율과 심미 형식을 강구하고 검토하고 주의를 기울이는 방식으로 전개되었다. 사혁이 개괄한 '육법六法'에서 '기운생동' 다음이 바로 '골법용필骨法用筆'인데, 이는 중국 조형예술의 선의 기능 및 전통을 자각적으로 개괄한 것으로, 중국 특유의 선의 예술을 처음으로 이론적으로 명확히 수립한 것이라 할 수 있다. 골법용필(선의 표현)은 응물상형應物象形(대상의 재현), 수류부채隨類賦彩(색채의 부여), 경영위치經營位置(공간 구도), 전이모사傳移模寫(모방·복제)보다 훨씬 중요한 지위를 차지한다. 칸트가 말하길, 선은 색채보다 심미적 성질이 더 강하다고 했다. 고대 중국은 이를 상당히 잘 이해하고 있었으며, 선의 예술(회화)[97]은 서정문학(시)과 마찬가지로 중국 문예에서 가장 발달한 것이자 민족 특징이 가장 풍부한 것이라고 해야 할 것이다. 이것들은 모두 중국 민족의 문화-심리 구조를 나타낸다.

서법은 이러한 '선의 예술'을 고도로 집중화·순수화한 예술로, 중국 특유의 것이다. 서법 역시 위·진시대부터 자각하기 시작한 것이다. 엄숙하고 단정하며 기세가 웅혼한 한대의 예서가 바로 위·진시대에 진서·행서·초서·해서로 변했으며, 이름도 지위도 없던 중하층의 일[서법]이 문벌 명사의 훌륭한 흥미와 전공의 대상으로 변모했다. 필의筆意·체세體勢·결구結構·장법章法이[98] 더욱 다양해지고 풍부해지고 복잡해지고 변화했다. 육기의 「평복첩平復帖」, 이왕[왕희지·왕헌지]의 「이모첩姨母帖」「상란첩喪亂帖」「봉귤첩奉橘帖」「압두환첩鴨頭丸帖」 등[99]은 오늘날에도 볼 수 있는 진귀한 필적이다. 그들은 극히 우아한 선의 형식을 통해 인간의 여러 풍모와 모습을 표현했다.

• 뜻은 내달리고, 정신은 자유로우며 초탈하고 유유자적한다.[100]

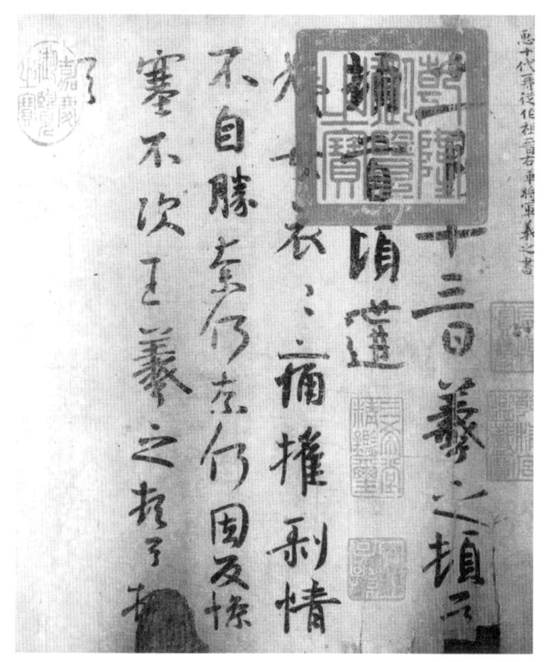

「이모첩」, 동진, 왕희지.

- 힘은 만 명의 사내를 꺾고, 운치는 천고의 역사에서 가장 뛰어나다.[101]
- 운필이 자연스럽고 분방하며, 온갖 자태가 자유자재로 생겨난다.[102]

서법을 통해 표현했던 것 역시 표일하고 탁월한 위진풍도다. 심지어 뒤이어 나온 석비石碑와 석조石雕에도 한대와는 다른 맑고 청량한 풍모가 반영되어 있다.

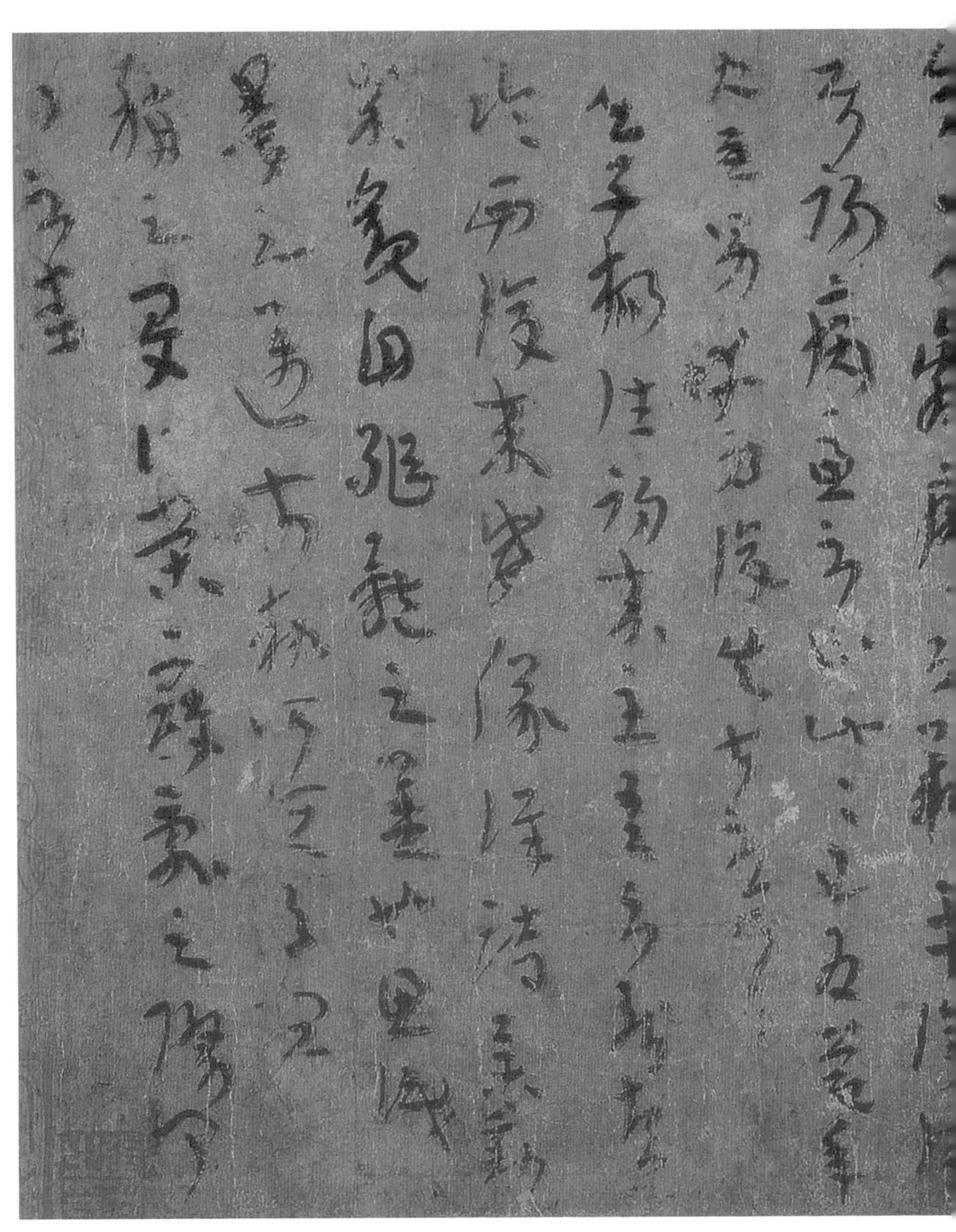

「평복첩」, 서진, 육기.

羲之白不審尊體比復何如遲復奉告羲之中冷無賴尋復白羲之白
奉橘三百枚霜未降未可多得

「봉귤첩」, 동진, 왕희지.

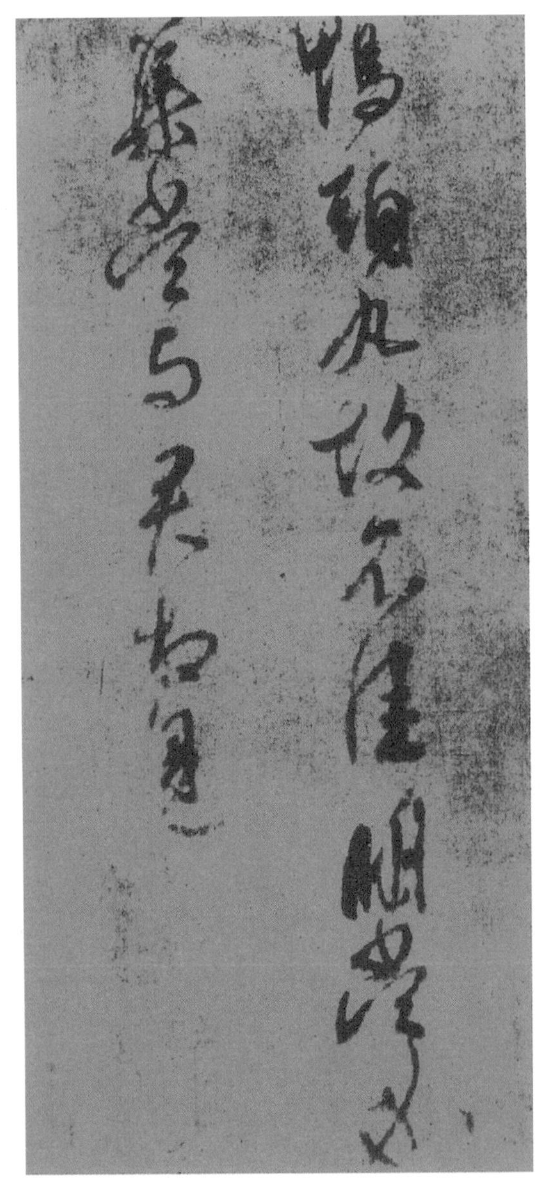

鴨頭丸故不佳明當必集當與君相見

『압두환첩』, 동진, 왕헌지.

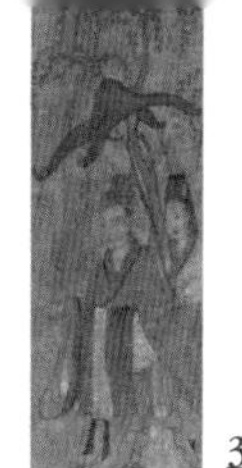

3 완적과 도잠

예술은 경제나 정치와 불균형하게 마련이다. 이처럼 구속 받지 않고 탁월하며 표일하고 유유자적한 위진풍도가, 오히려 동란·혼란·재난·피로 가득한 사회와 시대 속에서 생겨났다. 그러므로 상당히 많은 경우에, 겉으로 보기에는 대범하고 풍류가 넘치지만, 그 속에는 커다란 고뇌·공포·근심이 깊이 감추어져 있다. 이는 루쉰 역시 언급한 바 있다.

이 장의 시작 부분에서 언급했듯이, 이 역사시기의 특징 가운데 하나는 빈번한 왕조 교체다. 위·진에서 남북조에 이르기까지, 황제와 왕조가 끊임없이 바뀌었고 사회 상층에서 벌어진 쟁탈과 살육과 정치투쟁은 매우 잔혹했다. 문벌사족 가운데 유력자는 정치 소용돌이에 휘말리게 마련이었고 명사들은 무리지어 형장으로 보내졌다. 하안·혜강·이육二陸[103]·장화張華·반악潘岳·곽박郭璞·유곤·사영운·범엽·배위裵頠 등 당시 일류였던 저명한 시인·작가·철학자는 죄다 살육되었다. 이는 매우 놀라운 명단인데, 이는 대표자에 불과할 뿐 전체는 이를 훨씬 뛰어넘는다. "「광릉산廣陵散」이 오늘로써 끝이로구나!"[104] "화정華亭의 학 울음소리를 더 이상 들을 수 없게 되었다."[105] 남겨진 이야기는 늘 이처럼 괴롭고 슬픈 일화들이다. 이들 문벌귀족은 항상 이처럼 부귀와 안락 속에서도 화를 우려하는 상황에서 살아가고 있었으며, 어쩔 수 없이 정치 투쟁 속에 놓여 있었다. "커다란 그물 늘 두려우니, 어느 때 갑자기 화가 덮칠까 근심한다네."[106](하안) "마음은 근심, 길게 휘파람 불며 읊조리네."[107](혜강) 이는 그들 작품 속에서 자주 드러나는 정서다. 잔혹한 정치적 숙청과 집안의 철저한 멸망으로 인해 인생에 대한 그들의 개탄에는 한없는 근심과 깊은 슬픔이 뒤섞이게 되었고, 이로써 무게가 더욱 무거워졌다. 그들의 '생生에 대한 우려의 탄식'은 현실 정치로 인해 더욱 엄숙해졌다. 따라서 환경에 순응하여 생명을 보전하든 산수를 찾아 정신의 안식을 누리든, 인생에 대한 근심과 두려움이 그 안에 늘 감춰져 있었기 때문에 매우 모순되고 복잡한 감정 상태에 놓여 있었다. 겉으로는 아무리 세상사를 경시하고 대범하며 비범한 척해도 내심에서는 더 강렬하게 인생에 집착하고 매우 고통스러워했다. 이것이 위진풍도에 내재된 심각한 일면을 이룬다.

완적은 그것의 전형이다. "완적은 뜻이 심원하다."[108](유협) "강개하고 격앙하기도 하지만, 많은 의미는 감추어져 드러나지 않는다."[109](루쉰) 완적의 영회시詠懷詩 82수는 뜻이 명확하지 않은 게 분명하지만, 시의 의경과 정서가 반영하는 것은 바로 그 당시의 잔혹한 정치 투쟁 및 정치 박해와 밀접한 관계가 있는 인생에 대한 개탄과 슬픔이라는 것도 분명하다.

번성했던 것도 시들 때가 있나니,
전당 앞에 가시나무와 구기자나무 자라네.
말을 달려 이곳을 버리고 떠나,
서산西山[110] 아래로 가야지.
내 한 몸도 보존하지 못하거늘,
어찌 처자식을 그리워하리오!

엉긴 서리가 들풀을 뒤덮고,
한 해가 또 저무는구나.[111]

가슴 속에 뜨거운 물과 불을 품고 있으니,
얼굴이 점차 늙을 수밖에.
세상만사 변화무궁한데,
지모가 부족한 게 한스럽구나.
다만 두려운 건 순식간에
혼백이 바람 따라 흩어지는 것.
평생 살얼음 밟았거늘,
애타는 내 마음 그 누가 알리![112]

감상感傷·비통·공포·애착·초조·우려, 벗어나고 싶지만 벗어날 수 없으며 참고 견디어도 적응할 수 없다. 한편으로는 오래 살길 바라며 "오직 장생술만이 내 마음을 위로할 수 있다네"[113]라고 하는 동시에 "사람들은 장생을 바란다 말하는데, 무엇을 하고자 장생하는가?"[114]라며 오래 사는 것이 대체 무슨 소용이 있는지 회의에 젖는다. 또 한편으로는 다음과 같이 환경을 증오하고 현실을 멸시하며 해탈을 추구한다. "[현학玄鶴은] 날아서 푸른 하늘로 솟아올라, 넓은 세상에서 더 이상 그 울음소리 내지 않나니. 어찌 메추라기와 노닐며, 뜰 가운데서 날갯짓하리오!"[115] "푸른 구름 속에 몸을 두니, 그물 친다한들 누가 능히 막으리? 어찌 견문 좁은 이들과 더불어 손을 마주잡고 함께 맹세하리?"[116] 하지만 동시에 현실은 그에게 머리를 숙이고 환경에 순응하여 목숨을 부지하라고 강요한다. "차라리 제비나 참새와 함께 날지언정, 황곡黃鵠을 따라 날지는 않으리. 황곡은 사해를 노니거늘, 중도에 어찌 돌아갈 텐가?"[117] 그래서 한편으로는 실권자의 제위 등극을 권하는 글을 억지로 써야 했는데[118], 정말 너절한 일이었을 것이다. 그러면서 동시에 "입으로는 인물을 비평하지 않았다."[119] 이처럼 그는 지극히 신중했으며, 혼인을 거절하기 위해 60일 동안 술에 거나하게 취해 있기도 했다.[120]

이상은 완적의 시가 그토록 애매모호한 데는, 쓰고 싶으면서도 쓸 수 없는 커다란 모순과 고통이 있었음을 말해준다. 루쉰은 상수向秀의 「사구부思舊賦」가 시작하자마자 서둘러 끝을 맺었다고 했는데, 이 역시 같은 문제를 지적한 것이다.[121] 완적에 대한 평가와 해석은 지금까지 충분히 이루어지지 않았다. 아무튼 죽림명사竹林名士인 그가 굉장히 제멋대로이고 대범했다고 전해지지만, 그 마음의 충돌과 고통은 매우 깊었다.

"참새가 되어 슬퍼하니, 흐르는 눈물 누가 멈출 수 있으리오?"[122] "옥과 돌이 같다고 누가 말했는가? 흐르는 눈물을 그칠 수가 없구나."[123] 이는 완적의 시에서 거듭 나오는 시구다. 잔혹한 정치적 박해를 받은 고통과 슬픔을 구구절절하면서도 강렬하게 토로하는 데 있어서, 여태 완적처럼 그토록 깊이 있고 아름답게 묘사한 사람은 아무도 없었을 것이다. 바로 이 점으로 인해 위진풍도 및 인간이라는 주제가 진정으로 깊은 내용을 갖게 되었다. 또한 이러한 각도에서 이해해야만, 위진풍도의 적극적인 의의와 미학적 힘이 어디에 있는지 보다 많이 발견할 수 있다.

위진풍도는 원래 비교적 단기간을 가리키지만 나는 그것을 진晉·송宋 시기까지 확대시켜서 보았다. 따라서 도잠 역시 위진풍도의 인격화된 이상형이라고 할 수 있다. 이는 루쉰이 다음과 같이 거듭 언급한 바이기도 하다. "『도연명집陶淵明集』의 「술주述酒」는 당시의 정치를 말한 것이다."[124] "이로써 본다면, 도잠은 속세를 초탈할 수 없었고 조정의 정치에 관심을 갖고 있었으며 '죽음'을 잊어버릴 수도 없었다."[125] 도잠이 속세를 초탈한 것은 완적이 술에 빠져 있었던 것과 마찬가지로 그저 외재적 현상일 뿐이다. 인간 세상을 초탈한 도잠은 송대의 소식蘇軾이 빚어낸 형상이다. 실제의 도잠은 완적과 마찬가지로 정치투쟁의 회피자였다. 도잠은 완적처럼 그렇게 높은 권문세가의 지위에 있지 않았으며 최고층의 투쟁의 소용돌이 속으로 어쩔 수 없이 휘말려 들어가지도 않았지만, 집안 내력과 젊은 시절에 품었던 포부로 인해 정치에 흥미를 품은 적이 있고 정치와 관계를 맺기도 했다. 그의 특징은 매우 자각적으로 그것에서 물러났다는 것이다. 왜 그랬을까? 도잠의 시문에는 완적 등과 매우 비슷한 소리가 울리고 있는데, 이것을 그 질문에 대한 답으로 삼을 수 있을 것이다.

촘촘한 그물이 만들어지자 물고기가 놀라고,
커다란 새그물이 만들어지자 새들이 놀라네.
저 달인達人은 잘 깨달아,
녹봉으로부터 달아나 고향으로 돌아가 농사짓네.[126]

옛날에 공명을 좇던 사나이들,
강개하여 이곳에서 다투었다.
어느새 백년이 흘러,
함께 북망산으로 돌아갔다.
(…)
영화는 참으로 귀하게 여길 만하나,
또한 가련하고 슬프구나.[127]

나뭇가지 비로소 무성해지려는데,
느닷없이 산하가 바뀌고 말았구나.
줄기와 잎은 저절로 꺾이고,

뿌리와 그루터기는 푸른 바다 위로 떠오르네.

(…)

애초에 고원에 심지 않았으니,

이제 후회해야 무슨 소용이랴.[128]

이상에는 모두 정치적 내용이 담겨 있다. 신분·지위·상황·처지가 달랐기 때문에 도잠의 감개는 완적처럼 날카롭고 무거울 수는 없었지만, 정치적 이유는 도잠이 "참으로 귀하게 여길" 만한 '영화'로부터 도피해 차라리 전원으로 돌아가도록 만든 근본적 원인이었다.

도잠은 상층사회의 정치에서 결연하게 물러나, 농촌생활에서의 음주·독서·시작에서 정신의 위안을 찾았다. 후기 봉건사회 사대부들이 인생과 사회에 대해 느꼈던 공허감이 그에게는 없었다. 도리어 그는 인생·생활·사회에 큰 흥미를 지니고 있었다. 또한 그는 후기 봉건사회 사대부들처럼 선종禪宗을 믿거나 어떤 투철한 깨달음을 바라지 않았으며, 오히려 생사 문제와 인생무상에 지극히 집착하고 관심을 가졌다. 그는 '고시십구수'처럼 인생을 개탄했다. "인생이란 환영과 같아서, 결국엔 텅 빈 무無로 돌아간다."[129] "지금 내가 즐기지 않는다면, 내년은 어찌될지 모른다네."[130] 도잠이 천사도天師道[131]를 믿었다 하더라도 실제로는 무신론과 회의론의 입장을 취했고 많은 의문을 제기했다.

백이伯夷는 늙을 때까지 오래도록 굶주렸으며,

안회는 일찍 죽었고 또 가난했다네.

(…)

비록 배우기를 좋아하고 의를 행했지만,

죽고 사는 것이 어찌도 그리 고생스러웠던가.

덕에 대한 보답이 이와 같음에 회의가 들고,
이 말[132]이 헛된말일까 두렵구나.[133]

결론적으로 도잠은 이렇게 생각했다. "푸른 하늘은 아득히 멀고, 인간사는 끝이 없다네. 깨달을 수 있는 것도 있고 아리송한 것도 있으니, 누가 그 이치를 헤아릴 수 있으리."[134] 이러한 회의주의자의 세계관과 인생관은 완적이 지닌 것이기도 하다.

영화와 명예도 나에게 보배가 아니거늘,
가무와 여색에 어찌 즐거워하리오.
약초 캐려다가 허무하게 돌아오니,
신선이 되고자 하는 뜻은 이루어질 수 없다네.
이런 현실에 내몰리면 정말로 당혹스러우니,
오래도록 주저할 수밖에.[135]

위·진 명사들은 노장사상에 대한 고담준론을 펼쳤다 할지라도 실제로는 "죽음과 삶이 하나라는 말이 허황되고 장수와 요절이 같다는 말도 함부로 지어낸 것임"을 알고 있었다. 노장사상(무신론)은 결코 그들의 진정한 신앙이 될 수 없었고, 그들의 정신에서는 인생의 수수께끼가 해소되거나 해답을 얻어낼 수 없었다. 따라서 앞에서 말했던, 인생무상 및 생명의 촉박함에 대한 개탄은 '고시십구수'에서부터 도잠에 이르기까지 후한 말에서 진·송까지 내내 유행했으며, 제齊·양梁 이후 불교가 흥성하여 대다수 사람들이 불교에 귀의하게 되었을 즈음에야 비로소 그 의문이 해결되었던 듯하다.

완적과 마찬가지로 도잠이 선택한 것은 일종의 정치적 도피였다. 그런데 오로지 도잠만이 그러한 도피를 진정으로 실천했다. 차라리 전원으로 돌아가 농사를 지으면서, 공명과 재물과 벼슬을 멸시했다.

차라리 곤궁함을 지키며 마음의 만족을 얻을 것이니,
뜻을 굽혀 스스로를 옭아매지 않는다네.
높은 벼슬은 이미 영화롭지 않으니,
보잘것없는 솜옷을 어찌 부끄러워하리.
진실로 깨달아 나의 본성을 지키기로 했으니,
기쁘게 돌아간다네.[136]

외재적인 관직·영화·공명·학문이 아닌, 내재적인 인격 그리고 자신의 뜻을 굽혀 스스로를 옭아매지 않는 삶이야말로 정확한 인생길이었다. 따라서 오직 도잠만이 생활의 기쁨과 마음의 위안을 위한 비교적 현실적인 길을 찾았다고 할 수 있을 것이다. 인생에 대한 개탄이든 정치에 대한 근심이든, 자연과 전원생활에 대한 소박한 애착 속에서 안식을 얻었던 것이다. 도잠은 전원에서의 노동 속에서, 자신이 최종적으로 돌아가 의지할 곳을 찾아냈다. 그는 '고시십구수'로부터 시작된 인간의 각성을, 동시대인을 훨씬 뛰어넘는 높은 단계로 끌어올렸으며 또한 보다 깊이 있는 인생 태도와 정신의 경지를 추구하는 높은 단계로까지 끌어올렸다. 이로써 자연의 경치는 그의 묘사를 통해, 더 이상 철학적 사변 내지 감상용 대상물이 아니라 시인의 생활과 흥취의 일부분이 되었다.

잔뜩 모여 멈춰 있는 구름,
가늘게 내리는 계절 비.[137]

귀 기울여도 아주 작은 소리조차 없고,
눈앞은 하얗고 하얗구나.[138]

너른 밭엔 멀리서 바람이 이리 저리 불어오고,
좋은 싹도 생기를 머금었구나.[139]

봄비, 겨울 눈, 드넓은 평야 등 온갖 평범하고 매우 일반적인 풍경이 여기서는 모두 생명과 정으로 가득하고, 너무나 자연스럽고 소박하게 표현되어 있다. 사영운 등과는 아주 달리, 도잠의 시에서는 산수와 초목이 더 이상 생명 없는 물건이 아니라 깊은 정감을 지니고 있으며, 화려하지 않고 수수하면서도 생기가 넘친다.

가물가물 멀리 인가들이 보이고,
모락모락 마을에선 밥 짓는 연기 피어오르네.
개는 깊숙한 골목에서 짖어대고,
닭은 뽕나무 꼭대기에서 울어대네.
마당에는 세속의 번잡함이 없고,
빈 방은 한가롭기만 하네.
오래도록 새장 속에 있다가,
다시 자연으로 되돌아왔다네.[140]

자주 마을 외진 곳으로 들어가,
풀덤불을 헤치며 함께 오고가네.
서로 만나면 잡담은 없고,
오로지 뽕과 삼이 자라는 것만 말한다네.

뽕과 삼은 날이 갈수록 자라고,
내 땅도 날이 갈수록 넓어지네.
늘 걱정하는 건 서리나 싸라기눈이 내려서,
초개처럼 시들어 떨어지는 것이라네.[141]

남산 아래에 콩을 심었는데,
풀은 무성하고 콩 싹은 드물구나.
새벽에 일어나 잡초를 제거하고,
달과 더불어 호미 메고 돌아온다네.
길은 좁고 초목은 우거진데,
저녁 이슬이 옷을 적시네.
옷이 젖는 거야 안타까울 것 없으니,
다만 나의 뜻에 어긋남이 없기를 바랄 뿐.[142]

이것은 진실하고 평범하며 따라잡을 수 없는 미美다. 객관적으로 자연을 묘사한 듯 보이지만, 고도로 자각적인 인간의 주관적 품격을 통해서만이 다다를 수 있는 것이다.

도잠과 완적은 위·진시대의 완전히 다른 두 종류의 예술적 경지를 창조했다. 하나는 인간사에 초연하여[143] 평담하고 온화했으며, 다른 하나는 울분에 가득해 강개하고 감정적이었다. 이것들은 깊이 있는 형태로써 위진풍도를 표현했다. 이렇게 말해야 할 것이다. 건안칠자建安七子, 하안, 왕필, 유곤, 곽박, 이왕[왕희지·왕헌지], 안[안연지顔延之]·사(사영운), 이들이 아닌 도잠과 완적 이 두 사람이야말로 진정으로 위진풍도의 가장 뛰어난 대표라고 말이다.

제6장

붓다의 얼굴

古陽洞

룽먼 석굴의 구양둥古陽洞, 북위.

1

비참한 세계

종교는 대단히 복잡한 현상이다. 그것은 한편으로는 허황한 행복 속에서 인간을 기만하고 마비시킨다. 다른 한편으로 특정 역사시기에서는 많은 인민들이 제정신을 잃고 미친 듯이 그것을 들이마셨는데, 이는 항상 현실의 고난에 대한 항의 내지 도피였다. 종교예술도 마찬가지다. 일반적으로 종교예술은 무엇보다도 먼저 특정 시대 특정 계급의 종교 선전물이다. 그것은 신앙과 숭배이지, 단순한 감상의 대상이 아니었다. 그것의 미적 이상과 심미 형식은 종교 내용에 이바지하기 위한 것이었다.

중국에서 고대로부터 전해 내려온 것[종교예술]은 주로 불교의 석굴예술이다. 불교가 중국에 널리 전파되어 유행하고 문벌 지주계급의 의식형태가 되어 전체 사회에서 지배적인 지위를 차지하게 된 때는, 전란이 잦았던 남북조시대다. 북위北魏와 남조 양梁나라에서 연이어 불교를 국교로 정식 선포했는데[1], 이는 불교의 지배를 법률적으로 상징하는 것이다. 불교는 수隋·당唐을 거쳐 극성기에 이르렀으며, 중국화한 선종이라는 교파를 낳은 뒤에 점차 쇠망의 길을 걸었다. 불교의 석굴예술 역시 이러한 시대의 변천, 계급의 성쇠, 현실생활의 발전에 따라 변화했다. 그것[불교의 석굴예술]은 중국 민족이 불교를 수용한 이래 불교를 개조·소화하고 최종적으로 불교에서 벗어나기까지를 자신의 형상形象 방식으로써 반영하고 있다. 뚜렷한 이성주의와 역사주의를 지닌 화하華夏 전통이 마침내 반이성적인 신비의 광적 도취와 싸워 승리를 거두었는데, 이는 중요하고 심각한 사상의식의 노정이다.

따라서 마찬가지로 비할 데 없이 커다란 불상이나 오색찬란한 벽화라 할지라도, 각각의 불상과 벽화가 담고 있는 인간 세상의 내용은 결코 같지 않다. 둔황敦煌 벽화를 주요 예증으로 삼아서 말하자면, 북위·수·당(초당初唐·성당盛唐·중당中唐·만당晚唐)·오대五代·송 등 각각의 시대마다 서로 다른 신의 세계가 있었음을 뚜렷이 볼 수가 있다. 제재와 주제가 다를 뿐만 아니라 면모와 풍도 역시 다르다. 종교는 결국 현실의 마약일 뿐이며, 하늘도 결국은 인간 세상의 투영이다. 다음에서는 석굴예술을 (1) 위 (2)당 전기 (3)당 후기·오대·송의 세 시기와 유형으로 나누어서 살펴보기로 한다.

윈강雲崗·둔황·맥적산麥積山을 불문하고 중국 최초의 석굴예술[2]은 북위의 석굴을 꼽아야 할 것이다. 인도에서 전해진 불전佛傳과 불본생佛本生 등 인도의 제재가 이들 동굴 벽화의 화면을 차지했다. 그중에서도 할육무합割肉貿鴿[자신의 살을 베어내 비둘기의 생명과 바꾸다], 사신사호捨身飼虎[스스로 몸을 던져 호랑이의 먹이가 되다], 보시를 좋아하는 수달나須達拏[3], 강도 500명의 눈이 도려내진 이야기 등이 가장 보편적이다.

'할육무합'은 이른바 '시비왕尸毗王 본생담本生譚'으로, "시비왕은 지금의 불신佛身이다."[4] 즉 할육무합은 석가모니가 성불하기 전에 이 세상에서 살면서 겪었던 수많은 이야기 가운데 하나다. 이야기는 대략 다음과 같다.

윈강 석굴 외부 정경, 북위, 산둥 성 다퉁大同, 동서 길이 1킬로미터에 달하며
53개의 주요 동굴이 있고 5만1000개의 크고 작은 불상이 있다.

비둘기 한 마리가 굶주린 매에게 쫓겨 시비왕의 품속으로 들어와 숨으며 구해주길 간청했다. 시비왕이 독수리에게 말했다. "이 비둘기를 잡아먹지 말거라." 그러자 매가 말했다. "나는 고기를 먹지 못하면 굶어 죽는다. 당신은 어째서 나를 불쌍히 여기지 않는가?" 그러자 시비왕은 저울 한쪽에는 비둘기를 놓고 다른 쪽에는 비둘기의 무게에 상당하도록 자신의 넓적다리에서 베어낸 살을 올려놓았다. 자신의 피와 살로 비둘기의 생명을 대신하고자 한 것이다. 그런데 기이하게도 다리와 팔의 살을 전부 베어냈는데도 여전히 비둘기의 무게에 미치지 않았다. 시비왕은 모든 기력을 다해 전신을 저울에 던졌다. 자신의 생명과 모든 것으로써 비둘기의 생명을 대신하고자 했던 것이다. 결국 땅이 진동하더니 매와 비둘기가 사라졌다. 알고 보니, 이는 신이 그를 시험한 것이었다.

일반적으로 '할육무합' 이야기를 다룬 벽화에서 선택한 장면은 대부분 살을 베어내는 장면이다. 부처의 전생이라는 시비왕이 책상다리를 하고서 정좌하고 있다. 그는 몸집이 크고 고개를 옆으로 살짝 돌리고 있으며 눈은 아래를 보고 있다. 침착하고 차분하며 조금의 두려움도 없이 자신의 피와 살로 비둘기의 생명과 바꾸고자 결심하고 있다. 한손은 가슴 앞으로 들어 올리고, 다른 손의 손바닥에는 매에게 쫓겨 그에게 구원을 청하는 비둘기가 있다. 그 아래에는 왜소하고 매우 흉악하게 생긴 망나니가 시비왕의 넓적다리 살을 베어내면서 선혈이 뚝뚝 떨어지고 있다. 주위에는 두려워하는 사람, 슬퍼하는 사람, 감탄하는 사람 등 다양한 표정의 인물들이 배치되어 있다. 시비왕의 곁에는 표표히 떠 있는 보살이 날면서 춤추고 있는데, 마치 음악의 하모니처럼 유창하고 강렬한 음향이 이 장엄한 주제를 부각시키고 있는 듯하다. 화면 전체가 육체의 극단적인 고통을 통해 마음의 평온과 숭고를 돋보이게 한다.

'사신사호'는 부처의 또 다른 본생담으로, 내용은 다음과 같다.

> 마하국摩訶國[5]의 세 왕자가 함께 나가 놀다가, 산의 바위 아래에서 숨이 곧 넘어갈 듯 굶주려서 바싹 마른 어미 호랑이를 둘러싸고 있는 갓 태어난 새끼호랑이 일곱 마리를 보았다. 막내 왕자[6]가 자신을 희생해 굶주린 호랑이를 구하길 발원發願했다. 그는 두 형을 서둘러 돌아가게 한 뒤 호랑이 앞으로 몸을 던졌다. 그런데 호랑이는 그를 잡아먹을 기력조차 없었다. 그러자 그는 자신의 몸을 찔러 피가 나오게 한 뒤에 다시 높은 바위에서 뛰어내려 호랑이 곁으로 떨어졌다. 굶주린 호랑이는 왕자의 몸에서 흘러나온 피를 핥아먹고 기력을 되찾은 뒤 그를 잡아먹었다. 남은 것은 뼈와 머리카락뿐이었다. 두 형이 그를 찾으러 되돌아왔을 때 본 것은 잔해와 핏자국뿐이었다. 그들은 슬피 울면서 부모에게 알렸다. 마침내 그곳에 보탑寶塔을 세웠다.

벽화는 한 폭 내지 장폭의 연속 장면을 통해 이야기의 각 부분을 표현하고 있다. 산의 바위 아래에 갓 태어난 일곱 마리의 새끼 호랑이가 숨이 곧 넘어갈 듯 굶주린 어미 호랑이를 둘러싸고 있는 장면, 막내 왕자가 높은 바위에서 뛰어내려 호랑이 곁으로 떨어지는 장면, 굶주린 호랑이가 왕자를 핥아먹는 장면, 부모가 슬피 우는 장면, 보탑을 세우는 장면. 이 가운데 가장 두드러지는 것은 스스로 몸을 던져 호랑이의 먹이가 되는 장면이다. 이야기와 장면이 '할육무합'보다 더 음산하고 처참한데, 그 의도는 바로 갈수록 비참해지는 고난 속에서 영혼의 선량함과 아름다움을 부각시키고자 함이다.

사실, 호랑이가 무슨 불쌍히 여길 만한 게 있단 말인가? 그런데도 기

벽화, 「할육무합」, 북위, 간쑤 성 둔황.

벽화, 「사신사호」(부분), 북위, 간쑤 성 둔황.

어코 자신의 생명과 모든 것을 스스로 다 바치고자 한다. 그렇다면 인간 세상의 일반적인 희생은 말할 것도 없다. 왕자와 국왕마저도 이렇게 '자아를 희생'한다면, 일반 백성은 말할 것도 없는 것이다. 이는 통치자의 자기 위안이자 기만이며, 그들이 인간 세상에 뿌리는 아편과 마약이기도 하다. 이는 전형적인 반이성적 종교의 광적 도취로, 그 예술적 톤은 흥분·열광·긴장·거침이다. 오늘날 우리는 일찌감치 퇴색하여 그 본모습을 잃어버린 벽화의 어렴풋이 알아볼 수 있는 대체적인 윤곽을 통해, 뜨겁고 광적인 자극적 분위기와 정조情調를 지금도 여전히 느낄 수 있다. 야외 산속의 황량한 환경, 활기차게 움직이는 인간과 짐승의 형상, 제멋대로 내달리는 선의 선율, 동적인 형체의 자태 등이 광적 도취라는 예술 주제 및 제재를 성공적으로 과장하고 부각시켰다. 이는 북위 벽화의 기본적인 미학 특징을 구성하고 있다. 헤겔은 유럽 중세기의 종교예술에 대해 논하길, 그것은 고통 및 고통에 대한 의식과 감각을 진정한 목적으로 삼은 것으로, 고통 속에서야말로 포기한 것의 가치와 그것에 대한 자신의 사랑을 더욱 의식하게 된다고 여기며 자신의 이러한 포기를 오래도록 끊임없이 지켜볼수록 이러한 시련이 자신의 심령의 풍부함을 강화해준다는 것을 더욱 느끼게 된다고 했다.[7] 헤겔의 이 말은 '사신사호' 이야기에 완전히 부합한다.

보시를 좋아하는 수달나 이야기는 다음과 같다.

> 수달나 태자는 성품이 보시하길 좋아해, 그에게 요청하면 뭐든지 들어주었다. 그가 국보인 흰 코끼리를 적국에게 주는 바람에 국왕이 크게 노하여 그를 나라 밖으로 내쫓았다. 그는 아내와 자식 둘을 데리고 넷이서 마차를 타고 산으로 들어갔다. 얼마 가지 않아서 두 사람이 나타나 말을 달라고 하자 태자가 그들에게 말을 주었다. 또 얼마 가지 않

아서 어떤 사람이 수레를 달라고 하자 주었다. 그와 아내는 각자 아이를 한 명씩 안고서 앞으로 나아갔다. 그런데 또 어떤 사람이 나타나서 옷을 달라고 하자 그는 옷을 주었다. 말과 수레와 옷과 재물을 모두 남에게 주고 산 중턱에 이르렀다. 얼마 뒤에 또 어떤 사람이 뭔가를 달라고 하자 두 아이는 아버지가 자신들을 내줄까봐 얼른 숨었다. 하지만 태자는 떨고 있는 두 아이를 찾아내 줄로 묶어서 구걸한 이에게 보냈다. 아이들이 부모 곁을 떠나지 않으려고 하자, 구걸하여 아이들을 넘겨받은 이는 피가 나도록 아이들을 채찍질했다. 태자는 괴로워서 눈물을 흘리면서도 결국 아이들이 끌려가도록 함으로써 자신의 보시를 실현했다.

강도 500명의 눈이 도려내진 이야기는 다음과 같다.

500명의 강도가 반란을 일으켜 관병과 싸우다가 사로잡혀 두 눈이 도려내지는 중형에 처해졌다. 그들은 산속에서 땅이 울리도록 목 놓아 울면서 너무나 고통스러워했다. 부처가 약으로 눈을 다시 밝혀주자 그들 모두 불법에 귀의했다.

이상의 이야기는 살을 베어내거나 스스로 호랑이의 먹이가 되는 이야기보다 더 직접적으로 현실의 인간 세상을 묘사하긴 했지만, 사실을 심하게 왜곡시킨 것이다. 재산과 옷을 깡그리 약탈당하고 친자식이 묶여서 끌려가고, 반란을 일으켰다가 처형을 당하는 일은 그 당시 많은 사람들이 자주 보고 몸소 겪은 진실한 상황이자 생활이 아니겠는가? 그럼에도 고통을 참고 자아를 희생하며 슬프고 억울하더라도 분노하거나 반항하지 않음으로써 누세累世의 고행을 통한 성불과 맞바꾸라고 선양하는 데

이 이야기를 이용하고 있다.

하지만 구체적인 형상은 추상적인 교의보다 뛰어나게 마련이다. 생생하게 핏방울이 뚝뚝 떨어지는 살을 베어내는 장면, 스스로 호랑이의 먹이가 되는 장면, 자식을 '보시'하는 장면, 반란을 일으켰다가 눈이 도려내지는 장면, 이러한 예술 장면 자체는 인지상정에 맞지 않을 정도로 비참하고 잔혹하다. 이것은 그 당시의 압박과 착취에 대한 무언의 항의를 느끼도록 해주는 것이 아니겠는가?

종교 속의 고난은, 현실의 고난의 표현이자 현실의 고난에 대한 신음이기도 하다. 종교는 압박받는 이들의 탄식이며 무정한 세계의 정감이다. 당시의 현실은 한 제국의 와해에서 당나라의 통일에 이르기까지 400년 동안 비록 짧은 동안의 평화와 국지적인 안정(예를 들면, 서진西晉·부진符秦·북위 당시에는 창안長安과 뤄양洛陽이 한동안 번성하기도 했다)이 있긴 했지만, 사회 전체적으로 말하자면 끊임없는 전쟁·기근·질병·동란 속에 장기간 처해 있었다. 계급과 민족의 압박 및 착취는 지극히 잔혹하고 야만적인 원시적 형태를 취하고 있었으며, 대규모의 학살이 일상화되었다. 계급 간, 민족 간, 통지집단 간, 황실 종족宗族 간의 반복적이고 일상적인 살육과 섬멸이 이 역사시기에 만연했다. 일찍이 건안 시기에는 "백골이 온 들판에 뒹굴고, 천리에 닭 울음소리가 없었다."[8](조조의 시) 서진의 팔왕八王의 난은 사회에 보다 큰 동란이 일어날 서막을 열었다. 이때 이후로 다음과 같은 상황이 늘 벌어졌다.

- 백골이 온 들판을 뒤덮고, 백에 하나도 살아남지 못했다.[9](『진서晉書』「가필전賈疋傳」)
- 도로는 끊기고, 천리에 밥 짓는 연기가 없었다.[10](『진서』「부견재기符堅載記」)

- 일신에 재앙이 닥치고 집안이 파멸되었으며, 집집마다 문을 닫았다.[11](『송서宋書』「사영운전謝靈運傳」)
- 굶어죽은 시신이 길에 나뒹굴어도, 거두거나 아는 체하는 사람이 아무도 없었다.[12](『위서魏書』「고조기高祖紀」)

이러한 상황은 역사에 수도 없이 기록되어 있다. 중원에서는 16국이 잇달아 일어났고 전란이 그치지 않았으며 살육은 잔혹했다. 장강長江 하류에 있던 동진東晉과 남조에서도 군벌의 교체, 황족의 잔인한 살육, 왕조의 빈번한 교체가 있었다. 한동안 권세를 떨쳤던 황실 귀족도 남북조 시대에는 순식간에 사라져 시신이 되거나 노예로 전락했다. 하층 백성들의 끝없는 고난은 더 말할 것도 없었다. 그들은 병역과 수탈을 피하기 위해서 집과 자식까지 버리고 가사를 걸칠 수밖에 없었다. "승려가 되길 거짓으로 바라면서 실제로는 조세와 병역을 피했다."[13](『위서』「석로지釋老志」)

아무튼 현실의 삶은 이처럼 비참하고 고통스러웠으며, 생명은 아침이슬과 같았고, 자신과 집안을 전혀 책임질 수 없었으며, 운명은 종잡을 수 없었고, 삶은 미련을 둘 만한 게 없었다. 인생은 슬픔·비통·공포·희생으로 가득했고, 만사에 '공평'과 '합리' 같은 건 전혀 없으며 정상적인 인과 및 법칙 역시 전혀 작동하지 않는 듯했다. 선한 사람이 악보惡報를 받고 악인이 우위를 차지했다. 자신과 집안을 지키지도 못하며 평생토록 고생만 했다. 어떻게 이럴 수 있는가? 왜 이래야만 하는가? 이는 이성으로 답할 수 있는 게 아닌 듯했다. 유가의 공자와 맹자 혹은 도가의 노자와 장자로 설명할 수 있는 것도 아니었다. 이렇게 해서 불교가 사람들의 마음속으로 들어왔다. 현실세계가 전혀 공평하고 합리적인 구석이 없는 바에야, 인과응보를 윤회에 기탁하고 합리성을 '내세'와 '천국'에 기탁하게 된 것이다.

경에 이르기를 업業에는 세 가지 보報가 있다고 했으니, 첫째는 현보現報이고 둘째는 생보生報이고 셋째는 후보後報다. 현보는, 선악이 이 몸에서 시작하여 고락 역시 현생의 이 몸에서 받게 되는 보이다. 생보라는 것은, 다음 생의 몸에서 받게 되는 보이다. 후보라는 것은, 이생 혹은 삼생 혹은 백생·천생·만생 후에 받게 되는 보이다.[14](『광홍명집廣弘明集』「도안이교론道安二敎論」)

그 당시 극도로 잔혹하고 야만스러운 전쟁의 동란과 사회의 압박 속에서, 종교 이야기를 담은 그림 앞에 꿇어 엎드리거나 단정히 앉은 미미한 인간들이 얼마나 열광하고 흥분하며 얼마나 복잡한 느낌과 정서에 젖어 자신의 영혼을 깨끗이 씻고자 했을지 상상할 수 있을 것이다. 수많은 승려와 불교도의 좌선입정坐禪入定은 실제로 너무나 고통스럽고 억지스러운 것이었다. 예불禮佛을 드리는 승려와 속인은 종교 석굴을 현실생활의 꽃밭 내지 인간 세상의 고난의 성지로 간주했다. 그리고 일체의 아름다운 소망, 무수한 슬픈 탄식, 위안의 종이꽃, 부드러운 꿈나라를 죄다 그곳에 맡긴 채 현실의 모든 불공평과 불합리를 잊고자 노력할 수밖에 없었다. 이로써 더욱 비굴하고 순종적으로 변하여 외부의 압력을 참고 견디며, '자아희생'을 통해 신의 은총을 획득하고자 했다.

이러한 시대가 일찌감치 지나가버린 오늘날 우리는 마치 참담하고 슬픈 옛 시를 읊거나 고난으로 가득한 소설을 읽듯이, 미학 형식을 통해 누적-침전된 역사와 인생을 그 당시 예술작품에서 여전히 느낄 수 있다. 강렬하게 출렁이는 형식에 표현되어 있는 무겁고 음울한 이야기는, 그 당시 사람들을 천국에 귀의하도록 유인하고 선동하고 마취시켰던 그것의 거대한 정감의 힘을 느끼게 해준다.

동굴의 주인은 벽화가 아닌 조소였다. 벽화는 조소를 부각시키기 위한 것일 뿐이었다. 사방의 벽화에 그려진 이야기는 가운데의 불신佛身을 돋보이게 하기 위한 것이었다. 신앙에는 대상이 필요하고, 엎드려 절하려면 형체가 필요하다. 인간의 현실적 지위가 미미할수록 숭배의 대상인 부처의 체구는 더 거대해진다. 이 얼마나 강렬한 예술적 대비인가? 열렬하고 격앙된 벽화 이야기가 부각하고 있는 것은 공교롭게도 매우 평온한 주인[불상]이다. 북위의 조소는 윈강 초기의 위엄과 장중함을 비롯하여 룽먼龍門과 둔황 특히 맥적산 조소의 성숙기에 보이는 수골청상秀骨淸相[15], 긴 얼굴과 가느다란 목, 나풀거리는 복잡한 옷 주름 등에 깃든 생동하는 정신과 초연함은 인간 세상의 속된 기운을 죄다 제거한 듯하다. 이것들은 중국 조소예술의 이상미의 최고봉에 이르렀다.

사람들은 희망·행복·이상을 모두 불상에 집중적으로 기탁했다. 불상은 온갖 잠재적인 정신적 가능성을 포함하고 있는 신으로, 그 내용은 광범위하고 고정되지 않았다. 그것은 인애·자비·관심 등의 표정을 결코 드러내지 않는다. 그것이 나타내는 것은 바로 세상 모든 것에 대한 완전한 초탈이다. 몸이 앞으로 기울어지고 시선이 아래를 내려다보고 있을지라도, 불상은 인간 세상에 결코 관심을 갖거나 마음이 동요하지 않는다. 오히려 그것은 인간 세상의 현실에 대한 경시와 냉담 및 모든 것을 통찰하는 예지叡智의 미소를 특징으로 삼는다. 그것은 두렵고 음침하고 피가 흥건한 사방 벽화의 비참한 세계 속에서, 자신의 평온함과 초연함과 표일함을 드러낸다. 육체가 박해를 받을수록 영혼은 더욱 풍만해지고, 신체가 수척해질수록 정신은 더욱 탁월해지고, 현실이 비참할수록 신의 모습은 더욱 아름다워지고, 인간 세상이 어리석고 저열할수록 신의 미소는 더욱 지혜롭고 초연한 듯하다. 거대하고 지혜롭고 초연한 신상 앞에 개미 같은 생명들이 엎드려 있다. 개미 같은 미미한 생명들이 뜻밖에도 이처럼 거대하고 영원한 '공평한' 주재자를 건립했는데, 이는 현실의 심한 고난에 대한 속수무책의 강렬한 정서를 투사하고 있는 것이다.

이 불상들은 형체·표정·용모·풍모에 대한 그 당시의 이상이 응결된 것이다. 신상을 향해 똑같이 기도한다 할지라도, 서로 다른 계급의 고난은 결국 다를 수밖에 없으며 부처에 대한 간구와 동경 역시 결코 같을 수 없다. 양나라 무제武帝가 불문佛門에 들어가자 그를 데려오기 위해 지불한 거금과 하층 백성들의 '자식과 아내를 판 돈賣兒貼婦錢'은, 마찬가지로 거대한 불상을 향해 내놓은 것이라 할지라도 양자의 목적에는 본질적인 차이가 존재한다. 압박받는 이가 불상 앞에 꿇어 엎드리는 것은 고난을 없애고 내세의 행복을 기원하기 위해서였다. 한편 통치자는 불상 앞에 꿇어 엎드리면서, 자신이 신의 발아래에 꿇어 엎드리는 것처럼 인민들이 자신의 발아래에 꿇어 엎드리기를 요구했다. 통치자는 자신의 화신인 신이 천상을 통치한다고 상상한 것처럼 자신이 신의 화신으로서 인간 세상을 영원히 통치하고자 했다. 윈강 불상의 용모는 공교롭게도 지상의 군주를 그대로 묘사했는데, 이는 결코 우연이 아니다. 심지어 얼굴과 발 위의 검은 점까지 일치한다. "이 해에 담당 관리에게 석상을 만들라는 조서가 내려졌는데, 제왕처럼 만들라고 명했다. 다 만들어진 뒤에 얼굴과 발에 각각 검은 돌이 있었는데, 제왕의 몸 위아래에 있는 검은 점을 본뜬 것이다."[16](『위서』「석로지」)

그 당시의 불상 조소 가운데 어떤 것들은 문벌사족 귀족의 심미적 이상을 보다 완전하게 구현하고 있다. 병든 상태의 수척한 몸, 말로 표현할 수 없는 의미심장한 미소, 철리哲理를 통찰하고 있는 지혜로운 표정, 세속에서 벗어난 대담한 풍모 등은 모두 위·진시대 이래로 문벌사족계급이 추구하고 동경해온 미의 최고 기준이다. 제5장에서 설명했듯이『세설신어』는 많은 말과 일화를 묘사하고 있는데, 그 목적은 모두 이상의 이상적 인격을 선양하고 수립하는 것이었다. 지혜로운 마음과 탈속적인 풍모

불상, 북위, 허난 성 궁鞏 현 석굴.

는 그중에서 가장 중요한 두 요소였다. 불교가 전파되어 지배적 지위를 차지하는 의식형태가 된 이후로, 통치계급은 조소를 통해 그들의 이상적 인격을 표현했다. 신앙과 사변의 결합은 원래 남조 불교의 특징으로, 사변 가능한 신앙과 신앙할 만한 사변은 남조 문벌귀족 사대부에게 마음의 안식과 고뇌에서의 해탈을 위한 최선의 선택이 되었으며, 학식이 풍부하고 깊이 생각하는 이들 사대부에게 정신적 만족을 주었다.

이는 전체 예술 영역과 불상 조소(예를 들면 선관禪觀하며 의심을 풀고자 하는決疑 미륵)에 표현되었다. 사혁이 『고화품록』에서 제1품으로 손꼽은 육탐미의 그림은 "빼어난 골격에 맑은 모습秀骨淸相이 생동감을 느끼게 하고 신을 대하듯 조심스럽게 만드는"[17] 것이 특징이다. 고개지 역시 "형태의 묘사가 새기고 깎은 듯 날카로우며"[18] "병든 것처럼 수척한 용모에 깨달음을 얻어 말을 잊은 듯한 모습"[19]을 묘사한 것으로 유명하다.

북방의 실력과 군대의 위력이 남조를 능가했지만, [북조 역시] 남조 문화를 중국의 정통으로 줄곧 인식했다. 습착치習鑿齒(동진)와 왕숙王肅(송·제)으로부터 왕포王褒와 유신庾信(진陳)에 이르기까지, 수백 년 동안 남쪽의 사대부들이 북쪽으로 들어간 뒤 더욱 존경을 받았다는 기록이 상당히 많다. 북제北齊의 고환高歡이 강동江東 지역에 대해, "오로지 의관과 예악에 힘쓰니[20], 중원의 사대부들이 이를 우러러보며 정삭正朔이 있는 곳이라 생각했다"[21](『북제서』「두필전杜弼傳」)고 한 것은 남조를 문화의 정통이자 배워야 할 본보기로 생각했음을 말해준다. 그러므로 강남 화가와 북방 조각가의 예술 풍격과 작품 면모가 매우 일치하는 것은 이상할 게 없다. 오늘날 전해지는 불교예술은 모두 북방의 석굴에 있지만 그것들이 대표하는 것은 그 시대 중국 전체의 정신 풍모다.

인도의 불교예술은 중국에 들어온 이후로 끊임없이 중국화되었다. 키스, 비튼 허리, 돌출된 젖가슴, 성적 자극, 과도한 동작과 자태 등은 완전히 배제되었다. 조소와 벽화의 외적 형식(구조·색·선·장식·도안 등) 역시 모두 중국화되었다. 그중에서도 의혹을 풀어주는 지혜와 사변의 신이었던 조소는 이 시대와 이 사회의 미적 이상을 더욱 집중적으로 구현하고 있다.

2 허황된 송가

장기간의 분열과 끊임없는 전쟁의 남북조시대와 대조되는 것은 수·당의 통일 및 비교적 오랜 동안의 평화와 안정이다. 이에 부응하여 예술 영역에서는 북주北周와 수나라 때부터 조소의 면모와 형체 및 벽화의 제재와 풍격이 뚜렷하게 변화하기 시작해, 초당 시기에 지속적으로 발전했다. 그리고 성당 시기가 되어 확립·성숙하면서, 북위의 비참한 세계와 대조를 이루는 새로운 미의 전형이 형성되었다.

먼저 조소에 대해 알아보자. 빼어난 골격에 맑은 모습, 부드럽고 초연한 모습은 현저히 사라졌다. 수대 조소의 네모난 얼굴에 커다란 귀, 짧은 목에 우람한 체격, 소박함과 둔함 등은 과도기적 특징이다. 당대에 이르러서는 건강하고 풍만한 형태가 나타났다. 세속을 초월하며 말로는 형용할 수 없는 지혜 및 정신성과 달리, 당대의 조소는 보다 많은 인간미와 친근감을 나타낸다. 불상은 보다 자상하고 상냥하게 변하여 현세에 관심을 갖고 인간 세상에 가까이 가서 사람들을 도와주길 간절히 바라는 듯하다. 그것은 세상사를 초탈해 홀로 만족하며 도달할 수 없이 높은 곳에 있는 사변적 신령이 아니라, 세상사를 관할하고 인간이 도움을 갈구하는 권위의 주재자가 되었다.

당대의 동굴에는 초가집이나 땅굴의 잔재가 남아 있지 않다. 그것은 쾌적한 방이었다. 보살은 더 이상 앞쪽으로 기울어져 있지 않고 편안히 앉거나 서 있다. 보다 중요한 것은, 개괄성이 극대화되고 의미를 종잡을 수 없으며 분화가 명확하지 않은 삼불三佛 혹은 일불 이보살一佛二菩薩이 아니라, 분업이 보다 확실하고 제각기 다른 직능을 지니고 있으며 지위 역시 매우 명확한 하나의 불상 혹은 한 세트의 보살이 나타났다는 것이다. 여기에는 각종 통치 기능 및 직책과 상응하는 표정·얼굴·자태·용모가 이전보다 훨씬 더 명확한 형태로 표현되어 있다. 본존本尊의 엄숙함과 자상함, 아난阿難의 소박함과 온순함, 가섭伽葉의 신중함과 진지함, 보살의 차분하고 진중함, 천왕天王의 위풍당당함과 강건함, 역사力士의 흉맹함과 거침. 어떤 것은 힘을 나타내고, 어떤 것은 인자함을 나타낸다. 어떤 것은 경건의 본보기로서 천진스러움을 드러내고, 어떤 것은 신뢰할 만한 인도자로서 온갖 일을 겪은 노련함과 침착함을 드러낸다. 이렇게 형상은 보다 구체화·세속화되었다. 정신성은 약화되고 이상은 더욱 분화되어, 너무 많은 의미를 담고 있어서 종잡을 수 없는 신비한 미소가 더 이상 아니었다.

이는 물론 보다 중국화된 것으로, 유가사상이 불당에 스며든 것이다. 유럽과 달리, 중국에서는 종교가 정치에 종속되었고 정치에 복종했다. 불교는 갈수록 봉건시대의 제왕과 관청에 지배되었고, 봉건정치 시스템을 유지하기 위한 의도적 도구가 되었다. "왕정王政의 금지령을 도왔으며 어질고 슬기로운 성품을 더해주었다"[22](『위서』「석로지」)는 것에서부터 "[노쇠하자] 늘 수레를 타고 강론하러 갔다. 이를 본 사람들이 그를 '대머리 관리'라고 불렀다"[23](『고승전高僧傳』「석승혜釋僧慧」)는 것에 이르기까지, 교의에서부터 관등官等에 이르기까지, 불교는 나날이 유가와 합류하며 가

석가의 제자 아난의 신상, 당대, 허난 성 뤄양 룽먼 봉선사奉先寺.

석가의 제자 가섭의 신상, 성당, 둔황 막고굴莫高窟.

대불감 북벽의 천왕, 당대, 높이 10.5미터, 뤄양 룽먼 봉선사.

까워졌다. 승려沙門도 결국 "왕에게 절하고 부모에게 보답해야 했다." "법과法果는 매번 말할 때마다 태조太祖께서는 (…) 바로 현재의 여래如來이시니, 승려들은 마땅히 예를 다해야 한다고 했다."[24](『위서』「석로지」) 불교 내부의 지도자조차도 관봉官俸을 받고 관등을 지녔다.

- 요진姚秦[25]에서부터 승려에게 승정僧正이라는 관직을 주었는데, 관등은 시중侍中에 해당한다. 이것이 바로 공식적으로 [승려에게] 식봉食俸을 주게 된 시초다.[26]
- 승정이라고 말하는 것은 어째서인가? 정正은 정政이다. 스스로를 바르게 하고 남을 바르게 해야 능히 정령을 펼칠 수 있으므로 이렇게 부르는 것이다.[27](『대송승사략大宋僧史略』 권중)

『보부모은중경報父母恩重經』은 당대에 매우 유행하는 경문이 되었다. 남북조 이래로 유·불·도가 서로의 단점을 들추어내며 공격하고 변론한 이후, 당대에는 점차 서로 협조하고 공존하게 되었다. 종교가 정치와 윤리도덕을 위해 힘써야 한다는 유가사상이 마침내 불교 속으로 스며들었다. 불교 각 종파의 우두머리가 궁정을 출입했고, 외지의 승려도 다음과 같이 찬양되었다.

> 이근利根[예리하고 영리한 자질]으로 부처님을 섬기고, 남은 힘으로는 유학에 통달했다. (…) 군신과 부자의 의義를 드높이고 젊은 서생들을 가르쳤다. (…) 마침내 흉악한 자가 공空을 좋아하고 살생을 미워하며, 정의를 위해 용감히 나서는 자가 집안을 잊고 나라를 위해 죽을 수 있도록 하는 데 지대한 도움이 되었다.[28](『두번천집杜樊川集』「둔황 군 승정 혜원을 임단대덕에 제수하는 칙령敦煌郡僧正慧菀除臨壇大德制」)

이는 이미 유가의 요구에 매우 부합한 것이다. 예술에 있어서 당대의 불교 조소에 나타나는, 온유돈후溫柔敦厚하고 세상사에 관심을 기울이는 표정의 미소와 임금은 임금답고 신하는 신하답게 각자의 직분을 지키는 통치 질서는, 종교와 유가의 동화 및 합류를 충분히 말해준다. 이렇게 해서 '채찍' 역할을 하면서 흉맹하고 사람을 놀라게 하며 근육마저 툭 튀어나온 천왕과 역사가 있는 한편, '당근' 역할을 하면서 매우 상냥하고 정다운 보살과 관음도 있고, 마지막으로는 온화하고 너그러운 무위이무불위無爲而無不爲[무위이면서도 하지 못하는 것이 없다]의 본존상이 중앙에 단정히 앉아 있다. 과거·현재·미래의 여러 부처의 위대함 역시 이전의 북위 시기처럼 천편일률적이고 동어반복적인 무수한 작은 천불千佛로 표현되지 않고, 소수의 몇몇 형상의 유기적인 조합의 총체로서 영리하게 표현되었다. 이는 물론 사상(불교 종파를 포함)과 예술의 진일보한 변화이자 발전이다. 여기서의 불당은 작은 규모이지만 모든 부분을 갖추고 있는 천상의 당 왕조이자 봉건적인 중화 불국佛國이다. 당대의 전체 예술은 이에 종속되었고 이를 위해 기능했다. 당대의 조소는, 인간 세상을 떠나 있지 않으면서도 인간 세상 위에 있으며 인간 세상 위에 있으면서도 인간 세상에 접근해 있는 전형적인 특징을 지닌다. 그것은 인간 세상에서 멀리 벗어나 있던 위나라와 다를 뿐만 아니라 그저 인간 세상에서 떠나지 않고만 있던 송나라와도 다르다. 룽먼·둔황·천룽산의 많은 당대의 조소가 모두 이와 같다. 룽먼 봉선사奉先寺의 불상 세트, 특히 10여 미터 높이에 매우 친절하고 감동적인 아름다운 표정을 지닌 본존대불本尊大佛[29]은 중국 고대 조소작품 중의 '아폴론'이다.[30]

벽화의 변화 역시 같은 방향으로 진행되었다. 유마힐維摩詰이 육조시대의 "병든 것처럼 수척한 용모"였던 데서 건장한 노인으로 변한 예와 같이 동일한 제재의 인물형상에 변화가 있었을 뿐만 아니라, 제재와 주

17.14미터 높이의 본존대불, 당대, 룽먼 봉선사.

제 자체도 180도 변했다. "올바름으로 원한을 갚고 덕으로 덕을 갚는다"[31]는 중국의 전통 사상과 본래 맞지 않는, 호랑이에게 자신을 먹이로 내어주고 자신의 살을 베어 비둘기의 생명과 바꾸고 보시를 위해 자식을 버리는 인도에서 전해진 이야기의 잔혹하고 비참한 장면은 마침내 사라졌다. 그 대신 나타난 것은 각종 '정토변淨土變', 즉 온갖 환상이 만들어낸 '극락세계'인 불국의 모습이다. "저 불토佛土는 (…) 유리가 땅을 이루고, 금줄이 길의 경계를 나누며, 궁궐·성루·창문·주렴이 모두 칠보七寶로 이루어져 있다."[32]

이렇게 해서 벽화에 보이는 장면은 바로 다음과 같다. 금과 옥으로 만들어진 고층 건물, 신선이 사는 산의 아름다운 누각, 건물 가득히 현악기가 울리고 종일토록 생황과 퉁소 소리가 들린다. 부처가 연꽃 중앙에 앉아 있고, 그 주위를 성중聖衆이 둘러싸고 있다. 그 앞에서는 악대가 종과 북을 일제히 울리고, 그 뒤로는 채색 구름이 구불구불 피어오르며 비천飛天이 부처에게 꽃을 뿌리며 공양한다. 땅에는 진귀하고 기이한 풀과 꽃이 자라나 오색찬란하고 화려하다. 여기에는 피를 흘리는 희생이 없고, 산림과 황야가 없고, 호랑이나 야생 사슴이 없다. 여기에 넘쳐나는 것은 눈부시게 현란한 색조, 막힘없이 매끄러운 선, 풍만하고 부드러운 구도, 시끌벅적하고 즐거운 분위기다. 옷깃을 나풀거리는 춤의 미가 강렬한 동작의 운동미를 대신했고, 풍만하고 부드러운 여자가 수척하고 초탈한 남자를 대신했으며, 찬란한 화려함이 거친 분방함을 대신했다. 말 역시 깡마르고 강인한 모습에서 비대해졌고, 비천 역시 남자에서 여자로 바뀌었다. 모든 장면·분위기·선율·정조, 복식까지도 이전 시기와 완전히 달라졌다. 북위의 벽화가 비참한 현실과 고통스러운 희생을 묘사함으로써 영혼의 숨통을 열고 정신의 위안을 얻고자 했다면, 수·당의 벽화는 정반대로 기쁨과 행복에 대한 환상으로써 영혼의 만족과 신의 은총을 얻고자 했다.

이야기를 가지고 비교해보면, 시대별 차이가 더욱 뚜렷하다. 당대의 '경변經變'[33]에는 '미생원未生怨'[34] '십육관十六觀'[35] 등에 관한 각종 불경 이야기가 담겨 있다. 그중에서 '악우품惡友品'이 가장 흔한 이야기인데, 내용은 다음과 같다.

> 선우태자善友太子와 악우태자惡友太子가 500명을 이끌고 여의주를 찾으러 먼 곳으로 떠났다. 가는 길이 고생스러워 악우태자는 포기했다. 선우태자는 온갖 곤란과 위험을 겪고서 여의주를 구했는데, 돌아가는 길에 악우태자에게 그것을 빼앗기고 두 눈마저 찔려 장님이 되었다. 눈이 먼 선우태자는 쟁箏을 연주하며 유랑하다가 먼 이국의 왕궁의 정원지기가 되었다. 선우태자가 쟁을 연주하는 소리를 이국의 공주[36]가 듣고 그를 연모하게 되어 부왕의 반대를 무릅쓰고 마침내 그와 혼인했다. 혼인한 뒤 선우태자의 두 눈이 다시 밝아졌다. 선우태자가 조국으로 돌아오자 그를 그리워하다가 두 눈이 먼 그의 부모의 눈도 다시 밝아졌다. 선우태자는 악우태자를 너그럽게 용서해 일가족이 함

「악우품」(부분), 당대, 간쑤 성 둔황 석굴.

께 살게 되었고, 온 나라가 기뻐했다.

이 이야기는 북위의 비참한 이야기와 비교해보면, 취향과 이상이 놀라울 정도로 다르다. 중국식 인정세태를 반영한 이러한 해피엔딩은 조소와 벽화에서 새로운 시대의 정신을 공동으로 구현했다. 예술 취향과 심미 이상의 변화는 예술 자체에 의해 결정되는 것이 결코 아니다. 그것을 결정하는 것은 결국 현실생활이다. 아침에 저녁 일을 보장할 수 없고 사람 목숨이 초개와 같았던 역사시기는 마침내 지나갔다. 상대적으로 안정된 평화의 시대, 번영과 번성의 통일왕조가 되자 변경의 각지에서 부처와 보살에게 간구하는 발원문에도, 내생에 "중국에서 태어나길" 바라는 소망이 담겨 있었다. 사회는 앞을 향해 발전했고, 문벌사족은 내리막길을 향했으며, 신분적 성격이 아닌 세속 관료지주가 갈수록 득세했다. 경

벽화, 「서방정토변」(부분), 당대, 간쑤 성 둔황 석굴.

제·정치·군사·사회 분위기와 심리 정서의 측면에서 새로운 요인과 상황이 나타났다. 그리고 이것이 불교 및 불교예술 속으로 스며들었다.

하층의 삶은 남북조시대처럼 비참하지 않았고, 상층 역시 비교적 안심하고 태평성세를 구가하는 세상의 즐거움에 몰두할 수 있었다. 사회의 구체적인 상황에 변화가 생기자, 불국에 대한 앙모와 종교적 요구에도 변화가 생겼다. 정신을 지배하는 데 있어서 사람을 놀라게 하는 잔혹과 고난은 더 이상 필요치 않게 되었으며, 외관으로 사람을 매혹하는 천당의 행복한 삶이 보다 적절했다. 이렇게 해서 석굴에서 조소와 벽화는 강렬한 대비를 이루는 모순(숭고)이 아닌 상호보완적인 조화(우아미)를 특징으로 삼게 되었다. 당대 벽화의 '경변'이 묘사한 것은 결코 현실세계가 아니며, 황실 궁전과 상층 귀족을 저본으로 삼은 이상적 그림이다. 조소의 부처 역시 현실의 평범한 사람을 모델로 삼은 게 아니라, 삶을 즐기며 풍만한 모습의 상층 귀족을 표본으로 삼았다. 경변과 불상 앞에 꿇어 엎드리는 것은 선망과 추구다. 이는 심리 상태와 심미적 느낌에 있어서, 북위의 본생담과 불상이 사람을 두렵게 만들고 자아를 버리게 했던 것과는 굉장히 다르다. [당대 불교예술에서] 천상과 인간 세상은 상호 대립이 아닌 상호 접근을 특징으로 삼고 있다. 여기서 연주하는 것은, 행복이 깃든 몽상을 통해 사람을 황홀하게 만드는 허황된 송가다.

3

세속을 향하여

선진시대를 논외로 하면, 중국 고대사회에는 세 차례의 거대한 전환이 있었다. 이 전환의 기점은 각각 위·진, 중당 그리고 명대 중기다. 문예 영역과 미적 이상을 포함한 의식형태 전반에 걸쳐, 사회 전환의 변화가 뚜렷하게 표현되어 있다.

중당 사회에 시작된 중요한 변화는, 균전제均田制가 더 이상 실행되지 않고 조租·용庸·조調가 폐지되면서 그 대신 화폐를 납부하게 되었다는 것이다. 남북의 경제가 교류하고 무역이 발달했다. 과거제도가 확립되어, 신분적 성격이 아닌 세속 지주 세력이 크게 증가하여 점차 정권을 장악하거나 정권에 참여했다. 사회적으로는 중상층이 호화·환락·사치·향락을 광범위하게 추구했다. 중국의 봉건사회는 후기를 향하기 시작했다. 북송에 이르러 이 역사적 변화가 완성된다. 둔황의 벽화를 놓고 말하자면, 중당 시기부터 시작된 이 전환은 매우 분명하다.

성당 시기 벽화에 보이는 몸집이 거대한 보살의 행렬은 중당 시기에 사라졌고, '경변'을 과장하는 것이 보다 많아졌다. 인물은 부차적인 것이 되었다. 심혈을 기울여 묘사한 것은 번화하고 복잡한 장면으로, 이것이

벽면 대부분을 차지했다. 만당·오대에 이르면 이는 더욱 두드러지는데, 경변의 종류는 많아진 반면에 신상(인물)은 갈수록 줄어들었다. 색채는 세속적인 아름다움을 띠었고, 부귀함에서 화려함으로 나아갔으며, 장식적 특색이 갈수록 농후해졌다. 초당과 성당의 매끄러우면서도 힘 있는 선과 선율이 이 시기에 이르러서는 가냘프고 나약하며 때로는 조잡할 정도로 변했다.

보살(신)은 작아지는 반면에, 공양인供養人(인간)의 형상은 갈수록 커져서 어떤 것은 성당의 보살과 몸집이 거의 비슷하고 일부는 심지어 보살보다 크다. 그들[공양인]은 당시의 상층 귀족처럼 화려한 복장을 하고 있으며, 현실의 존비와 장유의 순서에 따라 배열되어 있다. 이전에 묘사된 것이 인간 세상을 신화神化한 것이라면, 이제 두드러지는 것은 현실의 인간 세상(인간 세상의 상층만 해당한다)이다. 그 당시 인간의 현실생활은, 화려하지만 단조롭고 천편일률적인 '정토변'과 '설법도說法圖'와 환상의 서방극락세계에 비해 보다 많은 흡인력을 지니고 있었으며 더 많은 흥미를 느끼게 했다. 벽화는 진정으로 현실을 향해 나아가기 시작했다. 그것은 바로 지금의 인간 세상이 바로 천당이라는 즐거운 노랫소리였다.

만당·오대의 둔황 벽화 가운데 「장의조 통군 출행도張議潮統軍出行圖」와 「송국부인 출행도宋國夫人出行圖」를 보자. 이것들은 본래 현실생활을 묘사한 것이지만, 부처에게 공양드리는 묘당인 석굴 안에 그려져 있으며 대단한 위치와 면적을 차지하고 있다.

장의조는 만당 시기에 하서河西를 수복한 민족 영웅이다. 화면에는 전마가 줄지어 있고, 깃발이 나부끼고, 호각과 북이 일제히 울리고, 무사와 문관이 나란히 서 있다. 웅장하고 위풍당당한 것이 그 당시 역사적 사실에 대한 구체적인 찬양이다. 「송국부인 출행도」에 보이는 거마·잡기·악무 역시 오롯이 인간 세상의 생활을 묘사한 것이다. 중원에서는 오도자

벽화, 「장의조 통군 출행도」(부분), 만당오대, 간쑤 성 둔황.

吳道子가 주방周昉과 장훤張萱에게 자리를 물려주었고 전문적인 인물 화가 및 산수·화조花鳥 화가가 잇달아 출현했다. 둔황에서는 세속적인 장면이 불국의 성지를 대규모로 침입했는데, 실제로 이는 종교예술이 장차 세속의 현실예술에 철저히 자신의 자리를 양보하게 될 것임을 상징한다.

현실생활에 대한 심미적 흥미가 짙어짐으로 인해, 이 시기 벽화에는 이른바 '생활 소경小景' 역시 갈수록 많아졌다. 상층 생활과 관련된 의사의 왕진, 연회, 열병閱兵, 중하층 생활과 관련된 여행, 경작, 젖 짜기, 배 끌기 등은 불교 경문에 보조를 맞추기 위한 것도 있긴 하지만 많은 것들이 도리어 종교와 무관한 독립적인 장면이다. 그것들은 진정한 현실의 세속생활에 대한 흥미를 표현했다. 이것의 중요한 역사적 의미는, 인간 세상의 생활이 천국의 신앙과 싸워 이겼고 예술 형상이 종교 교의를 뛰어넘었다는 데 있다.

이와 더불어서 산수와 누대樓臺에 대한 묘사 역시 많아졌다. 더 이상 북위 벽화처럼 "사람이 산보다 크고, 물이 배를 띄울 수 없을 정도"[37]이지 않았다. 즉 산림이 순전히 종교 제재로서의 상징(부호)적인 환경적 배경이었던 것에서 벗어나, 산수화는 사실 그대로 그려졌으며 독립적으로 감상할 만한 의미를 지니게 되었다. 송대 동굴의 「오대산도五臺山圖」가 바로 그 예이다.

벽화 이야기 자체에도 이러한 변화가 나타났다. 오대의 '경변' 벽화에 묘사된 이야기 가운데 가장 유행한 '노도차투성변勞度叉鬥聖變'에서 말하는 것은 도술을 부려 싸운 내용이다.

> 노도차勞度叉가 꽃과 열매가 무성한 거대한 나무를 만들자 사리불舍利佛은 회오리바람을 일으켜 그 나무를 뿌리째 뽑았다. 노도차가 보배로운 연못을 만들자 사리불은 흰 코끼리를 만들어서 그 연못의 물을 죄다 마시게 했다. 노도차가 다시 산·용·소를 만들자 사리불은 곧 역사·금시조金翅鳥·사자를 만들어서 앞의 것들을 각각 해치웠다.

이는 종교 교의를 통해 사람을 인도한다기보다는 세속적인 극적 이야기를 통해 사람들을 끌어당기는 것이라고 해야 할 것이다. 또한 설법을 통해 사람들이 숭배하도록 한다기보다는 이야기를 통해 사람들을 즐겁게 해주는 것이라고 해야 할 것이다. 종교 및 종교의 경건함이 이렇게 예술 영역에서 점차 밀려났다.

다른 영역도 마찬가지다. 예를 들면 그 당시 사원에서는 '속강俗講'이 매우 성행했다. 그런데 그것의 상당수가 불경 교의와 관련된 내용이 아니었고, 육조 명사들의 '공空' '유有' 등에 관한 사변도 아니었다. 속강의 내용은 전형적인 세속생활과 민간전설과 역사 이야기였다. 그중에는 심지어 종교와는 별 관계가 없고 순전히 사원의 재정 수입을 위해 청중을 끌어들이기 위한 것들도 있는데, 「한장왕릉변漢將王陵變」「계포매진문季布罵陣文」 및 오자서伍子胥에 관한 소설 등이 그 예이다.

> [문서文溆라는 승려가] 대중을 모아놓고 이야기를 했는데, 경론經論에 가탁했으나 죄다 외설적이고 천박한 일에 관한 말이었다. (…) 어리석은 사내와 요염한 여인네가 그 말을 즐겨 들었다. 청중이 사원을 가득 메웠으며, [그를] 우러러보고 숭배하며 '스님和尙'이라고 불렀다. 교방敎坊에서는 그 어조를 본떠서 노랫가락을 만들었다.[38]

사원의 '속강'은 실제로 송대의 평화平話 및 시민문예의 서막이었다.

선종이 중당 이후 계속 성행하며 기타 불교 종파를 압도했던 것은 이러한 상황[신앙과 삶의 통일]의 이론적 표현이다. 철학은 예술과 병행한다. 위진현학의 유무지변有無之辨[39]에서부터 남조 불학의 형신지쟁形神之爭[40]에 이르기까지, 불교는 그 치밀한 사변으로 당시 중국문화의 대표 계급이었던 문벌귀족을 사로잡음으로써 그들로 하여금 갈수록 깊이 빠져들어 헤어나지 못하게 만들었다. 철학적 사변은 뜻밖에도 종교적 신앙 가운데서 풍부한 과제를 찾아냈다. 위·진 이후의 인생에 대한 슬픈 노래는 점차 줄어들었고, 그 대신 사변과 신앙이 결합된 독특한 의미에 도취되었다. "석가여래의 공이 대천세계大千世界[41]를 구제하시어, 그 은혜가 속세까지 흘러내렸다. 삶과 죽음을 동일하게 간주하는 이들은 그 달관達觀에 감탄했고, 글의 의미를 살핀 이들은 그 묘명妙明[42]을 귀히 여겼다."[43](『위서』「석로지」) 이러한 이유로 인해 신앙 가운데 어느 정도의 이성적 사변이 여전히 유지됨으로써 중국에서는 인도교印度敎의 범천梵天[브라만교의 창조와 지배의 신]·습파濕婆[시바신][44] 같은 극단적으로 신비롭고 공포스러운 관념과 신앙이 생겨나지 않았다. 인도에서 전해진 반이성적인 광적 도취에 젖은 이야기는 현실생활에서 약간 바뀐 뒤에 즉시 역사와 예술의 무대에서 물러났다. 그리고 한걸음 더 나아가, 신앙과 삶의 완전한 통일을 요구하는 선종이 마침내 이론에서 출현했다. 일체의 번거로운 종교적 교의와 의식을 요구하지 않고, 출가하지 않아도 성불할 수 있으며, 자아희생과 고행이 아니어도 성불할 수 있게 되었다. 또한 성불은 성불하지 않는 것이기도 했으니, 일상생활에서 초탈한 마음의 경지를 지키거나 지니면 그것이 바로 성불하는 것이었다. '돈오성불頓悟成佛'에서부터 '가불매조呵佛罵祖'[45]에 이르기까지, "사람은 모두 불성佛性을 지니고 있다"는 것에서부터 "산은 여전히 산이요, 물은 여전히 물이다"[46]에 이르기까지, '속에서 성으로 들어가는 것從凡入聖'만이 아니라 '성에서 속으로 들어가는 것從聖入凡'이 보다 중요했다. 평범한 사람이나 일상생활과 표면적으로는 완전히 같고 다만 정신적 경지가 다를 뿐이었다. 물을 긷거나 땔나무하는 것, 모든 것이 지극한 도妙道였다. "말하고 침묵하고 움직이고 고요히 있는 것, 일체의 말소리와 얼굴빛, 모든 것이 불사佛事다."[47](『고존숙어록古尊宿語錄』 권3)

이렇게 해서 자연스러운 결론으로, 특수한 대상을 향한 종교 신앙이나 특수한 형체를 향한 우상숭배가 필요 없게 되었다. 장차 종교예술이 세속예술로 교체된 것과 마찬가지로, 선종을 포함한 종교철학 역시 장차 세속철학인 송대 유학으로 교체되었다. 종교의 광적 도취는 중국에서 점점 쇠락했다. "남조 때의 480개 사찰, 수많은 누대가 안개비 속에 있구나."[48] 이 모든 것의 현실적 기초는, 중국 사회가 중고시대에서 근고시대(봉건 후기)로 진입하면서 생겨난 경제적 기초 및 사회적 관계의 중요한 변동이다.

그러므로 이러한 사회적 전환이 완성된 둔황의 송대 석굴 속으로 들어가 보면, 이미 모든 것을 상실한 종교예술을 느낄 수 있다. 동굴이 매우 거대하더라도 정신은 전혀 없다. 벽화의 보살 행렬이 많고 거대하더라도, 생기는 전혀 없고 마치 그림자나 전지剪紙처럼 벽에 붙어 있는 것이 도식화와 개념화가 극히 뚜렷하다. 심지어는 순수 형식미를 지닌 도안 역시 그러하다. 북위 때 도안의 활기와 약동, 당대 도안의 자유로움과 편안함은 전혀 없다. 규범화하여 판에 박은 듯한 '회回' 자 무늬뿐이며, 동굴 전체가 주는 느낌은 서늘함·빈약함·무기력·침체다. 사실적으로 그린 산수와 누대(예를 들면 「천태산도天台山圖」)만이 그나마 볼 만하지만, 이는 이미 종교예술이 아니다. 이 동굴 안에서 생각나는 것은 설리說理적 송시宋詩와 송대의 이학理學이다. 이것들은 광적 도취의 종교적 격정을 이미 잃었을 뿐만 아니라 순수한 명리名理[49] 사변도 이루어지지 않았다. 이것들이 중시한 것은 학문적 논의와 윤리도덕의 규범뿐이었다. 예술과 철학은 결국 이처럼 유사했다.

『유양잡조酉陽雜俎』의 기록에 따르면, 당나라 한간韓幹의 종교화는 이미 귀족 집안의 "기녀를 그대로 그린"[50] 것이었으며,[51] 신의 형상은 완전히 인간화·세속화되었다. 송대의 조소는 이러한 특징을 여실히 구현하고 있다. 다쭈大足 석각, 진사晉祠의 송대 조각, 맥적산의 유명한 송대 조소 등은 모두 위나라·당나라와는 매우 다른 새로운 조소미의 전범을 창조했다. 그것은 사변의 신(위)이나 주재主宰의 신(당)이 아니라 완전히 세속의 신, 즉 인간의 형상이다. 그것은 당대보다 사실적이고 핍진하고 구체적이며, 정답고 친근하기까지 하다. 다쭈 북산北山의 관음觀音·문수文

부처 조각상, 송대, 쓰촨 성 다쭈.

석각, 새를 먹이는 모습, 송대, 쓰촨 성 다쭈.

조각상, 송대, 간쑤 성 맥적산.

殊·보현普賢 등의 신상은 얼굴 생김새가 부드럽고, 눈초리가 살짝 올라가고, 수려하고 고우며, 마음을 흔들 정도로 문약하고 나약하다. 맥적산과 둔황 등지의 송대 조소 역시 모두 이러하며, 진사의 유명한 시녀상은 더 말할 것도 없다. 다쭈와 맥적산의 가장 성공적인 작품인 우아하고 수려한 형상은 바로 실제 인간 세상의 부녀자다. 이것은 실제로 이미 종교예술의 범위에 속하지 않으며, 종교적 역할과 의미도 그다지 갖고 있지 않다.

시녀 모습의 채색 소상, 북송, 높이 1.66미터, 산시山西 성 타이위안太原 진사 성모전聖母殿.

이상을 통해, 수백 년의 긴 세월을 거친 중국 불교예술을 혼돈된 전체로 취급할 수 없음을 알 수 있다. 중요한 것은 역사적인 분석과 구체적인 탐색이다. 천상과 인간 세상이 강렬한 대조를 이루다가 양자가 접근하며 조화를 이루고 나아가 완전히 하나로 합쳐지기까지, 종교예술을 수용·발전시킨 것에서부터 그것의 점진적인 쇠망에 이르기까지, 이는 매우 길고도 복잡한 과정이었다. 하지만 예술사조와 미적 이상의 발전·변화는 법칙성에 완전히 부합한다. 시대와 사회의 변화에 따라서 종교 조소 안에는 여러 가지 서로 다른 심미 기준과 미적 이상이 존재했다. 개괄하여 말하자면, 대체로 세 종류로 나눌 수 있다. 즉 위·당·송이다. 이는 각각 이상(위), 현실(송), 이상과 현실의 결합(당)이 두드러진다. 이것들의 미는 각자 다르다. 이 세 유형마다 성공작과 실패작, 우수작과 졸작을 각각 지니고 있다.(이 세 종류는 확연히 구분할 수 없을 때도 있다.) 오늘날에는 사람들의 기호가 달라짐에 따라 저마다의 선택과 애호가 있을 수 있다. (개별 작품이 아닌) 유형이라는 측면에서 필자는 첫 번째 것을 비교적 추앙하는데, 조소라는 예술 유형의 특징을 비교적 충분히 운용했기 때문이다. 즉 그것은 정태적 인체의 대체적인 윤곽을 통해 사람들을 우러르게 만드는 고도로 개괄적인 대상과 이상을 표현해냈다.

제7장

성당지음

1

청춘, 이백

당대는 중국 고대에서 가장 휘황찬란한 장을 열었던 시기다. 수백 년의 분열과 내전을 종결했고, 중원에서 북방 변경 지대에 이르기까지 보편적으로 시행된 균전제均田制를 바탕으로 당 제국은 정치·경제·군사에서 모두 매우 강성했다. 또한 경제가 발전함에 따라 남북조시대의 농노식 인신의 종속성은 점차 완화되어 중당을 거치면서 사라지게 되었다. 이와 상응하여 일련의 새로운 상황과 요인이 나타났다.

> 산동 사람은 질박質하므로 인척婚婭을 숭상하고, (…) 강좌江左[1] 사람은 문아文하므로 인물을 숭상하고, (…) 관중關中[2] 사람은 웅혼雄하므로 벼슬冠冕을 숭상하고, (…) 대북代北[3] 사람은 맹렬武하므로 귀척貴戚[제왕의 친족]을 숭상한다.[4](『신당서新唐書』「유충전柳沖傳」)

수·당 시기에는 관중 문벌이 전국의 정권을 장악함으로써 '벼슬 중시'(관계官階와 작록爵祿)가 '인척 중시'(혼인관계를 강조한 한·위·북조의 구문벌), '인물 중시'(동진·남조의 문벌은 인물의 풍격에 대한 품평을 표방하고 숭상했다), '귀척 중시'(중원을 차지하게 된 소수민족은 혈연관계를 중시했다) 등의 전형적인 전통 세력과 관념을 압도했다. '벼슬仕'은 '혼인婚'과 더불어 당대 사인士人에게 두 가지 중요한 과제가 되었다.[5] '고신告身'[6], 실제로는 관계와 작록이 갈수록 문벌 신분을 대신하여 당대 사회에서 가장 영예롭게 여기는 바가 되었다. 사회의 기풍은 점차 변화하고 있었다.

이는 사회·정치에서의 실제적인 힘의 성쇠와 관련되어 있다. 왕王·사謝처럼 명망이 지극히 높았던 남조의 대문벌 세력은 제齊·양梁 시기에 이미 부패하여 몰락했고, 최崔·노盧처럼 굳건했던 북조의 대문벌 세력은 초당이 시작되자마자 황실에 압도당했다.[7] 황실을 중심으로 하는 관중의 문벌 역시 무측천武則天의 치밀한 타격에 의해 파괴되었다. 이와 대조적인 것이 바로 비非문벌사족, 즉 세속 지주계급 세력의 부상과 확대다. 이세민李世民 소릉昭陵 배장묘陪葬墓의 대규모 묘군墓群에서 이씨 성을 하사받은 공신의 무덤이 황족의 것보다 더 두드러지는 위치와 규모를 차지하고 있는 것이[8] 현실세계의 중대한 변화를 예고했다고 한다면, 그 뒤를 이어서 고종高宗과 무측천이 대대적으로 '남선南選'[9]하고 과거제를 확립함으로써 성의 하사와 관계없이 대량의 진사進士가 과거시험을 통해 관리가 되어 정권 곳곳에 참여하고 정권을 장악하게 된 것은 현실 질서에서 문벌세족의 특권적 독점을 타파한 것이라 하겠다. 이제 더 이상 수백 년 전 좌사左思[10]처럼 다음과 같이 어쩔 수 없는 개탄을 할 필요가 없어진 것이다.

산골짜기 아래 무성히 자란 소나무,
산꼭대기엔 축 늘어진 묘목.
한 치에 불과한 저 묘목,
백 척의 이 소나무를 가리는구나.[11]

희망 가득한 장래를 향한 새로운 길이 보다 많은 지식인에게 개방되어 그들의 개척을 기다리고 있었다.

이 길은 무엇보다도 먼저 변경에서의 군공軍功이었던 것 같다. "차라리 백부장百夫長[12]이 되는 것이 서생이 되는 것보다 낫다."[13] 사방에서 전쟁하며 돌궐突厥을 대파하고 토번吐蕃을 무찌르고 회흘回紇을 복종시킨 초당의 '천가한天可汗'[14](태종太宗) 시대에는, 고문高門에서 한사寒士에 이르기까지 그리고 상층에서 서민에 이르기까지, 나라를 위해 공적을 세우려는 명예심과 영웅주의가 사회 분위기를 가득 채우고 있었다. 문인 역시 변경을 드나들면서 군사軍事를 익혔다. 초당·성당의 유명한 시인들 중에, 끝없이 광대한 사막에서의 혹한과 전쟁을 몸소 경험하지 않은 이는 매우 적었다. 이는 문무를 겸비하고 낭만적인 삶을 살았던 유럽 르네상스시대의 위인들과 비슷한데, 현종玄宗 때의 이백李白 역시 그랬다.

> 저 이백은 농서隴西 지방의 평민으로, 초楚·한漢 일대를 떠돌아 다녔습니다. 열다섯에 검술을 좋아한 이래로 지방관을 두루 찾아뵈었습니다. 서른에 문장을 잘 짓게 된 이래로 경상卿相을 두루 알현했습니다.[15](「한형주에게 드리는 글與韓荊州書」)

무뢰한처럼 무턱대고 덤벼드는 호탕한 태도가 지면 위에서 약동하고 있는데, 이는 송대 이후의 문약한 서생이나 겸손한 군자와는 완전히 다르다.

[당대에는] 대외적으로는 변방을 개척해 영토를 넓히며 사방에 군위軍威를 떨치고, 대내적으로는 상대적인 안정과 통일을 구가했다. 한편으로는 남북의 문화가 교류·융합하여, 한·위의 구학문(북조)과 제·양의 신성新聲(남조)이 서로 장점을 취하고 단점을 보완함으로써 정화를 취해 새

롭게 발전했다. 다른 한편으로는 중국과 외국의 무역과 교통이 발달하여, '실크로드'를 통해 '호상胡商'이 모여들었을 뿐만 아니라 이국의 풍속·복장·음악·미술 및 각종 종교가 들어왔다. 호주胡酒·호희胡姬·호모胡帽·호악胡樂 등이 한동안 창안을 풍미했다. 이는 동서고금에 있어서 전대미문의 거대한 교류이자 융합이었다. 두려움과 거리낌 없는 도입과 흡수, 속박과 미련 없는 창조와 혁신을 통해 기존의 틀을 타파하고 전통을 돌파했다. 이것이 바로 문예에서 '성당지음盛唐之音'을 낳은 사회 분위기이자 사상적 기초다.

전한의 궁정 황실 예술이 인간의 외적 활동과 환경의 정복을 길게 늘어놓으며 묘사하는 것을 특징으로 삼았고(제4장 참조), 위·진·육조의 문벌귀족 예술은 인간의 속마음·성격·사변을 특징으로 삼았다고(제5장 참조) 한다면, 당대는 이 양자가 통일을 이룬 진보의 일환일 것이다. 즉 순전히 외재적 사물과 인간의 활동을 과장되게 묘사한 것이 아니며, 그저 내면적 마음·사변·철리를 추구한 것도 아니다. 그것은 피와 살이 있는 인간 세상의 현실에 대한 긍정·느낌·동경·집착이다. 풍만하면서 청춘의 활력을 지닌 열정과 상상이 성당의 문예에 스며들어 있다. 향락·낙심·우울·슬픔일지라도 젊음·자유·기쁨이 여전히 반짝이고 있었다. 이것이 바로 성당의 예술이다. 그 전형적인 대표는 바로 당시唐詩다.

예로부터 당시와 송시의 차이에 대해 논한 이들이 많았다. 『창랑시화』에서는 "본조本朝 사람은 이치理를 숭상하는데, 당대 사람은 흥취意興를 숭상했다"[16]고 언급하면서, 시를 당시와 송시로 구분하고 당시를 다시 초당·성당·중당·만당으로 구분했다. 그 이후로 이에 대한 찬반양론이 그치지 않았다. 최근[17] 첸중수錢鍾書가 『담예록談藝錄』에서 각종 논의를 개술했는데, "시를 당시와 송시로 구분하는 것은 풍격과 성격의 차이지 왕조의 차이가 아니다"라고 하면서 이렇게 말했다.

채색 소조, 당대, 산시 성 이세민 소릉 출토.

진흙 소조, '호인胡人'(두상), 당대, 산시 성 영태永泰공주 묘 출토.

소머리 마노 술그릇.

가무와 수렵 모습이 그려진 팔판八瓣 은잔.

작은 곰이 새겨진 꽃잎 형태의 은쟁반.

페르시아의 금도금 은주전자.

서역에서 전해져 들어온 외국(페르시아 등)의 금은그릇, 당대, 산시 성 시안 출토.

페르시아의 금도금 은주전자(부분).

석조 불상, 당대, 산시 성 시안 대명궁大明宮 출토.

- 당시는 대부분 풍모豐神와 운치情韻가 뛰어나고, 송시는 대부분 근골筋骨과 사유思理가 뛰어나다. (…) 당시가 반드시 당대 사람한테서 나와야 하고 송시가 반드시 송대 사람한테서 나와야 한다는 말이 아니다.
- 무릇 인간의 천성은 각자 편파성이 있다. 고명高明한 것은 당시에 가깝고, 침잠沈潛한 것은 송시에 가깝다.
- 일생에서 소년은 재기가 발랄하여 당체唐體가 되고, 만년에는 사려가 깊어져 송조宋調를 띠게 된다.

이는 일리가 있는 견해다. 당시와 송시는 확실히 서로 다른 풍격과 성격을 지니고 있으며, 당·송을 포함한 역대 시인들 모두 저마다 치우치는 바와 좋아하는 바가 있을 수 있다. 당대 사람이라도 송시의 풍격을 지닐 수 있으며, 송대 사람이라도 당시의 풍격을 지닐 수 있다. 그리고 양자를 엄격히 구별하기가 매우 어려울 때도 있다. 그러나 이 두 가지 풍격과 성격이 당체와 송체로 구분되는 것은 바로 그것들이 각기 자기 시대의 산물이기 때문이 아니겠는가?

'풍격과 성격의 차이', 이것의 기초는 역

석조 무사, 당대, 허난 성 출토.

시 사회와 시대의 차이다. 젊어서는 당음唐音을 좋아하고 늙어서는 송조宋調에 끌리게 된다. 이처럼 개인의 심경과 애호가 시간의 흐름에 따라 변하는 것은, 중국 후기 봉건사회와 그 주인공인 세속 지주계급 지식인이 젊고 왕성한 데서 노쇠해짐에 따라, 생기발랄하고 거침없이 살다가 쇠퇴에 만족하며 현실을 도피한 역사의 노정을 상징적으로 재현하는 것이다. 초당·성당·중당·만당의 당시 역시 공교롭게도 이 노정의 중요한 일환과 광경을 형상적으로 펼쳐 보이고 있다.

당시에 관한 원이둬의 논문은 문학사 저작에서 오랫동안 중시되지 못했고 채택되지 못했다. 사실 시인이자 학자였던 그는 육조시대의 궁체시宮體詩부터 초당에 이르기까지의 과도기를 상당히 날카롭게 설명했다. 『당시잡론唐詩雜論』에서 그는 이렇게 말했다.

- (노조린盧照鄰의 시) 생기 있는 용이나 힘찬 호랑이처럼 약동하는 리듬[18](「궁체시의 속죄宮體詩的自贖」)
- (낙빈왕駱賓王의 시) 단숨에 밀어붙이면서도 계속해서 되풀이하여 감기는 선율 가운데 활기찬 정서가 깃들어 있다.[19](「궁체시의 속죄」)
- 궁체시는 노조린과 낙빈왕의 손을 통해 궁정에서 시정으로 나아갔고, 오언 율시는 왕[왕발王勃]·양[양형楊炯]의 시대에 이르러 대각臺閣[조정]에서 강산과 변방 사막으로 옮아갔다.(「사걸四傑」)

시대의 변천에 따라 시가 궁정에서 생활로 나아갔고, 육조시대 궁녀의 퇴폐적인 음악은 청춘 소년의 산뜻하고 새로운 노래로 변했다. 이런 청신한 노래를 대표하는 초당 최고의 전형적인 시인은 바로 원이둬가 강조한 유희이劉希夷와 장약허張若虛다.

뤄양 성城 동쪽의 복사꽃 자두꽃,
이리저리 흩날려 누구 집에 떨어지나?
뤄양의 아가씨들 예쁜 얼굴로,
떨어지는 꽃 앉아서 지켜보며 길게 탄식하네.
올해 꽃이 지면서 고운 얼굴 변하는데,
내년에 꽃이 필 때는 또 누가 있으려나?
소나무 잣나무 베어져 땔감 되는 것 이미 보았고,
뽕나무밭 바다로 변한 것도 들었다네.
옛사람 아무도 뤄양 성 동쪽에 없거늘,
지금 사람은 여전히 바람에 지는 꽃을 마주하고 있네.
해마다 꽃은 여전하나,
해마다 사람은 같지 않네.[20](유희이, 「백발노인을 대신해 슬퍼하다代悲白頭翁」[21])

봄 강 물결은 바다와 나란히 이어져 있고,
바다 위 밝은 달은 조수와 함께 떠오르네.
출렁임은 파도 따라 천만리,
어느 곳인들 봄 강에 밝은 달 없으랴.
강물은 굽이굽이 흘러 화초 가득한 땅을 감싸고,
달은 꽃 수풀 비추니 온통 싸라기눈 같구나.
하늘에서 서리 내려도 흩날리는 것 느끼지 못하겠고,
물가의 흰 모래는 보아도 보이지 않네.
강과 하늘은 한 빛깔이 되어 티끌 하나 없고,
밝은 하늘에는 외로운 달.
강가에서 그 누가 처음 달을 보았을까?

강의 달은 어느 해에 처음으로 사람을 비췄을까?
인간의 삶은 대대로 이어져 다함이 없고,
강의 달은 오로지 같을 뿐.
강의 달은 누구를 기다리나?
보이는 것은 장강이 흘려보내는 물뿐이로구나.
흰 구름 한 조각 유유히 떠가는데,
단풍나무 자라는 강어귀[22]에서 시름을 이기지 못하네.
누군가는 오늘 밤 조각배에 몸을 싣고,
어디선가는 밝은 달 비추는 누각에서 그리움에 젖겠지.[23](장약허, 「봄 강의 꽃 핀 달밤春江花月夜」)

이 얼마나 아름답고 막힘없고 우아하고 경쾌한가! 원이둬는 특히 장약허의 시에 대해 다음과 같이 거듭 칭찬했다.

- 더할 수 없이 멀고 광활한 우주의식이다! 더욱 깊이 있고 드넓고 평온한 경지다! 신비로운 영원 앞에서 작자는 다만 갑작스럽게 놀랄 뿐 동경하거나 슬퍼하지 않는다.
- 그가 얻은 것은 보다 신비롭고 보다 묵묵한 미소인 듯하다. 그는 당황하여 어찌 줄 모르지만 만족했다.
- 신비롭고도 친근하며 꿈결과 같은 이곳의 만남에서 넘치고 있는 것은 강렬한 우주의식, (…)[24] 이는 시 중의 시이고 최고봉 중의 최고봉이다.(「궁체시의 속죄」)

사실 이 시에는 동경과 슬픔이 스며들어 있지만, 그것은 소년시대의 동경과 슬픔이다. "홀로 높은 누각에 올라 하늘 끝에 맞닿는 길을 뚫어지게 바라보았지요"[25]에 깃든 동경과 슬픔이다. 따라서 슬프다 하더라도 여전히 경쾌하고, 탄식하더라도 결국 가뿐하다. 이는 풀잎 같은 인간의 생명에 대한 위·진시대의 침중한 애가나 두보杜甫 식의 온갖 고난을 겪으면서 생겨나는 현실적 비통과는 분명 다르다. 이것이 나타내는 것은 소년시대에 처음으로 인생을 전망하면서 느낀, 옅은 안개처럼 말로 표현할 수 없는 서글픔과 애수다. 봄날의 꽃, 봄날의 달, 유유히 흐르는 강물, 무궁한 우주를 마주하고서 심각하고도 절실하게 느끼게 되는 것은 청춘의 촉박함과 생명의 유한함이다. 이는 성숙기를 향해 나아가는 청소년기에 인생과 우주를 처음으로 깨닫게 되면서 생겨나는 '자아의식'이다. 즉 광대한 세계, 자연의 아름다운 풍경, 자기 존재에 대한 심각하고 절실한 느낌과 애착이자 자기 존재의 유한성에 대한 속수무책의 감상과 슬픔과 미련이다. 사람이 16~17세 혹은 17~18세가 되면, 장차 성숙하겠지만 아직은 미성숙한 채 앞으로 독립적 삶의 여정으로 성큼 들어서게 될 시기이니, 우주의 무한함과 인생의 유한함에 대한 깨달음에서 나오는 담담한 애상을 자주 느끼지 않겠는가? 그런데 실제로는 그것이 진정으로 심각한 현실의 내용을 지닌 것은 결코 아니다. 또한 그것의 미학 풍격과 심미적 느낌은, 입으로는 감상을 이야기할지라도 "소년은 시름의 맛을 모르는"[26] 것이기에 여전히 아리땁고 경쾌하고 달콤하다. 영원한 강산과 무한한 풍월이 이들 시인에게 부여한 것은, 소년 식의 인생 철리 및 감상과 슬픔이 뒤섞여 있는 격려와 기쁨이다. 보라. "인간의 삶은 대대로 이어져 다함이 없고, 강의 달은 오로지 같을 뿐. 강의 달은 누구를 기다리나? 보이는 것은 장강이 흘려보내는 물뿐이로구나." "해마다 꽃은 여전하나, 해마다 사람은 같지 않네." 기이한 철리와 인생의 슬픔이 담긴 것 같은데도 여전히 이토록 기쁘고 안심이 되며 가뿐하고 명랑하고 막힘이 없다. 원이둬가 "신비롭다" "당황하여 어쩔 줄 모른다" "우주의식" 등으로 표현한 것은 사실 이러한 심미 심리와 예술 의경이다.

장약허의 「봄 강의 꽃 핀 달밤」은 초당의 최고봉이며, 왕발을 전형적 대표로 하는 '사걸四傑'[27]을 거쳐 성당이라는 보다 높은 꼭대기를 향해 올라갔다. 이렇게 해서 아직 세상경험을 두루 해본 적이 없는 소년의 종잡을 수 없는 감상은 웅대한 포부를 가득 품고 공훈을 세우길 요구하는 구체적인 노래로 변했다.

세상에 지기知己가 있다면,
하늘 끝이라도 이웃과 같다네.
이별해야 할 갈림길에서,
아녀자처럼 눈물로 수건 적시지 말게.[28](왕발)

아침에 나그네가 부르는 이별노래 들었으니,
어젯밤 엷은 서리 맞으며 막 강을 건너왔겠네.
(…)
창안을 놀고 즐기는 곳으로 보지 말지니,
헛되이 세월 보내면 때를 놓치기 십상이라.[29](이기李頎)[30]

이는 바로 앞에서 말한, 소년의 감상 이후에 나타나는 분발과 격려가 아닌가? 이는 보다 실재적이고 보다 성숙하여, 진정으로 사회생활과 현실세상을 향해 나아간 것이다. 사람도 16~17세의 인생 감상기를 겪고 나면 성숙하고도 구체적으로 행동하게 마련이다. 제때에 노력하여 세월을 헛되이 보내지 않으면서 공훈과 업적을 쌓아야 하는 것이 바로 이 시기다. '사걸' 이후 현실생활의 오색찬란함과 더불어 성당지음의 꽃들이 활짝 피어나는 양상이 펼쳐졌다. 가장 먼저 소리를 낸 것은 진자앙陳子昂

의 유명한 사구시四句詩다.

앞으로는 옛사람 보이지 않고,
뒤로는 올 사람 보이지 않네.
천지의 아득함을 생각하니,
홀로 슬픔에 겨워 눈물 흘리네.[31](「유저우의 누대에 올라 노래하다登幽州臺歌」)

진자앙이 이 시를 지을 때는 불만과 분개가 가득했지만, 이 시가 표현하는 것은 개척자의 대범한 포부로 적극적이고 진취적이며 시대를 앞서가는 위대한 고독감이다. 이는 웅장하지만 결코 비통하지 않다. 맹호연孟浩然의 「봄날 새벽春曉」 역시 마찬가지다.

봄잠에 동튼 것도 몰랐는데,
곳곳에서 새 울음소리 들리네.
밤새 비바람 소리,
꽃잎은 많이도 떨어졌겠구나.[32]

봄날의 슬픔과 떨어지는 꽃잎에 대한 애석함일지라도 이것이 펼쳐 보이는 것은 역시 유쾌하고 아름다운 한 폭의 봄날 아침의 그림이다. 이는 청신하고 활기차며 결코 음침하거나 서럽지 않다. 이것이 바로 성당지음이다.[33]

천리 황혼녘 구름은 석양빛에 물들고,
북풍에 기러기 날아가고 눈은 펄펄.

가는 길에 지기知己 없을까 걱정 마시오.
천하에 그 누가 그대를 모르리?[34](고적高適)

야광배夜光杯에 담긴 맛좋은 포도주,
마시고자 하나 비파소리는 어서 말 위에 오르라 재촉하네.
취해서 전쟁터에 드러누워도 그대 웃지 마시길,
자고로 전쟁터에서 돌아온 이 몇이나 되겠소.[35](왕한王翰)

늠름하고 용감하고 거리낌 없이 앞으로 나아간다! 고달픈 전쟁이라 하더라도 비할 바 없이 웅장하고 아름답다. 전쟁터에 나가 싸우고 국경을 수비한다 하더라도 쾌활하고 명랑하다.

진나라 때의 달, 한나라 때의 관문,
만 리 길 장정長征을 떠나 사람은 돌아오지 못하네.
용성龍城에 비장飛將[36]이 있다면,
오랑캐 말이 음산陰山을 넘어오지 못하게 하련만.[37](왕창령王昌齡)

황하는 멀리 흰 구름 사이로 흘러가고,
외로운 성城은 높은 산 위에.
강적羌笛[38]은 하필이면 슬픈 '양류楊柳'[39]를 연주하는지,
봄바람은 옥문관玉門關을 넘어오지 못한다네.[40](왕지환王之渙)

북풍이 대지를 말아 백초白草가 휘고,
오랑캐 하늘엔 팔월에도 눈이 날린다.
홀연히 하룻밤 사이에 봄바람 불어오더니,

천 그루 만 그루에 배꽃이 피어난 듯.[41] (잠삼岑參)

개인·민족·계급·국가가 번영하는 상승기였던 사회 분위기 속에서 일시에 극성한 [이들] 변새시邊塞詩는 성당지음을 구성하는 기본적인 내용과 분야였다. 이는 중국 시사詩史에서 확실히 전무후무한 것이다. 중당시대 이익李益의 유명한 변새시를 보자.

회락봉回樂峰 앞의 모래는 눈과 같고,
수항성受降城 밖의 달빛은 서리 같구나.
어디서 갈대 피리를 부는지,
밤새도록 병사들 모두 고향을 그리워하리.[42]

천산天山에 눈이 내린 뒤 호수 바람 차고,
피리는 공교롭게도 '행로난行路難'을 부는구나.
사막에 출정한 병사 삼십 만,
일시에 머리를 들어 달을 쳐다보네.[43]

제재·주제·풍격은 성당과 매우 비슷하지만, 자세히 음미해보면 그 안에 소슬함이 더해져 성당처럼 유쾌하지는 않다. 또한 다음과 같은 처량함은 더더욱 없다. "탁주 한 잔에 만 리 떨어진 집 생각, 군공을 세우지 못했으니 돌아갈 기약이 없구나. 강적羌笛 소리 길게 이어지고 서리가 땅을 뒤덮었네."[44] (송나라 범중엄范仲淹) 제재와 주제가 기본적으로 같고 풍격 역시 별 차이가 없는 것 같지만, 예술작품과 심미적 예민함은 서로 다른 시대적 특징을 나타낸다.

강산은 이 얼마나 아름다운가! 웅장과 격동의 측면을 변새시파邊塞詩

派가 차지했다면, 우아함과 평온함의 측면은 전원시파田園詩派가 그려 냈다. 앞에서 본 맹호연의 「봄날 새벽」이 그러하고, 특히 왕유王維가 망천輞川에서 [은거하며 지낼 때] 지은 명시들이 그러하다.

인기척 없이 조용한데 계수나무 꽃 떨어지고,
밤은 고요하고 봄 산은 텅 비었네.
달이 나와 산새를 놀래고,
때때로 새 울음소리 봄 계곡에 울리네.[45]

나뭇가지 끝의 자목련,
산속에서 붉은 꽃받침 피웠네.
골짜기 누추한 집엔 사람 없는데,
잇달아 피었다가 또 지는구나.[46]

충실하고 객관적이며 간결하다. 또한 너무나 자연스러우면서도 철리적 깊은 뜻이 담겨 있고, 지극히 그윽하고 고요하면서도 삶의 흥취가 넘쳐흐른다. 자연을 이토록 아름답게 묘사한 것은 동서고금의 모든 시 가운데서도 일 이등을 다툴 것이다. 우아하고 명랑하고 건강한 이것 역시 전형적인 성당지음이다. 이를 만당 두목杜牧의 유명한 시와 비교해 보자.

청산은 은은하고 물은 아득히 흐르는데,
가을 다 가니 강남의 초목도 시드는구나.
이십사교二十四橋[47]에 달 밝은 밤,
그대는 그 어디서 퉁소 부는 것 가르치고 있으려나.[48]

이 사람 맑은 노래에 그 누가 화답하려나,
길에는 이끼와 잡초 가득해 자취조차 찾을 수 없네.
날 저물어 소부산小敷山 아래서 꿈꾸니,
물은 패옥 소리 같고 달은 옷깃 같구나.[49]

이 역시 심오하고 아름다우며 성당과 매우 비슷하지만, 보다 온화하고 그윽하며 성당과 같은 광활한 기질은 없다.

시가에서 성당지음의 최고봉은 마땅히 이백을 꼽아야 하는데, 내용과 형식을 막론하고 그렇다. 그의 시에는 일반적인 주제, 즉 청춘·변방·강산·미경美景뿐만 아니라 왕후王侯에 대한 오만함, 세속에 대한 멸시, 현실에 대한 불만, 인생에 대한 질책, 음주와 시작詩作, 질펀한 즐거움 등이 모두 담겨 있기 때문이다. "천자가 불러도 배에 오르지 않고 자칭 술 취한 신선이라 하네"[50], 국구國舅[51]에게 먹을 갈게 하고 고역사高力士에게 신발을 벗기게 한 것 등의 전설은 모두 앞에서 말했듯이 이 시대에 처음으로 두각을 나타낸 지식인의 정감·욕구·기대를 깊이 있게 반영한다. 그들은 온갖 전통의 속박과 굴레를 타파하길 바랐으며, 공훈을 세워 부귀공명을 쟁취해 사회 상층으로 진입하길 갈망했다. 그들은 포부가 넘쳤고, 한껏 즐겼으며, 고분고분하지 않고 오만했으며, 제멋대로 반항했다. 이 모든 것은 그들 계급이 상승 가도를 달리고 사회 전체가 번영하며 속박을 받지 않던 시기였기에 비로소 가능했던 것이다.

그대는 보지 못했는가,
황하의 물이 하늘에서 내려와,
바다로 내달려 다시는 돌아오지 못함을!
그대는 보지 못했는가,

높은 전당에서 거울 보며 백발을 슬퍼하니,
아침에 칠흑 같던 머리카락이 저녁에 눈처럼 된 것을!
인생이란 만족스러울 때 모름지기 실컷 즐겨야 할지니,
금 술잔 빈 채로 달을 대하지 말지라.[52]

그대[53]의 손을 잡고 그대에게 속마음 털어놓으려오,
영욕이 내게 무엇이겠소!
공자께서는 봉황과 기린에 슬퍼하셨고[54],
동용董龍[55]은 닭이나 개 같은 인간이었잖소!
평생 꼿꼿하게 살아온 나는 세상 비위 맞추지 못하고 고생스러웠는데,
이제 황은皇恩 소원해졌으니 날 추천한 이는 헛수고였고 내 뜻도 어그러졌다오.
엄릉嚴陵[56]은 한나라 천자에게 장읍長揖했거늘,
지금은 왜 하필 턱까지 닿는 장검 차고 궁전 계단에서 황제를 모셔야 한단 말이오![57]

날 버리고 가는 어제의 날은 붙잡을 수 없고
내 맘 어지럽히는 오늘의 날은 근심 많아라!
(…)
칼 뽑아 물을 베어도 물은 다시 흐르고,
술잔 들어 시름 씻어 내도 시름 위에 시름이라.
인생살이 뜻대로 되지 않는 법,
내일은 머리 풀어헤치고 일엽편주에 몸을 맡기리.[58]

두타사頭陀寺의 구름과 달은 승려의 기운이 너무 많으니,

그런 산수가 언제 마음에 든 적 있었소?
갈잎피리 불고 북 두드리며 강에서 놀면서,
강남의 여자 불러다 노로 배 두드리며 노래하려오.
내가 그대 위해 황학루黃鶴樓를 두드려 부숴버릴 테니,
그대도 나를 위해 앵무주鸚鵡洲를 뒤집어 엎어버리시오.[59]
적벽赤壁에서 자웅을 겨루던 일은 꿈결 같으니,
오로지 춤과 노래로 시름을 달랠 수밖에.[60]

난링蘭陵의 맛난 술 울금鬱金의 향기,
옥잔에 가득 채우니 호박琥珀 빛.
주인이 나그네를 취하게 해줄 수만 있다면,
어디가 타향인지 모르리.[61]

아침에 백제성白帝城의 채색 구름 사이에서 떠나,
천리 떨어진 장링江陵에 하루 만에 돌아간다.
양쪽 강기슭에서는 원숭이 울음소리 그치지 않고,
가벼운 배는 이미 첩첩 산들을 지났구나.[62]

성당의 예술은 여기[이백의 시]에서 가장 강한 음을 연주했다. 대단히 통쾌하고 극도로 천재적이다. 그 어떤 속박도 받지 않은 듯하고, 지켜야 할 규범도 전혀 없는 듯하다. 죄다 즉흥적으로 튀어나왔고 마음대로 창조한 것이다. 그런데도 이처럼 죄다 미묘하고 기이하며, 새록새록 샘솟고 불가사의하다. 이는 예상할 수 없는 정감의 발산이었고, 모방할 수 없는 리듬과 선율이었다. 공자진龔自珍은 이백에 대해 이렇게 말했다. "장자와 굴원은 실제로 다른 두 가지이므로 하나로 아우를 수 없는데, 이것을 아

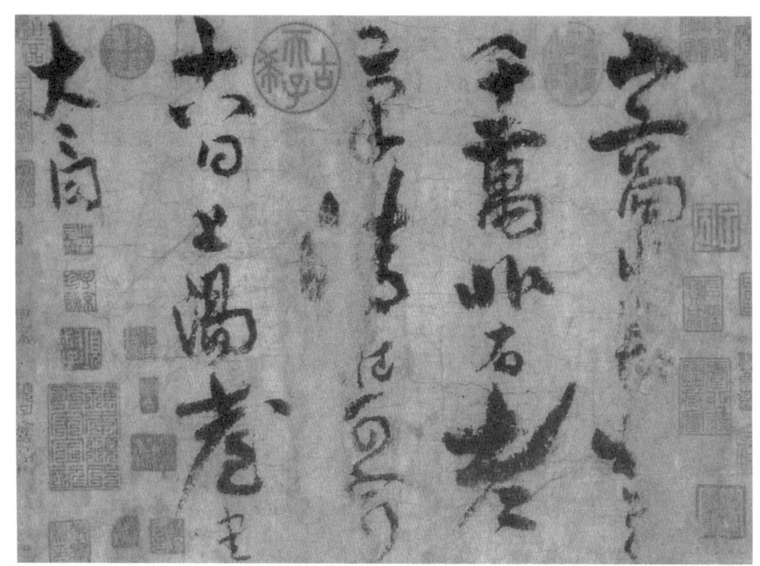

이백의 친필.

우르고자 마음먹은 것은 이백으로부터 시작되었다."[63] 시대적 원인으로 인해 이백에게 장자의 사변적 역량과 굴원의 침중한 감정이 모자라긴 했을지라도, 장자의 표일함과 굴원의 아름다움은 이백의 천재적 작품 속에서 확실히 하나로 합쳐져 중국 고대 낭만주의 교향시交響詩의 최고봉에 도달했다.

그런데 이 최고봉은 문학의 다른 여러 낭만주의 최고봉과 마찬가지로 매우 짧은 시기였고, 비교적 오래 지속된 현실주의 단계로 재빨리 넘어갔다. 그것은 바로 두보를 '시성詩聖'으로 하는 또 다른 성당으로, 사실 이는 이미 성당지음이 아니다.[64]

2 음악성의 미

중국의 모든 예술 분야 중에서 시가와 서법은 가장 유구한 역사를 지니고 있다. 서법과 시가는 모두 당대에 이르러 비할 바 없는 최고점에 도달했다. 즉 서법과 시가는 이 시기의 가장 보편적인 예술이자 성숙한 예술이었다. 공예와 부가 한대에, 조소와 변문騈文이 육조에, 회화와 사詞·곡曲이 송·원에, 희곡과 소설이 명·청에 그러했던 것과 마찬가지다. 이상은 모두 각각 그 시대 예술정신의 응결 지점이었다. 당대의 서법과 시가는 상호보완하며 전개되었으며 동일한 심미적 기질을 지니고 있었다. 그중 성당지음과 부절을 맞춘 듯 들어맞고 성당의 풍모를 공동으로 구현한 것은 초서, 특히 광초狂草다.

당시와 마찬가지로 당대 서법의 발전 역시 하나의 과정을 거쳤다. 초당의 서법은 지극히 아름다웠다. 황실(예를 들면 태종)과 궁정의 강력한 제창에 힘입어 그 풍격과 자태는, 앞에서 말했듯이 시가 제·양의 궁체시에서 벗어난 것처럼 활기찬 새로운 자태를 펼쳐 보였다. 당 태종은 왕희지의 작품을 정말 좋아했다. 왕희지의 진면목이 어떤지, 「난정서蘭亭序」의 진위 여부는 어떤지에 대해서는 좀 더 연구할 여지가 있다. 하지만 「난정서」는 당나라 초에 명성이 매우 높았고 널리 유행했다. 풍[풍승소馮承素], 우[우세남虞世南], 저[저수량褚遂良]의 많은 모사본 및 육간지陸柬之의 「문부文賦」의 서체를 보면, 「난정서」를 초당 조형예술의 대표적인 미학 풍격으로 삼는 충분한 근거가 있는 듯하다.[65] 이는 바로 유희이와 장약허를 초당 시의 대표로 삼는 것과 마찬가지다. 풍승소·우세남·저수량·육간지를 비롯해 여러 종류의 「난정서」 모사본은 확실히 이 시기 서법미의 전형이다. 나긋나긋하고 화려하고 유연한 자태, 혹은 운무가 가볍게 낀 봄날의 고운 경치, 혹은 속세를 떨쳐 낸 대범한 정신이다. 이는 바로 「봄 강의 꽃 핀 달밤」에서 느껴지는 "그때 젊었을 적엔 봄옷 얇았지"[66] 식의 득의양양한 풍류·대범·우뚝함이 아닌가? 그것들은 유희이·장약허·사걸의 시가에 나타나는 기질 및 풍모와 일치하며 그 시대의 심미적 이상, 흥취의 기준, 예술적 요구를 뚜렷하게 공유하고 있다.

성당으로 접어들면 상황이 달라진다. 손과정孫過庭은 『서보書譜』에서

「쾌설시청첩快雪時晴帖」, 서진, 왕희지.

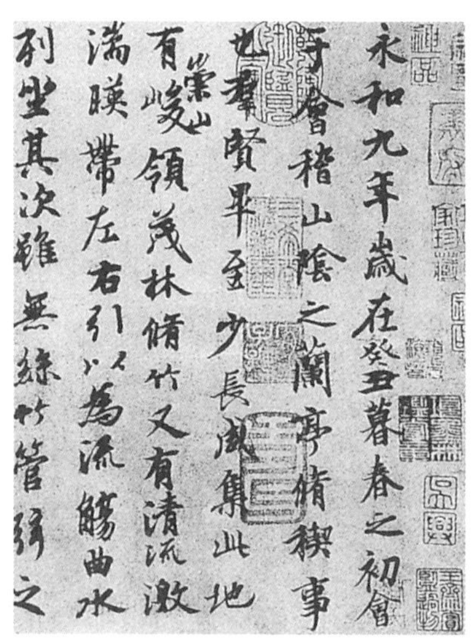

「난정서」(풍승소의 모본), 왕희지.

여전히 초당 전통을 따르면서, 우군右軍[왕희지]을 높이고 대령大令[왕헌지]을 낮추었다. 하지만 그는 "질박함質은 시대에 따라 흥기하고 미려함姸 역시 풍속에 따라 바뀐다"67 "앞의 것을 따라잡으면서 새로운 것을 수립하는 것은 만물의 일반적인 법칙이다"68라며 역사 변화의 관점에서 "자신의 성정性情을 전달하고 애락哀樂을 나타내는 것"69과 "자신의 개성과 욕망에 따른 풍격을 이루는 것"70을 강조했다. 이처럼 명확히 서법을 정감과 개성 표현의 예술수단으로 여겼다. 또한 정감을 표현하는 예술로서의 서법의 특징을 자각적으로 강조했다. 이로써 서법이 시가와 병행하고 자연과 동등한 미를 지닐 수 있는 이론적 경지를 열었다. "감정이 움직여 언어로 표현되는 것은 풍소風騷[『시경』의 국풍과 「이소」]의 뜻에 들어맞는다. 양기에 쾌적해지고 음기에 애처로워지는 것은 천지의 마음에 바탕하고 있다."71 이는 시에서의 진자앙과 마찬가지로 중요한 돌파였다. 진자앙이 "천지의 아득함을 생각"하며 거대한 역사적 책임감으로써 성당 시가의 도래를 소환하고 있었던 것처럼, 손과정에 의한 서정적 철리의 제기는 성당 서법에서 낭만주의가 절정을 맞이할 것임을 예시한 것이다.

이백의 시가 아무런 속박을 받지 않으면서도 죄다 규범에 들어맞았던 것과 마찬가지로, 장욱張旭과 회소懷素72를 대표로 하는 초서와 광초는 신속히 흐르면서 매 글자와 획이 이어지며 약동감이 넘치고 "사람을 놀라게 할 정도로 재빨랐다."73 그리고 슬픔과 기쁨의 감정을 거침없이 필묵에 쏟아 부었다. '시선詩仙' 이백과 '초성草聖' 장욱이 나란히 명성을 떨쳤던 건 결코 우연이 아니다. 한유韓愈는 이렇게 말했다.

> 옛날에 장욱은 초서를 잘 썼고 다른 기예에는 발을 들여놓지 않았다. 기쁨과 노여움, 곤궁, 근심과 슬픔, 안일과 쾌락, 원한, 그리움, 술에 취함, 무료함, 불평불만이 마음에서 움직이면 반드시 초서를 써서 그

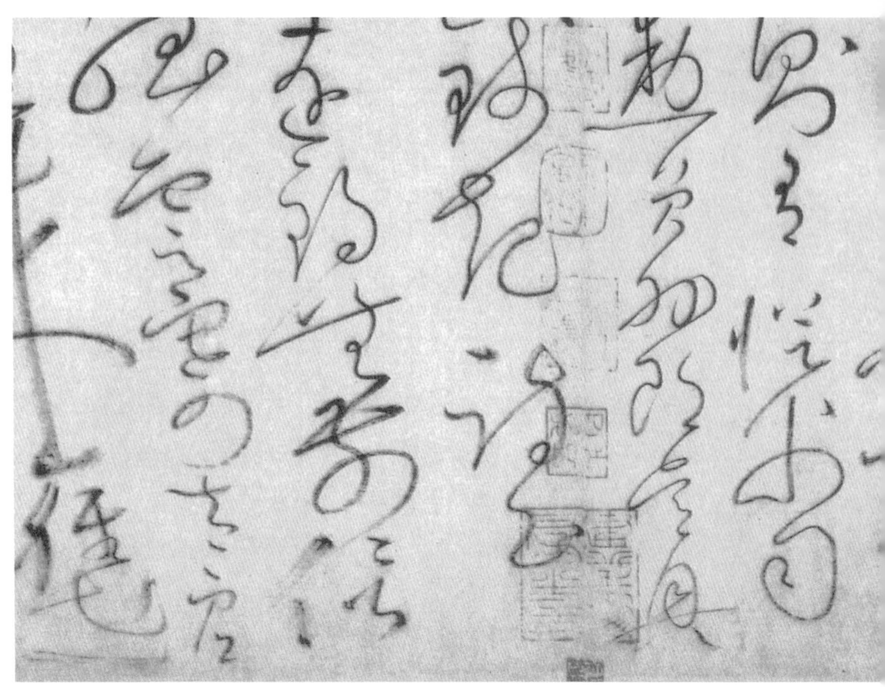

「자서첩自敍帖」, 당대, 회소.

것을 발산했다. 사물을 관찰함에 있어서, 산·물·계곡, 날짐승·길짐승·벌레·물고기, 풀과 나무의 꽃과 열매, 해·달·별, 바람·비·물·불, 천둥과 벼락, 가무와 전투 등 천지 사물의 변화를 보고는 기쁘기도 하고 놀라기도 하며 이를 모두 글씨에 담아냈다. 그러므로 장욱의 글씨는 귀신처럼 변화하여 종잡을 수 없다.74(「고한 상인을 보내면서送高閑上人序」)

이는 장욱의 광초뿐만 아니라 그 당시 모든 서법의 시대 풍격이었다. 『선화서보宣和書譜』에서는 하지장賀知章의 글씨에 대해 이렇게 말했다. "초서와 예서에 뛰어났는데, (…) 홀연 뛰어난 부분이 나타나면, 사람들은 그

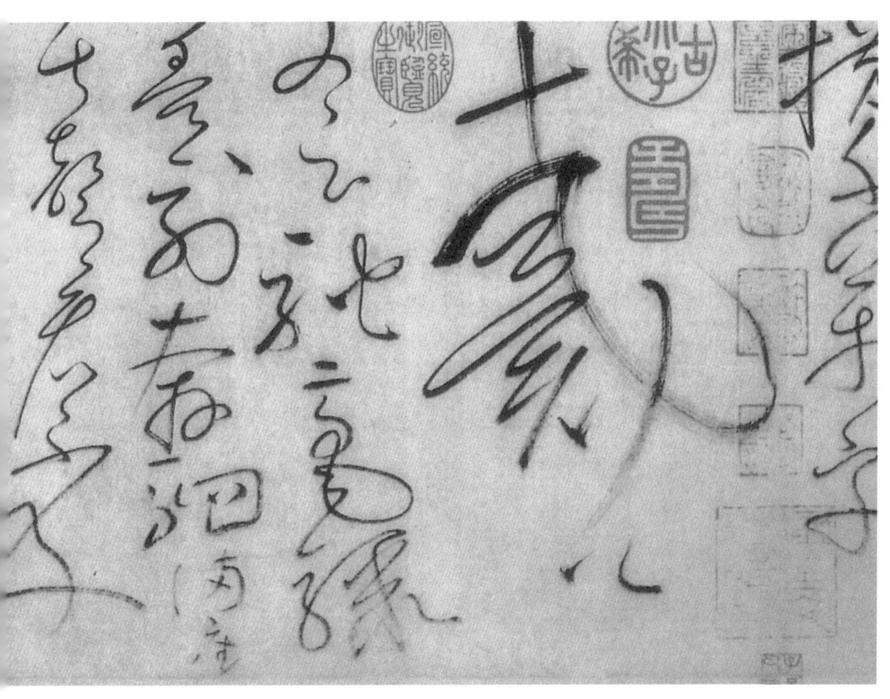

것이 기회와 조화造化가 서로 기량을 겨루는 것으로 인간의 힘으로는 도달할 수 없는 것이라고 여겼다."[75] 모든 것이 낭만적이고 창조적이며 천재적이다. 모든 재현이 표현으로 변화되었고, 모든 모방이 서정으로 변화되었으며, 모든 자연과 세상의 물질적 존재가 정감을 출렁이게 하는 루트로 변했다. 그렇다면 이것은 바로 음악이 아니겠는가? 그렇다. 성당의 시가와 서법에 담긴 심미의 실질과 예술의 핵심은 음악적인 미다.

성당은 본래 음악의 절정기였다. 그 당시 당나라로 전해진 「구자악龜玆樂」「천축악天竺樂」「서량악西涼樂」「고창악高昌樂」 등 각종 이국의 곡조와 악기가 전통의 '아악雅樂' '고악古樂'과 융합하여 새로운 창조가 많이 이루어졌다. 궁정에서 시정에 이르기까지, 중원에서 변경에 이르기까지, 태종

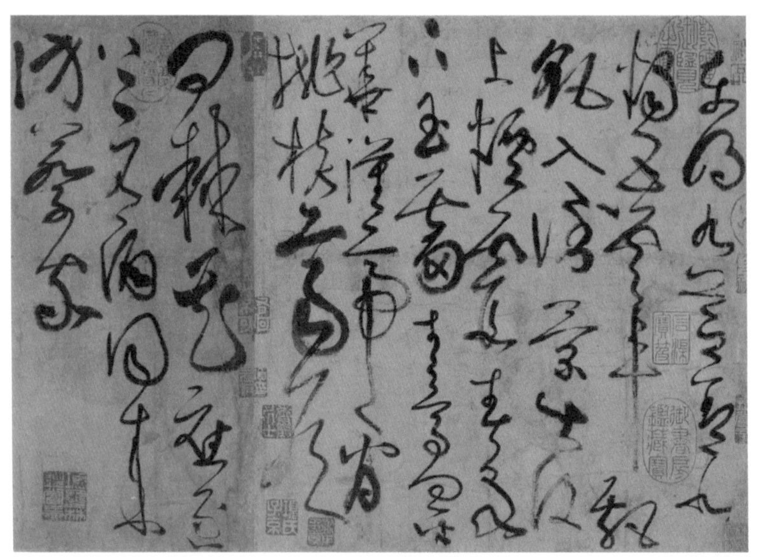

「고시사첩古詩四帖」, 당대, 장욱.

의 「진왕파진秦王破陳」에서 현종의 「예상우의霓裳羽衣」에 이르기까지, 빠르고 강렬한 고동침에서 느린 노래와 춤의 나긋나긋함에 이르기까지, 이것들은 그 시대의 사회 분위기와 문화심리를 보여준다.

> 「파진무」 이하로는 모두 큰북을 두드리며 「구자악」을 섞었는데, 소리가 백 리를 진동하며 산골짜기를 뒤흔들었다. (…) 오직 「경선무慶善舞」만이 홀로 「서량악」을 사용하여 가장 우아했다.[76]

마치 그 당시에 변새시파와 전원시파가 있었던 것처럼, 어떤 것은 무무武舞에 쓰이고 어떤 것은 문무文舞에 쓰였으며 어떤 것은 웅장하고 어떤 것은 우아했다. 이들 음악과 가무의 기본 가락은 더 이상 의례儀禮적인 전아함과 장중함이 아니라 세속적인 즐거운 마음의 소리였다.

바로 이러한 음악성의 표현 역량이 성당의 각 예술 영역으로 스며들어가서 성당의 미의 영혼이 되었다. 따라서 이를 성당지음이라고 통칭하는 것은 타당하다. [성당지음의] 내용에 대해서는 이미 앞에서 말했는데, 형식 역시 이 영혼에 의해 지배되고 결정되었다. 절구와 칠언 고악부古樂府가 성당에 성행했던 이치도 바로 여기에 있다. 이것들은 악보와 결합해 누구나 노래로 부를 수 있는 형식이었다.

비파 소리에 춤추는 사이 새로운 악곡新聲으로 바뀌어도,
변방 요새에서 떠오르는 옛 이별의 정은 매한가지.
변방에서의 수심愁心을 휘저어놓으니 차마 다 들을 수 없고,
높게 뜬 가을달이 장성長城을 비추는구나.[77]

시와 비파(음악)는 불가분의 혼연일체다. 새로운 악곡과 음악은 그것의 형식이고 절구와 칠고七古[칠언 고시]는 그것의 내용이다. 혹은 뒤집어서 말하자면, 절구와 칠언은 형식이고 음악과 서정은 내용이다. 아무튼 이것들은 긴밀하게 서로 연결되어 있다. 그 당시 사람은 이렇게 말했다. "[개원開元·천보天寶 이후로] 궁궐에서 전한 것, 이원제자梨園弟子가 노래한 것[78], 술집에서 노래한 것, 변방의 장수들이 들여온 것, 이는 대체로 그 당시 명사들이 절구로 지었던 것들이다."[79] 왕강녕王江寧을 비롯한 세 사람이 술집에서 시를 노래했다는 전설[80] 등도 이[시와 음악의 결합]를 명확히 증명한다. 후세 사람은 이렇게 말했다.

삼백편三百篇[『시경』]이 사라진 뒤에 소부騷賦[「이소」에서 나온 소체騷體]가 나왔는데, 소부가 음악과 어울리기 어려워지자 고악부古樂府가 나왔으며, 고악부가 너무 고상해지자 당대의 절구로 악부[음악과 일체화

당삼채, 악단을 실은 낙타. 산시 성 시안 출토.

된 시]를 지었다.[81](왕세정王世貞, 『곡조曲藻』)

오언 고시는 한·위 때 생겨나 당대에 이르러서 기본적으로 완비되었다. 오언 율시는 초당의 심전기沈佺期와 송지문宋之問에 의해 정형화된 이후로 당나라가 끝날 때까지 과거 체재 및 정통 격식이었다. 칠언 율시는 두보에 이르러서야 진정으로 성숙했으며 송대 이후 비로소 널리 유행했다. 이러한 형식들은 기본적으로 문학적인 것이지 음악적인 것은 아니다. 오직 '시류에 맞는入俗' 절구와 아직 정형화되지 않았던 칠언(즉 삼언·사언·오언·육언 등이 섞여 있는 것)만이 당시 사회 전체에서 가장 유행하면서도 노래로 부를 수 있는 주요 예술형식이었는데, 이 역시 성당지음의 주요 문학형식이다.

음악과 시의 관계와 마찬가지로, 춤과 서법의 관계도 밀접했다. 춤추는 자태를 관찰하여 서법에 응용했다는 것 역시 계속하여 전해진 유명한 이야기다. "장전張顚[장욱張旭]은 공손대낭公孫大娘의 검무를 본 뒤로 필세가 더욱 탁월해졌다."[82] 그 당시 춤의 특징은 무엇이었을까? 음악과 마찬가지로 춤 역시 주로 이역 소수민족의 격렬한 움직임을 담은 「호선무胡旋舞」(「호등胡騰」)에서 비롯된 것으로, "종횡으로 뛰고縱橫跳動" "바람처럼 빙빙 돌았다.旋轉如風" 마치 용이 날아가듯 웅건하고 힘차게 탄성과 활력을 지닌 필묵의 선, 기묘한 온갖 형태로 무아지경無我之境에 빠진 채 끊임없는 이어지며 강약이 급변하는 글자체와 배치, 순식간에 변화무쌍하여 저지할 수 없는 사나운 비바람 같은 자태와 기세, 성당의 초서는 바로 종이 위의 이런 강렬한 춤이 아니겠는가?

절구·초서·음악·춤, 이들 표현예술이 하나로 합쳐져 그 당시 시서詩書 왕국의 미의 최고봉을 이루었다. 이것은 선율과 감정을 중시하는 중국 전통의 '선의 예술'을 참신한 단계로 끌어올렸으며, 세속 지식인이 상

음악에 맞춰 춤추는 도용, 당대, 산시 성 소릉 출토.

승 단계에 있던 시대정신을 반영한다. 소위 성당지음은 다른 것이 아니라 바로 이를 일컫는 것이다.

3

두보의 시, 안진경의 글씨, 한유의 문장

성당지음은 본래 상당히 모호한 개념이다. 시를 놓고 말하자면, 이백과 두보 모두 성당에 속하지만 양자의 미는 전혀 다르다. 서법을 놓고 말하자면, 장욱과 안진경顔真卿 모두 성당에 속하지만 역시 두 가지의 서로 다른 미다. 실제로 시간적으로 보자면, 두보와 안진경의 예술이 성숙기에 접어들고 저명한 작품이 나오게 된 것은 모두 안사安史의 난 이후다. 풍격의 측면에서 말하자면, 이 둘은 이전 사람들과 달리 새로운 길을 열었다. 두 종류의 '성당'은 미학에서 굉장히 다른 의미와 가치를 지닌다.

이백과 장욱 등을 대표로 하는 '성당'은 옛 사회 규범 및 미학 기준에 대한 파괴와 돌파로서, 그 예술적 특징은 내용이 형식을 압도하여 형식의 어떠한 속박과 제한도 받지 않으며 아직 형식이 확정되지 않은 모방할 수 없는 천재성의 발로라고 할 수 있다. 한편 두보와 안진경 등을 대표로 하는 '성당'은 새로운 예술 규범 및 미학 기준을 확정·수립했고, 그 특징은 형식을 중시하며 형식과 내용의 엄격한 결합과 통일을 요구함으로써 학습하고 모방할 수 있는 격식과 본보기를 세운 것이다. 전자가 신흥 세속지주 지식인의 '낡은 것의 타파破舊' '형식의 돌파'를 보다 두드러지게 반영한다고 한다면, 후자가 두드러지게 반영하는 것은 '새로운 것의 수립立新' '새로운 형식의 확립'이다. "강산에서 대대로 인재가 나와, 그들의 시문이 수백 년 동안 영도적 역할을 했다."[83]

두보의 시, 안진경의 글씨, 한유의 문장은 수백 년 동안의 시문을 영도했을 뿐만 아니라 거의 천 년에 이르는 후기 봉건사회의 기준을 다지고 본보기를 수립하고 정통을 형성했다. 후대 사회 및 예술과의 밀접한 관계 및 영향에 있어서 이들의 비중은 전자(이백·장욱)보다 훨씬 더 크다. 두보의 시, 안진경의 글씨, 한유의 문장은 거대한 영향을 끼쳤고 지금까지도 여전히 영향력 있는 예술 규범이다. 이는 위·진시대 조식의 시, 이왕[왕희지와 왕헌지]의 글씨, 그리고 한부로부터 변화한 변문騈文이 전기 봉건사회의 본보기와 전범이 되어 정통으로서 만당·북송에 이르기까지 줄곧 영향을 끼쳤던 것과 같다. 조식·이왕·변문·인물화와 [그 이후] 두보의 시, 안진경의 글씨, 고문古文, 산수화는 중국 봉건사회의 문예 영역에서 확실히 차이가 있는 두 종류의 심미 풍격, 예술 취향, 정통 규범이다.

소식은 두보의 시, 안진경의 글씨, 한유의 문장을 '집대성자'라고 여겼다. 그는 이렇게 말했다.

> 그러므로 시가 두자미杜子美[두보]에 이르고 문장이 한퇴지韓退之[한유]에 이르고 글씨가 안노공顔魯公[안진경]에 이르고 그림이 오도자에 이르러서야, 고금의 변화와 천하의 기량이 오롯이 갈무리되었다.[84](『동파제발東坡題跋』)

이상의 인물들 가운데 한유는 시대적으로 늦어서 성당과 시간상 거의 관계가 없다.(고병高棅의 분류에 따른다면 역시 성당에 속한다.) 하지만 구체적인 역사는 개인적 재능의 우연을 포함한 온갖 우연으로 충만하며 이론이나 논리처럼 정연했던 적은 지금껏 없다. 성당에도 한유의 문장보다 앞선 선행자가 있었지만 뛰어나지 않았을 뿐인데, 이는 한유의 문장이 일종의 시대적 요구로서 장차 반드시 출현하게 될 것임을 충분히 증명하는 것이다. 그러므로 개성을 거론하지 않는다면[85], 역사의 총체성과 정신의 실질성이라는 측면에서 볼 때 한유의 문장은 두보의 시나 안진경의 글씨와 대등하게 여길 수 있을 뿐만 아니라 반드시 대등하게 여겨야 한다. 즉 그것은 동일한 시대정신과 미의 이상을 공동으로 구현한 것으로 간주해야 한다.

오도자의 그림은 진적眞迹이 전해지지 않는다. 하지만 '오대당풍吳帶當風'[86]이라는 유명한 핵심어, 「송자천왕도送子天王圖」 같은 후세에 전해지는 모사본, 동파東坡[소식]가 오도자의 그림을 두고 "옛 격식 가운데서 참신함을 그려 냈고 호방한 풍격 너머에 오묘한 이치를 담아냈다"[87]고 칭찬한 말 등을 통해 본다면, 규칙의 혁신이 선의 출중함으로 구현되었음을 알 수 있다. 아마도 이것이 후세에 거대한 영향을 끼친 기본 요소일 것이다. 이러한 특색을 구현하고 있는 원대元代 영락궁永樂宮 벽화와 『팔십칠신선권八十七神仙卷』은 극히 구불구불하게 치달리며 날아오르는 선을 통해, 매우 유창하고 장엄한 움직임의 동태 및 서로 잇닿으며 생기가 왕성한 기세를 표현했다. 이것에서 두드러지는 것은 규범화된 음악적 미(규범화되지 않은 성당의 서법과는 다르다)이며, 이는 후대의 모든 회화예술(특히 산수·화조花鳥의 필묵 취향)에 아주 오래도록 내내 영향을 미쳤다.

그런데 오도자의 원작은 아무튼 볼 수 없으므로 이에 관한 논의는 보류할 수밖에 없다. 그렇다면 이제 남은 것은 두보의 시, 안진경의 글씨, 한유의 문장이다.

푸른 바다에서 고래를 제압했다는 이야기 일찍이 들었는데,

「조원도朝元圖」(부분), 영락궁 벽화, 원대.

『팔십칠신선권』(부분), 소묘, 송대.

신력이 무궁하여 태허太虛를 운행했다지.

고금의 기를 통해 이루어진 솥의 세 발,

두보의 시, 한유의 문장, 안진경의 글씨라.[88](마쭝훠馬宗霍의 『서림조감書林藻鑒』에서 인용한 왕문치王文治의 「논서절구論書絶句」)

그렇다면 성당과 중당의 교체기인 봉건 후기의 이들 예술 전범은 어떤 공통된 특징을 지니고 있을까?

이것들의 공통 특징은 성당의 웅장하고 호방하고 웅건한 기세와 정서를 규범 속에 편입시켰다는 것, 즉 일정한 형식·규격·규정 속으로 엄격히 수용하여 정련했다는 것이다. 이로써 능란할 수는 있지만 익힐 수는 없고 도달할 수는 있으나 배울 수는 없는 천재미 대신에, 누구나 배워서 도달할 수 있고 익혀서 능란해질 수 있는 인공미가 형성되었다. 하지만 전자의 드높은 기개와 기세를 여전히 보존하고 있었으며, 형식상의 엄밀한 제약과 엄격한 규범이 더해졌을 뿐이다. 이 역시 다음과 같이 후대 사람들이 말한 바다.

소릉少陵[두보]의 시작법은 손[손무孫武]·오[오기吳起]와 같고 태백太白[이백]의 시작법은 이광李廣과 같다.[89](엄우, 『창랑시화』)

이백과 두보 두 사람은 재능의 우열은 없다. 하지만 공부工部[두보]는 체재가 명확하고 엄밀하여 따를 수 있는 방법이 있지만, 청련靑蓮[이백]은 정취가 너무나 뛰어나 배워서 도달할 수는 없다.[90](호응린胡應麟, 『시수詩藪』)

문장의 표준과 법도에는 당·송 이래로 이른바 억양抑揚·개합開闔·기복起伏·호조呼照의 방법[91]이 있었지만, 진晉·한 이전에는 결코 들어본 적이 없는 것들이다. 한[한유], 유[유종원柳宗元], 구[구양수歐陽修], 소[소식] 등의 여러 대가들이 그것을 만들었는데, (…) 그러므로 상고시대에 비롯된 문장은 이에 이르러서 또 다른 경지를 열었다.[92](나만조羅萬藻, 『차관당집此觀堂集』「대인작한림지제예[93]서代人作韓臨之制藝序」)

이광의 경우 용병술은 귀신같았지만 병법이 없었던 반면, 손무와 오기에게는 따를 수 있는 병법이 있었다. 이백·장욱 등은 따를 방법이 없는 부류에 속한다. 한편 두보의 시, 한유의 문장, 안진경의 글씨는 따를 방법이 있는 부류에 속한다. 후자는 후세 사람들이 오래도록 학습하고 따르며 모방하고 본받을 수 있는 미의 전범을 제시했다.

이로써 미의 전반적인 풍격이 크게 달라졌다. 전체의 모습을 볼 수 없는 신룡神龍과 같은 종잡을 수 없음, 남과 비교할 수 없을 만큼 출중하고 표일한 귀족적 기개의 시대는 지나갔다. 보다 쉽게 다가갈 수 있고, 보다 통속적이며 알기 쉽고, 보다 정밀히 정제되고 정연한 세속적 풍격이 그 자리를 차지했다. 이는 확실히 더 대중화되었고 보다 쉽게 보편적으로 받아들여졌으며 폭넓은 인기를 누렸다. 사람들은 모두 그들이 새롭게 수립한 규칙과 표준 속에서 미를 탐색하고 미를 개척하고 미를 창조했다.

안진경의 글씨를 두고 말하자면, 안진경은 해서를 최고의 표준으로 삼았다. "안정적이고 착실하여 백성들이 사용하는 데 이로운"[94](포세신包世臣) 그것은 본래 그 당시 민간의 서법을 흡수한 것으로, 훗날 마침내 송대 인쇄체의 기본이 되었다. 이는 성당의 광초와는 당연히 매우 다르다. 전통적으로 이왕[왕희지와 왕헌지]을 숭상했던 것과는 대조적으로 "안공顏公[안진경]이 변화시킨 서법은 새로운 경지를 드러낸다"[95](소식)고 했듯이, [안진경의 서법은] 또 다른 풍격의 경지를 열었다. 좌우의 기본 대칭이 긍정적인 이미지로 나타났으며, 질박하고 중후하고 힘차고 단정하고 장엄하고 가지런하고 대범했다. "원기元氣가 질박하여 더 이상 아리따운 자태를 염두에 두지 않는"[96](완원阮元) 안진경의 글씨는, 자형이 약간 기울고 왼쪽으로 경사지고 교묘하고 말쑥하고 우아하고 부드럽고 자태가 아리따운 이왕의 글씨 및 초당의 모사본보다 훨씬 뛰어나지 않은가? 바로 이러한 새로운 심미 기준과 심미관에 기초해 다음과 같은 견해와 관점이 끊임없이 쏟아져 나왔다.

왕희지의 통속적인 서체는 아리따움을 추구했다.[97](한유)

일소逸少[왕희지]의 초서는 젊은 여인의 자질을 지녔고 장부의 기질이 없으므로 귀히 여길 만하지 않다.[98](장회관張懷瓘)

이왕의 졸렬한 서체를 죄다 쓸어버리고 위대한 송나라를 길이길이 밝게 비출 것이다.[99](미불米芾[100])

구[구양순歐陽詢], 우[우세남], 저[저수량], 육[육간지]는 진정으로 노서奴書[종의 서체][101]일 뿐이다.[102]

판원란范文瀾은 이에 대해 다음과 같이 적절하게 설명했다.

송대 사람들이 안진경을 스승으로 삼았던 것은, 초당 사람들이 왕희지를 스승으로 삼았던 것과 같다. 두보의 시에서 "글씨는 가늘면서 힘찬 것을 귀히 여겨야 비로소 신묘함과 통한다네"[103]라고 했는데, 이것은 안진경의 글씨가 세상에 널리 전해지기 전의 옛 표준이다. 소식의

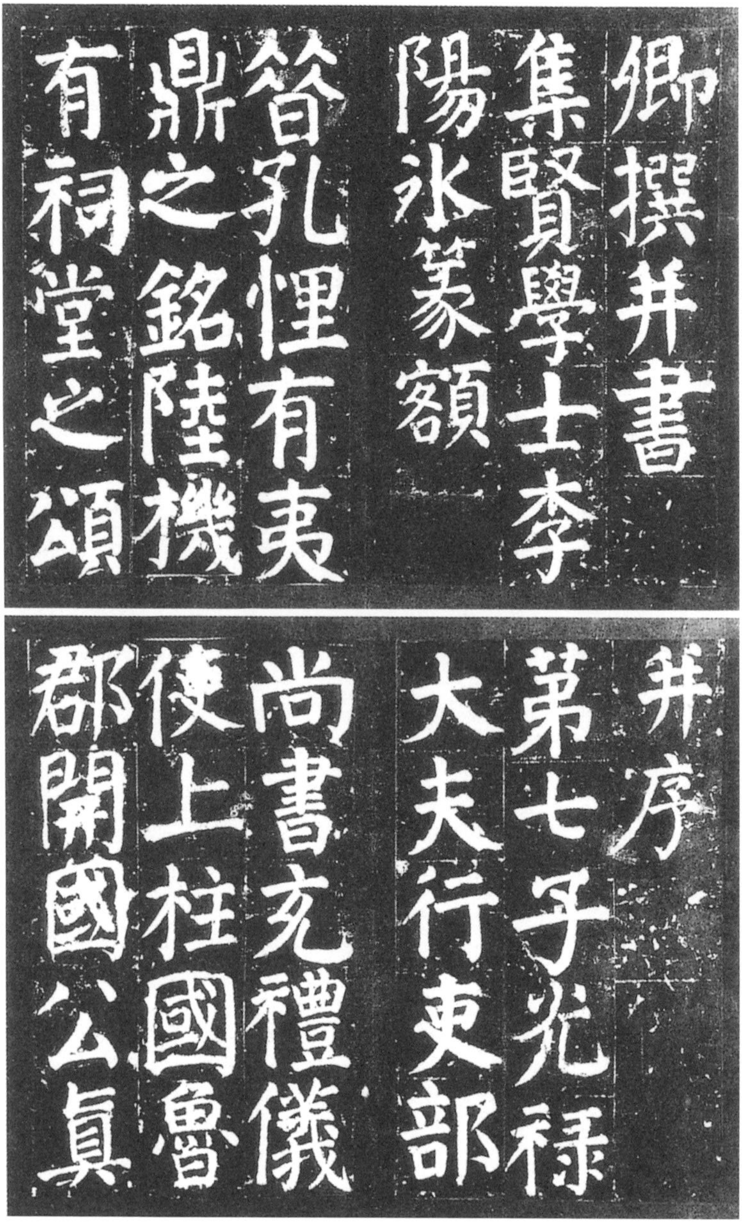

御撰并書
集賢學士李
陽氷篆額
昔孔悝有夷
鼎之銘陸機
有祠堂之頌

并序
第七子光祿
大夫行吏部
尚書充禮儀
使上柱國魯
郡開國公眞

「안씨가묘비」 탁본, 안진경.

시에서 "두릉杜陵[두보]이 평하길 글씨는 가늘면서 힘찬 것을 귀히 여겨야 한다고 했지만, 이 말은 공정하지 않기에 나는 이를 근거로 삼을 수 없다네"[104]라고 한 것은 안진경의 글씨가 성행한 이후의 새로운 표준이다.[105]

이는 두 종류의 심미 취향 및 예술 표준이 아닌가? 안진경의 「안씨가묘비顔氏家廟碑」의 경우, 강함 가운데 부드러움이 있고 각짐 가운데 둥긂이 있고 곧음 가운데 굽음이 있어서, 미의 극치에 확실히 도달했으면서도 여전히 통속적이고 배우기 쉬워 누구나 따라서 익힐 수 있다.

한유의 문장 역시 이와 비슷하다. 즉 육조시대부터 오대에 이르기까지 문단의 정통이었던 사육변체四六騈體와 대조적으로, "문장의 의미가 명확하고 매끄러워文從字順"[106] 구어적인 통속성과 학습 가능성이 매우 두드러진다. "그의 문장은 팔대八代 이래의 쇠락함을 일으켜 세웠다"[107], "한자韓子[한유]의 문장은 장강·대하大河[황하]와 같다"[108] 등에 담긴 진정한 함의 역시 바로 여기에 있다. 한유의 문장은 마침내 송대 이래 산문의 가장 큰 선구자가 되었다.

당나라 정관貞觀 연간 이후 문인들은 모두 육조의 문체를 따랐다. 개원·천보 연간을 거치면서 시격詩格이 크게 변했는데도 문격文格은 여전히 옛 규범을 답습했다. 원결元結과 독고급獨孤及에 이르러 비로소 떨쳐 일어나 악습을 씻어 버렸고, 소영사蕭穎士와 이화李華가 곁에서 도왔다. 그 후 한유와 유종원이 잇달아 일어나 당대의 고문이 마침내 성대히 극성해졌다.[109](『사고전서총목四庫全書總目』「비릉집毘陵集」)

이 역시 한유를 대표로 하는 고문이 육조의 '옛 규범'과 대립하는 새로운 문체 규범임을 말해주는 것이다.

두보의 시는 더 말할 나위가 없다. 일찍이 사람들이 다음과 같이 지적한 바 있다.

> (이백은) 호방하고 거침없고 구속을 떨쳐 버렸으며, (…) (두보는) 시종일관 정밀히 배치하여 서술하고 대구와 음운에 힘썼다.[110](원진元稹)

> 오직 당대의 두공부杜工部[두보]만이 주공周公처럼 지을 수 있었으며, 후세에 아무도 그에 비할 수 없었다.[111](오기지敖器之)

> 시를 배우려면 마땅히 자미子美[두보]를 스승으로 삼아야 한다. 규범이 있기 때문에 배울 수 있다.[112][진사도陳師道]

> 성당의 구법句法은 한대의 시처럼 너무 함축적이어서 한 글자만을 떼어 낼 수 없었다. 노두老杜[두보] 이후에야 시구 가운데 시안詩眼으로 삼을 수 있는 탁월한 글자奇字가 있음으로써 비로소 구법이 생겨났다.[113](호응린)

> 그[두보의 시] 격조를 살펴보면 실로 성당과 크게 다르다. 그것이 이전 사람들을 아우를 수 있었던 이유는 여기[114]에 있고 후세의 남상濫觴이 될 수 있었던 이유 역시 여기에 있다.[115](호응린)

이상은 규범과 본보기로서의 두보 시의 지위를 다양한 각도에서 설명하고 있다. 이로써 두보를 배우는 것은 시인이라면 반드시 거쳐야 하는 길이 되었다. 시구를 다듬고 있는 힘을 다해 정교함을 추구하면서 매 구와 글자를 퇴고하고 정성을 쏟음으로써 미의 의경意境을 찾고 창조했다. "시 두 구절을 3년 만에 얻어 한번 읊어보니 두 줄기 눈물이 흐르네."[116] "마음에 드는 시구를 얻는다면, 만사 시름을 잊겠네."[117] 이는 이백 같은 이들은 물론 몰랐을 터이고 알고 싶지도 않았을 것이다. 두보가 가장 자유자재로 그리고 가장 성공적으로 운용하고 표현한 칠언 율시의 형식은 오늘날까지도 사람들이 가장 즐겨 운용하고 가장 흔히 운용하는 시체詩體가 아닌가? 음운과 대구 등이 사뭇 제한적인 7언 8구 56자의 엄격한 규범 속에서, 변화무궁하고 한없이 다양한 새로운 시어와 아름다운 시구를 누구나 다 창작해 낼 수 있지 않은가?

> 근체시近體詩 가운데 어렵기로는 칠언 율시보다 어려운 게 없다. 56자 속에서, 의미는 구슬을 꿴 듯하고 언어는 반쪽의 옥이 합쳐져 완전히 둥근 옥이 된 듯하다. 구슬을 뀀에 있어서는 야광주가 쟁반 위에서 구르는 듯 이리저리 바뀌며 변화하는 묘妙를 놓치지 말아야 한다. 옥을 합침에 있어서는 옥으로 만든 상자에 뚜껑이 있듯이, 어긋나거나 억지스러운 흔적이 절대 있어서는 안 된다. 채색 비단 끈과 수놓은 비단은 서로의 빛깔을 선명하게 만들고, 궁宮·상商·각角·치徵의 음은 서로 어울려 소리가 된다. 생각은 충분히 심원하되 자칫 모호해지면 안 되고, 정은 애틋하고 자연스럽되 자칫 헤퍼서는 안 된다. (…) 장엄하기로는 청묘淸廟와 명당明堂 같고, 차분하기로는 1만 균鈞이 나가는 구정九鼎과 같고, 고상하고 화려하기로는 밝은 달과 뭇 별 같고, 웅대하기로는 태산泰山처럼 높은 산과 같고, 막힘없이 통하기로는 흐르는 물과 떠도는 구름 같고, 변화무쌍하기로는 세찬 비바람 같다. 한 편의 시 가운데 반드시 여러 가지가 겸비되어야 완벽하다고 할 수 있다. 그러므로 이름난 문인이라 하더라도 예로부터 이를 어려워했다.[118](호진형胡震

亨, 『당음계첨唐音癸籤』)

이는 물론 너무 지나친 말이다. 하지만 칠언 율시의 형식이 사람들에게 사랑받았던 이유는, 규범이 있으면서도 자유롭고 법도를 중시하면서도 융통성이 있었던 데 있다. 엄정한 대구는 심미적 요소를 강화했고, 확정된 구형句形은 오히려 다양한 풍격의 발전과 변화를 포용했다. 두보는 이러한 형식을 자유자재로 능숙하고 완전무결하게 운용했다. 그의 수많은 유명한 칠언 율시 및 기타 체재의 시들은 후세 사람들이 줄곧 매료되고 모방하고 학습한 본보기가 되어왔다.

바람 세차고 하늘 높고 원숭이 울음소리 슬픈데,
물가 맑고 모래 희고 새는 빙빙 난다.
가없는 낙엽 우수수 떨어지고,
다함없는 장강 굽이쳐 밀려오는구나.
만리 먼 곳에서 가을 슬퍼하니 늘 나그네 신세,
한평생 병치레 잦은 몸 홀로 누대에 올랐네.
고생에 서리 같은 귀밑털 부쩍 많아짐이 못내 한스러워라,
실의에 잠긴 채 잠시 술잔 멈추네.[119]

한 해 저물어가니 낮은 점점 짧아지는데,
아득히 먼 곳 눈과 서리 그친 차가운 밤.
오경五更에 울리는 북과 나발 소리 비장하고,
삼협三峽의 별과 은하는 물결 따라 요동친다.
들판에 퍼지는 여러 집 곡소리에 전쟁 소식 들리는데,
곳곳에서 들려오는 어초漁樵의 이가夷歌[120] 소리.

와룡臥龍과 약마躍馬도[121] 결국 흙으로 돌아갔으나,

교유交遊와 서신은 너무 적막하구나.[122]

침울돈좌沈鬱頓挫[123]하고 심각하고 비장하며 기세가 드높으면서도, 세밀하고 정제된 음률과 대구 속에 엄격한 규범이 있다. 앞에서 언급한 이백의 시와 이를 비교해본다면, 확실히 다른 두 가지의 풍격·의경·격조·형식이 아닌가? 심미적 성질을 놓고 말하자면, 이백의 시는 규범이 없는 천재미·자연미로서 조탁에 힘쓰지 않았던 반면 두보의 시는 엄격한 규범을 지닌 인공미·사회미로서 자구를 세심하게 다듬었다. 주의할 것은 이러한 규범과 헤아림이 제·양 시기의 사성팔운四聲八韻 같은 외재적 형식의 추구가 결코 아니라는 사실이다. 순수 형식을 지나치게 추구한 것은 육조 문벌사족 문예의 말류이며, 두보 시의 경우에는 내용과 긴밀하게 연결되어 있는 규범이다. 이러한 형식의 규범이 요구하는 것은 바로 사상과 정치가 요구하는 예술 표현으로, 이는 기본적으로 육조·수·당의 불교와 도교가 상대적으로 우세한 이후에 유가가 장차 다시 우위를 차지해 최고의 지위에 오를 것이라는 예고였다.

두보·안진경·한유는 모두 유가사상의 신봉자 내지 제창자였다. "군왕을 보좌해 요堯·순舜을 능가하게 하고, 풍속을 순박하게 만들리"[124]라는 두보의 충군애국의 윤리적 정치관, "널리 사랑하는 것을 인仁이라 하고, 행하되 이치에 맞게 함을 의義라 하며, 이것을 따르는 것을 도道라고 한다"[125]는 한유의 반철리半哲理적 유가 신념, "충의의 절개가 일월처럼 밝고 금석처럼 굳다"[126]는 안진경의 탁월한 인격, 이는 이 예술 거장들이 창건하고 수립한 미학 규범에 내용과 형식이 모두 내포되어 있음을 말해준다. 위·진·육조 이래로 신선 관념 및 불교 관념과 밀접한 관계를 맺고 있었으며 항상 이것을 철리의 기초로 삼았던 전기 봉건예술과는 달리,

두보·안진경·한유를 개척의 선봉으로 삼았던 후기 봉건예술은 유가 학설을 철리의 기초로 삼았다. 유가 학설이 실제적 지배력을 끊임없이 상실해가고 있었더라도(제8장 참조), 봉건사회가 종결되는 후세까지 그것은 늘 앞에서 말했던 미학 규범과 얽혀 있었고 그러한 규범의 도의적·윤리적 요구로서 등장했다. 이는 후대의 문인이 유가의 충군·애국과 같은 윤리도덕으로써 두보·안진경·한유를 감상하고 평론하고 해석할 것을 늘 강조했던 이유기도 하다.

매우 재미있는 상황은, 두보·안진경·한유가 진정으로 유행하고 정통으로 받들어지고 확고부동한 지위를 다진 때가 당대가 아닌 송대였다는 것이다. 당대부터 오대에 이르기까지, 변체騈體는 시종일관 지배적 지위를 차지했으며 그 사이에 육선공陸宣公의 주의奏議, 이상은李商隱의 사육문四六文 등 명가도 많이 출현했다. 하지만 한유와 유종원의 산문은 결코 유행하지 않았다. 또한 그 당시 두보 시의 명성 역시 원[원진]·백[백거이白居易]에 미치지 못했고 심지어는 온[온정균溫庭筠]·이[이상은]만도 못했다. 한유와 두보 모두 북송 구양수(한유를 존경했음)와 왕안석王安石(두보를 받들었음) 등이 있는 힘을 다해 선양한 덕분에 비로소 부각되었다. 안진경의 글씨는 중당에 이미 중시를 받았지만 유일무이한 지위를 확실히 다지게 된 것은 역시 송대의 소[소식]·황[황정견黃庭堅]·미[미불]·채[채양蔡襄]의 사대 서법가가 안진경의 글씨를 배운 이후부터다. 이 모든 것은 교묘한 우연의 일치인 것 같지만 결코 우연이 아니다. 이는 그 당시 사회의 기초 및 상층 구조의 변화를 미학이라는 각도에서 뚜렷이 반영하는 것이다. 신흥 사대부는 초당에서 성당으로 들어오면서 부상했고, 중당에서 만당에 이르는 동안 공고해졌으며, 북송에 이르러서는 경제·정치·법률·문화 각 분야에서 전면적으로 지배적 지위를 획득했다. 두보의 시, 안진경의 글씨, 한유의 문장이 지배적인 지위를 획득하게 된 시기가 바로 이 과정과 일치한다. 앞에서 말했듯이, 세속지주(즉 승려지주나 문벌지주와 대립되는 서족과 비非신분적 지주) 계급은 육조 문벌사족에 비해 훨씬 더 광범위한 사회적 기초 및 많은 인원수를 보유하고 있었다. 이는 몇몇 소수의 세습 권문세족의 가문이 아니라, 사면팔방 각 지역에 흩어져 있는 대지주·소지주였다. 그들이 보다 통속적인 규범의 미를 환영하고 받아들였던 것은 전적으로 이해할 수 있는 일이다. 이 모든 것들이 반드시 의식적이고 자각적인 것은 결코 아니었지만, 역사의 필연은 언제나 개체의 무의식적인 활동을 통해 펼쳐지게 마련이다. 문화사 역시 결코 예외가 아니다.

(두보·한유·안진경을 대표로 하는) 신흥 문예 거장들은, 그들보다 시간적으로 약간 앞섰던 (이백을 대표로 하는) 거장들이 후세를 위해 전통을 돌파했던 것과 마찬가지로 후세를 위해 미의 규범을 수립했다. 이 두 파의 인물들이 공통적으로 지녔던 원기 넘치는 힘과 기개로 인해, "성당의 제공諸公의 시는 안노공[안진경]의 글씨처럼 필력이 웅장하고 기상 역시 깊이 있고 웅혼했다."127(『창랑시화』) 그들이 대체로 성당에 동시에 나왔으며 모두 '성당지음'으로 간주되는 것도 이치상 당연하다. 비록 내가 보기에는 진정한 성당지음은 앞 시기에만 해당하고 뒤 시기는 아니지만 말이다. 만약 양자 모두를 성당이라고 한다면 그것은 마땅히 두 종류의 '성당'이다. 그것은 두 종류의 서로 다른 '의미 있는 형식'으로, 서로 다른 사회적·시대적 내용이 각각에 간직되어 있고 누적-침전되어 있다. 이로써 각자의 풍격적 특징, 심미적 가치, 사회적 의미를 지닌다. 이것들을 자세히 구분해 각각의 미학 본질을 밝혀내고 여태까지 애매모호하게 얽혀 있는 문제를 확실히 설명하는 것은, 그 예술들을 감상·평가·이해하는 데 의미 있는 일이라 하겠다.

제8장

운외지치

1

중당의 문예

제6장과 제7장에서 잇달아 지적한 바와 같이 중당은 중국 봉건사회의 전기에서 후기로의 전환점이었다. 중당은 양세법兩稅法에 의한 국가 재정의 개혁을 법률적 표징으로 삼았으며, 세속 지주는 날이 갈수록 문벌사족을 대신하면서 점차 주요 지위를 차지했다. 이러한 사회 변화는 조趙씨 송 왕조에 의해 확정되었다.

> 태조가 돌에 글씨를 새겨 궁전 안에 두고 왕위를 잇는 사군嗣君에게 들어가서 무릎 꿇고 읽으라 했는데, 그 계율은 세 가지였다. 첫째 시柴씨 자손들을 보전할 것[1], 둘째 사대부를 죽이지 말 것, 셋째 농지에 증세하지 말 것. (…) 송 왕조가 끝날 때까지 문신은 사형에 처해진 적이 없다.[2](왕부지, 『송론宋論』)

황제는 더 이상 육조시대처럼 서로 대항하고 쟁탈하는 소수 문벌귀족의 의지를 대표하는 자가 아니라, 전국 각 계층의 정권의 중심이 되었으며 모든 지주계급의 이익을 대표했다. "나는 천명에 순응하고 백성의 뜻을 따랐거늘, 어찌 천하 사대부가 간여할 일인가?"[3]라는 소연蕭衍의 시대[4]는 이제 지나갔다. 왕조가 바뀌고 누가 황제가 되는지가 사회와 아무런 관계가 없고 심지어는 사대부와도 별 관계가 없던 시대는 지나간 것이다. "천하의 흥망은 필부匹夫에게도 책임이 있으니"[5], [이제 사대부는] 국가와 천하뿐만 아니라 황실 일가의 성쇠를 비롯해 명예와 지위와 존호尊號까지도 매우 중대하게 생각하게 되었다. 송대의 복의지쟁濮議之爭[6]부터 명대의 이궁지안移宮之案[7]에 이르기까지, 사대부는 황실의 순수한 내부 사안에 대해서도 기꺼이 논쟁하며 자신의 의견을 고수했다. 어떤 이의 통계에 의하면, 당대의 재상은 절대 다수가 문벌사족 출신이었다고 한다. 송대는 이와 반대로 '백의 경상白衣卿相'이 두드러지게 증가했다. 당대의 풍습 역시 가문을 자랑하고 권문세가임을 내세우는 것을 영광으로 여겼다.(두보처럼 영락零落했던 이도 조상이 권문세가임을 자랑했고 당 태종처럼 깨어 있던 이도 사인들의 가문을 따졌다.) 송대는 이런 점이 크게 두드러지지 않았다. 송대에는 모든 지주 사대부 지식인의 형편이 크게 향상되었고, 문신·학자·문인·시인은 전례가 없는 우월한 지위를 획득했다. 송대에는 문관이 많았고 관봉官俸이 높았으며 대신은 오만했고 하사품은 막대했다. 문관을 중시하고 무관을 경시했으며 문화를 강조했다. 궁정(황제 본인)에서부터 시정에 이르기까지, 모든 시대 풍조와 사회 분위기가 전기 봉건제 사회와는 달라졌다.

이상의 모든 것이 가장 먼저 중당에서 시작되었다.

안사의 난 이후에도 당나라 사회는 결코 내리막길을 걷지 않았다. 번진藩鎭이 할거하고 전쟁이 끊임없던 상황에서, 앞에서 말했던 새로운 생산관계가 확장되고 개선됨에 따라 생산력이 진일보 발전했으며 사회경제는 전체적으로 여전히 번영·창성의 단계에 있었다. 유안劉晏[8]의 재정 관리를 통해 강남의 풍요로움이 관중 지역에까지 전달될 수 있었고, 양염楊炎[9]의 세제 개혁으로 국고 수입이 크게 늘어났다. 중당 사회의 상층 풍조는 이로 인해 나날이 사치·안일·향락이 짙어졌다. "장안의 풍속은 정원貞元(덕종德宗의 연호) 연간부터 행락과 연회에 사치해진 뒤로, 혹은 글씨와 그림에 혹은 박혁博奕에 혹은 복축卜祝에 혹은 복식服食에 사치했다."[10] "경성에서 유람을 귀히 여기고 목란을 숭상한 지 30여 년이다. 늦봄에 거마를 미친 듯이 달려 완상에 탐닉하지 않는 것을 부끄럽게 여겼다."[11](이조李肇, 『국사보國史補』) 술을 따르고서 나지막이 노래하고 수레를 타고서 유람하고 연회를 벌이며 행락하는 생활이 병거兵車와 활과 칼의 변방 생활을 나날이 대신했다. 의복의 유행에도 변화가 생겼다. "외부인이 못 보았으니 망정이지 보았다면 필시 웃으리니, 천보 말년 때에나 유행하던 차림새라네."[12](백거이) 이제 넓은 소매의 긴 도포가 천보 연간의 좁은 소매의 몸에 꼭 맞는 옷을 대신했다.

이 모든 것들은 많은 지식인이 과거를 통해 새로운 사회 상층으로 진입했던 것과 관계가 있다. "당대에는 과거가 성행했는데, 고종 때 시작되어 현종 때 완비되었으며 덕종 때 극성했다."[13] "대중大中 황제(당 선종宣宗)가 유학을 좋아하기 시작한 이래로 과거를 특히 중시했다. (…) 따라서 진사進士가 이로부터 더욱 번성했는데, 자고이래로 이에 비할 바가 없다. (…) 종복과 말은 호화로웠고 연회와 행락은 사치스러움을 숭상했다."[14](손계孫棨, 『북리지北里志』) 이때는 이미 고종과 현종, 즉 초당과 성당 때의 전통을 타파하려는 혁신의 분위기 및 개척자들의 오만·강직과는 많이 달라졌다. 날로 그 수가 많아진 서생과 진사는 그들의 장기인 화려한 글 그리고 총명함과 기민함으로, 번화한 도시의 가무와 여색과 문자 유희 속으로 나날이 빠져들었다. 변방의 군공에 대한 동경은 이미 사라지고, 종복과 말과 문장의 기교에 대한 경쟁뿐이었다. "큰길은 푸른 하늘 같은데 나만 홀로 나아가지 못하는구나"[15]라는 포효는 이미 사라지고,

"정원 연간 말에 이르자 풍류는 한껏 화려해졌네"[16](두목)라는 화려함과 안일함뿐이었다.

그렇지만 바로 이 시기에 문단과 예원에 백화제방百花齊放이 펼쳐졌다. 성당지음처럼 웅장하고 힘차며 눈부시게 빛나진 않았지만, 보다 각양각색으로 다채로웠다. 각종 풍격·사상·정감·유파가 다투어 능력을 발휘하며 나란히 전진했다. 그러므로 진정으로 문예의 찬란한 경관을 펼치고 시·서·화 각 예술 분야에서 보편적으로 높은 성취에 도달한 것은 결코 성당이 아니라 오히려 중당·만당이다.

시를 놓고 말하자면, 대력십재자大歷十才子[17], 위응물韋應物, 유종원, 한유, 이하李賀, 백거이, 원진, 가도賈島, 노동盧仝이 있었다. 그리고 뒤를 이어서 만당의 이상은, 두목, 온정균溫庭筠, 허혼許渾이 있었다. 중국시의 개성과 특징은 이때 이르러서야 비로소 충분히 발전하게 되었다. 한·위의 고시에서 성당에 이르기까지, 소수의 대가를 제외하고는 예술적 개성이 결코 충분히 뚜렷하게 드러나지 않았다. 시대의 구분은 흔히 볼 수 있지만(예를 들면 건안풍골, 정시지음, 현언玄言, 산수) 개성의 구별은 비교적 찾아보기 어려웠다(건안칠자와 이육삼장二陸三張[18] 역시 대동소이하다). 성당의 경우, 시파(고잠高岑, 왕맹王孟)[19]는 있었지만 개성은 여전히 충분히 두드러지지 않았다. 중당 이후에야 비로소 개성이 진정으로 성숙하게 표출되었다.(이는 회화의 개성이 명·청에 이르러서야 비로소 충분히 표출되었던 것과 마찬가지다.) 이제 더 이상 대동소이하지 않고 풍격이 매우 다양해졌으며 각자 개성을 지니게 되었다. 바로 이랬기 때문에 중당 이후에 매우 풍부하고 다양한 문예의 경관을 구성할 수 있었던 것이다.

대력·정원 연간에는 위소주韋蘇州[위응물]의 고상함과 담백함, 유수주劉隨州[유장경劉長卿]의 유유함과 대범함, 전[전기錢起]과 낭[낭사원郎士

元]의 청신함과 풍부함, 황보[황보염皇甫冉·황보증皇甫曾]의 담박함과 수려함, 진공서秦公緒[진계秦繫]의 산림, 이종일李從一[이가우李嘉祐]의 대각臺閣이 있었다. 이는 중당의 재흥이다. 그 후 원화元和 연간에 이르러서 유우계柳愚溪[유종원]는 복고에 뛰어났고, 한창려韓昌黎[한유]의 글은 넓고 깊었으며, 장(장적張籍)과 왕(왕건王建)의 악부樂府는 의미가 있는 옛 사실을 다루었고, 원[원진]·백[백거이]은 일을 서술하는 데 있어서 분명함에 힘썼다. 이하와 노동의 귀괴鬼怪, 맹교孟郊·가도의 기한飢寒은 만당의 변화[20]다. 개성開成 연간 이후에는 두목지杜牧之[두목]의 호방함, 온비경溫飛卿[온정균]의 화려함, 이의산李義山[이상은]의 괴벽함, 허용회許用晦[허혼]의 [정밀한] 대구가 있었다.[21](고병高棅, 『당시품휘唐詩品彙』「총서總序」)

대력 연간에 이르러, 전·낭은 멀리 심[심전기沈佺期]·송[송지문宋之問]을 스승으로 삼았으며, 묘苗·최崔·노盧·경耿·길吉·이李[22] 등의 여러 대가들은 모두 백옥伯玉[진자앙]에 근본을 두고 황초黃初[23]를 조종으로 섬겼다. 시도詩道는 이로써 가장 왕성해졌다. 한[한유]·유[유종원]가 원화 연간에 나타났으며, (…) 원·백은 경박함과 비속함에 가까웠고, 왕·장[24]은 지나치게 화려하고 아름다웠다.[25](송염宋濂, 「장수재가 시를 논한 것에 대한 답서答章秀才論詩書」)

원화 연간 이후 시도는 점차 저물어갔지만 인재는 그럼에도 한동안 탁월했다. 창려[한유]의 굳셈과 장대함, 유주柳州[유종원]의 정교함, 몽득夢得[유우석劉禹錫]의 웅위함과 기묘함, 낙천樂天[백거이]의 풍부함은 모두 대가의 재능이다. (…) 동야東野[맹교]의 고시, 낭선浪仙[가도]의 율시, 장길長吉[이장길]의 악부, 옥천玉川[노동]의 가행歌行은 그 재능과 실력이 모두 남보다 뛰어나다. (…) 목지牧之[두목] 같은 영준함, 정균[온정균] 같은 화려함, 의산[이상은] 같은 정밀함과 심오함, 정묘丁卯[허혼] 같은 엄밀함 등은 모두 만당의 뛰어난 것들이다.[26](호응린, 『시수』)

온갖 꽃이 한꺼번에 피어나고 거장들이 쏟아져 나왔다. 시단의 왕성함은 실로 전대미문이었다. 산문 역시 그랬다. 한유와 유종원은 물론 후대에 앙모해 마지않는 '종사宗師'지만, 그 당시 더 유명하고 유행했던 인물은 원진과 백거이다. 원진과 백거이의 통속적인 시가들처럼 그들의 산문 역시 수많은 사람들의 입에서 입으로 전해졌다. 물론 이는 성당 때 흥기해서 중당 때 성행한 고문운동과 연관된 것이다.[27] 그런데 보다 흥미로운 것은, 전통의 사육변체가 고문운동과 충돌을 일으키지 않고 이 시기에 마찬가지로 이채를 띠며 보다 아름다워졌다는 점(예를 들면 이상은)이다. 이로써 볼 때, 그 당시 문단 역시 백화제방에 따라 각자의 풍격이 있었음을 충분히 알 수 있다.

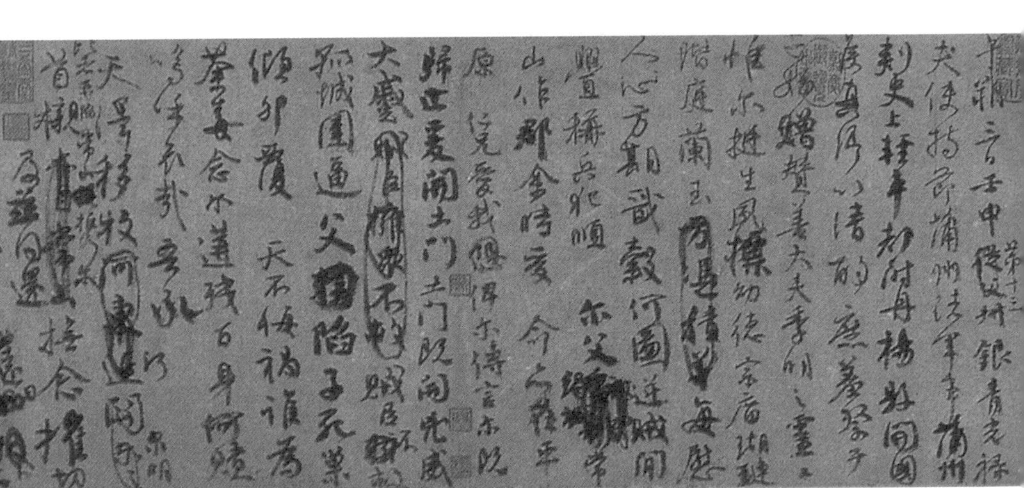

「제질문고祭侄文稿」(부분), 당대 건원 3년(758), 안진경.

「신책군비神策軍碑」 탁본(부분), 당대 무종武宗 회창會昌 3년(843), 류공권.

서법도 그랬다. 이 시기는 이미 안진경의 성숙기였던 동시에 유공권柳公權의 해체楷體, 이양빙의 전서篆書도 있었다. 이 모두가 나름의 특징이 있었으며 오래도록 영향을 미쳤다.

회화도 그랬다. 종교화가 신속히 해체되고 인물·우마·화조·산수 등의 제재가 중당 시기에 자신의 독립적 지위를 획득하여 신속히 발전하면서, 탁월한 성과를 거둔 전문적인 작품과 예술가가 많이 나타났다. 한간에서 한황韓滉까지 그리고 장훤張萱에서 주방周昉까지의 상황은, 성당과 중당에 걸쳐 일어났던 중대한 전환을 말해준다. 봄놀이, 차 달이기, 난간에 기대어 있기, 피리 불기, 거울 보기, 퉁소 불기 등의 회화 소재뿐 아니라 「잠화사녀도簪花仕女圖」에서 애써 묘사한 대단히 화려한 옷차림에 부드럽고 아름다운 색채로 그려진, 얇고 가벼운 비단옷을 걸치고 어깨와 팔을 드러낸 젊은 귀족 부인의 부귀·한가·안락·사치 등이 중당 사회 상층의 심미 풍조와 예술 취향을 구체적으로 재현하고 있다. 제6장에서 언급했듯이, 현실세계의 삶이 나름의 다양화된 진실을 통해 문예에 표현되고 반영되면서 그 시대의 예술 풍모를 형성했다.

총괄적으로 말하자면, 선진시대를 제외하고 중당은 위로는 위·진 그리고 아래로는 명대 말과 더불어서 중국 고대의 사상 영역에서 비교적 개방적이고 자유로운 세 시기에 해당한다. 이 세 시기는 각각의 특징을 지니고 있다. 봉건 문벌귀족에 기초한 위·진시대는 철리적 사변의 색채를 보다 많이 띠었고, 이론의 창조와 사상의 해방이 두드러졌다. 명대 중엽은 주로 시민문학과 낭만주의사조가 자본주의라는 근대 의식의 출현을 상징한다. 중당에서 북송까지는 모든 문화·사상 영역에서 다양하고도 전면적인 개척과 성숙이 이루어진 가운데, 세속지주가 후기 봉건사회를 위해 기초를 공고히 다진 시기다.

예술형식의 측면에서만 보더라도, 칠언 율시의 성숙, 사의 출현, 산문

「잠화사녀도簪花仕女圖」(부분), 비단에 그림, 당대, 주방.

문체의 발전, 해서체의 보급 등이 이루어졌다. 중당의 백화제방을 통한 튼튼한 성과와 찬란한 수확이 없었다면, 이러한 형식들 역시 보존되어 전해져 내려오기 어려웠을 것이다. 시·문·서·화의 풍부하고 다채로운 각종 '의미 있는 형식', 즉 특정 사회의 역사적 내용이 누적-침전된 예술 형식을 바로 그것들[중당의 성과와 수확]이 보존하고 펼쳐나갔다. 사람들은 언제나 성당만 이야기하거나 성당을 중당까지 연장시키지만, 사실 문예발전사의 측면에서 보자면 보다 중요한 시기는 이전 것을 이어받아 새로운 것을 창조해 나간 중당이다.

미학 풍격의 측면에서 말하자면, 중당은 확실히 성당과 다르다. 중당에는 이백이나 장욱과 같은 천마가 하늘을 나는 듯한 표일함이 없고, 두보나 안진경의 충직하고 강건한 굳센 기세마저 모자란다. 중당에는 자연

스럽고 대범한 풍류가 많지만, 그것은 늘 고독·슬픔·근심으로 살짝 물들어 있었다. 이는 초당과 성당에는 없던 것이다.

> 세상일 아득하여 헤아리기 어렵고,
> 봄날 시름에 잠긴 채 홀로 잠드네.[28](위응물)

> 놀란 바람은 연꽃 호수에 어지러이 물결 일으키고,
> 가느다란 빗방울은 벽려薜荔 가득한 담장 위로 비스듬히 스며드네.[29](유종원)

> 파巴·초楚 산수지간 처량한 땅에,

23년 동안 버려졌던 몸.[30](유우석)

이상과 더불어서 백거이의 「장한가長恨歌」와 「비파행琵琶行」, 노윤盧綸·전기·가도 등은 성당과 비교해볼 때 전혀 다른 풍모와 정취다. 굳이 비교하자면, 이들은 물론 두보에 보다 가깝다. 사상과 내용뿐 아니라 규범의 추구, 의미의 중시, 격률의 엄격함 등 미학적 이상에 있어서도 그렇다. 성당 후기에 두보가 개척하고 수립한 새로운 심미관, 즉 특정한 형식과 엄격한 규범 속에서 미를 찾고 창조하고 표현하고자 했던 기본적 요구가 중당을 거치면서 계승되고 견고해지고 발전했다.

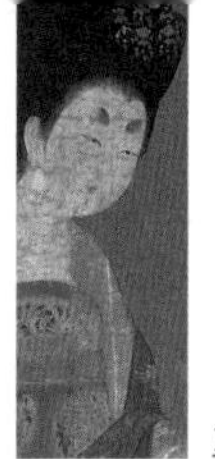

2 내재적 모순

바로 중당에서부터 심각한 모순이 자라나고 있었다.

앞에서 말했듯이, 두보·안진경·한유 등 후기 봉건문예를 위한 규범을 제정한 거장들의 심미 이상에는 유가사상이 스며들어 있었다. 그들은 비교적 통속적이면서 규범을 지닌 형식 안에서 현실적 내용이 풍부한 사회이상과 정치윤리에 관한 주장을 표현해 내길 요구했다. 유가사상을 예술의 기초로 삼았던 이러한 미학 관념은 한유와 두보 등에만 해당하는 게 아니라 시대와 계급의 공통된 경향이었다. 그러므로 풍격과 취향이 크게 다르더라도 이 동일한 사조의 맥락으로 연결되어 있었다. 한유와 대립되는 원진과 백거이 역시 "문장은 시대에 부합되게 지어야 하고, 시가는 시사에 부합되게 지어야 한다"[31](백거이)고 주장했다. 원진과 백거이에게 불만을 지니고 있었으며 "10년 동안 양저우揚州에서의 꿈에서 깨어나니"[32]라고 노래했던, 자연스럽고 대범한 풍류객 두목 역시 「이소」를 한껏 칭찬하길, "군신·치란治亂에 대해 말하며 때때로 사람의 정서를 끓어오르게 만든다"[33]고 했다. 문예에 대한 주장·관념·이론에 있어서 이들은 다음의 봉건 전기 문벌사족과 차이가 있다.

봄바람과 봄 새, 가을 달과 가을 매미, 여름의 구름과 무더운 여름날의 비, 겨울 달과 매서운 추위, 이 사계절이 주는 느낌은 시에 표현된다. 좋은 모임에서는 시를 주고받으며 정을 나누고, 무리와 이별하게 될 때는 시를 빌어 슬픔을 토로한다.[34](종영, 『시품』)

문文의 덕德됨은 크니, 천지와 함께 생겨났다.[35](유협, 『문심조룡』)

천지의 빛을 기록하여 백성의 귀와 눈을 깨우쳤다.[36](유협, 『문심조룡』)

이상은 모두 자연과 인간사를 포함한 객관 사물이 사람의 마음을 감동시킴으로써 나온 산물이 바로 문예라는 것에 역점을 두고 있다. 한편 한유의 "문장은 팔대 이래의 쇠락함을 일으켜 세웠다." 그리고 백거이는 『시경』의 '육의六義'로 돌아가고자 했다. 한 사람은 "진晉·송 이후로는 이[육의]를 얻은 자가 드물다"[37](백거이)고 했으며, 또 한 사람은 "삼대三代와 양한兩漢의 글이 아니면 감히 보지 않았다"[38](한유)고 했다. 공교롭게도 이들은 모두 앞에서 말했던 위·진·육조에서 초당·성당에 이르는 의식형태와 문예관을 비판하고 대신함으로써 유가와 경학의 시대였던 한대로 돌아가 문예를 윤리적·정치적으로 명확한 요구와 긴밀하게 한데 묶고자 했다. 백거이는 이에 대해 더할 나위 없이 명백하게 말했다.

표현은 질박하고도 직설적으로 해서 보는 사람이 쉽게 깨닫도록 하고자 했다. 시어는 솔직하고 절실하게 해서 듣는 사람이 깊이 경계하도록 하고자 했다. 일은 실상에 근거한 사실적인 것을 다루어 채집하는 사람이 믿고 전하도록 했다. 체재는 순탄하고 자유롭게 하여 악장樂章과 가곡으로 전파될 수 있게 했다. 총괄해서 말하면, 군주를 위하고 신하를 위하고 백성을 위하고 만물을 위하고 만사를 위하여 지었지, 글 자체를 위해 지은 것이 아니다.[39](「신악부서新樂府序」)

이는 그야말로 매우 명확하다. 하지만 또한 얼마나 편협한가! 문예가 결국 윤리와 정치를 위한 직접적·실용적인 도구로 규정되고 예술 자체의 심미 법칙과 형식 법칙은 한쪽으로 내팽개쳐졌다. 이는 문예의 발전에 이로운 점이 없기에 조만간 필연적으로 다른 방향을 향하게 마련이었다. 백거이의 풍유시諷喩詩 가운데 많은 작품들은 결코 성공적으로 쓴 것이라고 할 수 없다. 그 당시와 후세에 가장 널리 전송된 그의 작품은 역시 「장한가」 같은 부류다.

"문이재도文以載道[글로써 도를 싣는다]"와 "시이채풍詩以采風[시로써 민가를 채집한다]"을 앞장서서 부르짖었던 이들 자신에게 이미 심각한 모순이 잠재되어 자라나고 있었다. 세속 지주계급 지식인으로서 도의 수호자들은 유학을 제창하며 "천자가 현명天王聖明"하여 황권이 굳건하길 바랐고, 동시에 자신도 관료가 되어 뜻을 이룸으로써 "겸제천하兼濟天下[천하를 아울러 구제하다]" 하길 바랐다. 하지만 사실상 현실은 늘 그다지 이상적이지 못하고 살아가면서 항상 일은 뜻대로 되지 않는 법이다. 황제는 결코 그다지 영명하지 않고, 벼슬길도 결코 그리 순탄하지 않으며, 천하 역시 그다지 태평하지 않았다. 그들이 열심히 추구한 이상과 신념 그리고 그들이 살아가며 달려간 앞길에는 정계, 이록, 관리사회의 부침, 상하 간의 알력뿐이었다.

그래서 그들은 '문이재도'를 강조하는 동시에 자신도 알게 모르게 그와 반대되는 다른 경향을 형성하며 그것을 향해 나아갔다. 그것은 바로 "독선기신獨善其身[오로지 자신을 잘 지킨다]"으로, 갖가지 쟁탈과 알력으로부터 물러나거나 도피하는 것이었다. 그 결과, 정치에 관심을 갖고 벼슬길에 열을 올리면서도 또한 그것에 별 흥미를 느끼지 못하거나 할 수 없이 물러나거나 도피해야 하는 모순과 이중성이 형성되었다. "흰 머리 그대들 함께 세상 떠나던 날, 나는 홀로 청산을 노닐었지."[40] 이는 '감로지변甘露之變'[41]에 대한 백거이의 침통한 자기 위안이다. 다행히 그는 피비린내 나는 숙청을 피할 수 있었다. 그들의 지위는 봉건 전기의 문벌사족이 아니었기에, 완적이나 혜강처럼 어쩔 수 없이 정치의 소용돌이 속으로 휘말려 들어갈 것까진 없었다.(제5장 참조) 그들은 벗어나 도피할 수 있었다. 그래서 백거이는 풍유시를 지은 뒤에 바로 다음과 같은 '한적시閑適詩'를 지었다.

궁통窮通은 진실로 하늘에 달려 있으나,
근심과 기쁨은 나에게서 비롯된다네.
그런 까닭에 도를 깨친 이는,
저것을 버리고 이것을 취한다네.[42]

흰 담은 붉은 문을 끼고 있는데,
(…)
주인은 어디에 있나,
(…)
작은 정원의 주인이면 어떠한가,
지팡이 짚고 있으면 한가함이 즉시 찾아온다네.
(…)
이로써 애오라지 스스로 만족하며,
커다란 못과 누대 부러워하지 않아.[43]

여기에는 권세가를 두렵게 만드는, "군주를 위하고 백성을 위해 짓는" 일 같은 건 더 이상 존재하지 않는다. "몸과 마음이 편안하고 한가로우며" "만족할 줄 알아서 늘 즐거울" 뿐이다. 그러므로 한유 한 사람이 공격적·선동적·통속적인 산문과 동시에 괴벽스럽고 퍅퍅하고 난해한 시를 지었던 것을 쉽게 이해할 수 있다. 비록 "산문으로 시를 지었다以文爲詩" 하더라도, 한유의 시와 산문은 미학적 풍모에 있어서 상반된다. 유종원의 시문에 나타나는 분격憤激과 초탈의 결합, 위응물의 한적함과 처량함의 연결 역시 이해하기 어려운 게 아니다. 그들 시문의 미는 항상 이 두 측면의 통일체다. 이는 이백·두보와는 크게 다르다. 예를 들면 유종원의 유명한 「영주팔기永州八記」 역시 그렇다.

소구小邱에서 서쪽으로 120보를 가니 대숲을 사이에 두고 물소리가 들리는데, 마치 옥 장신구가 부딪쳐서 울리는 듯한 그 소리에 마음이 즐거웠다. 대나무를 베어 길을 내었는데, 아래에 보이는 작은 못이 유난히 청량했다. 커다란 돌 하나가 못의 바닥을 이루고 있는데, 못가에 가까이 가보니 돌바닥 일부가 수면 위로 올라와, 작은 평면이 되고 작은 섬이 되고 울퉁불퉁한 바위가 되고 높이 솟은 바위가 되었다. 푸른 나무와 비취빛 덩굴이 서로 엉켜 흔들리는데, 길이가 들쭉날쭉한 채로 바람에 한들거렸다. 못 안의 물고기는 100여 마리인데 다들 아무것에도 의지하지 않은 채 공중에서 노니는 것 같았다. 햇빛이 못 바닥까지 비치니 돌바닥 위로 물고기 그림자가 비치는데, 꼼짝도 하지 않고 있다가 갑자기 멀리 가버리며 경쾌하고 재빨리 오가는 게 마치 놀러온 이와 더불어 즐기는 듯했다. 못의 서남쪽을 바라보니, 물길은 북두칠성처럼 꺾이며 뱀처럼 흘러가 보였다 사라졌다 하고 양쪽 물가의 형세가 개의 이빨처럼 삐뚤삐뚤 엇갈려 있어 그 발원지를 알 수 없었다. 못가에 앉으니 사방이 대나무와 나무로 둘러싸인 채 아무도 없이 고요하여 마음이 처량해지고 뼈에 한기가 스미면서 시름이 깊어졌다. 그곳이 너무 냉랭하여 오래 머물 수 없어 이를 기록한 뒤 떠났다.[44]

엄숙하고 고결하며 맑고 고고한 이것은 결코 성당지음이 아니라 표준적인 중당의 산물이다. 유가와 도가의 상호 보충에 대해 앞에서 이미 말했는데(제3장 참조), 중국 고대 지식인에게는 본래 '겸제兼濟'와 '독선獨善'의 상호 보충이 있었다. 하지만 이 상호 보충이 충분히 전개되면서 양자의 모순이 시대적·계급적으로 심각한 의미를 지니게 된 것은 중당 이후의 후기 봉건사회에서다.

주희는 한유에 대해 비평하길, "그저 글을 지어 사람들이 감상하게 하고자 했을 뿐"[45]이라고 했다. 소식 역시 이렇게 말했다. "한유는 성인의 도에 대해 대체로 그 이름名만 좋아할 줄 알았지 그 실상實을 즐기지는 못했다."[46] 한유는 주공과 공자의 도통道統을 소리 높여 외치면서 인의와 도덕을 엄숙하게 강조했지만 그 자신의 생활과 취미는 결코 그렇지 않았다. 명성과 지위를 탐하고 재물을 좋아하고 가무와 여색에 탐닉하고 권세에 알랑거리는, [자신의 주장과는] 완전히 다른 양상이었다. 이는 그 당시와 후세에 진정으로 도를 수호하고자 했던 다양한 층위의 사람들(왕안석에서 왕선산에 이르기까지)을 상당히 불만스럽게 만들었다.

사실상 그것[한유의 이중성]은 오히려 중당부터 대량으로 배출되기 시작한 (진사 집단을 대표로 하는) 세속 지주 지식인이 '삶'에 매우 능숙했던 것을 진실하게 표현한 것이다. 그들은 비록 유가 교의를 표방했지만 실제로는 자신의 각종 삶의 취미에 몰두했다. 혹은 향락에 빠졌고 혹은 한가함에 빠졌다. 혹은 가무와 여색에 탐닉했고 혹은 전원을 맘껏 즐겼다. 보다 많은 경우에는 이것들이 서로 얽히고 한데 맞물려 있었다. 이 계급이 나날이 각 방면에서 사회의 지배적 위치를 차지하게 됨에 따라 이러한 중당의 모순성은 점차 분화되었고, 만당·오대를 거쳐 북송에 이르러서 전자(공맹의 기치를 내걸고 말끝마다 문예는 봉건 정치를 위해 기능해야 한다던 측면)는 송대 이학과 이학가의 문예관으로 발전했다. 그리고 후자(현실 세속에 대한 탐닉과 감탄)는 나날이 문예의 진정한 주제와 대상이 되었다. 위·진시대에는 문예와 철학이 서로 도우면서 뒤섞이고 협력했다고 한다면, 당·송 이후로는 선종을 제외하고는 문예와 철학이 서로를 떠나 각기 제 갈 길을 갔다. 그런데 중국의 예술 취향을 새로운 단계와 새로운 경지로 이끌고 간 것은 결코 송명 이학이 아니라 시문과 송·원의 사와 곡曲이다.

여기서 말하려는 것은 한유와 이하의 시, 유종원의 산수를 다룬 소품문이다. 하지만 보다 중요한 것은 이상은·두목·온정균·위장韋莊의 시와 사이다. 이는 「진부음秦婦吟」(위장), 「한비韓碑」[이상은], 「영사詠史」(이상은·두목)가 아니라 입에서 입으로 천고에 전해질 참신하고 아름다운 다음의 작품들이다.

다들 강남이 좋다고 말하니,
나그네는 마땅히 강남에서 늙어가야지.
봄날의 강물은 하늘보다 푸르고,
그림배에서 빗소리 들으며 잠드노라.[47]

만날 때 어렵더니 이별도 어려워라,
동풍[봄바람]이 시들하니 모든 꽃이 시드네.
봄누에는 죽을 때가 되서야 실을 다 토해내고,
촛불은 재가 되어서야 눈물이 마른다오.[48]

은빛 초에서 나오는 가을빛에 그림병풍마저 차가워지는데,
가벼운 비단부채로 날아다니는 반딧불 내려치네.
하늘의 밤빛은 물처럼 서늘한데,
앉아서 견우성과 직녀성을 바라본다.[49]

이상에 나타난 심미 취향과 예술 주제는 이미 성당과는 완전히 다른데, 중당의 노선을 따라가면서 보다 섬세한 관능적 느낌과 정감적 색채를 포착하고 추구하는 쪽으로 나아갔다. 애정시와 산수화는 가장 애지중지하는 주제이자 음미하고 묘사하는 양식이 되었다. 이들 지식인이 빛나는 정론을 펼치며 웅대한 뜻을 가득 품고서 치국평천하를 하고자 했을지라도, 그들의 진정한 심미 취향은 실제로 이를 완전히 벗어나 있었다. 만당·오대의 풍조를 공동으로 구현하고 있는 이들 작품을 이백·두보와 비교하거나 성당의 변새시와 비교해보면, 그러한 양상이 매우 뚜렷하다. 시대정신은 말 위가 아닌 규방에 있었고, 사회가 아닌 마음에 있었다. 따라서 이 시기[만당·오대·북송]의 가장 성공적인 예술 분야와 예술품은 산수화와 애정시, 송사와 송대 자기다. 의론을 펼치길 좋아하던 송시가 아니고, 선명하고 고운 빛깔의 통속적 아름다움을 지닌 당삼채唐三彩도 아니었다. 이 시기에는 사람들을 엎드려 절하게 만들던 종교화가 이미 쇠락했을 뿐만 아니라 높은 모자를 쓰거나 머리를 높이 틀어 올린 인물화마저 부차적 지위로 물러났으며, 마음의 평온과 자적이 가장 중요한 지위를 차지했다. 인간 세상을 정복하고 개척하는 것이 아닌 인간 세상으로부터의 은둔과 도피, 또한 인물이나 인격 그리고 인간의 활동이나 사업이 아닌 인간의 마음과 감정이야말로 예술과 미학의 주요 주제가 되었다.

다시 비교한다면, 전국·진·한의 예술이 표현한 것은 인간이 세계를

자세히 진술하고 정복하는 것이다. 그리고 위·진·육조의 예술이 부각시킨 것은 인간의 풍모와 사변이며, 성당의 경우에는 인간의 의기意氣와 공훈이다. 그렇다면 여기[만당·오대·북송]서 나타내는 것은 인간의 마음과 정서다. 덤벙덤벙한 당시에 대응하는 것은, 섬세하고 부드럽고 아름다운 화간체花間體와 북송의 사이다. 만당 이상은과 온정균의 시는 바로 이러한 과도기의 시작이었다. 호응린은 이렇게 말했다.

> 성당의 시구는, "바다의 태양은 밤의 끝자락에서 탄생하고 강의 봄기운은 묵은해 속으로 들어가네"[50]와 같다. 중당의 시구는, "바람은 잔설殘雪과 함께 일어나고 강물은 조각난 얼음을 싣고서 흘러간다"[51]와 같다. 만당의 시구는, "닭소리 울리는 초가 주막 위에는 달, 널다리에 내린 서리에는 사람의 발자취"[52]와 같다. 이는 모두 경물을 묘사한 것으로 천고의 걸작이지만, 성당·중당·만당의 경계가 뚜렷하다. 그러므로 문장은 기운과 관련된 것이지 인력으로 되는 게 아니다.[53](『시수』)

차이는 대체 어디에 있는 것일까? 실제로 성당은 공훈에 대한 동경으로 인해 광활한 시야와 넓고 큰 기세를 지녔고, 중당은 위축되고 스산했으며, 만당은 일상생활에 대한 흥취를 통해 사를 향해 나아가는 과도기였다. 이는 결코 신비로운 '기운'에 의한 것이 아니라, 사회와 시대의 변화와 발전 때문이었다.

중당과 만당 이래의 이러한 시대 심리는 마침내 사 가운데서 가장 적합한 귀착점을 찾아냈다. 내용이 형식을 결정한 것이다.

> 꽃이 지고 두견새 울어대는데,
> 초록빛 창가에서 덜 깬 꿈속을 헤맨다.[54]

밤마다 꿈속의 넋이여 터무니없는 말 그만둘지니,
지난 일 되찾을 길 없음을 이미 아노라.[55]

바람 잦아들지 않고,
사람들 겨우 고요해졌는데,
내일 아침이면 떨어진 붉은 꽃잎 오솔길에 가득하리.[56]

'시경詩境'과는 전혀 다른 이러한 '사경詞境'의 창조는, 바로 이 시기의 전형적인 심미적 톤이었다. '사경'이란, 장단이 고르지 않은 구형을 통해 모종의 심정과 정서를 보다 구체적이고 세밀하고 집중적으로 묘사한 것이다. 시는 항상 한 구가 하나의 의미 내지 하나의 의경을 지니며, 전체적으로 시 한 수에 담긴 함의는 광대하고 이미지도 매우 많다. 사는 항상 한 수(혹은 한 결闋) 전체가 하나의 의미 내지 하나의 의경만 지니며, 이미지가 섬세하고 함의가 미묘하다. 사는 일반적이고 일상적이고 평범한 자연경관(성당처럼 웅장하고 변화가 많은 경관와 사물이 아니다)을 백묘白描 식으로 표현함으로써 묘사한 대상·사물·내용을 보다 구체적이고 세밀하고 교묘하게 만들고 보다 농후하고 섬세한 주관적 감정 색조까지 더해준다. 이는 비교적 두루뭉술하고 질박하고 중후하고 관대한 '시경'과 따르다. 이에 대해 어떤 이들은 이렇게 말했다.

그것[사]은 감동시키는 데 유달리 민첩하니, 멀리 있든 가까이 있든 외진 곳에 있든 깊숙한 곳에 있든[57] 풍風이 그렇게[감동하게] 만드는 것이다. 이런 까닭에 비흥의 의미, 성쇠의 연유를 놓고 볼 때 [사는] 시를 본받은 게 분명하다.[58](담헌譚獻, 『복당사화復堂詞話』)

시에는 부·비·흥이 있고, 사에는 비·흥이 부보다 많다.[59](심상룡沈祥龍, 『논사수필論詞隨筆』)

인간의 섬세하고 복잡한 온갖 심경과 정서는 경물의 미묘하고 섬세한 각종 비흥을 통해 객관화되어 전달되는데, 사는 이런 면에 있어서 확실히 시보다 두드러진다.

꿈에서 깨어나니 누대의 문은 굳게 잠겨 있고,
술에서 깨어나니 주렴은 아래까지 드리워졌네.
지난해 봄날의 시름이 다시 찾아들 때,
떨어지는 꽃들 속에 홀로 서 있는데,
보슬비 속에서 제비는 쌍쌍이 날아다니네.[60](안기도晏幾道)

높은 누각에 우두커니 기대섰는데 바람은 산들산들,
저 멀리 바라보니 봄날의 시름,
근심스럽게 하늘 끝에서 생겨난다.
석양 속에서 풀색은 안개 빛,
말없이 난간에 기댄 심정 누가 알리오?
미친 듯 한바탕 크게 취하고자,
술 마주하고 노래 불러보지만,
억지로 즐거워하려니 흥이 없어라.
허리띠 점점 헐거워져도 끝내 후회하지 않을 터,
그대로 인해 초췌해지는 것이니.[61](유영柳永)

안개 자욱하고 서늘한데 작은 누각에 오르니,

새벽에 날 흐려 밉살스럽게도 늦가을 같은데,
병풍 그림엔 옅은 운무와 흐르는 물 그윽하다.
자유롭게 흩날리는 꽃잎은 꿈결처럼 가볍고,
끝없이 내리는 실비는 시름처럼 가늘건만,
주렴은 작은 은고리에 한가롭게 걸려 있네.[62](진관秦觀)

이는 시에는 없으며 찾아볼 수도 없는 또 다른 경지다. 꽃잎은 꿈결처럼 가볍고 실비는 시름처럼 가늘다. 이러한 '사경'은 협소할지라도 교묘하고 참신하여 일상생활과 보다 친근하고 가깝다. '시경'이 나타내는 나라 걱정이나 전쟁터에 나간 병사의 한恨 같은 것일지라도, 사에서는 보다 쉽게 마음을 움직이는 섬세한 형식으로 그것을 표현한다.

구슬발 걷어보니 옥루玉樓는 비어 있고,
맑은 하늘에서 땅으로 드리워진 은하.
해마다 맞는 오늘 같은 밤,
달빛은 비단처럼 화사하건만,
사람은 천릿길 밖에.
시름에 애간장 끊어지니 취하지도 않아,
술잔은 아직 대지도 않았는데,
먼저 눈물이 흐르네.
등불은 곧 꺼질 듯 깜빡이는데 베개에 기대어,
외로운 잠의 맛을 실컷 알게 되는구나.
이런 일 헤아려 보노라면,
미간 찌푸려지고 마음 아픈 것,
피할 길 없어라.[63](범중엄)

푸른 나무에서 때까치 소리 들리는데,
또 어찌 견디려나,
자고새 소리 그치고 나면,
두견새 소리 애절해지는 것을.
봄이 종적조차 없이 떠나갈 때까지 우짖으며,
향기로운 꽃 죄다 시드는 것을 괴로워하며 한스러워하는구나!
허나 인간 세상의 이별에야 어찌 비할쏘냐.[64] (신기질辛棄疾)

'사경'은 확실히 참신하고 섬세하며, '시경'의 광대함과 웅혼함에는 미치지 못한다. 하지만 인간의 마음과 정서가 인간의 행동이나 공적과 다른 것처럼 그 나름의 장점과 특징이 있다. 오랫동안 수많은 청춘남녀가 왜 사를 사랑하고 사를 가까이했을까? 사의 형식과 작품들이 인간의 각종(특히 사랑) 심정과 정서를 보다 친근하고 섬세하게 표현하고 묘사했기 때문이 아니겠는가?

그렇다면 사가 지닌 시대적 내용의 특징은 무엇일까? 이상은의 시에서는 이렇게 노래하고 있다.

저녁 무렵에 마음 울적해져,
수레 달려 옛 언덕에 올랐네.
석양은 한없이 좋은데,
다만 황혼이 가까울 뿐이로구나.[65]

해가 지고 황혼이 찾아오면서 노을이 찬란하여 오색찬란함이 사람의 눈을 현혹시킨다. 하지만 아침 해가 막 동쪽에서 떠오를 때의 왕성한 생기는 여기에 없다. 또한 그것은 해가 중천에 떴을 때의 눈부신 햇살도 아

목각, 「송인사의宋人詞意」, 명대.

니다. 그것은 "저녁 무렵에 마음 울적해져"의 심정에 상응한다. 이 시를 오대·북송의 사와 비교하는 게 더할 나위 없이 적절하지 않겠는가?

덧없는 삶에 즐거움 적다고 늘 원망하면서도,
천금을 아끼며 웃음을 가볍게 여길쏘냐?
그대 위해 술잔 들고 석양에 권유하노니,
꽃들 사이에 석양빛 당분간 더 머물러주길![66]

비취빛 잎사귀는 원앙새 감추고,
붉은 주렴 너머에 제비 있는데,
화로의 향은 조용히 실처럼 피어오르네.
한바탕 시름겨운 꿈이 술에서 깨어날 때,
석양은 아직도 깊고 깊은 뜰을 비추고 있어라.[67]

그윽하고 한적하고 조용하고 아름다우면서도, 마음을 기댈 데가 없어 허전하고 애수가 서려 있다. 또한 "급급히 사방 경치를 둘러보며 다만 충분히 보지 못할까 두려워하는"[68] 것처럼 즐거움을 추구하고 있다. 이는 바로 황혼에 해가 질 때의 한가함·즐거움·애수가 아니겠는가? 또한 '처량한 해질 무렵에 속절없어', 유유자적하더라도 여전히 슬픈 것 아니겠는가?

중당에서 시작해 만당을 거쳐 북송에 이르는 예술의 발전과정과 일치하는 것으로, 미학 이론에서 두드러지는 것은 바로 예술의 풍격 및 정취의 추구다. 그래서 백거이의 시론이 아닌 사공도의 『이십사시품』이, 후기 전통사회의 진정 우수한 예술작품이 구현한 미학관이 되었다. 이 미학관은 『창랑시화』에서 보다 완전한 이론 형태를 갖추게 된다.

종영의 『시품』이나 유협의 『문심조룡』 같은 봉건 전기 미학의 대표작은 주로 다음과 같이 문예 창작의 기본적 특징을 다뤘다. "이런 갖가지 일들이 마음을 격동시키는데, 시를 쓰는 게 아니고서야 어찌 그 뜻을 펼칠 수 있을 것이며 길게 노래하는 게 아니고서야 어찌 그 정을 발산할 수 있겠는가?"[69] "정신神이 사물의 형상象과 소통함으로써 감정情의 변화가 잉태된다. 사물이 모양貌으로써 호소하면 마음이 정리理로써 감응한다.[70]" 한편 사공도의 『이십사시품』이나 엄우의 『창랑시화』 같은 봉건 후기 미학의 대표작은 한 걸음 더 나아가, 예술작품이 반드시 도달해야 하는 심미적 풍모와 의경을 강구했다. "적막한 장풍長風"[71] "생기 넘치는 깊은 봄"[72] "떨어지는 꽃잎은 말이 없고 사람은 국화처럼 담박하다"[73] 등이 그 예이다. 후자는 전자에 비해 문예의 특징과 창작법칙에 있어서 한층 더 깊이 들어갈 것을 강조하고 있다. 전자는 다만 "정신과 사물의 교유神與物游" 만 강조하나, 후자는 "생각과 환경의 조화思與境諧"[74]를 요구한다. 전자는 인격 이상을 수립하는 것이고, 후자는 인생 태도를 추구하는 것이다. 후자는 문예 창작에 있어서의 심리적 특징에 주의를 기울일 뿐만 아니라 각종 예술의 특정한 경지를 창조해낼 것을 요구한다.

이로써 문예의 맛·의경·정취를 추구하는 것이 미학의 중심이 되었다. 이제 더 이상 봉건 전기처럼 문文과 필筆을 구분하고[75] 체재를 구별하는 것이 관건이 아니라, 논리理와 정취趣의 구분 및 신운神韻의 구별이 관건이 되었다. 사공도는 이렇게 말했다. "가까워도 부박하지 않고 멀어도 다함이 없는 뒤라야 운외지치韻外之致를 말할 수 있다."[76] 그는 "맛 너머의 맛味外之旨"[77] "형상 너머의 형상象外之象"[78] "경물 너머의 경물景外之景"[79] "맛은 신맛과 짠맛 너머에 있다"[80] "멀리서 바라볼 수는 있지만 눈앞에 가져다 놓을 수는 없다"[81] 등을 거듭 제기했다. 이는 마음속으로 깨달을 수 있을 뿐 말로는 전달할 수 없고 형용하기 어려우면서도 사람의 마음을 움직이는 정감·의취·정서·정취를 포착하고 표현하고 창조하길 문예에 요구하는 것이다. 이는 물론 모방·복제·인식으로 해낼 수 있는 게 아니다. 이는 중국 미학 전통의 정감의 토로와 표현이라는 민족적 특징을 진일보 부각시키고 발전시켰다.

『창랑시화』는 이러한 미학 취향을 오롯이 계승했는데, "재학才學으로 시를 짓고" "의론議論으로 시를 짓고" "문자로 시를 짓는" 것을 극력 반대하며, '흥취興趣'와 '기상氣象'을 추구할 것과 '일미묘오一味妙悟[순전한 깨달음]'를 강조했다.[82] 실제로 이는 예술 창작과 관련된 미학의 근본 법칙, 예를 들면 형상사유 등의 문제를 보다 깊이 파고든 것이다. 종영의 『시품』과 유협의 『문심조룡』이 여전히 문예이론과 한데 뒤섞인 미학이라고 한다면, 사공도의 『이십사시품』과 엄우의 『창랑시화』는 보다 순수하고 표준적인 미학이라고 할 수 있다. 문학이론에 대한 전면적인 분석이라는 측면에서는 『문심조룡』이 『창랑시화』보다 낫다고 한다면, 심미적 특징의 파악이라는 측면에서는 후자가 오히려 전자보다 낫다고 할 수 있다. 『창랑시화』는 「악기」(종법사회의 미학)나 『문심조룡』(봉건사회 전기의 미학)과 대등한 중국 미학의 전문 저작이다.

『창랑시화』에 대해서는 이전부터 논쟁거리가 있었다. 예를 들면, 『창랑시화』에서 이백·두보를 숭상하는지 아니면 왕유·맹호연을 숭상하는지의 문제는 아직까지도 해결하지 못했다. 엄우의 심미적 수준과 감상 능력은 상당히 뛰어나다고 해야 한다. 그가 굴원·도연명·이백·두보 등 중국 시사의 일인자를 극구 칭찬하고 추앙했음은 물론이며, 또한 그들의 작품에 필적할 만한 것이 없다고 여겼다. "한·위[한·위의 고시]는 최고의 경지라서 굳이 깨달음에 기댈 필요가 없었다."[83] 엄우는 한·위·성당을 스승으로 삼을 것을 요구했으므로, 그가 주관적으로 이백과 두보를 더욱 추앙하고 제창했다고 말해야 할 것이다. 하지만 앞에서 말한 만당·북송 이후의 역사 조류와 시대 풍조로 인해 실제로 그는 정취를 보다 열심

송대 가요哥窯.

송대 균요鈞窯.

히 강구하고 예술작품의 공령空靈[84]·함축·평담·자연의 미를 중시하게 되었다. 이로 인해 그는 왕유와 맹호연에게 보다 경도되고 동조했다. 이는 사공도의 『이십사시품』에 '웅혼雄渾'이 가장 먼저 배열되어 있지만, 객관적 추세는 '충담沖淡' '함축含蓄' 등의 부류로 기울어졌던 것과 마찬가지다. 이 모든 것은 앞에서 말했던 모순된 경향의 발전과 전개로, 그 당시 시대 전반의 문예사조를 반영한다. 사공도와 엄우 사이에는 수백 년의 간격이 있음에도 뜻밖에 이처럼 일맥상통하고 부절을 맞춘 듯하니, 여기에 깃든 역사적 필연성이 매우 뚜렷하지 않은가? 산수화·송사 등의 작품, 화론에서 '일품逸品'을 '신품神品' 위에 두었던 것[85], 도잠을 높이 받들었던 것, 이론에서 신神·취趣·운韻·미味의 추구가 도道·기氣·이理·법法을 대신한 것 등이 모두 그것을 구현한 것이다.

도공陶工에 의해 구워졌지만 사대부의 사용에 공급되었던 자기를 놓고 말하자면, 송대에 중요하게 여긴 것은 섬세함과 정갈함과 윤기, 단순한 색조, 고아한 취향이다. 이는 위로는 당대의 선명하고 아름다운 색깔, 아래로는 명·청의 용속한 아름다움과 완전히 다르다. 이 모든 것은 규칙적인 공통의 추세 즉 정취의 추구를 구현하고 있으며, 서로 호응하고 협조하면서 상호 보완하고 조화를 이루어 한 시대의 미학 풍격이 되었다.

송대 요주요耀州窯 청자.

3

소식의 의의

소식은 바로 앞에서 말한 문예사조와 미학 추세에 있어서 전형적인 대표다. 시·문·서·화에 모두 능하며 매우 총명하고 예리한 문예 만능인이었던 그는 중국 후기 봉건사회 문인들이 가장 친근히 여기고 애호했던 대상이다. 사실, 소식의 문예 성취 자체는 굉장히 높은 수준이라 할 수 없으며, 굴원·도연명·이백·두보에 비하면 뒤떨어진다. 그의 그림은 진적을 볼 수가 없고, 이밖에 글씨는 시문보다 못하고 시문은 사보다 못한데, 사의 수량 역시 많지는 않다. 그렇지만 그는 중국 문예사에 거대한 영향을 미쳤으며 중국 미학사에서 중요한 인물이다. 그 이유는 무엇일까? 소식의 전형적 의의는, 앞에서 말했던 지주 사대부의 모순된 심리의 최초의 선명한 화신이 그라는 점에 있다. 그는 중당·만당에 시작된, 진취와 은거라는 모순된 이중심리의 새로운 질적 전환점을 마련했다.

소식은 충군애국의 마음을 지녔으며 뛰어난 학문으로 벼슬을 지냈고 포부를 가득 품고 있었으며 유가사상을 엄수한 인물이다. 황제에게 올린 상서[86] 및 희녕변법熙寧變法[87]과 관련하여 그가 취했던 온건하고 보수적인 입장은 물론이고 그밖의 많은 언행들이 이 점을 충분히 말해준다. 이는 위로는 두보·백거이·한유, 아래로는 후대의 수많은 사대부 지식인과 다를 바가 없고, 심지어 상상하기 힘들 정도로 정통에 얽매인 고루함을 지닌 것이기도 하다.(이백이 영왕永王의 군대에 참여했던 일88을 탓한 것이 그 예다.) 하지만 주의해야 할 것은, 소식이 후세 사람들에게 남긴 중요한 형상은 결코 이러한 측면이 아니라 그의 또 다른 측면이라는 점이다. 바로 이 또 다른 측면이야말로 소식이 소식일 수 있는 관건이다.

소식은 평생 퇴은退隱한 적이 없으며 진정으로 '귀전歸田'한 적도 없다. 그러나 그가 시문을 통해 표현한 인생의 공허감과 적막감은, 이전 사람이 말했거나 실천했던 그 어떤 '퇴은' '귀전' '둔세遁世'보다 더 심각하고 무게가 있었다. 소식의 시문에 표현된 '퇴은'의 심경은 그저 정치에 대한 도피가 아니라 사회에 대한 도피였기 때문이다. 그것은 정치적 살육에 대한 공포와 애상이 아니었다. 그것은 "참새가 되어 슬퍼하니, 흐르는 눈물 누가 멈출 수 있으리오?"(완적), "영화는 참으로 귀하게 여길 만하나, 또한 가련하고 슬프구나"(도잠) 등과 같은 구체적인 정치적 애상(소식에게도 이러한 애상이 있긴 했다)이 아니었다. 그것은 인생과 세상의 모든 분란이 결국 어떤 목적과 의미가 있는가라는 근본적인 문제에 대한 회의와 넌더리였으며, 해탈과 포기의 바람이었다. 이는 물론 한층 더 심각한 것이다. 전자(정치 도피)는 실천 가능한 것이지만 후자(사회 도피)는 출가하여 승려가 되지 않고서는 실제로 실천 불가능한 것이다. 그런데 승려가 된다 하더라도 여전히 입고 먹어야 하며, 고뇌는 여전히 존재하고, 여전히 사회를 벗어날 수 없다. 이로 인해 해탈할 수 없으면서도 해탈을 요구하는, 인생 전반에 대한 넌더리와 슬픔이 생겨나게 된다. 앞에서 언급한 「봄 강의 꽃 핀 달밤」 식의 인생에 대한 자아의식은 소년시대의 개탄일 뿐이라서 슬픔이라 할지라도 결코 중압감을 느낄 정도는 아니다. 그런데 지금 말하고 있는 상황은 정반대다. 바로 다음과 같이, 말은 많이 하지 않지만 무게감은 훨씬 더하다.

지금은 슬픈 맛 다 알기에,
말하려다 그만두고,
말하려다 그만두고,
그저 시원하니 좋은 가을이라 말하지요.[89]

억지로 지어 보이는 웃음 속에서, 속절없음과 해가 지는 황혼의 무거운 슬픔이 보다 강하게 묻어나지 않는가? 인생 전반에 대한 공허감과 적막감, 존재·우주·인생·사회 전반에 대한 회의와 넌더리, 희망하는 것도 없고 마음을 맡길 데도 없는 깊은 탄식은 비록 고도로 자각적이진 않지만 소식이 최초로 가장 먼저 문예 영역에서 그것을 드러냈다. 유명한「적벽부赤壁賦」는 이 문제를 직접적으로 논의한 작품인데, 인생에 대한 슬픔 및 억지 위안을 통한 초월의 추구는 일정 정도와 의미에 있어서 이를 표현한 것이라 하겠다. "하루살이처럼 천지에 잠깐 깃들고 바다 가운데의 좁쌀 한 톨처럼 미미하다. 나의 생명이 짧음을 슬퍼하고 장강의 무궁함을 부러워한다"[90]라는 '문제 제기'이든, 혹은 "변한다는 측면에서 보자면 천지마저 단 한순간도 정지해 있을 수 없으며, 변하지 않는다는 측면에서 보자면 만물과 나는 모두 다함이 없다"[91]라는 '해답'이든, "오직 강 위의 맑은 바람과 산 사이로 떠오르는 밝은 달은 (…) 조물주의 다함이 없는 창고이고 나와 그대가 함께 즐기는 바다"[92]라는 '감정의 해소'이든, 혹은 "도사가 돌아보고 웃자 나는 깜짝 놀라 깨어났다. 문을 열고 보았으나 그가 간 곳을 찾을 수 없었다"[93]라는 어렴풋한 선의禪意든, 실제로는 이 모든 게 인생의 공허감과 적막감 그리고 의지처가 없는 느낌 등과 깊이 연관되어 있다.

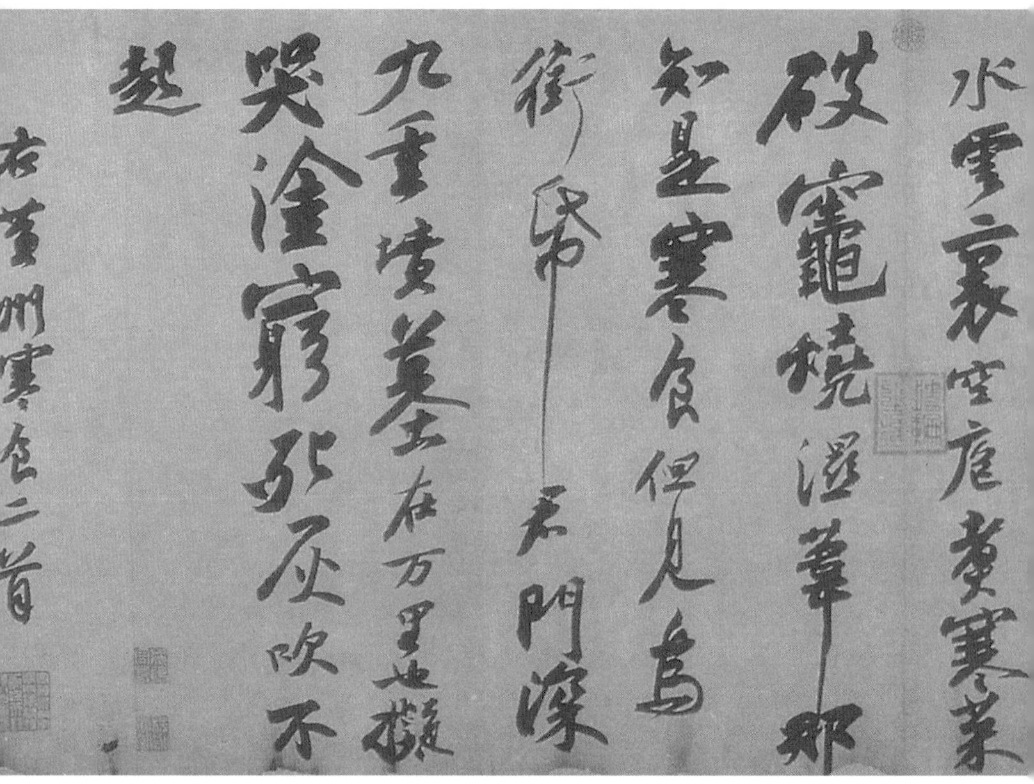

「황주한식첩黃州寒食帖」, 송대, 소식.

소식의 사는 다음과 같이 보다 함축적이고 깊이 있게 이를 표현했다.

인생길은 끝이 없고,
고달픈 인생은 유한하니,
이 미미한 나에게 기쁨은 늘 드문 듯하구나.
나직이 읊조리다 그만두고,
말안장에 기대어 아무 말없이 있자니,
지나간 온갖 일이 갈마드는구나.[94]

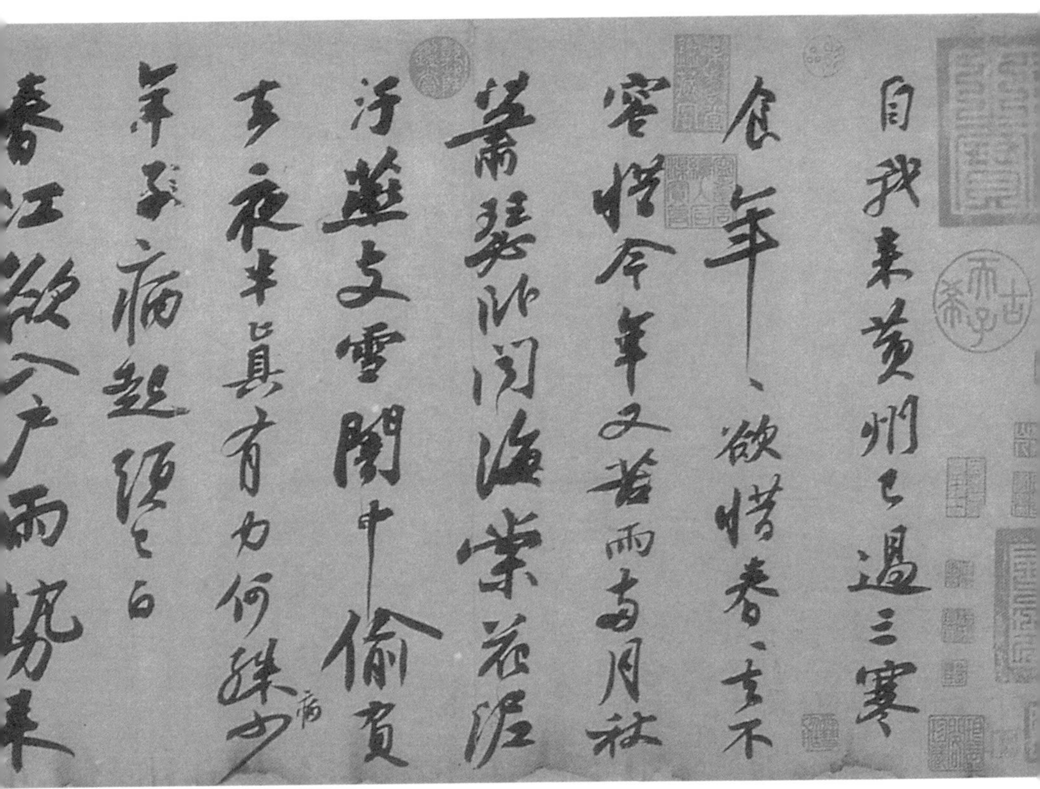

세상사 한바탕 꿈일지니,

인생살이 몇 번이나 새롭게 가을을 맞이하려나.

밤드니 바람에 잎 지는 소리 회랑回廊에 울리고,

문득 바라보니 눈썹과 귀밑머리 허옇구나.[95]

놀라 날아갔다가 다시 고개 돌렸는데도,

살펴주는 사람 없으니 한스러워라.

차가운 가지를 다 골라보았지만 깃들려 않고,

적막한 모래섬은 싸늘하기만 하여라.[96]

차가운 봄바람 불어와 술이 깨니,
조금은 쌀쌀한데,
산머리로 지는 해가 맞아주네.
방금 전까지 소슬바람 불어오던 곳을 돌아보며,
돌아간다,
비바람도 없고 화창함도 없겠거니.[97]

밤늦도록 동파東坡에서 술 마시다가 깨었다 다시 취했는데,
돌아오니 시각은 삼경三更 언저리인 듯.
어린 사내종은 우레처럼 코골며 잠들었네.
문 두드려도 도무지 기척이 없어,
지팡이에 의지해 강물소리에 귀 기울이네.
내 몸이 내 것이 아님을 늘 한탄하니,
어느 때가 되어야 아득바득함을 망각할 수 있으려나.
밤 깊어 바람 고요하고 물결도 잠들었네.
이 길로 작은 배에 몸을 싣고 떠나,
강과 바다에 여생을 맡겨보려나.[98]

송대 사람[99]의 필기筆記에 전하는 말에 의하면, 소식이 앞의 작품들 가운데 마지막 사를 짓고 난 뒤의 상황은 다음과 같다.

[이튿날 소문에 의하면 소식이] 관복冠服을 강가에 걸어두고, 배를 저어 길게 휘파람 불며 떠나갔다. 군수 서군유徐君猷가 이 소문을 듣고서

놀라 두려워하며 죄인[100]을 잃어버린 거라 생각하고 급히 수레를 타고 서 그를 찾아갔는데, 자첨子瞻[소식]은 천둥처럼 코를 골며 아직 일어나지도 않은 상태였다.(『석림피서록화石林避暑錄話』)

소식은 한창 자고 있는 중이었으며, "강과 바다에 여생을 맡겨볼" 생각은 애초에 없었다. 구태여 그럴 필요가 있겠는가? 인간 세상의 거대한 그물로부터 도무지 벗어날 수 없는데 말이다. 단지 불교의 선종에서 간신히 약간의 위안과 해탈을 찾을 수 있었을 것이다. 인생 전반에 대한 허무감·회한·담담함, 초탈을 구하지만 이룰 수 없고 감정을 해소하고자 하지만 도리어 우스꽝스러워지는 이러한 상황으로 인해 소식은 유가를 신봉하면서도 불교와 도교를 드나들었고 세상사를 이야기하면서도 현묘한 생각玄思을 많이 했다. 이렇게 해서 떠가는 구름과 흐르는 물처럼 형태에 구속받지 않고 기쁨의 웃음이든 분노의 욕설이든 모든 것이 글이 될 수 있었다. 여기에는 굴원과 완적의 근심이나 불만도 없고, 이백과 두보의 호방함이나 성실함도 없다. 백거이의 명랑함이나 유종원의 고고함과도 다르고, 한유의 안하무인의 오만한 기세와는 더더욱 다르다. 소식이 미학에서 추구한 것은, 꾸미지 않고 소박하며 수수하고 자연스러운 정취였다. 이는 사회를 멀리하고 세상을 꺼리는 인생의 이상이자 삶의 태도였다. 그는 부자연스럽게 꾸미는 것과 장식과 수식에 반대했으며, 이상의 모든 것을 철저한 깨달음의 철리적 수준으로 끌어올렸다.

고금의 시인들 가운데 오직 도잠만이 소식의 기준에 가장 적합했던 것도 당연하다. "동쪽 울타리 아래서 국화를 따다가, 멀리 남산이 눈에 들어오네. (…) 이 속에 참다운 뜻이 담겨 있는데, 설명하고자 해도 말을 잊었다네"[101]라고 노래한 도연명만이 소식이 기꺼이 무릎 꿇고자 했던 대상이다. 당대가 끝나도록 도연명의 시는 결코 빛나지 못했는데, 이백과 두보한테서조차도 중시되지 못했다. 소식에 이르러서야 도연명은 비로소 유일무이한 지위까지 끌어올려졌다. 이로써 도연명의 지위가 견고해진 것이다. 소식은 도연명의 시가 극히 평범하고 소박한 형상과 의경을 통해 표현해낸 미를 발견했고, 그것을 인생의 참뜻이자 예술의 최고봉이라고 여겼다. 천년 이래로 도연명의 시는 줄곧 이렇게 소식이 해석한 면모로서 전해져왔다.

소식은 「방산자전方山子傳」이라는 산문에서 이렇게 말했다.

> 방산자는 (…) 초가집에 살면서 채식을 하고 세상과는 왕래하지 않았다. 거마를 버리고 관복冠服을 없앤 뒤 걸어서 산속을 오가니 그를 알아보는 사람이 없었다. (…) 방산자는 대대로 공훈이 있는 집안 출신이니 마땅히 관직을 받아야 했고, 만약 그가 관직에 종사했다면 지금은 벌써 현달하여 이름을 떨쳤을 것이다. 그의 집은 뤄양에 있는데, 정원과 집이 웅장하고 아름다워 공후公侯의 것에 맞먹을 정도다. 하북河北에는 전답이 있는데, 해마다 비단 1000필에 달하는 수입을 얻을 수 있으니 부유하고 안락하게 살기에 충분하다. 그런데도 모든 것을 취하지 않고 버려둔 채 기어이 궁벽한 산으로 왔으니, 깨달은 바가 없었다면 어찌 그럴 수 있겠는가. 내가 듣기로는 광[광저우光州]·황黃[황저우黃州] 일대에 기인이 많은데 늘 일부러 미친 척하고 더럽게 하고 다니며 좀처럼 만날 수가 없다고 한다. 방산자가 혹시 그런 사람들을 만난 게 아닐까?[102]

이는 소식이 이상화한 인격의 본보기일 것이다. [방산자는] 부귀를 원하지 않았고 세속에 합류하지도 않았다. '태평성세'였던 당시에 소식은 오히려 이처럼 기개를 지니고 산속에 살면서 벼슬길을 버린 '이인異人'을 동경했으니, 이는 그의 시나 사에서처럼 독특한 인생 태도를 표현한 것이 아니겠는가?

> 인생 머무는 곳, 무엇과 같은지 아는가?
> 날아다니는 기러기가 눈밭을 밟는 것과 같을지니.
> 눈밭 위에 우연히 발자국 남지만,
> 기러기 날아가면 어디로 갔는지 어찌 헤아릴 수 있으리오.[103]

소식이 말하고 있는 것은 선의禪意와 심오한 사상이 깃든, 인생의 우연성에 대한 감개다. 소식은 끊임없이 자아를 위로하며 어떠한 환경에도 적응하고 만족하는 '낙관'의 정서를 다음처럼 수시로 표현했다. "숲에 들이치는 빗소리 듣지 말지니, 노래하고 휘파람 불면서 천천히 간들 어떠하리."[104] "귀밑털 희끗희끗한들 또 어떠하리."[105] 소식은 도연명·백거이 등과는 결국 달랐다. 그는 철저한 해탈을 요망하는 탈속의 생각을 깊이 감추어 두고 있었다. 소식처럼 예리한 안목을 지녔던 주희가 소식을 가장 불만스러워했던 것도 당연하다. 주희는 차라리 왕안석을 찬양할지언정 결코 소식을 좋아할 수는 없었다. 왕선산도 마찬가지였다. 그들은 모두 소식의 방식이 당시 사회질서에 잠재적 파괴력을 지니고 있음을 감지했다.

소식은 너무 이른 시기에 태어났기에 봉건사회를 부정하는 인물이 되지는 못했지만, 그의 미학적 이상과 심미적 취향은 원화元畵와 원곡元曲에서부터 명대 중엽 이후의 낭만주의 사조에 중요한 선구적 역할을 했다. "슬프고 처량한 안개가 화려한 숲을 뒤덮고 있었던"[106] 『홍루몽』은, 바로 이러한 요소가 새로운 시대적 조건을 만나서 생겨난 성과물이다.(제10장 참조) 봉건 후기 전통 미학에서 소식의 심원한 전형적 의의는 사실 바로 여기에 있다.

「발묵선인도潑墨仙人圖」, 남송, 양해梁楷.

제9장

송·원 산수의 의경

1

유래

조소예술이 육조와 당대에 최고봉에 이르렀다고 한다면, 회화예술의 최고봉은 송·원 시기였다고 할 수 있다. 여기서 말하는 회화는 주로 산수화를 가리킨다. 중국 산수화의 성취는 다른 많은 예술 분야를 능가하는데, 수천 년 전의 청동 예기와 함께 어울려 빛나면서 세계 예술사에서 보기 드문 미의 보배가 되었다.

산수화의 유래는 매우 깊다. 일찍이 육조시대에, 산수를 논한 화론 및 "산세는 높고 험준하며 구름 낀 숲은 아득하다"[1](종병宗炳, 「화산수서畫山水序」)는 구체적인 묘사가 존재했다. 하지만 그 내용에 대해서는 이미 알기가 어려운 상황이다. 고개지의 「낙신부도洛神賦圖」와 「여사잠女史箴」 등의 모사본에 담긴 산수의 배경 및 둔황 벽화를 통해 볼 때, 당시 산수화는 형상·기법·구도를 막론하고 대체로 같은 시기 산수시의 수준에 미치지 못했다. 그것은 매우 서툴렀으며, 이어진 산들은 흙더미 같았고 나무는 팔을 굽힌 것 같았다. 여전히 그것은 인간사를 둘러싼 환경·배경·부호였으며 인물, 수레와 말, 괴이한 존재 등의 요소와 한데 뒤섞여 있었다. 장언원張彦遠의 『역대명화기歷代名畫記』에서는 이렇게 말했다.

[위·진 이후 그림에서] 산수를 그린 것은 뭇 봉우리의 형세가 마치 비녀 장식이나 무소뿔로 만든 빗과 같아서 혹은 물이 배를 띄울 수 없을 정도거나 혹은 사람이 산보다 크다. 죄다 나무와 돌을 덧붙여서 땅을 두드러지게 했는데, 나란히 세워 놓은 모양이 팔을 펴거나 손가락을 펼친 듯하다.[2]

이는 상당히 사실에 부합하는 말이다. 아직은 독자적인 심미적 의미에서의 산수풍경화라고 할 수 없었다.[3]

수·당 시기에는 진전이 있긴 했으나 변화가 크지는 않았던 듯하다. 「전자건유춘도展子虔遊春圖」라는 제목의 산수화는 아마도 위작으로, 수나라 때의 작품이 결코 아니다.[4] 문헌기록에 의하면 초당에 이르러서도 상황은 여전했다.

돌을 묘사한 것은 (…) 마치 얼음을 도끼날로 쪼아낸 듯하다. 나무를 묘사한 것은 잎맥을 아로새긴 듯한데, (…) 갑절의 공을 들였으나 더욱 졸렬하여 [형태가] 그 색채를 뛰어넘지 못했다.[5](『역대명화기』)

상황에 중요한 변화가 일어난 것은 성당에서다. "산수의 변화는 오[오도자]에서 시작되었고 이이二李[이사훈李思訓·이소도李昭道]에서 완성되었다"[6], "이사훈의 여러 달 공적, 오도자의 하루 행적"[7] "가림벽에 그린 그림에서 밤마다 물소리가 들렸다"[8] 등의 언급과 전설에는 마땅히 근거가 있다. 주로 종교화를 그린 오도자는 산수화에서 중대한 독창성을 발휘했다. '오대당풍吳帶當風'의 선의 예술은 산수화에서 새로운 영역을 개척했다. 후세 사람은 오도자에 대해 "붓[선]은 있되 먹[색]은 없다有筆而無墨"고 평가했다.[9] 장언원의 『역대명화기』에서는 이렇게 말했다. "오생吳生[오도자]은 그림을 그릴 때마다 붓을 대자마자 마치고 떠나면서 대부분 [제자인] 염[적염翟琰]과 장장張藏에게 색을 칠하게 했다."[10] 이처럼 선을 중시하고 색채를 중시하지 않는 기본 경향은 산수 영역까지 확산되었고 후세에도 중요한 영향을 미쳤다.

산수화가 진정으로 독립하게 된 것은 중당 전후일 것이다. 사회생활의 중요한 변화 및 종교의식의 점진적인 약화와 더불어서, 인간 세상의 경물이 신의 그물로부터 서서히 해방되었고 나날이 독자적인 현실적 성격을 지니게 되었다. 인물(장훤·주방) 및 소와 말(한황·한간)이 종교예술에서 분화해 나와 전문 화가를 갖게 되었던 것과 마찬가지로, 산수·수석·화조 역시 독자적인 심미의 대상으로 간주되어 묘사되고 찬미되었다.

> 대청은 단풍나무 자라기에 적합하지 않거늘,
> 괴이하게도 강산에서 연무가 피어오르네.[11](두보)

> 장조張璪가 그린 고송古松,

「휘선사녀도揮扇仕女圖」, 당대, 주방.

늘 신운神韻과 풍골風骨이 깃든다.[12](원진)

이는 성당에서 중당에 이르는 동안 자연경관·산수·수석에 대한 취미, 감상, 미의 관념이 화면에서 독립적으로 표현되기 시작하면서 [산수가] 그저 인간사의 배경이나 환경이 아닌 나름의 성격을 획득했음을 말해준다. 하지만 인물(예를 들면 사녀仕女[13])이나 소와 말에 비하면, 예술의 주요 제재로서 산수경물이 성숙한 수준에 도달한 것은 훨씬 나중이다. 인물, 소(농업사회의 주요 생산재료), 말(전쟁·사냥·탈것의 도구, 상층 인사들이 애호했던 대상)은 사회생활에서 보다 뚜렷한 지위를 차지하고 있었으며 인간사와 직접적인 관계를 맺고 있었으므로 종교예술로부터 가장 먼저 벗어날 수 있었던 것도 당연하다. 종교화의 뒤를 이어 사녀·소·말이 중당 이후의 주제가 되고 절정에 도달했다고 한다면, 산수·화조의 성숙과 절정은 송대다. 이는 송대 사람들 스스로가 다음과 같이 평한 그대로다.

불도佛道·인물·사녀·소·말에 대해 말하자면, 지금이 옛날보다 못하

다. 산수·숲·돌·꽃·대나무·새·물고기에 대해 말하자면, 옛날이 지금에 미치지 못한다.[14](곽약허郭若虛, 『도화견문지圖畵見聞誌』)

산수를 그리는 데 있어서는 지금의 왕조가 고금의 으뜸이다.[15](소박邵博, 『문견후록聞見後錄』)

심미 취향과 미의 이상이 구체적인 인간사·사녀·소·말에서 자연대상·산수·화조로 전환된 것은 물론 우연한 일이 아니다. 이는 역사 행로와 사회 변화가 간접적으로 복잡하게 뒤얽혀 반영된 것이다. 중당에서 북송으로 들어서면서 후기 봉건제도의 사회 변천에 부응하여, 지주 사대부의 심리상태와 심미 취향 역시 변화하고 있었다. 가무·여색·번화함에 탐닉한 중당과 만당을 거친 이후, 사대부들은 그러한 탐닉을 여전히 이어가는(예를 들면 화간파花間派[16]와 북송 사에 반영된 것) 한편 또 다른 미의 세계 속으로 나날이 빠져들었다. 그것은 바로 자연풍경과 산수·화조의 세계였다.

자연 특히 산수풍경은, 더 이상 소수 문벌귀족만이 아닌 수많은 세속지주 사대부가 거주하고 휴식하고 노닐고 감상하는 환경이 되었다. 이로써 사대부들의 현실생활은 산수풍경에 친밀히 의존해 있었고, 산수풍경은 [단순한 자연이 아니라] 사회관계에 놓여 있었다. 그들의 현실생활은, 문벌사족의 압박 아래 분발과 향상을 요구하던 초당·성당과는 달라졌다. 또한 산에 길을 낸 사영운 식의 육조시대 귀족의 약탈적인 개발과도 달랐다. 그들[후기 봉건사회의 사대부]은 기본적으로 기득권에 만족했으며 이를 오래도록 유지하고 고착시키길 바랐다. 따라서 그들은 모든 봉건농촌을 이상화하고 목가화한 생활·심정·감정·관념을 지녔다. 문벌세족은 세습되는 계급·지위를 영광으로 여겼던 반면, 세속 지주는 관작을 영

「목마도牧馬圖」, 당대, 한간.

「조춘도早春圖」, 곽희郭熙, 북송.

광으로 여겼다. 자연·농촌·하층민에 대한 이 두 계급의 관계와 태도는 결코 일치하지 않았다. 양자가 파악한 '은일'의 의미와 내용 역시 달랐다. 육조 문벌시대의 은일이 기본적으로 정치적 도피였다면, 송·원 시기의 '은일'은 사회적 도피였다. 이 둘의 내용과 의미에 범위의 차이(전자는 협소하고 후자는 광범위했다)가 있었기 때문에 그들의 '은일'의 삶과 직접적으로 관계가 있는 산수시와 산수화의 예술 취향 및 심미관에도 깊이의 차이(전자가 얕고 후자는 깊었다)가 있었다. 소수 문벌귀족과는 달리 과거 출신의 수많은 사대부는 늘 재야에서 조정으로 나아갔고, 농촌(부농·지주)에서 벼슬길에 올랐으며, 지방에서 서울로 올라갔고, 시골에서 도시로 진출했다. 이렇게 해서 산·언덕·골짜기 그리고 시골의 객점과 거처는, 부귀·영화·누대·정각亭閣에 대한 그들의 심리적 욕구의 보충이자 대체였으며 정감상의 회상과 추구였기에 이 계급에게 보편적 의미를 지녔다.

> 태평성세를 맞아 황제와 부모의 은덕이 모두 두터운데, (…) 숲과 샘에 은거하려는 뜻과 안개와 노을을 벗하려는 마음은 잠을 자며 꿈을 꾸는 동안에도 잊을 수 없건만, 귀로 들을 수 없고 눈으로 볼 수가 없다. 이제 뛰어난 솜씨로 그것을 생동적으로 그려내니, 대청의 자리에서 내려가지 않고서도 샘과 골짜기를 앉아서 실컷 살필 수 있다. 원숭이와 새의 울음소리가 귓가에 들리는 듯하고 산과 물의 아름다운 빛깔이 넘실거려 눈이 부시니, 이 어찌 사람의 마음을 통쾌하게 해주고 진실로 나의 마음을 전달해주는 게 아니겠는가! 세상에서 산수를 그리는 것을 귀히 여기는 본뜻이 바로 여기에 담겨 있다.[17](곽희郭熙·곽사郭思, 『임천고치林泉高致』)

기술적 요인을 배제한다면, 이것이야말로 장원경제가 성행했던 육조

시대에 산수화가 성숙하지 못하고 오히려 도시생활이 상당히 발달한 송대에 산수화가 성숙하게 된 이유다. 이는 유럽 풍경화가 중세기에 성숙하지 못하고 오히려 자본주의 단계에서 성숙했던 것과 마찬가지다. 중국 산수화는 문벌귀족의 예술이 아니라 세속 지주의 예술이다. 이 계급은 문벌지주와 하층민(화면에서 '어초漁樵'로 대표되는 농민)처럼 등급이 엄격히 구분되어 철저하게 단절되어 있지 않았다. 송·원 산수화가 표현해 낸 제재·주제·사상·정감은 육조에서 당대에 이르기까지의 인물화(예를 들면 염입본閻立本의 제왕도, 장훤과 주방의 사녀도仕女圖 등)에 비해 훨씬 더 두터운 민중성과 보편성을 지니고 있다. 하지만 착취자로서의 세속 지주계급에게 자연은 결국 한가히 노닐고 휴식하며 소극적으로 조용히 바라보는 대상이었다. 그들은 기껏해야 농촌생활의 점유자와 감상자일 수밖에 없었다.

이러한 사회계급의 특징 역시 중국 산수화에 매우 뚜렷이 반영되어 있다. 인간과 자연의 기쁨과 친밀함, 목가적 평온함이 그것의 기본적 음조였다. 땔나무를 하는 나무꾼이나 배를 띄운 어부로 구색을 갖추긴 했어도 노동에 대한 찬가는 결코 아니었다. 그것은 인간 세상의 온갖 고통과 불행을 은폐한, 느긋한 분위기의 봉건 농촌을 이상화한 그림이다. "나루터는 오직 적적해야 마땅하고, 사람의 발길도 모름지기 뜸해야 한다."[18] "들녘의 다리는 적막하고, 멀리 대나무 무성한 언덕의 인가와 통해 있다. 오래된 절은 스산하고, 소나무 숲의 불탑과 어우러져 있다."[19] 스산하고 적막하지만 의기소침하지 않으며, 평안하고 고요하지만 결코 사멸한 것은 아니다. "사공이 없는 게 아니라 행인이 없을 뿐이다."[20] 이것이야말로 "산중에 은거하는 의미가 넉넉한 것"으로, 세속지주 사대부의 생활·이상·심미관에 부합하는 것이었다.

현실생활에 부응하는 철학사조가 바로 그러한 심미 취향을 형성한 주

「효설산행도曉雪山行圖」, 남송, 마원馬遠.

관적 요소였다고 할 수 있다. 선종은 중당·만당부터 북송에 이르는 동안 더욱더 유행하면서 종파 역시 많아졌고 공안公案이 정교해졌으며 다른 불교 종파와의 경쟁에서 완전히 승리했다. 선종의 교의는 중국 전통의 노장 철학에서 자연을 대하던 태도와 유사점이 있다. 양자 모두 준準범신론적인 친근한 입장을 취했으며, 자신과 자연이 일체가 될 것을 요구했고, 자연으로부터 영감이나 깨달음을 빨아들여 인간사의 굴레에서 벗어나 심령의 해방을 획득하길 희망했다. 영원히 존재하는 자연과 산수가 순식간에 사라지는 인간 세상의 화려함보다 낫고, 자연에 순응하는 것이 인위적인 조작보다 낫고, 전원과 산수가 정원이나 생황 반주에 맞추어 부르는 노래보다 오래간다. 선종의 관점으로 시를 논하는 것은 그 당시의 풍조이자 유행이었다. 선종의 관점으로 그림(산수화)을 설명하는 것 역시, 명대 말엽 동기창董其昌의 『화선실수필畵禪室隨筆』에 이르러서야 비로소 존재했던 건 결코 아니다. 그것들은 일찌감치 내재적 관계를 맺고 있었으며 중국 산수화가 발전하고 성숙하는 데 사상적 조건이 되었다.

2

무아지경

천년을 이어져온 중국 산수화는 고정불변의 것이 아니었다. 명·청은 논하지 않더라도, 송·원 산수화만 하더라도 북송(주로 전기)·남송·원이라는 세 과정을 거치면서 서로 다른 세 종류의 면모와 의경을 나타냈다.

당시의 문헌에 의하면, 북송 산수화의 주요 대표자는 이성李成·관동關仝·범관范寬 세 사람이다. "산수를 그리는 데 있어서는 영구營丘 이성, 장안長安 관동, 화원華原 범관, (…) 세 사람은 솥의 세 발처럼 병립하면서 백대의 본보기가 된다."[21](『도화견문지』) 세 사람은 저마다 특징이 있으니, "무릇 기상이 쓸쓸하고 연무가 뒤덮인 숲이 고요하고 광활한 것, (…) 영구의 작품이다. 바위가 견고하고 잡목이 무성한 것, (…) 관씨[관동]의 풍격이다. 이어진 산봉우리가 웅혼하고 기세가 힘찬 것, (…) 범씨[범관]의 작품이다."[22](『도화견문지』) 퉁수예童書業는 이를 이렇게 개괄했다. "관동의 험준함, 이성의 광활함, 범관의 웅장함은 송초 산수화의 세 가지 풍격을 대표한다."[23]

주의할 만한 것은, 이 세 가지 다른 풍격은 주로 각자 익숙한 지역의 자연환경에 대한 진실한 묘사에서 비롯되었으며 그들의 추종자들 역시

대부분 지역적 특색을 지녔다는 점이다. "제노齊魯 지역 사람들은 오직 영구를 모방하고, 관섬關陝 지역 사람들은 오직 범관만을 모방한다."[24] 이성은 칭저우靑州[25]로 이사해서 살았는데, 관동한테서 배워 산봉우리가 중첩되도록 묘사할 수 있었지만 그의 특징은 역시 안개와 구름이 서린 제노 지역의 광활한 풍경이다.

> 연무가 뒤덮인 숲의 광활한 묘妙는 영구에서 비롯되었다.[26](『도화견문지』),

> 이성의 그림은 (…) 천 리를 지척에 쓸어들이고 만 가지 취향을 손가락 아래서 그려냈다. (…) 숲의 밀도와 샘물의 깊이는 실제 경치를 마주하는 것 같다.[27](『성조명화평聖朝名畵評』)

범관은 이와 정반대였다. "이성의 그림은 가까이서 보아도 천리나 되듯 멀어 보이고, 범관의 그림은 멀리서 보아도 앉은 자리에서 그다지 떨어져 있지 않은 듯하다."[28](『성조명화평』) 범관이 표현한 것은, "산은 얼굴 앞에 우뚝 서고, 말 옆에서 구름이 인다"[29]는 관섬 지역의 풍경이다. 범관의 이러한 풍격 특징은 그의 고달픈 사생寫生에서 비롯되었다.

> 종남산終南山과 태화太華[화산華山]의 산굽이 숲에 거처를 정한 뒤, 구름과 안개로 어두침침하고 경치가 흐려 묘사하기 어려운 경관을 바라보았다. (…) 굽이굽이 이어진 산봉우리와 골짜기가, 문득 산그늘 길을 걷는 듯 한여름일지라도 너무 서늘해 얼른 솜옷을 걸치고 싶게 만든다.[30](『선화화보宣和畵譜』)

관동·범관·이성 세 사람은 모두 오대의 화가 형호荊浩한테서 배웠다고 한다. 북송 산수화의 안내자인 형호의 중요한 특징은, 묘사하려는 자연경관을 숙지하고자 애쓴 것이다. "태행산 (…) 그 기이함에 놀라 두루 다니며 그것을 감상했다. 이튿날 붓을 가지고 다시 가서 그것을 그렸다. 수만 장이 되자 비로소 진경인 듯했다."[31](형호, 『필법기筆法記』) 전하는 말에 의하면, 형호는 육조시대 사혁의 인물화에 관한 '육법'을 이어 산수화의 '육요六要(기氣·운韻·사思·경景·필筆·묵墨)'를 제기했다고 한다. 그 핵심은 '형사形似'를 바탕으로, 자연대상의 생명을 표현할 것을 강조한 것이다. 그는 '사似'와 '진眞'의 관계에 대한 문제를 제기했다.

- 그림이란 그리는 것이다. 사물의 형상을 헤아려 그 참됨眞을 취하는 것이다. (…) 비슷한 것似은 혹 가능하겠지만 참됨을 그리는 것에는 도달할 수 없다.[32]
- 비슷한 것은 그 형상만 얻을 뿐 그 기질은 놓치고 만다. 참된 것은 기질까지도 옹골지다.[33](『필법기』)

형호는 외재적인 형상의 유사함은 결코 참된 것과 같지 않고 참된 것은 내재적 기질의 정취까지 표현해야 한다고 주장했다. 육조시대에 생겨난, 본래는 인물화의 심미 기준이었던 '기운생동'이 이처럼 산수화의 영역까지 확대되고 전이되었다. 산수화는 새로운 내용과 함의를 획득하게 되었고 마침내 모든 중국화의 미학적 특징이 되었다. 이로써 사물의 외재적 모방과 형태의 유사함을 추구하는 데 만족하지 않고 내재적 풍모를 힘써 표현해야 했는데, 자연경관과 대상에 대한 진실하고 개괄적인 관찰·파악·묘사를 바탕으로 이러한 풍모를 수립할 것을 요구했다.

이렇게 해서 '기운氣韻'을 강조하며 이를 가장 중요한 미학 준칙으로 삼는 한편, 자연경관을 자세하게 충분히 관찰할 것과 화면의 구도를 세밀하고 엄밀하게 배치할 것을 요구했다. 산은 어떻고 강은 어떻고 멀리서 보면 어떻고 가까이서 보면 어떻고 춘하추동은 어떻고 흐린 날과 갠 날은 어떻고 추위와 더위는 어떠한가에 따라, "사계절의 풍경이 다르고" "아침과 저녁의 변화가 다르다."[34] 계절·기후·시간·지역·위치·관계의 차이에 따라서 자연풍경이 달라짐을 매우 중시하며, 화가가 세밀하고 정확하게 관찰·파악·묘사할 것을 요구했다.

그런데 세밀하고 정확한 것을 요구하더라도 융통성이 비교적 컸다. 아침과 저녁의 구별은 있지만 시간의 이름과 늦음은 따지지 않았다. 날씨의 흐림과 맑음은 있지만 명암의 정도는 따지지 않았다. 강남과 북방, 산지와 수향水鄕이라는 지역의 차이는 있지만 특정 산과 강을 그대로 묘사해야 하는 것은 아니었다. 계절·일시·지역·대상을 막론하고 진실뿐만 아니라 커다란 개괄성을 요구했는데, 이는 중국 산수화의 큰 특징을 구성한다.

> 진짜 산수의 남기嵐氣는 사계절에 따라 다르다. 봄날의 산은 소박하고 우아하여 미소 짓는 듯하다. 여름 산은 푸르러 물방울이 떨어지는 듯하다. 가을 산은 맑고 깨끗하여 단장한 듯하다. 겨울 산은 어두침침하여 잠자는 듯하다. 그림은 그 대의大意를 보는 것이지, 묘사한 형적을 보기 위함이 아니다.[35](『임천고치』)

이는 감정을 이입하여 '그 대의를 본다'는 식의 상상에 의한 형상의 진실이지, 직관적 감각에 의한 형체의 진실이 아님을 알 수 있다. 그러므로 이것[중국 산수화]은 서양화처럼 신체감각의 환각을 통한 사실감을 조성하지 않는다. 이것은 보다 많은 상상의 자유를 지니고 있는데, 상상을 통한 환각감이라고 해야 할 것이다.

> 산수에는 갈 만한可行 것, 볼 만한可望 것, 노닐 만한可遊 것, 살 만한可居 것이 있다. (…) 그런데 갈 만한 것과 볼 만한 것은 살 만한 것과 노닐 만한 것보다 못하다.[36](『임천고치』)

바로 이러한 심미 취향의 요구 아래, 중국 산수화는 결코 투시법을 취하지 않았다. 하나의 시각에 고정되지 않음으로써 멀리서 보는 것과 가까이서 보는 것이 모두 가능하다. 이것은 빛의 명암 및 음영과 색채의 다채로운 변화를 중시하지 않고, 어느 정도의 안정성을 지닌 총체적인 경지가 정서에 미치는 감동의 효과를 중시한다. 이러한 효과는 구체적인 경물과 대상의 감각적·지각적 진실에 달린 게 아니며, '볼 만하고 갈 만한' 것에 달린 게 아니라 '노닐 만하고 살 만한' 것에 달렸다. '노닐 만하고 살 만한' 것은 물론 단기간의 시간·사물·경물이어서는 안 된다. "이 그림을 보면 이 뜻을 떠올리게 하여 마치 정말로 이 산속에 있게 하는 것, 이것이 그림의 경물 너머의 뜻景外意이다."[37](『임천고치』) 즉 자연경물의 묘사를 통해 생활 및 인생 전체의 환경·이상·정취·분위기를 표현할 것을 요구한다. 그것이 요구하는 것은 비교적 광활하고 장구한 자연환경과 생활상을 진실하게 재현하는 것이지, '볼 만하고 갈 만한' 특정 시간과 특정 경물에 대한 잠시 동안의 느낌이 아니다.

> 초 땅 변방은 삼상三湘에 닿아 있고,
> 형문산荊門山은 아홉 갈래 물길과 통한다.
> 강물은 천지 밖으로 흘러가는 듯,
> 산색山色은 있는 듯 없는 듯.

마을은 물에 떠 있는 듯,

물결은 아득한 공중에서 출렁출렁.

샹양襄陽의 좋은 날씨,

머물면서 산골 늙은이와 더불어 취하고프다.[38](왕유)

이처럼 매우 광활하고 총체적인, '노닐 만하고 살 만한' 생활·인생·자연의 경지는 바로 중국 산수화가 표현하고자 하는 미의 이상이다.

자연을 객관적이고 총체적으로 묘사한 북송(특히 전기) 산수화에 바로 이러한 특색이 고스란히 표현됨으로써 송·원 산수화의 첫 번째 기본 형상 및 예술 의경을 구성했다. 겹겹이 이어진 산이 중첩되고 수목이 우거진 화면이 있는가 하면, 시야가 확 트이도록 드넓게 펼쳐진 화면도 있다. 혹은 맹렬한 기세가 성대하게 뒤섞여 있고, 혹은 끝없이 아득히 멀고 광활하다. 혹은 "크고 높은 절벽이 많을수록 더욱 장엄하며"[39], 혹은 "시냇가의 다리, 강가 어귀, 사잇섬이 어우러져 있다."[40] 이처럼 기본적으로 화면을 가득 채우는 객관적인 전경全景을 통해 자연을 총체적으로 묘사함으로써 북송 산수화는 깊은 의미를 풍부히 지니게 되었으며, 확정적이지 않고 광범위하며 풍만한 심미감을 주게 되었다.

북송 산수화는 어떤 특정한 혹은 비교적 구체적인 시의詩意·사상·정감을 표현하지 않고 감상자가 그것을 연상하게 하지도 않으면서, 자연과 인생의 목가적인 친밀한 관계를 표현해내고 감상자가 그것을 뚜렷이 느끼도록 한다. 마치 그 안에서 정말로 '노닐 만하고 살 만한' 것처럼 말이다. 순전히 객관적인 듯한 자연의 묘사를 통해 생활의 풍모와 인생의 이상을 확실히 표현했다. 확정적이고 구체적인 시정詩情과 화의畵意 혹은 관념과 정서를 결코 드러내지 않음으로써 감상자의 심미적 체험 속의 상상·정감·이해 등의 여러 요소가 고정된 방향으로 이끌리지 않고 보다 자유롭고 광범위해질 수 있었다. 전경全景의 총체적인 화면이 제공할 수 있는 범위와 대상이 많아짐에 따라, 사람들이 심미 체험을 통해 새롭게 발견하고 감정을 토로할 여지 역시 보다 커졌다. 그것은 보다 풍부한 다의성을 지녔으며, 이로 인해 사람들이 계속 머물며 감상하는 시간과 즐거움 역시 보다 오래 지속되었다.

이는 회화예술에서 고도로 발전한 '무아지경'이다. 시·회화·소설 등 각 분야의 예술 모두에 이러한 미의 유형과 예술의 경지가 존재한다. 이른바 '무아無我'란 예술가 개인의 정감과 사상이 그 안에 없다는 말이 아니라, 정감과 사상이 직접적으로 드러나지 않으며 심지어 때로는 예술가가 창작 중에도 결코 자각하거나 의식하지 못한다는 말이다. 그것은 주로 대상(인간사든 자연경물이든)을 순수하게 객관적으로 묘사함으로써 마침내 작가의 사상·정감과 주제사상을 전달한다. 이로써 사상·정감과 주제사상 역시 늘 보다 광범위하고 광활하고 다의적이고 풍부해진다. 다음에서 도연명이 읊은 것은 바로 그러한 아름다운 '무아지경'이다.

가물가물 멀리 인가들이 보이고,
모락모락 마을에선 밥 짓는 연기 피어오르네.
개는 깊숙한 골목에서 짖어대고,
닭은 뽕나무 꼭대기에서 울어대네.[41]

동쪽 울타리 아래서 국화를 따다가,
멀리 남산이 눈에 들어오네.
산 기운은 해질녘에 아름답고,
날던 새들도 더불어 돌아가는구나."[42]

「계산행려도」, 북송, 범관.

이는 어떤 정감과 사상을 결코 직접적으로 드러내거나 토로하지 않았지만 자연경물의 객관적인 묘사를 통해 작가의 생활·환경·사상·정감을 지극히 뚜렷하게 표현했다. 그림의 '무아지경'에는 근본적으로 언어가 존재하지 않기 때문에 앞의 도연명의 시보다 더 광범위하기 마련이다. 하지만 그 안에 정감·사상·관념이 없는 건 결코 아니다. 그것은 농촌의 경물이나 산수와 자연에 대한 봉건 사대부의 목가적인 미의 이상과 정감을 여전히 선명하게 전달한다. 그것을 마주보고 있으면 마치 상상의 환각 속에서 거대한 진짜 산수를 마주하고 있는 듯하다. 하지만 진짜 산수를 마주하고 있는 게 아니라, 소농업 생산사회의 지주 사대부에 의해 이상화된 산수를 마주하고 있는 것이다. 오대와 북송의 수많은 작품, 즉 관동의 「대령청운大嶺晴雲」, 범관의 「계산행려谿山行旅」「설경한림雪景寒林」, 동원董源의 「소상도瀟湘圖」「용수교민도龍袖驕民圖」, 거연巨然·연문귀燕文貴·허도녕許道寧 등의 작품이 모두 그렇다. 그들은 자연을 객관적이고 총체적으로 파악하고 묘사했으며, 확정적이지 않은 관념·의미·정감을 표현했기에 다의적인 무아지경을 지녔다.

앞에서 말한 북송 삼대가 중에서, 그 당시에는 이성이 최고의 명성을 누린 듯하지만[43], 이성의 진적이 일찌감치 사라졌기 때문에 송대에는 '무이론無李論'[44]이 제기되었다. 전해지는 형호와 관동의 작품은 모두 성숙함이 부족하고, 연문귀와 허도녕 역시 약간 손색이 있다. 따라서 실제로 북송화의 첫 번째 의경의 대표자가 될 수 있는 이는 마땅히 동원(후대에는 이성보다 더 유명해졌다)과 범관 두 대가다.

동원은 강남의 광활하고 아득한 실제 경치를 묘사했다. "가을날 운무 자욱한 산의 원경에 뛰어났고, 강남의 실제 산을 많이 그렸으며 기이하고 험준한 산세는 그리지 않았다."[45] 이렇게 그는 짙은 서정성을 띤 우아미가 뛰어나다. 한편 범관은 관섬 지역의 준령을 묘사함으로써 극적

「소상도권瀟湘圖卷」, 북송, 동원.

인 웅장미가 뛰어나다. 양자는 확실히 다른 두 종류의 미의 풍격인데, 이러한 차이는 북송과 남송의 구별이 결코 아니고 청록과 수묵의 차이 역시 아니며, 지역성을 띤 자연경관을 객관적이고 총체적으로 묘사하고 표현한 데서 비롯된 차이다.[46] 오늘날에도 강남과 관섬 지역에 가서 자연미를 감상한다면 두 지역에서의 느낌이 매우 다를 것이다. 이는 동원과 범관의 그림을 보는 것과 마찬가지다. 하지만 양자의 풍격에 중요한 차이가 있다 하더라도 여전히 양자 모두 앞에서 말한 '무아지경'의 미학 범주에 속한다.

3 세부 묘사의 충실함과 시의 추구

시대가 발전하고 변화하면서, 시와 회화의 미학 취향 역시 발전하고 변화했다. 북송 전기에서 후기를 거쳐 남송으로 넘어오면서, '무아지경'은 점차 '유아지경'으로 옮아갔다.

이러한 변화의 노정은, 화단에서 지배적 지위에 있었던 원체화파院體畵派[47]의 작풍과 밀접한 관계가 있다. 제왕을 기쁘게 하는 것이 목적이었고 황제까지도 창작에 몸소 참가했던 북송의 궁정 화원은 극도의 한가함과 우월한 조건을 향유하면서, 세부의 핍진한 묘사를 최고봉까지 발전시켰다. "공작이 높은 곳으로 오르려 할 때는 반드시 왼쪽 발을 먼저 든다"[48], 월계화가 사계절과 아침·저녁에 따라 꽃·꽃술·잎의 모습이 다르다[49]는 등의 이야기는 황제 본인이 앞장서서 이끌고 나감에 따라 사실적인 세부 묘사의 추구가 궁정 화원의 중요한 심미적 기준이 되었음을 말해준다. 이렇게 해서 부드럽고 가늘게 세밀한 필법으로 그린 화조가 자연히 이러한 기준을 가장 잘 구현한 것이자 한 시대의 예술계를 주름잡는 독보적인 존재가 되었다. 이는 자연스럽게 산수화에도 영향을 미쳤다.[50] 이에 대항하는 문인 묵화墨戲(소식을 대표로 한다)가 생겨났다 하더

「부용금계도芙蓉錦鷄圖」, 북송, 휘종徽宗 조길趙佶.

라도 전반적으로 말하자면, 윗사람이 하는 대로 아랫사람이 따라하게 마련이라 사회 지배계급의 의식은 항상 사회를 지배하는 의식이었기에, 세부의 사실적 묘사를 추구하는 것은 갈수록 화단의 중요한 추세와 취향이 되었다.

세부의 사실적 묘사와 더불어서 보다 중시할 만한 화원의 또 다른 심미 취향은, 있는 힘을 다해 시의詩意를 부르짖었던 것이다. 시적 정취를 그림에 담은 것이 여기[북송의 화원]서 비롯된 것은 아니며, '그림 속에 시가 있는畵中有詩' 것은 일찍이 왕유한테서 찾아볼 수 있다. 하지만 고도로 자각적인 심미 이상과 예술 취향으로서 시적 정취가 제창되고 이것이 날로 지배적 위치를 차지하는 미학 기준이 된 것은 아무래도 여기서 비롯된 것이라고 해야 한다. 앞에서 말한 공작이 높은 곳에 올라갈 때의 이야기와 같은 시기의 것으로 역시 유명한 이야기들이 있는데, 화원에서 시구를 주제로 삼아서 시험을 실시했던 다음의 여러 이야기들[51]이다.

> 부드럽고 푸른 가지 끝에 붉은 꽃 한 송이,
> 사람을 감동시키는 봄빛은 많을 필요가 없다네.[52]

> 호접몽蝴蝶夢 속에서도 고향집은 만 리 먼 곳에[53]

> 꽃잎 밟으며 돌아가는 말발굽에서 향기가 난다.[54]

이상은 모두 화면에 시의를 표현하길 요구하는 것이다. 중국시는 본래 함축을 특징으로 삼는다. "다함이 없는 뜻을 언어 너머에서 드러내야"[55] 했으므로, 산수경물을 담은 화면이 함축적이면서도 정확하고 적절하게 이에 도달할 수 있도록 하는 것이야말로 중심 과제가 되었으며 화가들이 부단히 추구하고 탐구하는 대상이 되었다. 즉 그림에서 시의를 추구하는 것이 중국 산수화의 자각적인 핵심 요구가 되었다.

주어진 주제 가운데 "야외 강가엔 강 건너는 이 없고 외로운 배는 종일토록 멋대로 떠 있네"[56]의 경우, 제2인자부터는 대부분 빈 배를 강가에 묶어 놓은 채 뱃전에 해오라기가 있거나 배의 지붕에 까마귀가 있게 그린다. 제1인자의 경우는 그렇지 않다. 사공이 배꼬리에 누워서 피리를 가로잡고 부는 장면으로 그리는데, 그 의미는 사공이 없는 게 아니라 행인이 없을 뿐임을 나타낸다.[57](『화계』)

행인이 없는 화면은 황량한 느낌을 만들어내게 마련이다. "사공이 없는 게 아니라 행인이 없을 뿐"[58]이어야 비로소 한산하고 완만하고 평온하고 한일한, 시제詩題에 부합하는 서정적인 분위기와 목가적인 그림을 정확하고도 함축적으로 표현할 수 있다. 또 다른 예를 보도록 하겠다.

"대숲이 다리 어귀의 술집을 가둬 놓았구나"[59]라는 시제를 내놓자 다들 묘사할 수 있긴 했지만, 죄다 술집을 표현하는 데 노력을 기울였다. 그림에 뛰어난 오직 한 사람만이 대숲 바깥 다리 어귀에 술집 깃발을 걸어두고 거기에 '주酒'자를 써놓아 술집이 대숲 속에 있음을 알게 했다.[60](유성兪成, 『형설총설螢雪叢說』)

이는 물론 시의에 들어맞으면서 함축적이고도 우아한 한 폭의 산수화다.

송대는 "찬란한 문물"[61]로 유명하다. 송대는 중국 역사에서 문화가 가장 발달했던 시기일 것이다. 위로는 황제와 고관대작에서부터 아래로는 각급 관리와 지주 사신士紳에 이르기까지, 당대보다 훨씬 방대하고 문화적 교양을 보다 많이 갖춘 계급 내지 계층이 형성되어 있었다. 회화예술에서 세부의 사실적 묘사와 시의의 추구는, '태평성세'에서 발전한 이 계급의 심미 취향에 기본적으로 부합했다. 하지만 현실생활에서가 아닌 주로 서면의 시와 사를 통해서 시의를 추구한 것으로, 이는 우아하고 섬세한 취향이었다.

이러한 심미 취향은 북송 후기에 이미 형성되었고, 남송 원체院體에 이르러서는 최고의 수준과 가장 우수한 상태에 도달했다.[62] 이로써 북송 전기 산수화와는 매우 다른 새로운 유형의 예술 의경을 창조했다.

마원馬遠과 하규夏珪의 작품 및 남송의 수많은 소품 등을 보면 이러한 특색이 극명히 드러난다. 「심당금취도深堂琴趣圖」「유계귀목도柳溪歸牧圖」「한각독조도寒江獨釣圖」「풍우귀주도風雨歸舟圖」「추강명박도秋江暝泊圖」「설강매어도雪江賣魚圖」「운관설잔도雲關雪棧圖」「춘강범포도春江帆飽圖」 등이 그 예다. 이것들은 대부분 매우 정교하고 세밀하며 극도로 선택적인 유한한 장면·대상·제재·구도 속에서, 서정성이 아주 짙은 특정한 시정과 화의를 전달한다. 세부의 사실적 묘사와 시의의 추구는 바로 이것들의 미학 특색이다. 이는 총체적이고 다의적이고 풍부하면서 세밀하지 않던 북송 전기의 상황과는 매우 다르다.

이제 더 이상 북송처럼 기세가 웅혼하고 아득한 객관 산수가 아니며, 너무 복잡다단한 총체적 면모도 더 이상 아니다. 이제 나타나게 된 것은 이와 반대로, 특정 각도·부분·대상 내지 특정 대상의 특정 부분에서 상당한 취사선택을 통해 나온 심혈을 기울인 구상, 자리 배치, 고심하여 이룬 경지다. 이처럼 매우 한정적인 대상의 세부를 충실히 묘사하는 가운데 비교적 확정적인 시의 정취·정조·정서·느낌을 표현해내고 있다. 이는 더 이상 이전 시기처럼 광범위하고 다의적이지 않다. 이제 더 이상, "봄날

「매석계부도梅石溪鳧圖」, 남송, 마원.

의 산은 안개와 구름이 연이어 있어 사람이 활기에 차고 여름 산은 아름다운 나무가 울창하여 사람이 태연해진다"[63]는 식으로 일반적이지 않으며, 보다 구체적이고 분화되기를 요구하고 있다.

표제가 기본적으로 같을지라도 화면에 표현된 정조와 시의는 결코 같지 않다. '잉수잔산剩水殘山'[64]이라고 불리는 마원과 하규[65]가 바로 전형적인 대표다. 북송의 의경에 비하자면, 제재·대상·장면·화면이 상당히 작아졌다고 말해야 할 것이다. 한쪽 귀퉁이의 산이나 나뭇가지의 일부가 모두 중요한 내용이 되어 화면을 많이 차지했지만, 묘사는 훨씬 정교하고 세밀해졌으며 자각적인 서정적 시의 역시 보다 짙어지고 선명해졌

「답가도踏歌圖」, 남송, 마원.

다. '마일각馬一角'이라고 불린 마원의 소폭의 산수화는 공간감이 매우 두드러지는데, 화면 대부분이 공백이거나 멀리 강이 흐르는 평야인데다 한 귀퉁이에만 그림이 그려져 있다. 그의 그림을 보면 끝없는 광활함이 느껴져 마음이 트이고 기분이 상쾌해진다. 그 누가 마원과 하규의 산수화와 남송의 소품을 앞에 놓고서, 가볍고 부드럽고 우아한 온갖 즐거운 느낌이 넘쳐나지 않을 수 있겠는가? 남송의 산수화는 사람들의 심미감 속의 상상·정감·이해 등의 요소를 보다 확정적인 방향으로 이끌어가면서, 보다 명확한 관념과 주제로 유도한다. 이것이 바로 송·원 산수화의 발전 과정에서의 두 번째 예술 의경이다.

이것은 '유아지경有我之境'일까? 그렇기도 하고 아니기도 하다. 첫 번째 의경에 비하면 그렇다고 할 수 있다. 즉 예술가의 주관적 정감과 관념이 보다 많이 직접적으로 드러난다. 하지만 다음 단계에 비하면 그렇지 않다. 대상의 충실한 묘사나 주관적 정감과 관념의 토로에 있어서 비교적 객관적인 태도를 유지하고 있기 때문이다. 시의의 추구와 정감의 토로가 북송 산수화에 비해서는 훨씬 자각적이고 두드러진다 할지라도, 기본적으로는 자연경관의 사실적 재현이라는 전제에 여전히 귀속되어 있다. 따라서 그것[남송의 산수화]은 '무아지경'에서 '유아지경'에 이르는 과도기에 해당하며, 중후한 원체화院體畵이지 주관적 뜻이 담긴 문인화가 아니다. 그것은 기본적으로 여전히 '무아지경'에 속한다.

송대 회화에서 이 두 번째 예술 의경은 매우 중요한 개척이다. 내용과 형식을 막론하고, 중국 민족의 미학 전통을 굉장히 풍부하게 발전시키는 데 중요한 공헌을 했다. 시의의 추구와 세부의 사실적 묘사가 병행한 덕분에, 후자[형식]는 범속함과 틀에 박힌 방식(매너리즘)으로 흐르지 않았고 전자[내용]는 공소함과 추상(학자연한 방식)으로 흐르지 않았다. 오히려 반대로, 형사形似 속에서 신사神似를 추구하고 유한(화면) 속에서 무한

(시정)을 드러냈으며, 시문의 발전 추세와 마찬가지로 갈수록 중국 예술의 기본적인 미학 준칙 및 특색이 되었다.

대칭이 균형을 향해 나아가면서 여백空間은 더욱 의미를 지니게 되었다. 날이 갈수록, 적게 그린 것으로써 많이 그린 것을 압도하고以少勝多 여백으로 실제를 대신하고以虛代實 여백 역시 그려진 것으로 간주하고計白當黑 하나로써 열에 맞먹는以一當十 것이, 고도로 발전한 예술의 형식·기교·수법이 되었다. 여기서 강구한 것은 "허虛와 실實이 상생하니, 그려지지 않은 곳이 모두 묘경妙境이 되는"[66] 것이다. 이는 "언어 너머의 뜻"[67] "소리가 없는 지금이 소리가 있을 때보다 낫다"[68] 등의 의미와 완전히 일치한다.

이러한 산수화는 선택이 매우 국한된 자연경관의 일부 내지 특정 대상을 그린 것이기 때문에 북송의 회화처럼 지역적 특색은 뚜렷하게 사라졌다. 그 어딘들 산수와 나뭇가지가 없겠는가? 그 어딘들 작은 다리 아래로 흐르는 물, 외로이 떠 있는 배에서 홀로 낚시하는 이가 없겠는가? 그 어딘들 봄날의 강과 가을의 달, 비바람 몰아치자 돌아오는 배가 없겠는가? 묘사하는 구체적 경물이 아무리 작아졌더라도 보편성은 도리어 확대되었다. 토로하는 정감과 관념이 보다 한정적이라 할지라도 오히려 보다 선명하고 강렬해졌다. 확실히 이것은 "묘사하기 어려운 정경을 눈앞에 있는 것처럼 형용하고, 다함이 없는 뜻"[69]을 화면에 넘쳐나게 함으로써 중국 산수화의 또 다른 지극히 높은 성취를 창조했다.

북송의 웅혼하고 총체적인 전경의 산수는, 남송의 정교하고 시의가 담긴 클로즈업된 산수로 변했다. 전자는 웅혼함·광활함·숭고함이 뛰어나고, 후자는 수려함·정교함·우아함이 뛰어나다. 두 가지의 미가 나란히 우뚝 솟아 있으며, 각자의 장점을 지니고 있다.

4

유아지경

명대의 왕세정은 송·원의 산수화를 총괄하며 이렇게 말했다.

> 산수화는 대이大李[이사훈]와 소이小李[이소도]에 이르러서 일변했다. 형荊·관關·동董·거巨에서 또 일변했다.[70] 이성과 범관에서 또 일변했다. 유劉·이李·마馬·하夏에서 또 일변했다.[71] 대치大痴[황공망黃公望]와 황학黃鶴[왕몽王蒙]에서 또 일변했다.[72](『예원치언藝苑卮言』)

대이와 소이는 당대 사람으로, 자세한 내용은 알 수 없다. 형[형호], 관[관동], 동[동원], 거[거연巨然]와 이성·범관은 실제로 동시대에 속하는데, 바로 앞에서 첫 번째 의경이라고 말한 북송 산수화의 화가다. 이[이당李唐]와 유[유송년劉松年]는 북송과 남송을 연결하는 인물로, 마원·하규와 같은 부류에 넣을 수 있다.[73] 즉 앞에서 두 번째 의경이라고 말한 남송 산수화의 화가다. 마지막 변화는 원사가元四家[74]다. 사실, 후세에서 공인하듯이 대치와 황학은 예운림倪雲林보다 못하지만 원사가(원대 회화)의 주요 대표자이자 송·원 산수의 세 번째 예술 의경인 '유아지경'의 대표자다.

원대 회화는 송대 회화와 어마어마하게 다르다. 그 어떤 측면이나 각도에서도 엄청난 차이를 지적할 수 있다. 하지만 가장 중요한 차이는, 사회가 급격히 변화함에 따라 야기된 심미 취향의 변화일 것이다. 몽고족이 중원과 강남을 차지하면서 생산력이 심각하게 파괴되었다. 대량의 한족 지주 지식인(특히 강남의 사인士人) 역시 극도의 굴욕과 압박을 받았다. 그들 중 일부는 혹은 어쩔 수 없이 혹은 스스로 원해서, "배워서 뛰어나면 벼슬을 하는"[75] 전통적인 길을 포기하고 시간·정력·정감·사상을 문학과 예술에 기탁했다. 산수화 역시 그들이 기탁했던 분야 가운데 하나다. 원체화는 송 왕조의 멸망과 더불어 쇠락하여 사라졌고, 산수화의 지도권과 심미 취향 역시 사회조건의 변화에 따라 송대의 궁정 화원에서 원대의 재야 사대부 지식인(문인)의 손으로 넘어갔다. 이로써 '문인화'가 정식으로 확립되었다. 후세 사람들이 문인화의 근원을 소식·미불 등으로 거슬러 올라가는 것을 선호하고 지금은 전해지지 않지만 원체화와는 다른 문인화가 남송 때 확실히 존재했다 하더라도, 역사의 전반적인 상황 및 현존 작품을 통해 보자면, 시대정신을 구현하는 조류로서 문인화가 회화예술에 나타난 것은 원대 그것도 원 사대가부터라고 해야 할 것이다.

'문인화'는 물론 그 기본적인 특징이 있다. 그것은 무엇보다도 문학 취향이 매우 두드러진다는 점이다. 앞에서 말한 두 번째 의경은 형사形似와 신사神似, 사실寫實[사실적 묘사]과 시의詩意가 하나로 융합하여, 모순된 쌍방이 조화의 상태에 있는 것이다. 하지만 형체形와 정신神, 대상(경境)과 주관(의意)이라는 모순된 쌍은 지속적으로 발전하다가 원대의 사회 분위기와 문인의 심리라는 조건 속에서, 후자[정신·주관]가 전자[형체·대상]를 완전히 압도하며 직접적으로 표출되면서 북송과 상반된 경지로 나아갔다. 즉 형사와 사실은 부차적인 위치로 신속하게 밀려났고, 극력 강조한 것은 주관적 흥취와 마음이었다. 중국 회화에서 일관되게 강구해 온 '기운생동'이라는 미학의 기본 원칙은 이제 더 이상 객관적인 대상을 통해 구현되는 게 아니라 오롯이 주관적 흥취를 통해 구현되었다. 본래 인간의 정신 면모를 표현하는 인물화의 표준이었던 이것[기운생동의 미학 원칙]이 이제 인간의 주관적 정취와 정서를 표현하는 산수화의 표준이 되었다.(또한 대부분의 문인화가들 역시 더 이상 인물을 그리지 않게 되었다.) 『예원치언』에서는 이렇게 말했다.

> 인물은 형상을 우선으로 삼되, 기운氣韻이 겉모습을 뛰어넘어야 한다. 산수는 기운을 주된 것으로 삼되, 형상이 그 안에 깃들어야 한다.[76]

이는 역사적 유래를 완전히 망각한 것일 뿐만 아니라 산수화에서 '형상'의 지위와 의의를 매우 부차적이고 종속적인 위치에 놓아둔 것으로, 북송 초에 사실적 묘사와 형사를 강구하던 것과는 선명한 대조를 이룬다. 예운림은 거듭해서 이렇게 말했다. "내가 그림이라고 하는 것은, 다만 자유로운 필치로 아무렇게나 그리되 형상의 유사함을 추구하지 않고 애오라지 스스로 즐기는 것일 따름이다."[77] "내가 그린 대나무는 애오라지 마음속에 있는 세속에서 벗어난 기개를 묘사한 것일 따름이니, 어찌 그것이 닮았는지의 여부를 따지겠는가?"[78] 오진吳鎭 역시 이렇게 말했다. "묵화는 대개 사대부가 시문을 짓다가 짬이 날 때 그리는 것으로, 일시의 흥취에 적합한 것이다."[79] 이러한 미학의 지도 사상은 송대 회화의 주류(북송이나 남송을 막론하고)에는 없던 것이다.

원대 회화는 문학적 취향과 맞물려 있으며, 이러한 취향을 구현한 원대 회화의 특징은 바로 필묵을 두드러지게 강조했다는 점이다. 이는 중국 회화예술의 또 한 차례의 창조적 발전이며, 원대 회화 역시 이로 인해 독자적인 심미적 성과를 거두었다. 즉 문인화가가 보기에 회화의 미는 자연을 묘사하는 데만 존재하는 게 아니라, 그림 자체의 선과 색채 즉 필묵 그 자체에 보다 많이 존재하는 것이었다. 필묵은 표현 대상(경물)에 의존하지 않는 상대적으로 독립된 미를 지닐 수 있다. 그것은 형식미와 구조미이자, 형식과 구조를 통해 인간의 갖가지 주관적 정신 경지·기운·흥취를 표현할 수 있다. 이렇게 해서 중국의 선의 예술 전통을 최고 단계로 끌어올렸다.

원시 도기의 무늬, 청동 예기, 금문의 대전大篆과 소전 이래로, 선은 중국 조형예술에 있어서 시종일관 주요한 심미 요소였다. 인물화에서 이른바 '철선묘鐵線描'[80] '순채묘蓴菜描'[81] '조의출수曹衣出水'[82] '오대당풍' 등은 모두 선의 미를 말하는 것이다. 중국 특유의 서법예술은 바로 이처럼 고도로 발달된 선의 미다.(제3장과 제7장 참조) 바로 이 시기에 서법과 회화가 긴밀하게 결합되기 시작했다. 원대 회화에서부터, 필묵을 강조하고 서법 취향을 중시하는 것이 큰 특징이 되었다. 이는 어느 논저에서처럼 형식주의라고 간단히 질책할 수 있는 게 아니다. 오히려 그것은 정화된

순채묘 조의출수 철선묘

심미 취향과 미의 이상을 표현한 것이다. 선 자체의 흐름과 전환, 먹색 자체의 농담과 위치, 이것들이 표현해내는 정감·힘·흥취·기세·시간감·공간감[83] 등은 중요한 미의 경지를 구성한다. 이 자체가 바로 정화된 '의미 있는 형식'이다. 아무리 핍진한 촬영이라 할지라도 그림을 대신할 수 없는 이유는, 그림에는 필묵 자체의 심미적 의미가 존재하기 때문이다. 이는 자연계가 지니고 있지 않은 미로서, 사람들이 오랜 기간 정련하고 개괄하고 창조해낸 미다. 원대의 유명한 화가이자 서법가인 조맹부趙孟頫는 이렇게 말했다.

> 돌은 비백飛白[84]처럼 나무는 주籒[대전]처럼,
> 대나무를 그릴 때는 마땅히 팔법八法[영자팔법]과 통하도록.
> 누군가 이를 이해할 수 있으려면,
> 모름지기 글씨와 그림이 본래 같은 것임을 알아야 하리.[85](욱봉경郁逢慶, 『서화제발기書畵題跋記』)

화가·서법가·시인의 일인삼역은 이로부터 중국 산수화에 있어서 기본적 요구이자 이상이 되었다.

이와 더불어서 원대 회화에서부터 생겨난 중국화의 또 하나의 독특한 현상은, 그림 위에 시를 써넣음으로써 시문이 화면과 직접적으로 조화를 이루며 상호 보충하고 결합한 것이다. 이는 당대와 송대, 외국에서도 드문 일이자 있을 수 없는 현상이다. 당대에는 낙관이 늘 바위틈이나 나무 뿌리 쪽에 숨겨져 있었고(이는 외국과 마찬가지다), 송대에는 시를 적기 시작하긴 했지만 일반적으로 화면을 과도하게 차지함으로써 화면(자연풍경)을 감상하는 데 영향을 주지는 않았다. 원대는 크게 달랐는데, 화면 위에 적는 글자가 때로는 100자에 달해 10여 행이나 되어 화면을 매우 많이 차지했고 의식적으로 이것이 전체 구도의 중요한 일부가 되도록 했다. 이는 글씨와 그림 모두가 선의 미를 통해 서로 조화를 이루고 호응하게 했다. 보다 중요한 것은, 문자로 명확하게 드러나는 의미를 통해서 화면의 문학적 흥취 및 시정詩情과 화의畵意를 심화시켰다는 점이다. 이렇게 해서 "원대 사람은 글씨에 뛰어났는데, 비록 화면을 침범했지만 그 우아함과 전아함을 더욱 느낄 수 있었다."[86](전두錢杜, 『송호화억松壺畵憶』) 글씨와 붉은 인장으로 화면과 조화를 이루면서 보완하는 것이 중국 예술의 독특한 전통이 되었다. 그것들은 구도의 균형을 잡아주거나 산만함을 보완하거나 분위기를 배가시키거나 변화를 강화해주었다. 크지 않은 붉은 인장이 수묵화 속에서 차분함과 선명함과 힘을 더해주었다. 이 모든 것이 회화예술의 심미 요소를 극히 깊이 있고 융통성 있게 강화했다.

이와 동시에 수묵화 역시 이로부터 청록산수를 압도하고 화단에서 지배적 지위를 차지했다. 일찍이 다음과 같이 말한 이[당대의 장언원]가 있긴 하지만, 진정으로 그러한 이상을 실현한 것은 어쨌든 필묵 흥취를 강구했던 원대 회화에서다.

> 초목에 꽃이 활짝 피는 것은 붉은빛·초록빛의 채색에 기대지 않는다. 구름에서 눈이 흩날려 내리는 것은 백분에 기대지 않아도 새하얗다. 산은 공청空青[87]에 기대지 않아도 비취빛이고, 봉황은 오색五色[88]에 기대지 않아도 온전히 아름답다. 그러므로 먹색을 운용해 오색을 갖춘 것[89]을 일러 득의得意했다고 한다.[90](『역대명화기』)

선의 비상과 침잠 및 껄끄러움과 거침없음, 먹의 건조함과 습함 및 짙음과 옅음, 점의 조밀함과 성김 및 세로·가로 방향,[91] 피마披麻·부벽斧劈 등의 준皴[92]을 통해서 충분히 대상을 묘사하고 분위기를 두드러지게 하고 마음을 표현하고 흥취와 관념을 전달할 수 있었다. 이로써 자연경관 자체의 색채와 형태를 사실적으로 그려낼 필요가 없었다. 오진은 진여의陳與義의 시를 인용해 이렇게 말했다. "의경이 충분히 묘사되면 색채의 유사함은 추구하지 않으니, 전신前身은 말의 상相을 잘 보던 구방고九方皋라네."[93] 구방고는 말의 상을 볼 때, 그 기색氣色과 자태를 중시했으며 검은지 누런지 혹은 암컷인지 수컷인지의 구체적이고 자세한 사항은 따지지 않았다.[94]

객관 대상(전체든 세부든)의 충실한 재현이 아닌 정련되고 깊이 있는 필묵 취향에 중점이 있는 바에야, 화면 역시 자연경물의 다양함(북송)이나 정교함(남송)을 추구할 필요가 없었다. 필묵 취향에서 비롯된 자연경물이나 형상의 묘사를 통해 예술가의 주관적 마음과 관념을 전달할 수만 있다면 충분한 것이었다. 그러므로 원대 회화에서는 인간의 심미감각에 속하는 상상·감정·이해 등의 요소가, 송대 회화에서처럼 방향을 이끄는 역할만 하는 게 아니라 보다 명확하게 '표현'되었다. 화면에 묘사된 경물은 매우 평범하고 단순하면서도 흥취와 정취는 오히려 매우 짙었다.

> 송대 사람은 나무를 묘사할 때 수없이 구부러지게 그렸다. (…) 원대의 대치·중규仲奎(오진)에 이르러서는 일변하여 간솔해졌는데, 간단할수록 더 훌륭하다.[95](전두, 『송호화억』)

> 첩첩이 이어진 짙푸른 산은 장편 가행歌行[96]과 같고, 먼 산기슭의 성긴 숲은 오언·칠언 절구와 비슷하다. 간단할수록 더 깊이 들어가게 된다.[97](심호沈顥, 『화진畵塵』)

> 산수의 뛰어난 풍경이 눈에 들어와 마음에 깃들어서 필묵으로 표현된

것은 흥이 아닌 게 없다.[98](심주沈周, 『서화회고書畵匯考』)

먼 산이 기복이 있는 것은 세勢가 있기 때문이고, 성긴 숲이 높거나 낮은 것은 정情이 있기 때문이다.[99](동기창, 『화선실수필』)

자연대상과 산수경물은 완전히 주관적 정서와 흥취를 나타내는 수단이 되었다. 이에 있어서는 당연히 예운림을 전형으로 꼽아야 할 것이다. 그의 그림을 보라. 몇 그루의 작은 나무, 초가집 한 채, 멀리 가파르지 않은 비탈, 바람을 맞고 있는 가느다란 대나무. 여기에는 사람도 없고 움직임도 없지만 지극히 보편적이고 흔한 단순한 정경의 정련된 필묵을 통해, 그지없는 한적함과 긴 시간의 적막과 침묵을 전달한다. "의도적인 듯하면서도 무심코인 듯하며有意無意"[100] "담박한 듯하고 성긴 듯한若淡若疏"[101] 극히 간결한 필묵 흥취를 통해 사상과 정감의 미를 이루어냈다.

원대 사람이 그린 그윽한 정자와 수려한 나무는 화공化工[하늘의 조화로 이루어진 뛰어난 기예]의 영역에 있으며, 일종의 영기靈氣다. 생각건대 그 품격은 하늘가에서 높이 나는 기러기와 같아서 붓을 댔다 하면 바로 슬픈 현악기 소리와 급박한 리듬의 관악기 소리처럼 소리와 감정이 함께 모이니, 대지 위 환락의 장소로는 비교할 바가 아니다.[102](운수평惲壽平, 『남전논화南田論畵』)

지극히 평온하고 지극히 담담하고 지극히 무의無意하면서도, 있는 힘을 다한 바가 확실히 있다.[103](운향惲向, 『보우재서화록寶迂齋書畵錄』)

이른바 "있는 힘을 다했다" "일종의 영기"라는 것은, 물론 객체인 자연

「용슬재도容膝齋圖」, 원대, 예운림.

경물을 가리키는 것이 아니라 주관적인 마음·정감·관념을 가리킨다. 앞에서 말했듯이 자연경관은, 필묵을 통해 '있는 힘을 다한' 주관적 마음인 '영기'를 드러내는 것일 따름이다.[104]

이는 물론 전형적인 '유아지경'이다. 일찍이 송대에 구양수가 이렇게 말한 적이 있다. "쓸쓸함과 담박함, 이는 그려내기 어려운 의미다. (…) 따라서 날짐승과 길짐승처럼 의미가 쉬운 사물은 표현하기 쉽지만 우아하고 온화하며 평온하고 깊은 정취를 지닌 마음은 형용하기 어렵다."[105] 왕안석 역시 "잘 그려낼 수 없는 황량함과 스산함을 기억하고파"[106]라고 했다. 쓸쓸함과 담박함, 우아하고 온화하며 평온함, 깊은 정취를 지닌 마음, 황량함과 스산함 등은 주로 심경과 기분을 가리키는 것이다. 자연계나 산수 그 자체는 쓸쓸함과 담박함이나 우아함·온화함·평온함 같은 게 없다. 따라서 자연산수를 통해 다양한 주관적 심경과 기분을 표현하는 것은 본래 매우 어려운 일인데, 이 어려움이 마침내 원대 회화를 통해 창조적으로 해결되었다. 그것[원대 회화]은 송·원 산수화의 세 번째 의경을 개척했으며, 앞에서 말한 북송·남송과 더불어 셋이서 나란히 각자의 출중함을 드러냈다.

여기서는 총체성이냐 세부성이냐, 지역성이냐 보편성이냐, 복잡함이냐 정교함이냐 등의 문제는 물론 아무 상관이 없다. 원사가 가운데 황공망과 왕몽은 각각 장폭의 산수(예를 들면 「부춘산거도富春山居圖」)와 중첩된 험준한 산(예를 들면 「청변은거도青卞隱居圖」)으로 유명한데, 예운림에 비하면 이들이 묘사한 것은 물론 보다 광활하고 농밀하지만 그 미학 특징과 예술 의경은 예운림과 마찬가지로 필묵을 추구하고 의취意趣를 강구했던 원대 회화다. 이것들은 모두 적막하고 아담하며, '유아지경'이다.

이러한 '유아지경'은 명·청에 이르러 낭만주의의 거대한 흐름을 형성하게 된다. 예운림 등의 원대 사람에게는 형사形似가 기본적으로 여전히

「청변은거도」, 원대, 왕몽.

존재했으므로 자연경물의 묘사 역시 기본적으로는 충실한 재현이었다. 소위 "어찌 그것이 비슷한지 아닌지를 따지겠는가"[107]는 과장된 말일 수밖에 없다. 명·청의 석도石濤·주탑朱耷·양주팔괴揚州八怪[108]에 이르면, 형사는 더욱 버림받고 주관적인 흥취와 마음이 모든 것을 압도하며 예술가의 개성과 특징 역시 전례 없이 두드러지게 된다. 이러한 개성은, 원대 회화에서는 단지 그 싹만 있고 송대 사람에게는 기본적으로 없었던 것으로, 명·청과 근대가 되서야 충분히 분화하고 발전했다.

미학 이론의 측면에서 보자면, 이상의 상황과 예술적 실천의 역사 노정은 대체로 일치한다. 송대 회화에서는 '대자연을 스승으로 삼을 것師造化' '이理' '법法' '전신傳神'을 강조하고 화면의 위치 설정을 중시했다.

- 조리가 있으면 어지럽지 않다. (…) 실마리가 있으면 복잡하지 않다.[109]
- 본성의 자연성에 근거해 사물의 미묘함을 궁구한다.[110](『산수순전집山水純全集』)

한편 원대에 강조한 것은 '마음의 근원을 본받을 것' '취趣' '흥興' '사의寫意'다.

- 그림이라는 것은 마땅히 뜻으로써 묘사해야 한다.[111]
- 고상한 선비가 흥을 기탁하고 뜻을 묘사하려면, 형사를 추구하지 않도록 조심해야 한다.[112](탕후湯垕, 『화감畵鑒』)

송·원 회화의 이러한 차이에 대해서는 다음과 같이 개괄적으로 지적한 이들이 있다.

「부춘산거도富春山居圖」, 원대, 황공망.

동파[소식]는 시에서 이렇게 말했다. "형사로 그림을 논하는 것은 그 견식이 어린아이와 비슷하나니. 시 짓기를 반드시 이 시처럼 지으라고 한다면 결코 시를 아는 사람이 아니라네."113 내가 말하니, 이것은 원대의 그림이다. 조이도晁以道[조보지晁補之]는 시에서 이렇게 말했다.

"그림은 사물 너머의 형상을 묘사하되 사물의 형상을 바꾸지 않아야 한다네. 시는 그림 너머의 뜻을 전달하되 그림 속의 형태를 귀하게 여겨야 한다네."[114] 내가 말하니, 이것은 송대의 그림이다.[115](동기창, 『화지畫旨』)

(송대의 그림은) 먼저 그 기상을 관찰한 뒤에 그 거취[운필運筆]를 정하고 이어서 그 뜻에 뿌리를 두고 마지막으로 그 이치를 추구한다.[116](『성조명화평聖朝名畵評』)

(원대의 그림은) 먼저 자연 그대로의 참됨天眞을 관찰한 뒤에 표현하고자 하는 뜻筆意을 관찰한다. 그림을 마주하여 필묵의 흔적을 잊어야 비로소 정취를 깨닫게 된다.[117](『화감』)

작품에서 이론에 이르기까지, 양자[송·원 회화]의 구별과 차이는 매우 뚜렷하다. 이러한 구별은 바로 미학에 있어서의 '무아지경'과 '유아지경'의 갖가지 표현이다.

조소에 대해 말하면서 세 가지 유형의 미를 구별했다.(제6장 참조) 제8장에서는 사에 대해 말하면서 시경詩境과 사경詞境의 차이를 지적했는데, 거기에 다시 '곡경曲境'을 첨가해야 한다. 이미 지적한 바와 같이, 시경은 깊고 넓으며 사경은 정교하고 섬세하다. 그런데 양자 모두 함축을 중시하여 직접적으로 드러내지 않음으로써 언어 너머의 뜻이 있기에, 찬탄하며 호응하면서 끊임없이 음미하게 만든다. 곡경은 그렇지 않은데, 호쾌하고 분명하며 솔직하고 통쾌함을 능사로 여긴다. 시에는 '무아지경'이 많고 사에는 '유아지경'이 많은데, 곡은 대부분 '유아지경'이 매우 두드러진다. 이는 대체로 산수화의 세 가지 경지에 상당한다.(이것은 물론 극히 제한적인 의미에서 말한 것일 뿐이다.)

시: 밤이 깊어 다시 촛불 밝히고, 서로 마주하고 있으니 꿈만 같아라.[118]

사: 오늘밤 은빛 등잔 실컷 밝히니, 서로 만난 것이 혹여 꿈속일까 두

렵네요.[119]

시: 작은 누각에서 밤새 봄비 소리 들렸으니, 깊은 골목길에서 내일 아침이면 살구꽃을 팔겠구나.[120]

사: 살구꽃 성긴 그림자 속에서, 날 밝을 때까지 피리를 불었지.[121]

곡: 잠에서 깨보니 붉은 해가 창문 장막을 비추고, 거리에서 살구꽃 파는 소리가 들려오네.[122]

시: 갈까마귀 천만 마리, 흐르는 물은 외로운 마을 둘러싸고 있네.[123](이 시는 이미 사의詞意를 띠고 있다.)

사: 석양 너머로 갈까마귀 여러 마리, 흐르는 물은 외로운 마을 둘러싸고 있구나.[124]

곡: 마른 덩굴 감긴 고목에는 황혼녘 까마귀, 작은 다리 아래로 흐르는 물 곁의 인가, 옛길엔 갈바람 맞고 있는 야윈 말.[125]

구상·형상·주제가 아무리 근접하고 유사하다 하더라도 예술적 의경은 여전히 다르며, 각자 서로 다른 '의미 있는 형식'이다. 시경은 중후하고, 사경은 참신하고, 곡경은 선명하다. 각자 대체할 수 없는 나름의 미를 지니고 있다. 조소의 세 유형, 시·사·곡의 세 경지, 산수화의 세 의경에는 확실히 모종의 유사하면서 서로 통하는 보편적 규율이 존재한다. 물론 이러한 구분은 상대적이고 대략적인 것일 뿐이며, 이를 공식으로 삼아서 융통성 없이 그대로 적용하면 안 된다. 모든 작품과 작가를 반드시 어떤 부류에 넣을 수 있는 것은 결코 아니다. 어떤 것은 과도기에 해당할 수도 있고, 어떤 것은 두 가지를 종합한 것이거나 두 부류 사이에 끼었을 수도 있다. 세계는 복잡하고 이론상의 갖가지 구분과 분석은 예술작품의 감상과 연구를 돕기 위한 것이지 속박하려는 게 아니다.

조소나 문학과 마찬가지로 송·원 산수화의 세 의경에도 각각 우수함과 졸렬함 그리고 성공작과 실패작이 있는데, 각자 자신의 흥취와 취향에 따라 애호하는 것이 있을 터다.

제10장

명·청의 문예사조

「청명상하도」(부분), 송대, 장택단.

1

시민문예

지금까지의 논의를 종합해보자면, 한대 문예는 공적과 행위를 반영했고, 위진풍도와 북조의 조소는 정신과 사변을 표현했으며, 당시와 송사와 송·원 산수화는 생각과 마음을 표현했다고 하겠다. 그렇다면 소설과 희곡을 대표로 하는 명·청의 문예가 묘사하는 것은 세속의 인정이라고 할 수 있다. 이는 또 하나의 광활한 대상對象 세계다. 그런데 이것은 한대 예술의 자연 정복이 아니며, 고대의 사나운 힘의 승리가 아니다. 이것은 오롯이 근대 시정 생활에 관한 산문이며, 특이할 것 없이 평범하지만 천태만상의 다채로운 사회풍속도다.

「청명상하도淸明上河圖」를 통해 송대 도시의 번영을 엿볼 수 있다. 변경汴京(현재의 카이펑開封)을 중심으로 기존 오대십국五代十國의 수도에 기반을 둔 지방도시는 그 당시에 이미 상당히 발달한 국내 상업망과 교통망을 구축했다. 상인 지주와 시민계급이 점차 형성되고 있었다. 원대에 악화되긴 했지만 명대 중기에 이르러 이 '자본주의'적 요소(혹은 맹아)는 보다 분명해졌다. 이는 의식형태의 각 영역에서 보다 뚜렷하게 표현되었다. 당대 사원의 '속강'이 변화하고 보급되어 송대 민간의 '평화平話'[1]가 되었다. 이후 가정嘉靖에서 건륭乾隆에 이르기까지, 철학·문학·예술 및 사회·정치·사상을 막론하고 다양한 변화가 있었고 수많은 유파가 출현해 잇달아 발전·변천·쇠퇴했다. 이 과정에서의 규율은 깊이 살펴볼 가치가 있다. 이는 매우 복잡하고 어려우면서도 극히 흥미로운 문제다. 여기서는 일단 불충분하고 누락이 많은 상태로 표면적인 현상을 서술할 수밖에 없다.

철학은 시대의 영혼이다. 시대를 반영하는 중대한 내재적 맥박은, 공적을 강구한 진량陳亮과 엽적葉適에서부터 "공업과 상업도 모두 근본工商皆本"임을 제기한 황이주黃梨州[황종희黃宗羲]와 "이理로 사람을 죽이는 것以理殺人"에 반대한 대진戴震으로 이어졌다. 그중에는 이지李贄에서부터 당견唐甄에 이르는 수많은 진보적 사상가도 포함되어 있는데, 이들은 유학의 이단으로서 출현했으며 근대적 해방 요소가 담긴 민주사상을 지녔다. 또 다른 노선은 장재張載로부터 나흠순羅欽順까지, 이어서 왕부지와 안원顏元에 이르기까지다. 이는 정통 유학의 면모로서 출현했고 철리·사변의 성질을 보다 많이 지닌 진보학파다. 이 두 노선은 차이를 지니고 있으며 심지어는 모순되지만, 객관적으로는 오히려 약속이나 한 듯이 봉건통치 전통을 부수거나 비판했다. 그것들은 명·청 과도기에 거대한 계몽사조를 공동으로 만들어갔다. 후자(왕부지를 대표로 삼을 수 있다)는 대체로 지주계급 반대파를 배후 세력으로 삼으며, 역사를 총결하는 깊은 의미를 지닌다. 전자(이지를 대표로 삼을 수 있다)는 시민(자본주의)의 성질(이것이 경제 영역에서 존재했는지의 여부는 연구할 여지가 있지만 의식형태에서는 매우 분명한 듯하다)을 보다 선명하게 지니며, 봉건 구제도를 파괴하는 데 있어서의 역할과 힘 역시 보다 거대했다. 문예 영역에서도 전자는 보다 직접적이고 중요한 영향력을 지녔다. 이상의 것들은 그 당시 문학예술과 같은 토대 위에서 피어난 꽃송이다.

문예는 앞쪽에서 걸어가며 시대의 풍조를 열어나가게 마련이다. 송대 평화[2]에 이미 '연분煙粉' '영괴靈怪' '전기傳奇' '공안公案' '강사講史' 등의 부류가 있었는데, 이는 다수의 시민을 대상으로 하는 근대 설창說唱문학[3]이 이미 광범위한 제재의 영역을 보유하고 있었음을 말해준다. 이것[송대 평화]은 육조의 지괴志怪[4]나 당인唐人소설[5]과는 이미 많이 달라졌다. 이것은 단순히 소수 귀족들의 사변 또는 독서를 위한 기이한 것에 대한 추구나 문필의 화려함이 아니라, 생활의 진실을 묘사함으로써 많은 청중들이 한가한 시간을 즐겁게 보내도록 해주는 것이었다. 문장의 문학적 수준과 성취 면에서 봤을 때 취할 만한 것이 없는 것 같더라도, 실제 예술 효과는 상당했으니 이전의 모든 귀족문예를 능가했다고 말해야 할 것이다. 예를 들면 송대 평화는 다음과 같았다.

> 국적國賊이 간사한 마음을 품고 멋대로 아첨하는 것을 이야기하면, 어리석은 사내와 같은 무리도 분노하게 만든다. 충신이 억울한 일을 당해 원통함을 품은 것을 이야기하면, 무쇠 심장을 지닌 사람이라도 눈물을 흘리게 된다. 요괴 이야기를 하면, 도사마저도 두려워서 심장이 오싹해지고 간담이 떨리게 만든다. 규원閨怨을 이야기하면, 아름다운 여인의 검은 머리와 붉은 얼굴을 수심에 젖게 만든다. 서로 맞서는 이야기를 하면, 도사의 마음을 유쾌하게 만든다. 양쪽 군대가 대진하고 있는 것을 이야기하면, 용사가 웅대한 뜻을 품게 만든다.[6](『신편취옹담록新編醉翁談錄』 권1)

이러한 세속 문학의 심미적 효과는 확실히 전통 문학과는 성격상 중대한 차이가 있다. 예술 형식에 대한 미감은 생활 내용에 대한 애호보다 뒤떨어지고, 고아한 흥취는 세속의 진실에 길을 양보했다. 골짜기에서 흐르던 이러한 문예의 물줄기가 명대 중기에 이르면, 졸졸 흐르는 작은 시내가 모여 강과 호수와 바다를 이루게 된다. 그리고 구두의 설창에서 정식의 서면 언어로 발전하게 된다. 『유세명언喻世明言』『경세통언警世通言』『성세항언醒世恒言』『초각박안경기初刻拍案驚奇』『이각박안경기二刻拍案驚奇』 등의 대표적 작품은 시민문학이 도달한 번영의 정점을 상징한다. 이것들은 나름의 면모·성격·특징을 지니고 있으며, 근대에 커다란 영향을 미쳤다. 이것들의 선집인 『금고기관今古奇觀』[7]은 300여 년을 전해 내려오면서도 오래도록 쇠퇴하지 않았다. 이 선집의 서문에서 말한 바와 같이, 이들 작품은 확실히 "인정세태의 변화를 있는 대로 다 묘사하고, 슬픔과 기쁨과 헤어짐과 만남의 극치를 모두 묘사했다."[8] 즉 당시 상업의 번영으로 인해 봉건질서가 침식당하고 있던 사회를 여러 방면에서 광범위하게 묘사했다. 온갖 다양한 인물·이야기·플롯이 모두 드러나 펼쳐졌다. 한대의 부조처럼 얕긴 했지만, 그것이 사람들에게 보여준 것은 굵은 선으로 그려낸 신과 인간의 동일함 및 엎드려 절하게 만드는 고전세계가 아니다. 그것이 보여준 것은 현실의 인간미를 지닌 세속의 일상생활이다.

인정과 세속에 대한 흥미진진한 음미, 부귀영화에 대한 흠모와 갈망, 성 해방에 대한 소망과 욕구, 공안公案[재판 사건]과 괴이한 것에 대한 광범위한 흥미, 비록 여기에 소시민의 갖가지 용속함·저급함·천박함·무료함이 가득하고 상층 문인 사대부의 예술 취향처럼 고급스럽고 순수하고 우아한 것에는 훨씬 미치지 못한다 할지라도, 그것들은 오히려 생명의 활력을 지닌 갓 생겨난 의식이었으며 장기간 지속된 봉건왕국과 유학 정통을 습격하고 파괴했다. 이는 『데카메론』 같은 작품이 유럽의 르네상스 시대에 출현했던 것과 마찬가지다.

그중에서 유행하며 두드러졌던 제재 혹은 주제는 일반 남녀의 성애다. 이러한 제재는 당시唐詩와 이전의 문예에서는 결코 중요한 지위를 차지하지 못했고, 송사에서는 주로 기루의 기녀와 관련된 영탄(예를 들면 유영의 일부 작품)이었다. 그런데 이제는 평등하고 진실한 남녀의 애정을 표현하기 시작했다. 특히 애정에 대한 젊은 여인의 열정·미련·집착·충실함이 긍정적으로 묘사됨으로써 여자가 단지 귀족의 노리개가 아니라 인간의 지위를 지니고 있음을 반영해냈다. 상업경제가 전례 없이 발달하고 도시생활이 고도로 번영하면서, 자연적이고 생리적인 성애의 제재가 나날이 사회적 의의와 내용을 획득하게 되었다. 자신이 원하여 평등하게 서로 사랑하는 남녀의 정열은 겹겹의 봉건 예속禮俗을 타파하고 자유를 쟁취하는 가치와 의의를 지닌다. 혹은 첫눈에 반해 생사의 기로에서도 변치 않고, 혹은 우여곡절을 거쳐 마침내 부부가 되고, 혹은 농락당한 뒤 버려져 결국 비참해지고, 혹은 육욕이 넘쳐 음탕함을 추구하기도 한다.

「기름장수가 절세가인을 독차지하다賣油郎獨占花魁」「두십랑이 노하여 온갖 보물이 든 상자를 안고 강물에 빠지다杜十娘怒沈百寶箱」「교태수가 부부의 인연을 정해주다喬太守亂點鴛鴦譜」「옥당춘이 곤경에 빠져 지아비를 만나다玉堂春落難逢夫」「임군용이 규방에서 방자하게 즐기다任君用恣樂深閨」 등은 형형색색의 오색 빛깔 이야기다. 여기에는 순진한 사랑에 헌신한 이에 대한 찬미, 배신한 남자에 대한 비난과 나무람, 봉건 혼인에 대한 풍자와 조소, 색정과 황음荒淫에 대한 감상과 음미 등이 담겨 있다.

아무튼 이것의 사상·관념·인물·형상·제재·주제 등은 이미 봉건 문예나 문인 사대부의 전통과 크게 다르다. 설창문학에서 유래한 이것이 만족시킬 대상은 일반 '시정 서민'이었기에, 결국 이것은 세속생활의 풍습에 관한 화랑이 되었다. 이 화랑에서 남녀의 성애는 결코 유일한 주제가 아니었으며, 세속생활의 여러 측면이 펼쳐졌다. 여기에는 공정한 의사義士, 선량한 무생武生[9], 탐욕스럽고 잔학한 현승縣丞, 간사하고 음험한 권세가 등이 있다. 사회가 봉건 모태에서 벗어나기 시작하면서, 개인의 처지·경우·장래·운명은 유일무이했던 기존의 틀을 점차 상실했으며 각양각색의 인물이 자신을 위해 분투했다. 혹은 장사를 해서 부자가 되고, 혹은 과거에 응시해서 급제했다. 혹은 늙을 때까지 공부했는데 하나도 이룬 게 없고, 혹은 우연히 좋은 기회를 만나서 벼락부자가 되었다. 한편으로는 목적을 이루기 위한 노력이 있었고, 다른 한편으로는 좋은 기회가 있었다.

봉건질서의 약화와 계급관계의 변화로 인해, 현실사회에서 개인의 길이 다양화되는 추세가 싹텄으며 현실생활의 우연성과 필연성의 관계가 보다 풍부하고 복잡해졌다. 개성의 해방이라고는 아직 말할 수 없지만, 이러한 세속 소설에서 개인의 운명에 대한 관심을 엿볼 수 있다. 사상의식의 측면에서 말하자면, 여기에는 사악함에 대한 힐난 및 미덕에 대한 찬양과 더불어서 숙명과 인과응보와 참고 견디는 순종에 대한 선양이 담겨 있다. 요컨대 모종의 근대적 현실성과 세속성이, 진부하고 범속한 전통의 낙후한 의식에 스며들어 교착·혼합되었다. 이것이 갓 일어난 시민문학의 기본적 특징이다. 여기에는 원대한 사상이나 깊은 내용이 없고, 진정으로 웅장한 포부를 지닌 주인공이나 두드러지는 개성이나 격앙된 열정도 없다. 그것들은 특별할 것 없이 평범하지만 비교적 진실하고 풍부한, 세속적이거나 환상적인 이야기다.

그것[송대 시민문학]은 설창에서 비롯된 것이니만큼 청중의 요구를 만족시키기 위해 플롯의 우여곡절 및 세부 내용의 풍부함을 중시하는 것은 이 문학이 예술로서 발전하는 데 중요하게 작용했다. 우여곡절의 플롯이 지닌 흡인력, 직접 그 상황을 겪은 듯하고 그 사람을 본 듯한 세부 내용의 진실성은 설창자 및 그 작품의 성패가 달린 관건이었다. 따라서 어떻게 플롯을 구상·선택·배치하여 극적 효과를 지니게 함으로써 예상한 대로이면서도 뜻밖이도록 할 것인지, 어떻게 사물을 개괄적으로 모방하고 묘사함으로써 듣기에 핍진하면서도 번잡하다고 여기지 않게 할 것인지가 중요했다. 이로써 인물 성격의 전형성을 추구하는 게 아니라 플롯의 합리성과 진술의 핍진함을 추구하는 것, 사물을 묘사하는 게 아니라 이야기를 중시하여 인정세태·슬픔·기쁨·헤어짐·만남의 상황에서 이야기의 합리성과 진실성을 드러냄으로써 사람들을 매료시키는 것이 목표가 되었다. 바로 이러한 것들이 중국 소설의 민족적 풍격과 예술적 특징을 다졌다.

송·명 화본話本[10] 및 의화본擬話本[11]과 병행하여 발전한 것이 희곡이다. 원대에 소수민족이 중원을 차지하여 경제와 문화의 후퇴를 초래했지만, 문인 사대부 계층이 민간문학과 결합되는 환경이 창출되기도 했다. 그 성과가 바로 삶을 반영하며 내용이 풍부한 유명한 원대 잡극雜劇이다. 관한경關漢卿·왕실보王實甫·백박白樸·마치원馬致遠의 사대가는 한 시대 문학의 정통이 되었으며, 『두아원竇娥冤』『서상기西廂記』『장두마상牆頭馬上』 등은 지금까지 전해지는 전통 공연 레퍼토리다. 명대 중기 이후, 전기傳奇[12]가 대량으로 쏟아져 나오면서 희곡을 새로운 단계로 끌어올렸다. 문학적 의미보다 더 중요한 것은, 이것이 설창·연기·음악·춤 등과 결합된 종합예술로 발전하여 중국 민족의 특색이 뚜렷한 희곡 형식의 예술미를 창조했다는 점이다. 곤곡崑曲[13]과 경극京劇[14]에 이르면, 소위 창唱·념念·주做·타打[15]를 통해 이러한 예술미를 비길 데 없는 최고의 전범으로까지 끌어올렸다. 곤곡을 예로 들면, 풍류가 있고 대범하며 다정다감한 소생小生과 소단小旦[16]을 주인공으로 삼아, 정교하고 세밀한 자태와 노랫가락으로 심리와 감정을 묘사하고 우아한 문구를 배합하여 한 시대의 풍모를 매우 두드러지게 표현했다.

이는 고도로 정련된 미의 정화다. 수없이 단련한 노랫가락의 설계, 일거수일투족을 춤으로 만든 양식화된 동작, 조소의 성격을 띤 양상亮相[17],

목각, 「서상기」 삽화, 명대, 진홍수.

상징적이고 암시적인 환경 배치, 매우 간결하고 명료한 플롯의 전개, 고도로 선택된 극적인 충돌(흔히 커다란 심리적 반향을 불러일으키는 윤리적 충돌) 등은 내용과 형식을 완전히 융합했으며 특히 내용이 요구하는 형식미를 부각시켰고 누적-침전시켰다. 이것은 균형·대칭·변화·통일의 단순한 외재적 형식미가 아니라, 내용·의미와 한데 뒤섞인 것이다. 예를 들면, 경극의 토자吐字[18]는 단지 외재적 형식미의 문제가 아니라 내용에 담긴 의미의 표현과 융합될 것(소위 성정聲情[19]과 사정詞情)을 요구한다. 그중에는 외재적 형식미 역시 극히 중요한 지위를 차지한다. 중국 희곡은 재현을 목적으로 하는 문학 극본을 내용으로 삼긴 하지만, 음악·춤·노랫가락·연기 등을 통해 중국 문예의 영혼인 서정성과 선의 예술을 또 하나의 전대미문의 유일무이한 종합적 경지로 발전시켰다. 이는 실제로 결코 문학 내용이 아닌 예술 형식으로써 이룬 성과이며, 미로써 거둔 승리다.

곤곡과 경극의 갖가지 우아한 노랫가락을 마주하고서 도취되어 감동하지 않을 수 있겠는가? 나긋나긋하고 섬세한 등장과 퇴장, 동선마저도 S자형(호가스Hogarth의 가장 아름다운 선)으로 미화시킨 우아한 동작과 자태를 마주하고서 어찌 감탄해 마지않을 수 있겠는가? 고도로 정련되고 개괄적이면서도 풍부하고 구체적이며, 이미 양식화되었으면서도 어느 정도의 개성을 지니고 있다. 이것은 일반적인 형식미가 아니라 바로 '의미 있는 형식'이다. 이것이 상층과 궁정으로 진입한 뒤로 취향이 점차 섬세해졌다 할지라도 그 기초는 여전히 광범위한 '시정 서민'이었으며 여전히 시민문예의 일부에 속했다.

이러한 시민문예가 단순한 시각예술로 나타난 것은 명대 중기 이후 왕성하게 흥기한 목각 판화다. 이것은 앞에서 말한 희곡과 소설의 삽화로서 상품이 되어 광범위하게 전파되었으며, 시장에서의 판로도 지극히 좋았다. 이것 역시 명대 말에 최고봉에 이르렀다. 유명한 화가 진홍수陳洪綬와 휘각徽刻[20]은 중요하고도 대표적인 존재다. 중국 목각은 중국 희곡과 마찬가지로 극적인 플롯의 선택을 중시하며, 시간과 공간의 제한을 받지 않는다. 크지 않은 한 폭의 도판 위에 서로 다른 공간과 시간의 모든 과정을 표현하고 있지만 설명이 분명하여 보는 이가 결코 헷갈리지 않는데, 이 역시 중국 예술의 이성정신을 뚜렷이 나타낸다. 그것[목각 판화]은 소설이나 희곡과 마찬가지로, 감각적 진실을 핍진하게 창조하는 게 아니라 이해와 상상을 통한 진실에 보다 많이 호소한다. 그것은 '삼일치三一致 법칙'[21] 같은 시공간의 틀에 구속받지 않으며, 총체적 삶과 이성의 논리에 직접적으로 복종한다.

판화 구도의 특징 가운데 하나는 바로 화면이 어떠한 관점의 속박도 받지 않으며 화면에 있어서 시간의 제한도 받지 않는다는 점이다. (…) 「취운루를 불태우다火燒翠雲樓」[22]는 동문에서 서문까지 그리고 서문에서 남문에 이르기까지 대명부大名府를 묘사한 것이다. 시천時遷이 취운루에서 벌인 용맹한 방화를 그려냈다. 또한 유수사留守司 앞쪽 및 거리와 골목에서 창을 쥐고 칼을 휘두르는 양산박梁山泊 호걸들의 용맹한 전투를 가득 그려냈다. 왕태수王太守가 유당劉唐과 양웅揚雄의 수화곤水火棍[23]에 맞아 머릿골이 흘러나오고, 적장敵將 이성李成은 또 어떻게 양중서梁中書를 호위하면서 궁지에 몰리게 되는지 등의 줄거리가 조리정연하게 곳곳에서 분명하게 설명되어 있어서, 한눈에 환히 알게 해준다. 묘사에 있어서 천군만마를 그린 것도 아니고 골목 가득 집을 빽빽이 그린 것도 아닌데, 구도에 있어서 공간의 제한을 받지 않는 화면을 창조적으로 조직한 덕분에 간결하면서도 풍부한 표현 효과를 거둘 수 있었다.

(…)

명대 판화의 휘황찬란함, 희곡과 소설의 삽화가 방출한 광채는 일찍이 그 전례가 없던 것이다. 내용의 풍부함과 형식의 다양함, 판화가의 대담한 상상력, 사회모순에 대한 대담한 폭로, 인간 세상의 슬픔과 고통에 대한 관심 등은 모두 지극히 의미 있는 것이다.[24]

제재·내용·표현형식·심미의식에 있어서 목각이 희곡·소설과 완전히 일맥상통하며, 동일하거나 서로 통하는 예술 특징 및 심미 취향을 지니고 있음을 충분히 알 수 있다.

이렇게 소설·희곡·판화는 명대 중기 이후 문예의 진정한 기초를 매우 전반적으로 형성했다. 이를 기초로 사상해방과 맞물려서 상층 사대부 문예에서는, 정통 고전주의("문장은 반드시 진·한을 따라야 하고, 시는

목각, 「취운루를 불태우다」, 『수호전』 66회 삽화, 명대.

반드시 성당을 따라야 한다"[25]는 전후칠자前後七子[26])에 대항하는 낭만주의 문예의 거대한 흐름이 나타났다. 그리고 이러한 시대의 흐름이 각 방면에 골고루 퍼지게 되었다.

2

낭만의 거센 흐름

명대 중기 이후 사회에서 무르익어가던 중대한 변화가 전통문예 영역에 반영되어, 합법칙적인 반항사조로 표현되었다. 앞에서 말한 소설·목각 등의 시민문예가 표현한 것이 일상 세속의 현실주의라고 한다면, 전통문예에서는 의고전주의擬古典主義에 반항하는 낭만주의로 표현되었다. 하층의 현실주의와 상층의 낭만주의는 서로 스며들면서 보완적이었다.

이지는 이 낭만사조의 중심인물이다. 왕양명王陽明 철학의 뛰어난 계승자인 그는 자각적이고 창조적으로 왕양명의 학문을 발전시켰다. 그는 공자와 맹자를 추종하지 않고 동심童心을 널리 말하고 이단적 사상을 부르짖고 도학을 까발렸다. 이는 시대의 요구에 부합했으므로 한 시대를 뒤흔들었다.

- 선비들이 일제히 칭송하며 다투어 스승으로 모셨다.[27]
- 남도南都의 선비들이 바람에 쏠리듯 그를 따랐다.[28]
- 이로부터 대강大江 남북[29] 및 연계燕薊[30]의 인사人士 가운데 매료되지 않은 이가 없었다.[31](『건륭취안저우부지乾隆泉州府志』「명 문원 이지전

明文苑李贄傳」)

이지의 저작이 거듭하여 불태워지고 공개적으로 금서가 되었음에도 그의 명성과 영향은 그 당시에 지극히 컸다.

이지는 진심에서 나오는 말을 할 것을 부르짖었으며 모든 허위와 꾸밈에 반대했고 사私와 이利에 대해 말할 것을 주장했다. "사사로운私 것은 인간의 마음이다."[32](『장서藏書』「덕업유신후론德業儒臣後論」) "성인이라 할지라도 권세와 이익을 바라는 마음이 없을 수 없다."[33](『도고록道古錄』 권상) 그는 『서상기』와 『수호전水滸傳』을 높이 찬양했는데, 이 작품들을 정통 문학 경전과 동등하게 논했으며 문학은 시대의 추세에 따라 변화한다고 여겼다.

> 시는 어찌하여 꼭 고선古選[34]의 것이어야 하고, 문장은 어찌하여 꼭 선진先秦의 것이어야 한단 말인가? 시간이 지나 육조시대가 되자 시는 변해서 근체가 되었고, 또 변해서 전기傳奇가 되었으며, 다시 변하여 원본院本[35]이 되고 잡극이 되었으며, 『서상곡西廂曲』이 되고 『수호전』이 되었으며, 오늘날의 과거 문체擧子業[36]가 되었다. 이 모두가 고금의 뛰어난 글로, 시대의 선후만으로는 논할 수 없다. 그러므로 나는 동심에서 나온 자연스러운 글에 감동하는 것이니, 무슨 육경六經을 말할 것이 있으며 『논어』 『맹자』를 말할 것이 있겠는가?[37](『분서焚書』「동심설童心說」)

이지는 이를 준칙으로 삼아, 당시에 성행하던 고전 모방의 풍조를 떨쳐내고, 시정에서 전해지던 각종 소설과 희곡을 평점評點[38]하고 찬양했다. 통계에 의하면, 이지가 평점한 극본은 15종 정도가 있으며 유명한 소설에 대한 평점도 여럿 있다. 이 모든 것은 공교롭게도 정통사상의 허위를 겨냥한 것으로, 그는 이렇게 말했다.

> 평상시 모든 것이 자신과 자기 가족만을 위한 고려이지, 남을 위해서는 조금도 도모하는 바가 없습니다. 입을 열어 학문을 이야기할 때면, 너는 자신을 위하지만 나는 타인을 위하고 너는 이기적이지만 나는 이타적이고자 한다고 말합니다. (…) 이런 것들을 다시 생각해보면 도리어 시정의 평범한 사내만도 못하니, 그들은 몸으로 그 일에 종사하며 입으로도 그 일을 말합니다. 장사꾼은 장사에 대해서만 말하고, 농사꾼은 농사일에 대해서만 말합니다. 분명하면서도 흥미롭고 참으로 덕이 있는 말이라, 사람들이 그것을 들으면 싫증내길 잊습니다.[39](『분서』 「경사구[경정향耿定向[40]]에게 답하는 편지答耿司寇」)

바로 이러한 반도학反道學적이고 반허위적인 사상을 기초로, 이지는 민간문예를 중시했으며 진실성이 담긴 세속의 현실문학을 중시했고 이러한 문학을 높은 이론적 수준에서 긍정했다. 그 수준은 바로 '동심'이다. "동심이란 참된 마음眞心이다. (…) 동심이란 거짓을 끊은 순진함으로, 최초에 가졌던 본심이다."[41](「동심설」) 이처럼 '동심(진심)'을 창작의 기초와 방법으로 삼은 것은, 본래 현실 세속생활의 사실적 기초 위에 건립된 시민문예가 개성과 심령의 해방의 기초 위에 건립된 낭만문예로 전환하는 데 평탄한 길을 놓아준 것이기도 하다. '동심설'과 이지 본인은 바로 하층 시민문예에서부터 상층 낭만문예까지의 중요한 매개였다. 이지는 '동심'을 기준으로 삼아 전통 관념의 모든 속박에 반대했는데, 심지어 최고 권위를 지닌 공자도 그 안에 포함되었다.

하늘이 사람을 나게 했을 때는 저절로 한 사람의 쓰임이 있게 마련이니, 공자에게 가르침을 받은 후에야 충족되는 것은 아닙니다. 만약 반드시 공자에게 가르침을 받은 후에야 충족되는 것이라면, 천고 이전에 공자가 없었을 때는 끝내 사람다울 수 없었단 말입니까?[42](『분서』「경중승[경정향]에게 답하는 편지答耿中丞」)

누구나 응당 자신의 가치를 지니며 응당 자신의 귀중한 진실을 지니기에 성인에 근거할 필요가 없으며 위군자僞君子처럼 꾸며서는 더더욱 안 되고, 문예의 소중함은 바로 각자 자신의 진실을 표현하는 데 있지 다른 데 있는 게 아니니 "성인을 대신해 입언하는 것代聖人立言"에 있지 않고 옛사람을 모방함에 있지 않다는 것이다. 이러한 심령의 각성에 기초해, 자신의 '본심'을 으뜸으로 삼을 것을 진실로 부르짖으며 모든 외재적 도그마와 형식적인 도덕적 가식을 배척한 것은 매우 전형적인 개성 해방의 사상이라고 해야 할 것이다. 이는 확실히 당시 문예에 귀머거리라도 알아들을 수 있을 정도의 계몽 역할을 발휘했으며, 이지는 이 영역의 해방 풍조를 불러일으킨 인물이다. 원중랑袁中郞(문학), 탕현조湯顯祖(희곡), 풍몽룡馮夢龍(소설) 등 그 당시 문예 각 영역의 중요한 혁신가와 선진자가 모두 공교롭게도 이지의 친구, 학생 혹은 그를 경모하던 이로서 직간접적으로 그와 관계가 있었던 게 결코 우연이 아니다.

선생(원중랑)은 용호龍湖[이지]를 만나보고 나서야 비로소, 진부한 언어를 주워 모으고 속견俗見을 고수하는 것이 옛사람의 말 아래서 죽어가며 한 줄기 빛조차 드러내지 못하는 것임을 알게 되었다. 이에 이르러 드넓은 기세가 마치 기러기 털이 순풍을 만난 듯하고 거대한 물고기가 커다란 골짜기를 누비는 듯했다. (…) 옛사람을 조종할 수 있으며 옛것에 조종당하지 않게 되었다. 언어로 나오는 것 하나하나가 흉금으로부터 흘러나오는 것이었다.[43](『가설재집珂雪齋集』「이부험봉사낭중 중랑 선생 행장吏部驗封司郎中中郎先生行狀」)

이백천李百泉[이지] 선생이 있는데, 그의 『분서』를 보고서 기인임을 알았습니다. 그의 책을 구해보고자 하니, 제게 부쳐주신다면 기쁘지 아니하겠습니까?[44](탕현조, 『옥명당집玉茗堂集』「척독尺牘」)

(풍유룡馮猶龍[45]은) 이씨[이지]의 학설을 매우 좋아해 시채蓍蔡[46]로 받들었다.[47](허자창許自昌, 『저재만록樗齋漫錄』)

이상의 인물들은 서로 경모하고 칭찬하고 끌어주고 교류했다. 원중랑과 서위徐渭, 탕현조와 삼원三袁[48], 서위와 탕현조 등이 그러했으니, 이들은 모두 의식적으로 이 낭만사조를 밀고 나아갔다.

먼저 공안파公安派에 대해 말하기로 한다. 공안파에 속하는 삼원 형제의 사상 이론과 문학 실천은 직접적으로 이지의 영향을 받았다. 그들의 작품은 일상을 묘사했고 마음속 생각을 툭 터놓고 토로했으며 작위적인 것에 반대했고 다가가기 쉽게 평이했으며, 전후칠자에 대항해 한 시대의 새로운 기풍을 열었다. 이는 그들 스스로 말한 바와 같다.

오직 성령만을 토로하고 고정된 틀에 구애받지 않으며, 자신의 마음속에서 흘러나오는 게 아니면 글을 쓰고자 하지 않는다. (…) [오늘날 여염집 여인네와 어린아이들이 부르는 노래는 견문과 지식이 없는] 진실한 사람들이 지은 것이기에 진실한 소리가 많다. 한·위를 억지로 흉내 내지 않고 성당을 따라하지도 않으며 본성에 따라 토로하더라도 인간의 희로애락과 기호와 정욕에 통할 수 있으니, 이는 기쁜 일이다.[49](『원중랑전집袁中郎全集』「『소수시』 서문序小修詩」[50])

다음은 그들의 창작 가운데 널리 전송되는 「만정유기滿井游記」의 일부다.

연燕 지역[베이징 일대]은 추운 곳으로, 화조절花朝節[51]이 지나서도 남은 추위가 여전히 매섭다. 찬바람이 수시로 부는데, 불었다 하면 모래가 날리고 돌멩이가 구른다. 좁은 방안에 갇혀서는 나가고 싶어도 그럴 수가 없다. 매번 바람을 무릅쓰고 빨리 달려도, 백 보도 가지 못하고 바로 되돌아온다. 22일에는 날씨가 좀 풀려서 몇몇 친구들과 함께 동직문東直門을 나가 만정滿井에 갔다. 높이 자란 버드나무가 강둑 양쪽에서 자라며 토지는 비옥하고 약간 촉촉했다. 광활하게 펼쳐진 정경을 멀리 바라보고 있으니, 마치 새장에서 벗어난 고니와 같았다. 이때 강의 얼음이 녹기 시작해서 물결이 이제 막 빛을 발하며 물고기 비늘 같은 파문이 층층이 일고 물이 맑아 바닥이 보이는데, 마치 거울을 열자마자 화장 상자에서 갑자기 서늘한 빛이 나오는 것처럼 반짝거렸다. 뭇 산이 눈 녹은 물에 씻겨, 깨끗이 닦아낸 듯 아름다워 마치 예쁜 소녀가 세수하고 머리를 방금 매만진 듯하다. 버들가지는 가지를 곧 펼칠 듯하면서도 아직 펼치지 못하고 부드러운 가지 끝이 바람에 한들거리는데, 보리밭의 보리 싹은 한 치 남짓 자라 있다.[52][원중랑]

이는 산뜻하게 스케치한 베이징의 이른 봄 날씨다. 일부러 곱고 낭랑한 소리를 내고자 하지 않고, 깊은 상징도 없으며, 웅장한 장면이나 웅대한 기세도 없다. 하지만 차분하고 자연스러운 서술이 감동과 재미를 준다. 이러한 글들[공안파의 산문]이 5·4신문학운동까지 영향력을 지녔던 원인은 근대 인문의 숨결이 그것들로부터 시작되었기 때문이다. 그것들의 제재에서 표현에 이르기까지 모든 게 평범하고 일반적인 일상생활과 자연풍경이다. 유종원의 뛰어난 산수소품山水小品(제8장 참조)과 이를 비교해보면, 청신하고 소박하며 다가가기 쉽게 평이한 근대적 특징이 보다 분명해진다.

이는 삼원뿐만 아니라 그 당시의 강력한 사조이자 공통된 시대 경향이었다고 해야 한다. 이는 그때를 전후하여 10년 내지 100년 정도까지 거슬러 올라갈 수 있으며 후세에도 영향을 미쳤다. 예를 들면, 삼원보다 수십 년 앞선 당인唐寅·모곤茅坤·당순지唐順之·귀유광歸有光 등의 완전히 다른 유명한 작가들까지도 마찬가지로 이러한 시대 동향을 구현했다. 당순지는 이렇게 주장했다.

> [도연명의 경우] 손이 가는 대로 써내기만 하면 바로 우주에서 제일가는 훌륭한 시가 되었습니다. (…) 당·송 이후로 문인은 죄다 본성과 운명을 이야기하고 세상 다스리는 이치를 말하는데, 온통 눈이 부시되 모든 것을 자연스럽게 유가에 의탁합니다. (…) 있는 힘을 다해 꾸미지만 추태가 남김없이 드러납니다.[53]

이러한 주장은 '공안파'와 확실히 합치한다. 귀유광의 서정 산문의 경우, 내용과 형식 모두가 전형적인 정통파임에도 가정의 세부적인 일상에 대한 소박하고 화려하지 않은 묘사가 감동을 준다. 어떤 의미에서는 공안파의 서막을 열었다고까지 말할 수 있다. 다음의 유명한 「항척헌기項脊軒記」가 그 예이다.

> 항척헌은 원래 남쪽에 있던 다락집이다. 가로세로가 한 장丈인 넓이라

한 사람만 지낼 수 있었다. 백년이 된 낡은 집이라 먼지가 떨어지고 빗물이 줄줄 샜다. 매번 책상을 옮기려고 이리저리 둘러봐도 둘 데가 없었다. 게다가 북향이라 햇빛을 받지 못해 정오가 지나면 벌써 어두워졌다. 나는 조금 손을 봐서 먼지가 떨어지지 않고 빗물이 새지 않게 했다. 앞쪽에 창문을 네 개 내고 뜰 주위에 담을 둘렀더니 남쪽의 햇살을 받아 햇빛을 반사해 방이 비로소 환해졌다. 또 뜰에다 난초·계수나무·대나무 등을 섞어 심었더니, 기존의 난간 역시 더 아름다워졌다. 책을 가져와 서가에 가득 채워 놓고는 편안히 휘파람 불고 노래하거나 조용히 홀로 앉아 있으면 온갖 자연의 소리가 들려왔다. 그런데 뜰은 오히려 고요해서 작은 새가 가끔 날아와 모이를 쪼는데 사람이 다가가도 떠나가지 않았다. 보름날 밤이면 밝은 달이 담장을 비추고 계수나무 그림자가 성기게 깔렸다. 바람이 불어오면 그림자도 따라 흔들리는데, 하늘하늘한 모양이 사랑스러웠다.

(…)

[앞의 글을 쓴 지] 다섯 해가 지나 아내가 시집을 왔다. 아내가 자주 다락집에 와서는 나에게 옛 이야기를 묻거나 책상에 기대어 글씨를 익혔다. 아내가 친정에 다녀오더니, 여동생들이 "언니네 집에 다락집이 있다던데 다락집이 뭔가요?"라고 물어본 것을 이야기해주었다. 그 뒤로 여섯 해가 지나 아내가 죽었고 집이 망가져도 수리하지 않았다. 그 뒤 다시 두 해가 지나 내가 오랫동안 병으로 누워 있으면서 무료해지자 사람을 시켜 남쪽 다락집을 수리하게 했는데, 구조가 전과는 조금 달라졌다. 그런데 그 뒤로 내가 대부분 밖에서 지내면서 그곳에 자주 머물지는 못했다. 뜰에는 비파나무가 있는데, 아내가 죽던 해에 손수 심은 것이다. 지금은 벌써 커다란 일산日傘처럼 무성하게 자랐다.[54]

이처럼 세밀하고 선택적인 객관적 경물 묘사와 일의 서술을 통해 서정성이 오히려 극도로 짙어졌다. 이는 정통 고문 역시 이미 막바지를 향하고 있었으며 내용·형식·언어에 있어서 일상생활에 보다 근접할 것을 요구하는 산문문학이 출현하고 있었음을 실제로 상징하는 것이다. 이는 앞에서 말한 시민문학·소설·희곡·공안파의 경향과 일치한다. 이러한 산문은 자연을 묘사하든(예를 들면 원중랑), 서정적으로 일을 서술하든(예를 들면 귀유광), 확실히 이미 당송팔대가唐宋八大家[55]와 다르며 영주팔기나 「적벽부」와도 다르다. 그것의 감개·묘사·경물은 보다 근대적인 일상의 숨결을 뚜렷이 지니며, 세속생활과 일상 정감에 보다 근접했다. 정통 문학은 이때 이미 문예의 새로운 소리를 대표하지 못했음에도 정통 산문 두 편을 예로 든 이유는 시대 전반의 심리 변화를 증명하기 위해서였으니, 이러한 변화는 전통 문학에서도 표현되었다.

이것은 물론 여러 방면에서 갖가지 다른 방식으로 나타났다. 예를 들면 이지보다 50년 정도 앞서 살았던 당백호唐伯虎가 바로 이러한 변화의 전형적인 인물이다. 당백호는 귀유광과 여러 측면에서 굉장히 다르다. 한 사람[귀유광]은 궁상스러운 유생이었고, 다른 한 사람[당백호]은 풍류객이었다. 한 사람은 진지하게 정통 고문을 지었고, 다른 한 사람은 강호에서 제멋대로 살면서 꽃과 달을 노래했다. 왕세정은 귀유광의 문장에는 탄복했지만 당백호의 시문에 대해서는 "마치 거지새끼가 「연화락蓮花落」[56]을 부르는 것 같다"[57]며 조롱했다. 하지만 당인[당백호]은 풍류남아이자 해원解元[58]인 문예의 만능인으로서 낭만시대의 심리, 즉 자유롭게 소망을 나타내고 정감을 토로하며 일상 세속생활을 묘사하고 긍정하길 요구하는 근대적 외침을 뚜렷하게 구현했다. 그중에는 문체의 혁신, 제재의 해방도 포함되어 있다. 심지어 후세 사람은 삼소인연三笑姻緣[59]에 나타나는 당백호의 이야기와 형상을 날조하기도 했다. 그것은 한두 사람이 아닌 여러 사람이 만들어낸 것이며, 짧은 동안이 아니라 100년이나 지속된 조류이자 경향이다. 중국 문예사조에 대해 말한다면, 이는 확실히 근대 해방의 숨결을 지닌 낭만주의 시대사조라고 할 만하다.

이 사조에는 오승은吳承恩의 『서유기西遊記』, 탕현조의 『모란정牡丹亭』과 같은 권위 있는 명작을 포함시켜야 한다. 『서유기』의 기초 역시 오래도록 전해져온 민간 고사故事로, 오승은의 손에서 가공된 뒤에 불후의 낭만주의 작품이 되었다. 72변變의 신통력과 영원히 투쟁하는 용감함과 민첩한 기지를 지니고 있으며, 강과 바다를 뒤집고 하늘로 올라가 신선을 두들기는, 유머러스하고 명랑한 손오공은 민족 특성이 충만한 독창적 형상이 되었다. 손오공은 중국 아동문학의 영원한 본보기이자 장래에 세계 아동문학에 중요한 영향을 미칠 것이다. 이밖에도 우둔한 듯하면서 선량하고 이기적이면서도 사랑스러운 저팔계 역시 시종일관 사람들이 조소하면서도 좋아하는 낭만주의적 예술 형상이다. 『서유기』의 유머와 익살에는 지혜의 미가 충만하다. 이는 오늘날 중국인이 애호하는 상성相聲[60] 예술이 단순히 동작과 형체의 과장(예를 들면 외국의 어릿광대)을 통해서가 아니라 지혜(이해)로써 사랑을 받는 것과 마찬가지다. 이렇게 중국의 낭만주의는 고전 이성의 색채 및 전통에서 여전히 이탈하지 않았다.

『모란정』은 『서유기』와 판이하게 다르지만 정신에 있어서는 상당히 일치한다. 작자 탕현조는 이지에게 경의를 품었고 서위와 교류했으며 삼원의 동조자였다. 그의 작품은 『서유기』와 더불어서 명대 낭만문학의 전형적 대표이다.

『모란정』은 '정'을 창작의 근거로 삼을 것을 직접적으로 제기했으며, 의도적으로 '정'과 '이理'를 대립시켰다. 탕현조는 이렇게 말했다. "단지 이성의 각도에서 보아 반드시 있을 수 없는 일이라고만 말한다면, 정의 각도에서 보자면 반드시 있을 수 있는 일임을 어찌 알겠는가![61](「모란정기 제사

『서유기』 삽화.

牡丹亭記題詞) 이 '정'은 남녀의 애정에만 국한되지 않는데, 『모란정』이 『서상기』보다 진일보한 점은 비록 죽은 이의 넋이 살아 돌아오는還魂 애정 이야기를 내용으로 삼으면서도 당시 사회 전반에 걸쳐 변화를 요구하던 시대의 마음의 소리를 깊이 있게 반영했다는 데 있다. 『모란정』의 주제는 단순히 애정이 아니다. 두여랑杜麗娘은 유생柳生만을 위해 환혼하여 재생한 것이 아니다. 이 작품이 부지불식간에 나타내는 것은, 봄의 새로운 시대에 대한 그 당시 사회 전체의 자유로운 기대와 동경이다.

좋은 날 좋은 경치, 어쩜 이리 좋은 날일까,
즐길 마음과 즐거운 일, 누구네 정원이런가.[62]

아침엔 구름 날리고 저녁엔 비 내리고[63],
구름과 노을이 비취빛 난간을 감싸네.
실비 내리고 산들바람 부는데,
물안개 피어오르는 강에는 그림배가 떠 있도다.
규방의 여인에게는 이 아름다운 봄 경치가 너무나 낯설리.[64]

푸른 산은 두견새 울음으로 온통 붉어지고[65],
찔레나무 너머로 아지랑이가 술에 취한 듯 아른거리네.
모란이 좋다 한들,
봄이 돌아가는데 어찌 우위를 뽐내리.[66]

이 얼마나 희망으로 가득한 아름다운 시절인가! 극본 전체가 화려한 언어에 희극적인 분위기로 가득하다. 이 사랑 이야기가 그 당시 낭만사조의 가장 강한 소리가 되었던 까닭은 바로 성 해방의 근대 세계의 도래를 외쳤던 데 있다. 그 외침의 소리가 너무 높아서 중국 이성주의 전통에서 벗어나기까지 했으니, 황당하게도 사람이 죽은 다음에 다시 살아나는 것(그 나머지 줄거리는 모두 상식에 부합한다)이 극본의 주된 내용이다. 이번 장에서 가장 먼저 살펴보았던 인정세태와 시민문예의 거칠고 속된 싹은 여기서 마침내 화창한 봄날 낭만의 꽃으로 승화되었다. 그것들은 명대 중기 이후 크게 변동하고 있던 사회 동향과 분위기와 정서를 서로 다른 형식으로 반영했다.

판화, 『모란정』 제10출出 「경몽驚夢」, 명.

3

감상문학에서 『홍루몽』까지

자본주의의 새로운 요소로서 하층 시민문예와 상층 낭만주의 사조는 명대 말에 최고의 경지까지 발전한 뒤, 있어서는 안 될 좌절에 부딪혔다. 역사의 노정은 결코 직선이 아니며, 약간만 구부러져도 100년 가량의 차질이 생길 수 있다. 이자성李自成의 실패로 인해 만주족의 청 제국이 건립되었다. 낙후된 소수민족은 보수적이고 반동적인 경제·정치·문화 정책을 쉽사리 받아들여 그것을 강압적으로 시행하게 마련이다. 자본주의 요소는 청대 초기에 이르러 전면적인 타격을 받았다. 소위 '뛰어난 재능과 원대한 지략雄才大略'을 갖추었다는 몇몇 군주의 오랜 통치기에 봉건 소농 경제의 공고화, 상품생산의 억압, 폐쇄적인 유가 정통 이론의 전면화가 국가의 뚜렷한 지도사상이 되었다. 사회 분위기, 사상 면모, 관념과 심리에서부터 문예의 각 영역에 이르기까지 이러한 역행적인 심각한 변화를 매우 뚜렷이 반영한다.

전통을 돌파하던 명대의 해방적 조류와는 반대로, 청대에 한동안 성행한 것은 전면적인 복고주의·금욕주의·의고전주의다. 문체에서부터 내용에 이르기까지 그리고 제재에서부터 주제에 이르기까지 모두 그랬다. 명대 신문예사조의 기초였던 시민문예는 그 어떤 발전도 할 수 없었으며 도리어 갑자기 위축되었고, 상층의 낭만주의는 일변하여 감상感傷문학이 되었다. 『도화선桃花扇』『장생전長生殿』『요재지이聊齋志異』는 바로 이러한 변화에서 비롯된 중요한 걸작이다.

문학의 각도에서 보자면 『도화선』은 플롯 구성, 장면 배치, 인물의 형상화, 생활 반영의 깊이와 폭, 문학 언어 등에 있어서 지극히 높은 수준에 도달했다. 남녀 주인공의 애정 이야기를 줄거리로 삼고 있긴 하지만 주요 내용과 의의는 결코 여기에 있지 않다. 극본 전체에 스며들어 있는 것은 국가의 흥망에 대한 극도로 짙은 비통과 슬픔이다. 기록에 의하면, 그 당시 『도화선』이 공연되었을 때의 상황은 다음과 같다.

> 악기에 맞춰 부르는 노래가 화려한 가운데, 소매로 얼굴을 가린 채 홀로 앉아 있는 자들이 있으니 유신遺臣들이었다. 그들은 등잔이 꺼져가고 술자리가 파할 즈음 탄식하며 자리를 떴다.[67](「도화선 본말桃花扇本末」)

이것은 결코 국가에 대한 비통에만 머무르는 게 아니라 일성一姓의 흥망성쇠와 왕조의 교체를 통해 인생 전반에 대한 허무감을 드러낸다. 인생에 대한 이러한 허무감은 우리에게 결코 낯설지 않은데, 제8장에서 소식에 대해 말하면서 이미 강조한 적이 있다. 그런데 그 뒤 소수민족의 침입에 저항하느라(예를 들면 남송의 육유와 신기질), 혹은 봄날의 도래를 전망하는 동경의 시대에 있었기 때문에(예를 들면 앞에서 말한 명대의 낭만사조) 그것은 충분히 발전하지 못했다. 오직 역사 발전이 심각하게 좌절되거나 원대와 청대 초처럼 희망이 순식간에 파멸된 시기에 처했을 때라야 이러한 인생의 허무감이 거대하고도 실재적인 사회적 내용(민족의 실패, 국가의 멸망)을 지님으로써 진정으로 중요한 가치와 막중한 의의를 획득하게 된다. 『도화선』은 바로 이러한 문예의 표본이다. 극 전체의 결말에 나오는 다음의 '애강남哀江南'[68]은 주제가 담긴 부분이다.

북신수령北新水令

산속 소나무, 들풀, 복사꽃,
문득 고개를 지켜드니 모릉秣陵[난징]으로 다시 왔더이다.
패잔병은 폐허가 된 보루에 남겨지고,
야윈 말은 텅 빈 해자에 누워 있더군요.
마을 성곽은 스산하고,
성은 석양 속에서 길과 마주하고 있더군요.

주마청駐馬聽

들불이 수시로 타올라,
무덤 지켜주던 커다란 개오동나무 거의 타버리고,
산양 떼는 내달리건만,
왕릉 지키던 관리는 언제 달아나버렸는지?
비둘기 깃, 박쥐 똥이 전당 가득히 널려 있고,
마른 나뭇가지와 시든 잎이 계단을 온통 뒤덮고 있더이다.
그 누가 제사지내고 벌초하겠소?
목동이 용 새겨진 비석의 지붕돌까지 깨부쉈더이다.

(…)

고미주沽美酒

당신은 기억하십니까,

맑은 시내 위에 놓여 있던 긴 다리,
옛날의 붉은 널빤지 남아난 게 하나도 없더이다.
가을 물 흘러가는 낮인데도 행인은 드물고,
스산하게 비치는 햇빛에,
구불구불한 버드나무 한 그루만 남아 있더이다.

태평령太平令

그 옛날 정원의 대문에 당도했건만,
가볍게 문 두드릴 필요가 뭐 있을까요?
강아지 멍멍 짖을까 두렵지도 않은데요.
죄다 말라버린 우물, 망가진 새둥주리,
벽돌에는 이끼, 섬돌에는 풀뿐이더군요.
손수 심었던 꽃나무와 버드나무,
멋대로 땔나무로 써버렸더이다.
이 검은 재는 누구 집 아궁이에서 나왔을까?

이정연대헐지살離亭宴帶歇指煞

나는 일찍이 보았지요,
진링金陵[난징]의 아름다운 궁전에서 꾀꼬리가 새벽에 우짖는 것을 보았고,
진회하秦淮河의 수사水榭[69]에서 꽃이 일찍 피던 것을 보았는데,
얼음처럼 그리 쉽게 사라져버릴 줄 그 누가 알았을까요.
그곳에 화려한 누각 세워지는 것 눈으로 보았고,
그곳에서 귀한 손님들에게 연회를 베풀던 것 눈으로 보았는데,
그곳 누각이 무너져 내린 것까지 눈으로 보았나이다.

이 푸른 이끼 낀 초록빛 기와 더미,
나는 일찍이 풍류에 젖은 꿈을 꾸면서,
50년의 흥망을 실컷 보았나이다.
오의항烏衣巷[70]에 왕王씨는 없고,
막수호莫愁湖[71]에서는 귀신이 밤마다 통곡하고,
봉황대鳳凰臺에는 올빼미가 살고 있더이다.
황폐해진 산은 꿈에서 가장 생생하여,
지난날의 정경을 떨쳐내기 어려우니,
강산의 주인이 바뀌었음을 믿을 수 없군요.
강남을 애도하는 곡조를 되는대로 지었나니,
슬픔의 소리 내지르며,
늙어 죽을 때까지 노래하리다.[72]

이는 물론 국가의 한이자 인생의 슬픔이다. 뽕나무밭이 푸른 바다로 변하는 세상의 변화가 마치 허황한 꿈과 같다. 화려한 누각과 궁전이 기와조각과 돌 부스러기가 널린 폐허로 변했다. 앞날은 대체 어디에 있는가? 인생의 의미와 목표는 무엇인가? 모든 것이 해답 없는 막연함이고 해답을 찾을 수도 없다. 이렇게 해서 결국엔 은일하는 어초漁樵로 귀결되고, 산수와 화조花鳥에 기탁하게 된다.

『도화선』과 기본적으로 같은 시기에 해당하는 『장생전』의 비밀도 여기에 있다. 『장생전』의 주제에 대해서 내내 이견과 논쟁이 있어왔다. 예를 들면 양[양귀비楊貴妃]과 이[이융기李隆基]의 애정설, 국가흥망설, 반청反淸의식설 등이다. 사실 이것들은 모두 『장생전』의 객관적 주제가 아니다. 『장생전』의 기본 정취는 사람들에게 주는 심미 효과로, 앞에서 말한 인생의 허무감이다. 겉으로는 이를 의식적으로 두드러지게 나타내지 않았을지라도 객관 사조 및 시대 정감으로서 이것[인생의 허무감]은 극본 가운데 매우 짙게 스며들어 작품의 기본 톤이 되었다.

흥미로운 것은 인생의 허무라는 이러한 시대적 슬픔은 심지어 납란사納蘭詞[납란성덕納蘭性德의 사]에서도 나타난다는 점이다. 납란사의 작자 본인으로 말하자면, 황실의 친척으로 귀족 후손의 귀공자였으며 젊어서 뜻을 이루었고 대를 이어 부귀영화를 누렸고 만주족 출신이었다. 그러니 나라에 대한 슬픔이나 인생의 한이라 할 것이 있을 리가 없음에도 그의 작품은 너무나 슬프고 침통하다.

바람 한 차례,
눈 한 차례,
요란한 소리가 고향 꿈마저 부숴버리네,
고향에는 이런 소리 없나니.[73]

고향 돌아가는 꿈은 낭하狼河[74]에 막히고,
또 강물 소리에 부서진다.
차라리 자리라 잠이나 자리라,
깨어있으면 살 맛없음 알기에.[75]

그 누가 악부樂府의 처량한 곡을 연주하는가,
바람도 처량하고,
비도 처량하고,
등잔불 사그라지고 또 하룻밤이 지나간다.
무슨 일이 마음을 얽매고 있는지 알 수 없고,
잠들어도 무료하고,

취해도 무료하니,

꿈에라도 언제 사교謝橋[76]에 간 적이 있었던가.[77]

기나긴 시름은 떠나가지 않고,

가을빛 가는 것은 멈추기 어려워라.

굽이굽이 병풍 속 깊숙한 뜰,

날마다 바람 불고 비 내리네.

비 갠 뒤 울타리 아래 국화가 막 향기롭고,

사람들이 말하길 이날이 중양절重陽節이라네.

고개 돌리니 쓸쓸한 구름과 황혼녘 낙엽,

황혼녘 끝없이 갈마드는 생각.[78]

북송 이후로 이러한 예술적 경지에 이른 사 작가는 대체로 없었다. 인생과 삶에 대한 이러한 권태와 슬픔, 너무나 무료하고 모든 것에 흥미를 잃은 이러한 심정과 정서는 담백하지만 오히려 농밀하며 가벼운 듯하면서 묵직하다. "무슨 일이 마음을 얽매고 있는지 알 수 없다"는 것은, 애초에 고통이나 우수라고 할 게 없고 있을 리도 없지만 종내 비와 바람의 처량함을 느끼고야 마니 차라리 자는 게 나은, 그러한 우울과 번민과 무료함이라고 해야 할 것이다. 부귀영화를 누린다 하더라도 심각한 권태와 허무로부터 벗어나기 어려운 것이다. 이것이 반영하는 것은 바로 투쟁도 없고 격정도 없고 전망도 없는 시대와 사회에서, 겉으로는 번영하고 평온하지만 실제로는 쇠퇴하고 몰락하기 시작한 운명에 처해 있음으로 인해 생겨나는 애상이 아니겠는가?

"나뭇잎 하나가 떨어지는 것을 보고 가을이 오는 것을 안다"[79]는 말처럼, 풍조를 앞서가는 문예 영역의 민감한 선구자들은 번화하고 풍족하며 취한 듯 꿈꾸는 듯한 환경에 있을지라도 속절없는 인생의 허무에 대한 비탄을 토로했다. 사실 이것은 비록 구체적인 내용은 보이지 않지만 깊고 넓은 함의를 지닌 '의미 있는 형식'이며, 정감 형식 속에 이미 내용이 누적-침전되고 녹아 있는 것이다. 미학이론에 있어서 왕어양王漁洋[왕사정]의 신운설神韻說이 시대를 풍미했는데, 어떤 의미에서는 이 역시 이 시대의 조류가 간접적으로 굴절되어 반영된 것이다.[80] 따라서 귀장歸莊의 「만고수萬古愁」 등 서정 산곡散曲은 더 말할 나위도 없다. 포송령蒲松齡의 단편소설 『요재지이』의 미학 풍격 역시 감상문학의 총체적인 사조 안에 놓고서 고찰하고 연구할 수 있다.

『요재지이』는 명대 시민문예와 완전히 상반되는 예스럽고 우아한 문체로 씌어 있다. 『요재지이』의 특징은 앞에서 말한 시민문예의 현실 세속생활과 서로 대립되는, 여우와 귀신의 환상적인 이야기라는 점이다. 그런데 주의할 만한 것은, 곡절이 있고 기이한 낭만 가운데 모종의 슬픈 정서를 지니고 있다는 점이다. 어떤 사람[남촌南邨]은 『요재지이』에 대해 이렇게 말했다. "그 안에 담긴 뜻을 살펴보니, 십중팔구는 어찌 그리 슬픔이 깊은가."[81] 작자 스스로도 이렇게 말했다. "술 마시며 글을 써 간신히 외로운 분개를 담은 책을 내놓았는데, 이와 같이 마음을 기탁하니 슬퍼하기에 족하다."[82]

슬프다는 게 주관적으로는 단지 과거급제의 뜻을 이루지 못하고 공명을 얻지 못한 채 보잘것없이 늙어 죽어가는 것일 수도 있지만, 객관적으로는 작품 속의 슬픔에 그 시대의 메아리가 가득하다. 바로 인간 세상이 허무하기에 여우나 귀신에게 감정을 기탁하는 것이며, 현실세계가 그저 넌더리를 감내해야 하는 것이기에 현실을 초월한 상상에 특별한 아름다움이 더해지는 것이다. 『요재지이』에 나오는 삶과 죽음 및 여우와 귀신에 관한 황당무계한 이야기는 더 이상 『모란정』의 희극적인 분위기가 아니며, 훨씬 더 짙은 비극적 분위기를 띤다. 이러한 심각하고 무의식적인 '깊은 슬픔'의 감상感傷의식이 『요재지이』의 낭만적 이야기의 아름다움을 구성하고 있다. 이것은 "세상의 불합리에 분개한다憤世嫉俗"는 식의 말로 간단히 설명할 수 있는 게 아니다.

이밖에도 『모란정』이나 『서유기』의 즐거움·단순함과는 달리, 『도화선』 『장생전』 『요재지이』 등 희곡과 소설로서 이들 감상문학의 또 하나의 특징은, 고통이 가라앉은 뒤 고통을 회상하거나 혹은 현실에 불만족하기 때문에 사회생활을 비교적 광범위하게 다루며 까발리고 풍자함으로써 훨씬 더 고통스러운 현실역사를 비판하는 요소를 지닌다는 것이다. 이는 바로 그것[감상문학]이 다음 단계인 현실비판주의를 향할 수밖에 없는 내재적 경향이다.

낭만주의·감상주의·현실비판주의는 명·청 문예사조의 상이한 세 단계로, 이는 합법칙적 통로의 전체 코스다. 제3단계(건륭)에 이르면 시대는 해방의 조류로부터 이미 멀어졌으며, 눈앞에 있는 것은 떠들썩하면서도 무겁게 가라앉은 봉건통치가 소멸하기 직전에 아주 잠깐 반짝이는 생기였다. 복고주의는 이미 모든 것을 암담하고 둔감하게 만들었으며, 명말·청초의 민주와 민족이라는 위대한 사상은 일찌감치 옛일이 되었고, 이론적 사고 능력을 상실한 고증학이 인간 세상을 지배하는 학문이 되었다. "자리를 피하는 건 문자옥文字獄에 휘말리는 게 두려워서고, 책을 쓰는 건 죄다 호구지책을 위한 것이라네."[83] 이 얼마나 캄캄한 세계인가! 대진 같은 선구적인 사상가조차도 고증으로 세상에 이름을 떨쳤을 뿐 사람들의 이해를 전혀 얻어내지 못했다. 대진 자신이 가장 중시했던 철학 저작, "이理로 사람을 죽인다"며 송대 유학자를 통렬히 비난했던 『맹자자의소증孟子字義疏證』마저 그의 아들이 그의 문집을 편집할 때 포함시키지 않고 도외시했을 정도다. 그 당시는 새벽빛 없이 기나긴 밤이 이어지다가 마침내 중국을 서구에 뒤처지도록 만든 18세기 봉건 말기였다. 문예 영역에서 진정으로 이 봉건 말기의 총결이라 할 수 있는 것은 중국 문학 최고의 보물인 『홍루몽』을 꼽아야 한다.

『홍루몽』에 대해서는 사람들이 이미 수없이 많이 말했고 또 수없이 말할 것이므로, 이루 다 말할 수 없는 이 특별하고 아름다운 작품에 대해 이 책에서는 많은 말을 할 필요가 없겠다. 아무튼 애정이 주제라는 설이든, 정치소설이라는 설이든, 색즉시공色卽是空 관점이라는 설이든, 이 모두는 앞에서 말한 두터운 토대를 지닌 감상주의 사조가 『홍루몽』에서 승화된 것임을 제대로 파악하지 못한 듯하다. 사실은 바로 이러한 사조로 인해 『홍루몽』이 이채를 띠게 되었다. 보[가보옥賈寶玉]와 대[임대옥林黛玉]의 사랑의 기쁨, 원비元妃의 친정 나들이의 호화스러움, 정치적 변고의 암시가 초래한 거대한 비통 등을 뒤덮고 있는 것은 바로 옅은 안개 같고 꿈만 같고 때로는 온갖 악기로 연주되는 듯한 무거운 애상과 탄식이 아니겠는가? 그러므로 수많은 말보다 루쉰의 다음 몇 마디가 훨씬 정곡을 찌른다.

> 기울어가는 기운이 바야흐로 닥쳐오니, 변고가 점점 많아졌다. 보옥은 번화함과 풍요 속에 있으면서도 자주 '무상無常'을 대면했다. (…) 슬프고 처량한 안개가 화려한 숲을 뒤덮고 있었지만 이를 호흡하고 깨달았던 이는 오직 보옥뿐이었다.(『중국소설사략中國小說史略』)

이는 바로 앞에서 말한 인생의 허무가 아닌가? '강건성세康乾盛世'[84]로 일컬어지긴 하지만 소멸 직전에 아주 잠깐 반짝이는 생기로는, "안주머니는 도리어 거의 비어가고 있는"[85] 내재적 부패를 이겨내지 못했다. 화려함과 성대함, 웃음과 노랫소리, 진귀한 음식과 사치스러운 장식 속에

임대옥,『홍루몽도영紅樓夢圖詠』, 청대.

서, 모든 것이 소리 소문 없이 그리고 구제할 방법도 없이 무너져 내리고 썩어갔다. 목도할 수 있었던 것은 바로 겉으로는 훌륭하나 속은 보잘것 없는 짓무름·비열·부패였으며 피할 수 없는 몰락과 패망이었다. 준엄한 현실비판주의가 이렇게 해서 성숙하게 되었다.

> 이전 단계인 시민문예의 현실주의가 부귀영화와 공명이록을 갈망하고 흠모했던 것과는 대조적으로, 여기에 가득한 것은 본 계급[시민 계급]이 온갖 변천을 겪으며 감추어진 것을 통찰한 데서 비롯된 강력한 부정과 판단이다. 이로써 창작방법은 외국의 19세기 자산계급의 현실비판주의에 필적하는 눈부신 수준까지 이르렀지만, 마찬가지로 활로가 없고 혁명 이상이 없었으며 만가의 색조를 짙게 띠었다.[86]

『유림외사儒林外史』 역시 이러한 현실비판주의의 대표작이다. 『유림외사』는 몇몇 유생과 은사의 창백한 형상에 이상을 기탁했는데, 이는 『홍루몽』이 색즉시공이라는 논의 속에서 가보옥을 승려가 되게 하여 해탈하도록 할 수밖에 없었던 것과 마찬가지다. 이는 모두 『도화선』에서 어초漁樵로 귀결되었던 인생 허무감의 연속이자 발전이다. 이것들에는 "꿈에서 깨어난 뒤에 더 이상 갈 곳이 없는"[87] 고통·슬픔·모색이 가득하다. 하지만 이것들의 미학 가치는 감상感傷에 있지 않고 사회생활에 대한 구체적인 묘사·폭로·비판에 있다.

『홍루몽』은 마침내 아무리 읽어도 싫증나지 않는 봉건 말기의 백과사전이 되었다. "인정세태의 변화를 있는 대로 다 묘사하고, 슬픔과 기쁨과 헤어짐과 만남의 극치를 모두 묘사"한 데 이르러서는 정반합正反合의 총체적 전 과정을 거친 최고 수준에 도달했다. 이는 현실세속을 묘사한 명대의 시민문예와 전혀 다르다. 『홍루몽』은 상층 사대부의 문학이지만 이것이 묘사한 인정세태, 슬픔과 기쁨, 헤어짐과 만남은 전자[명대의 시민문예]가 더할 바 없이 승화된 것이기도 하다.

4

회화와 공예

앞에서는 문학과 희곡만 다루었다. 사실은 기본적으로 문인 사대부가 독점하고 있던 회화예술에서도 그것들과 비슷한 사조의 변화를 겪었는데, 다만 구체적인 표현형식에 있어서 차이가 있을 뿐이다.

명대 중기의 시대 조류와 맞물려서, 구영仇英을 빛나는 대표로 삼은 원체院體 청록산수 및 유명한 오파吳派의 우두머리 심주沈周·문징명文徵明·당인 등이 하나의 경향을 공동으로 구현했다. 그것은 바로 세속생활에 다가가고, 일상의 제재를 채택하며, 필치는 풍치가 있고 자연스럽고 수려하고 섬세했다. 이는 앞에서 말한 문학 가운데 시민문예와 낭만주의 단계에 상당한다고 할 수 있다.

고귀한 출신이 아니었던 구영은 "강남에서 20년 동안이나 독보적이었는데"[88], 인물과 산수에 모두 뛰어났으며 이야깃거리가 있는 역사 제재를 묘사한 게 특징이다. 예를 들면 「춘야연도리원도春夜宴桃李園圖」「한고조입관도漢高祖入關圖」 등은 정제되고 수려하며 채색을 피하지 않고, 화려함 가운데 고상함을 드러내며, 보는 이가 명랑하고 유쾌한 느낌이 들게 한다. 원체와 청록산수를 깎아내린 동기창조차도 구영에 대해서는 머리를

「도원선경도桃源仙境圖」,
명대, 구영.

숙였다. 실제로 구영은 시민문예에 상당하는 회화의 대표자이기도 하다.

심주·문징명·당인 세 사람은 쑤저우蘇州를 중심으로 하는 강남에서 활약했다. 그들은 재야 사대부이자 문인 학사로서, "천성이 명랑하고 분방하여 구속받지 않았으며"[89] 그다지 얽매이지 않는 삶과 관념과 정감을 지니고 있었다. 그들은 비교적 많은 사회계층과 관계를 맺는 한편 자신의 주관 세계를 보다 자유롭게 묘사할 수 있었는데, 기운氣韻과 신채神采의 필묵 효과를 추구하는 게 그들의 예술 이상이었다. 제재가 협소하고 단조로울지라도(예를 들면 구영에 비해), 그들은 낭만적 방식으로써 구영과 마찬가지로 사회와 시대의 새로운 요소가 가져온 중요한 변화를 반영했다. 문징명의 「우경산수雨景山水」의 경우, 수려하고 온화하여 특별한 친밀감과 봄날 같은 유쾌함을 주는데 이는 이전 시대 사람들과 크게 다른 점이다. 구영·심주·문징명·당인은 사대가로 병칭된다. 이들보다 수십 년 뒤의 서위는 낭만적 특색을 보다 두드러지게 표현했다.

서위는 명대 중기 이후 회화 영역에서의 낭만사조를 집중적으로 대표한다고 할 수 있다. 즉 그는 철학에서의 이지, 희곡에서의 탕현조, 소설에서의 오승은, 시문에서의 원중랑과 마찬가지였다. 이들은 기본적으로 시대를 함께하며 하나의 기운으로 연결되어 있었다.

명말·청초에 나라가 멸망하고 사회가 고난에 빠진 뒤, 주탑과 석도를 대표로 하는 회화는 새로운 단계로 들어섰다. 그들은 이전 단계인 오파의 정련되고 세밀하고 아름다운 것과는 정반대로, 격조에 있어서 서위를 계승하여 발전시켰다. 간결한 구도, 두드러진 조형, 기이한 화면, 강건한 필법 등이 그들 작품의 독특한 풍모를 이루었으며 사람들에게 강렬한 감동을 준다. 강렬한 비통과 분노와 원한을 직접적으로 묘사한 이러한 회화는 바로 감상문학의 단계에 상당한다.

역곡역소亦哭亦笑의 '팔대산인八大山人'이라는 유명한 서명署名[90]이 대표하는 오만하고 고분고분하지 않으며 극도로 과장된 갖가지 형상, 큰 눈을 부릅뜨고 있는 물총새와 공작, 활기차고 기괴한 파초와 괴석과 갈대 속 기러기와 물가의 물오리, 통례를 뛰어넘는 서법 취향 등 분방하고 괴이한 외재적 형상으로 사람들을 매료하고 강렬한 내재적 격정과 격동을 표현했다 할지라도 그 안에 깊이 감춰진 고독·적막·슬픔·비애를 숨길 수는 없다. 꽃·나무·새·짐승은 오롯이 예술가의 주관적 정감의 화신이자 상징이 되었으며, 총체적으로는 깊은 슬픔을 지닌 불요불굴의 인격가치를 표현해냈다. 팔대산인[주탑]과 더불어서 이러한 정신을 구현한 이는 석도다.

석도의 『화어록畵語錄』은 이 시기의 전형적인 미학 저작으로, 이것이 강조하는 것 역시 다음과 같다. "그림이란 마음을 따르는 것이다."[91] "산천이 나로 하여금 산천을 대신해 말하게 했고, (…) 산천이 나의 정신과 만나서 자취를 남기게 되는 것이다."[92] 객관더러 주관에게 복종하길 요구하며, 정감 속에서 물아物我가 일치한다. 석도의 작품은 주탑과 마찬가지로 간결하고 깊이 있는 필묵으로써 적막·분개·애상을 표현했다.

앞에서 말한 문학 사조 제3단계에 대체로 상당하는 것으로서, 회화 영역에서는 결코 현실비판주의가 아닌 감상주의가 진일보 발전했다. 이는 바로 양주팔괴로 대표되는 화조화다. '건가성세乾嘉盛世'[93]에 나타난 이 강남화파는 위로는 주탑과 석도의 전통(명대의 서위까지 거슬러 올라갈 수 있다)을 이어받았다. 시대의 슬픔과 분개는 점차 사라지거나 퇴색했지만 개성은 더욱 두드러졌다. 그들은 각자 독특한 필묵·구도·색채·형상으로써 혹은 호방하고 분방하게 혹은 세밀하고 부드럽고 아름답게, 중국화가 근대를 향한 새로운 단계로 나아가도록 밀어붙였다. 이는 그 당시 첩학帖學[94]을 버리고 북비北碑[95]를 숭상하던 서법 풍조와 관계가 있다. 예리함, 강건함, 예스럽고 소박함을 강구하며 매우 간략한 형상을 통

「연화수조도蓮花水鳥圖」, 청대 초기, 주탑.

「횡당산보橫塘散步」, 청대 초기, 석도.

해 아주 강렬한 개성과 느낌을 표현함으로써 필묵의 정취가 회화의 핵심이 되었다. 현실의 형상을 완전히 벗어나지 않으면서도 그것을 멀리 초월하고 필묵 자체 및 필묵의 배열과 조합이 독립적인 심미 의의를 지니게 되었다. 이것이 바로 심미 정감을 불러일으키는 '의미 있는 형식'이 되었으며, 이는 묘사의 대상에 달려 있지 않았다. 그러므로 화조화는 구체적인 재현을 통해 오히려 추상적인 의미가 충만해졌는데, 현재 중국과 외국에서 모두 사랑받으며 계속 발전하고 있다.

정판교鄭板橋·황영표黃癭瓢·김동심金冬心·이복당李復堂·나양봉羅兩峰 등[96]은 임백년任伯年·우창숴吳昌碩에서부터 치바이스齊白石·판톈서우潘天壽에 이르는 청말 및 현대 화가들을 위해 직접적으로 길을 열어주었다. 이는 『유림외사』『홍루몽』 등이 만청晩淸 소설을 선도했던 것과 마찬가지다. 제재·대상·필묵을 죄다 주관적 심정과 정서를 표현하는 도구로 삼은 것은, 문학의 현실비판주의와 마찬가지로 어두운 사회에 대한 의식적 혹은 무의식적인 대항이자 폭로였으며 그러한 시대의 진보적인 마음의 소리였다.

황신黃愼[황영표]과 정판교[정섭]는 매우 전형적인 대표다. 그들[양주팔괴]은 앞에서 말한 명대의 낭만주의 및 명·청 과도기의 감상주의의 여파가 청대에 나타난 것으로, 문학 사조의 제3단계인 현실비판주의의 개성적 반항 즉 어두운 현실사회와의 부조화라고도 할 수 있다. 이것은 합법칙적인 문예 조류의 발전으로, 한두 사람에 의한 것이거나 우연한 현상이 아니며 사회적·사상적으로 깊은 내재적 논리를 지닌다. 정통문학에서 원매袁枚가 성령性靈을 제창하고 정욕을 중시하면서 송유宋儒를 배척하고 도학을 비웃고 속박에 반대하고 전통을 등졌던 것을 비롯해, 그 당시에 늘 사상해방의 광채가 번뜩였던 것 역시 동일한 역사 논리의 표현이다. 그것들은 봉건 말기의 소리를 공동으로 구현하고 반영해 내었으

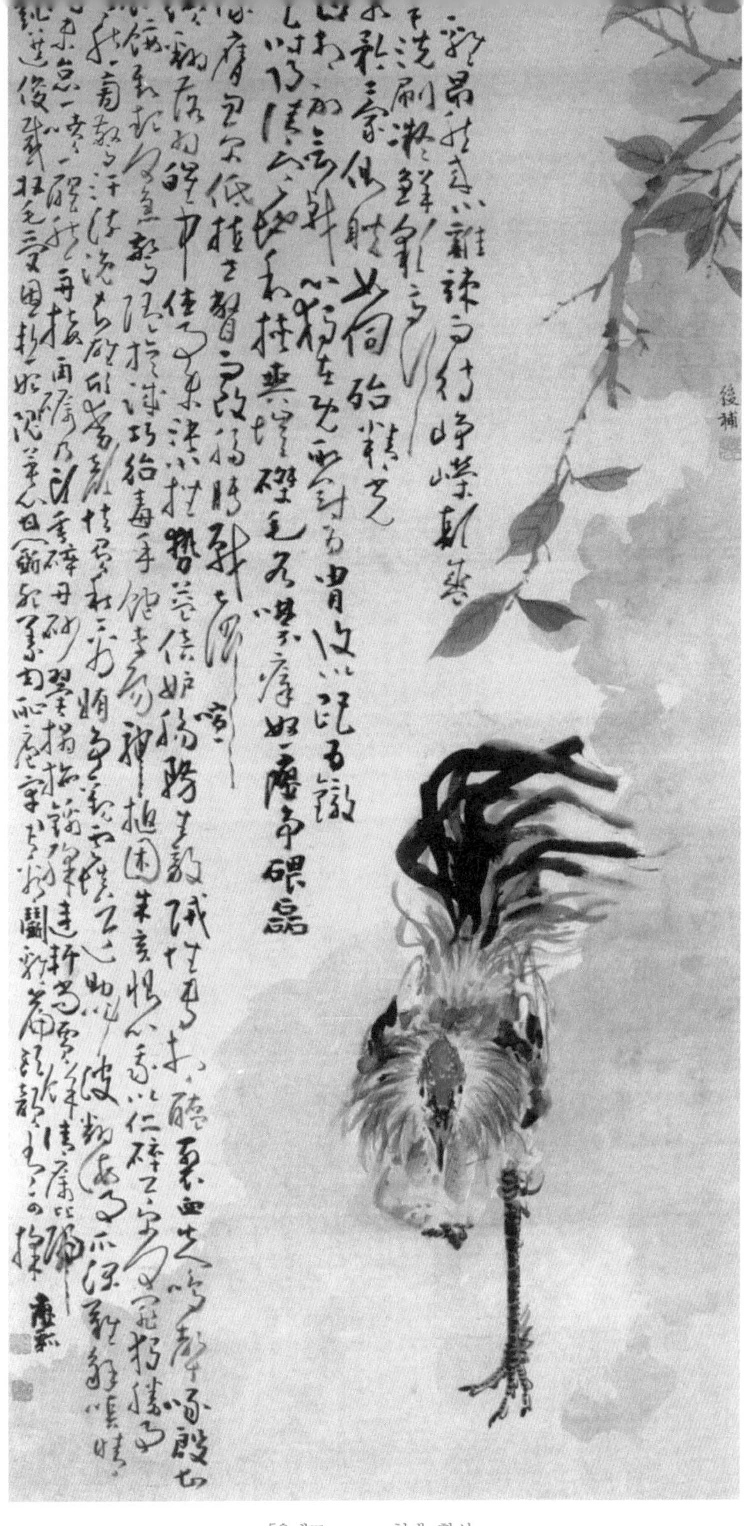

「웅계도雄鷄圖」, 청대, 황신.

「묵죽도墨竹圖」, 청대, 정판교.

며, 겉으로는 강해 보이나 속은 이미 텅 빈 전통사회에 자유·개성·해방에 대한 근대적 동경이 반드시 지평선 위로 나타날 것임을 반영해냈다. 이러한 동경은 아편전쟁 전후 공자진龔自珍에서부터 쑤만수蘇曼殊에 이르기까지, 과연 점점 뚜렷하게 나타났다. 문학예술의 심층 논리를 파악하고 탐구하는 것은 그것을 감상하고 이해하는 데 중요한 의미를 지닌다.

앞에서 말한 문학·희곡·회화 이외에 명·청 시기의 건축은 원림과 내경內景을 제외하고는 그다지 발전하지 못했다. 조각은 절정기가 일찌감치 지나가고 내리막길을 걸었다.(같은 제재, 예를 들어 돌사자를 두고 비교해 보면 이러한 점이 매우 뚜렷하다. 즉 한대는 소박하고 무거우며, 육조는 날렵하고, 당대는 원만하며 깊이가 있다. 명·청의 경우에는 고양이나 개처럼 온순하고 귀엽다.) 음악과 무용은 이미 희곡 속에 녹아들어갔다. 이렇게 해서 말할 만한 것은 오직 공예뿐이다.

명·청 시기의 공예는 비교적 대규모의 상품생산(예를 들면 외국으로의 수출) 및 수공手工 기예와 직접적 관계가 있었으며, 사회에 자본주의 요소가 출현하고 발전함에 따라 그것 역시 발전하게 되었다. 심미 취향은 상품 생산과 시장가치의 제약을 받았기에, 궁정·귀족·관료·지주·상인·시민이 사용하는 공예품은 그 취향의 경향이 앞에서 말한 회화·문학과는 결코 같지 않았다. 기술의 혁신과 기교의 진보로 인해, 화려하고 아름다운 명·청의 채색자기, 구리법랑, 명대의 가구, 자수 방직품 등은 유럽 로코코 양식의 섬세함, 복잡함, 화려함, 아름다운 색채, 장식성 등에 견줄 만한 풍격을 나타내게 되었다.

그중에서 자기는 역대로 중국 공예의 대표였으며, 명·청에서 확실히 최고봉까지 발전했다. 명대 중기의 '청화靑花'에서부터 '두채鬥彩'와 '오채五彩' 및 청대의 '법랑채琺瑯彩'와 '분채粉彩' 등에 이르기까지, 새로운 자기는 나날이 정교해지고 대중적인 아름다움을 지녔다. 이는 당대 자기의 화려

「모란도」, 근현대, 우창쉬.

「하蝦」, 근현대, 치바이스.

청화 병, 명 선덕宣德 연간.

오채 관罐, 명 가정 연간.

법랑채 병, 청 건륭 연간.

분채 병, 청 건륭 연간.

한 이국풍이나 송대 자기의 한 빛깔의 순수함과는 매우 다르다. 그것[명·청의 자기] 역시 또 다른 방식으로 근대자본주의를 지향했으며 풍격에 있어서 명대 시민문예와 매우 가깝다고 할 수 있다. 따라서 공예라는 측면에서 말하자면, 앞에서 말한 3단계 사조의 구분은 존재하지 않았다.

중국 고전문예에 대한 총망한 순례는 여기서 일단락을 지어야겠습니다. 이렇게 빨리 달리면서 세세하고 풍부한 가치를 감상하기란 아주 어렵지요. 하지만 새가 하늘에서 아래를 내려다보듯 전체적인 모습을 한눈에 훑어봄으로써 너무 광범위하긴 해도 결코 모호하지 않은 인상을 얻을 수는 있지 않을까요?

예술의 온갖 두드러지는 불균형성은, 도대체 이러한 미의 순례를 할 수 있는지 혹은 해야만 하는지 늘 의문을 품게 만들지요. 예술과 경제·정치 발전의 불균형, 그리고 예술 각 부류 간의 불균형은, 예술과 사회적 조건 사이에 결국 관계가 있는지에 대해 의구심을 갖게 만듭니다. 과연 공통성 내지 보편성을 띤 문예 발전의 총체적 묘사를 찾을 수 있을까요? 찾아야만 할까요?

민생이 힘들어지고 사회가 고난에 처해 있을 때 문예는 최고봉에 이릅니다. 반면에 정치가 안정되고 경제가 번영할 때 문예는 도리어 위축되지요. 또한 동일한 사회와 시대와 계급이라 할지라도 판연히 다른, 서로 대립하는 예술 풍격과 미학 유파가 있을 수 있습니다. 이것은 모두 흔한 현상이지요. 객관적 법칙은 어디에 있을까요? 르네 웰렉René Wellek은 이러한 탐구에 반대했습니다.[1] 하지만 이런 견해에 결코 동의할 수 없습니다. 왜냐면 이상의 모든 것이 사람들에게 제시하는 것은, 단순화된 처리는 하지 말아야 하되 역사적이고 구체적인 섬세한 연구가 필요하다는 것이기 때문이지요.

인류와 물질문명이 발전한다는 것, 그리고 의식형태와 정신문화가 최종적으로(하지만 직접적으로는 아닌) 경제생활의 진전에 의하여 결정된다는 것을 믿는다면, 인간의 주관적 의지에 의해 바뀌지 않는 법칙이 여러 층의 복잡한 루트를 통해 작용하고 있음을 긍정할 수 있을 겁니다. 예를 들면 정치가 안정되고 경제가 번영한 시대에는, 물질 생산과 직접적으로 관련된 건축·공예 등의 예술 분야가 번창하고 발전하게 마련이지요. 이러한 때에 과학이 더 발전하는 것과 마찬가지입니다. 이와 반대로 사회가 어지럽고 삶이 어려운 시기에는, 문학과 회화(중국화) 같은 예술 분야가 상대적으로 번영하고 발전하게 되지요. 이것들은 물질적 조건에 비교적 덜 의지하는데다가 어두운 현실에 대한 대항 심리로서 나타나기 때문입니다. 바로 이러한 시기에는, 전망을 탐색하라는 거대한 과제를 시대로부터 부여받기 때문에 철학적 사변 역시 발달하게 되는 것과 마찬가지입니다. 물질에 빠진 채 정신적 사유와 해탈과 위안을 추구할 필요가 없는 태평성세와는 다른 것이지요.

요컨대 모든 일에는 인과因果가 있음을 믿고서 역사적·구체적으로 연구하고 탐색한다면, 문예의 존재 및 발전에는 내재적인 논리가 있음을 발견할 수 있습니다. 따라서 미의 역정으로서 개괄적인 순례 역시 시도해볼 수 있는 작업이지요.

보다 큰 문제가 있습니다. 즉 이처럼 오래되고 일찌감치 옛것이 된 고전문예가 왜 오늘날과 후세에도 여전히 감동과 흥분을 줄 수 있는 걸까요? 곧 새로운 세기로 들어설 우리가 왜 고적의 흔적들을 거듭 되돌아보고 감상하려는 걸까요? 바로 앞에서 이야기한 것이 예술사회학의 어려운 문제라고 한다면, 이것은 바로 심미심리학이 해결해야 할 보다 어려운 문제입니다. 마르크스는 이 문제를 예리하게 언급한 적이 있습니다. 예술의 영원성이라는 비밀을 풀 수 있는 열쇠는 대체 어디에 있을까요?

한편으로는 각 시대마다 마땅히 자기 시대의 새로운 작품을 지니게 마련이지요. 체르니셰프스키가 말한 것처럼 셰익스피어라 할지라도 오늘의 작품을 대신할 수는 없습니다. 그래야만 예술은 비로소 변화가 있고 다채로운 커다란 강이 될 수 있지요. 그런데 다른 한편으로는, 계승성과 통일성이라는 문제가 생겨납니다. 예를 들면, 앞에서 말한 여러 고전 작품 속에 응결되어 있는 중국 민족의 심미적 취향과 예술 풍격이 왜 오늘날 중국인의 느낌과 애호와도 여전히 부합하는 걸까요? 왜 그토록 많은 친밀감이 드는 걸까요? 그 작품들 속에 누적-침전된 정감-이성情理 구조가, 오늘날 중국인의 심리구조와 서로 호응하는 동일한 구조로서의 관계 및 영향력을 지닌 게 아닐까요? 인류의 심리구조는 바로 역사가 누적-침전된 산물이 아닐까요? 어쩌면 바로 이것이 예술작품의 영원성의 비밀을 간직하고 있는 게 아닐까요? 어쩌면 이와 반대로, 예술작품의 영원성이 인류 심리의 공통 구조의 비밀을 간직하고 또 제공하고 있는 게 아닐까요?

생산은 소비를 창조하고, 소비 역시 생산을 창조하지요. 심리구조는 예술의 영원성을 창조하고, 영원한 예술 역시 인류에게 전해 내려오는 사회적 공통 심리구조를 창조하고 구현합니다. 하지만 그것은 영원불변의 것이 아니고 갑자기 사라지거나 종잡을 수 없는 것도 아니지요. 그것은 신비로운 집단원형일 수 없으며, '초자아super-ego' 혹은 '원초아id'도 분명 아닙니다. 심리구조는 농축된 인류의 역사문명이고, 예술작품은 시대의 영혼을 여는 심리학입니다. 이것은 바로 '인성'이겠지요?

거듭 말하지만, 인성은 선험이 주재하는 신성일 수 없으며 관능으로 족한 수성獸性일 수도 없습니다. 인성이란, 감성 가운데 이성이 있고 개체 가운데 사회가 있으며 지각과 정감 가운데 상상과 이해가 있는 것이지요. 이것은 이성이 누적-침전된 감성, 상상과 이해가 누적-침전된 감정과 지각입니다. 내용이 누적-침전된 형식이라고도 할 수 있겠지요. 이것은 심미 심리의 측면에서 보자면, 발견을 기다리는 일종의 수학의 구조방정식입니다. 그리고 이것이 대상화된 성과는, 제1장에서 원시예술을 설명하면서 제기한 '의미 있는 형식significant form'이지요. 이는 누적-침전된 자유의 형식이자 미의 형식이기도 합니다.

감성과 이성, 형식과 내용, 진과 선, 합법칙성과 합목적성의 통일로서의 미[2]는 인성과 마찬가지로 인류 역사의 위대한 성과입니다. 그렇다면 이처럼 급한 역사의 순례라 할지라도 또 이처럼 투박한 수필이라 할지라도, 이 거대하고 중요한 성과를 깨닫고 파악하는 데 있어서 이것이 그저 한가하고 안일한 심정에 불과하거나 아무 의미도 없는 일은 아니겠지요?

이제 모두 끝났습니다. 하지만 미의 역정은 오히려 미래를 향하고 있습니다.

시대정신이 활활 타오르는 미의 순례기

"중국 현대미학의 제1바이올린 주자", 리쩌허우의 지기知己인 류짜이푸劉再復는 리쩌허우를 이렇게 평가했다. 리쩌허우 자신은 미학자로 불리는 걸 제일 싫어한다고 했지만, 그의 수많은 저서 가운데 가장 큰 영향력을 지닌 책은 단연코 『미의 역정』이다. 덩리쥔鄧麗君의 노래를 들으면서 리쩌허우의 『미의 역정』을 베껴 쓰는 모습은 1980년대 중국 젊은이들의 자화상이었다. 심지어는 『미의 역정』을 통째로 외우는 이도 있었다. 대체 그 무엇이 그들의 가슴에 그토록 큰 울림을 주었던 것일까?

> 1978년 이후, 문화대혁명의 금욕주의로부터 필사적으로 벗어나고자 했던 중국인은 청바지·선글라스·립스틱의 유혹에 직면하기 시작했다. 그들은 자신의 욕망의 충동에 대한 이론적 지지가 필요했다. 미학은 이때 사상 해방의 조력자가 되었다. 미를 인식하고 추구하는 과정 속에서 사람들은 한동안 잃어버렸던 자아의 가치를 되찾았다.
> 여러 해 동안 잠자코 있던 리쩌허우의 철학·미학·사상사 저작이 잇달아 출판되었다. 사상과 문장미를 겸비한 진지한 학술 저작이 뜻밖에

도 수십 만 권이나 팔리며 기록을 세웠다. 이로써 리쩌허우는 그 시대의 학자로서 얻을 수 있는 최고의 명예를 얻었다. 각 분야에서 리쩌허우의 책을 다투어 읽었고, 그는 각종 장소에 초청되어 가서 미학을 강의했다. 심찬沈瓚이 이지李贄를 평가했던 다음 말로써 당시의 광경을 그려볼 수 있을 것이다. "젊고 초탈하고 호방한 많은 이들이 그를 좋아하고 앙모하며, 후학들이 미친 듯이 그를 따랐다."[1]

『미의 역정』이 출간된 해(1981)로부터 이미 30여 년이 흘렀다. 개혁개방 이후 30여 년이 지난 지금도 『미의 역정』은 여전히 울림의 힘을 지니고 있다. 나 역시 이 책을 옮기는 내내 그 힘을 느낄 수 있었다. 요컨대 이 책이 지닌 울림의 힘은 1980년대 중국이라는 시공간에만 한정되지 않는다는 것이다. 이렇게 시간과 공간을 넘어선 울림의 힘은 어디서 비롯된 것일까?

산딩둥인의 구석기시대부터 청대까지, 방대한 미의 역정을 이렇게 고도로 압축하여 제시할 수 있다니! 게다가 그 미의 순례기가 건조한 사실의 나열이 아닌 아름답고도 격정에 찬 문체로 이루어져 있다니! 상고시대의 토템, 청동 도철, 선진시대의 이성정신, 초·한의 낭만주의, 위진풍도, 붓다의 얼굴, 성당지음, 운외지치, 송·원 산수의 의경, 명·청의 문예사조. 이 모든 장이 '시대정신의 불꽃'으로 활활 타오르고 있다. 이 미의 순례기를 따라가다 보면, 구석기시대부터 청대에 이르는 시대정신의 불꽃을 목도하게 된다. 산딩둥인의 장식품에서 출발한 미의 순례가 명·청의 회화와 공예에서 마무리를 맺으며 여운이 채 가시지 않을 즈음, 리쩌허우는 궁극적인 질문을 던진다. 그토록 오래된 것들이 왜 오늘날에도 여전히 감동과 흥분을 주는 것일까?

리쩌허우는 인류의 심리구조에서 그 답을 찾는다. 역사가 누적-침전된 산물인 심리구조가 예술의 영원성을 창조한다는 것이다. 농축된 인류의 역사문명인 심리구조를 그는 '인성'이라고 본다. 감성과 이성, 개체와 사회, 형식과 내용이 상호 녹아들며 누적-침전된 인성(심리구조)의 결실이 바로 의미 있는 형식이자 미의 형식이라고 말한다. 이러한 시각은 다분히 심리학적인데, 철학이든 미학이든 칸트든 중국사상사든 자신의 연구는 심리에 역점을 두고 있노라고 그 스스로 밝힌 바 있다. 또한 그는 누적-침전은, 인간의 심리에 실천과 역사와 문화가 누적되고 침전된 것이며, 역사의 '누적-침전'이야말로 자신의 모든 연구를 둘러싸고 있는 동심원의 중심이라고 했다.[2] 그렇다면 그가 말하는 누적-침전은 심리학적인 동시에 유물론적이다.

자신이 유물론자임을 거듭 강조하는 리쩌허우는 '도度'의 자유로운 운용이 '미美'라고 말한다.[3] '도'란 생생한 일과 구체적인 실천 속에서 그리고 도구를 사용하는 가운데, 지나치지도 모자라지도 않는 '꼭 알맞음'이다. 꼭 알맞음을 느끼는 순간 정감의 승화가 일어나고 이것이 바로 미와 미감의 원천이 된다. 또한 그는 도를 파악해 기쁨을 느끼고 미를 느끼는 순간에 발견과 발명과 창조가 생겨나고 진리를 인식하는 문이 열리기 때문에 "미로써 진眞을 연다"고 말한다. 도로 말미암아 미에 이르고 진에 이른다는 것이다. 그래서 그는 '미학은 제1철학'임을 강조한다. 자신이 미학자로 불리는 것을 기꺼워하지 않지만, 사실 그는 미학을 이처럼 높이 평가하고 있다.

'미학은 제1철학'이라는 리쩌허우의 명제는 보다 더 궁극적인 지점을 향하고 있다.[4] '제1철학'으로서 미학의 종점은 바로 종교를 대신하는 것이라고 그는 선언한다. 즉 그 명제에는 미육美育으로 종교를 대신하는 생존의 최고 경지가 포함되어 있는 것이다. 이는 리쩌허우 철학의 귀결인 '정情 본체'와 통하는 것으로, '정 본체'는 인륜의 정에서 훨씬 나아가 우주-

자연에 대한 경외의 정을 포괄한다. 미육으로 종교를 대신하는 것, 정 본체로 종교를 대신하는 것, 이 철학이 가정하고 있는 전제는 바로 '우주-자연과 인간의 협동 공존'이다. 저녁에 별이 총총한 하늘을 바라보노라면 생겨나는 종교에 비길 만한 감정, 숭배와 경외로 충만한 종교(혹은 준準종교)적 정감, 이성의 신비가 야기하는 정감이야말로 과학의 진보로 인해 자리가 점점 축소되는 경험성의 신비를 대체할 것이라고 그는 전망한다. 구체적인 균형·대칭·비례·리듬으로 형성된 질서감·운율감·조화감·단순감 등의 일반적 형식감에 대한 깨달음에서 나아가 우주-자연과 인간의 협동 공존에 대한 감수성을 지니고 우주-자연에 대한 경외감을 기르는 것, 미육이란 다름 아닌 바로 이것이다.

미육으로 종교를 대신하는 것, 이것이 추구하는 경지는 바로 신이 없는 '무한한 일치'의 정신적 느낌이라고 리쩌허우는 말한다.[5] 그것은 우주-자연에 대한 경외로 신에 대한 경외를 대신하는 것이다. 인간과 우주의 협동 공존에는 명령을 내리며 인간을 주재하는 그 어떤 신도 필요하지 않으며, 경외하는 것은 오로지 하늘 역시 감히 어기지 않는 우주의 합규율적인 운행의 신묘함이라고 그는 말한다.

시체 곁에 광물질의 붉은 가루를 뿌리던 산딩둥인, 그로부터 1만 8000년이 지난 오늘날에 이르기까지 수많은 역사가 인간의 심리에 누적-침전되었다. 그런데 궁금하다. 구석기시대에 살던 이들의 종교적 정감이 오늘날 우리에게 과연 얼마나 남아 있는 것일까? 우주-자연에 대한 경외감을 배양해야 할 미육美育은 또 얼마나 미미하기 그지없는가. 권위적 체제에서의 해방 역량이자 시대의 조류를 이끌던 돌파구였던 미학이 갈수록 물질화되고 상업화의 장식품이 되었다는 리쩌허우의 개탄[6]은 비단 중국의 상황만은 아닐 것이다. "포스트모던의 엘리트 예술은, 극도로 발달한 금융자본사회와 서양이 우위를 차지하고 있는 담론 권력의 지배 아래에 놓여 있는 애완동물"[7]이라는 그의 진단은 오늘날을 사는 모든 이에게 뼈아픈 현실을 꼬집은 것이다. 미학과 예술이 무엇을 위해 존재해야 하는지 정말 심각히 고민해야 하는 시대다. 우리가 앞으로 마주하게 될 미의 순례는 과연 어떤 형태의 것일까?

리쩌허우 본인은 미학자가 아닌 사상가로 불리길 바란다. 일상의 삶에 의미를 부여해 일상의 삶 자체를 철학적(혹은 종교적) 차원으로 끌어올리는 것이야말로 리쩌허우 학술의 종착역이라고 할 수 있다. 그의 미학 역시 오롯이 '삶'이라는 현실에 발 딛고 있다. 『미의 역정』을 관통하고 있는 시각도 바로 '인간'과 인간의 '삶'에 기초하고 있다. 30여 년이 지나도록 이 책이 여전히 울림의 힘을 지니고 있는 이유도 바로 이것이리라. 이 책의 곳곳에서 활활 타오르는 시대정신의 불꽃에는 그 시대의 인간과 인간의 삶이 고스란히 녹아들어가 있다. 심리 본체, 도구 본체, 정 본체 등 리쩌허우 사상의 씨앗이 이미 이 책에 배태되어 있음을 발견하는 것도 이 책을 읽는 즐거움과 의미를 더해줄 것이다. 미학자를 넘어선 사상가의 목소리에 가만히 귀 기울여 보자. 그의 목소리를 조금이라도 더 잘 전달하기 위해서 최선을 다했다. 부디 "빈천을 근심하지 않고 부귀에 급급하지 않으며"(도연명) "물이 흘러가도 마음은 쫓기지 않고 구름 머무니 마음도 더불어 느긋해진다"(두보)는 삶의 지혜를 길어 올릴 수 있기를.[8] 굴원·도연명·두보·소식, 그들의 삶은 고단했으나 그들의 정신과 작품은 미학의 최고봉에 이르렀다는 사실이 포스트모던시대에 살고 있는 우리에게 경종을 울리는 동시에 큰 위로가 될 것임을 믿어 의심치 않는다.

2014년 11월

옮긴이

주

제1장 용이 날고 봉황이 춤추다

1 「허베이 츠산 신석기시대 유적지 시굴河北磁山新石器時代遺址試掘」, 『고고考古』, 1977년 제6기.

2 「허난 신정 페이리강 신석기시대 유적지河南新鄭裴李崗新石器時代遺址試掘」, 『고고』, 1978년 제2기. "3개의 수치에 근거해서 볼 때, 페이리강 유적지의 연대가 대략 지금으로부터 7500년 전후라는 것이 아무래도 비교적 믿을 만하다."(리유머우李友謀·천쉬陳旭, 「페이리강 문화에 대한 시론試論裴李崗文化」, 『고고』, 1979년 제4기) 츠산 문화는 페이리강 문화보다는 약간 늦고 양사오仰韶 문화보다는 훨씬 앞선다. "양사오 문화의 가장 이른 시기는 대략 지금으로부터 6000년 전후다."(같은 글)

3 「허난 미 현 어거우 베이강 신석기시대 유적지 발굴 브리핑河南密縣莪溝北崗新石器時代遺址發掘簡報」, 『문물文物』, 1979년 제5기.

4 자란포賈蘭坡, 『베이징인의 고거北京人的故居』, 41쪽, 베이징출판사, 1958.

5 대상화란, 자연이나 사회의 현실을 산출 혹은 변형하여 자신의 대상으로 삼는 주체의 활동을 가리킨다.—옮긴이

6 모건은 『고대사회』에서 몽테스키외의 '야만savage→미개barbarism→문명civilization'이라는 3단계 진화론을 차용했다. 모건의 가정에 따르면 사회의 발전은 식량 생산 방식의 변화와 밀접한 관계가 있는데, 야만기는 수렵·채집의 단계이고 미개기는 농경의 단계다. 그리고 문자가 사용되기 시작한 단계가 문명기다. 이처럼 사회 발전에서 물질적 요소를 강조한 모건의 이론은 마르크스와 엥겔스의 주목을 받았다. 여기에 서술된 리쩌허우의 견해 역시 이러한 관점에 기초하고 있다.—옮긴이

7 마르크스, 『모건의 저서 『고대사회』 적요摩爾根『古代社會』一書摘要』, 54쪽, 인민출판사, 1965.

8 '적전積澱'은 누적과 침전을 결합한 단어로, 리쩌허우가 만들어낸 미학 용어다. 오랜 역사 속에서 형성된 심층문화심리와 관련된 '적전'이라는 용어는 리쩌허우 미학 이론의 핵심이기도 하다. 적전을 일반적으로는 '침적'이라고 번역하지만, 침적이라는 단어로는 적전에 담긴 함의를 제대로 전달할 수 없다고 판단하여 '누적-침전'으로 번역했다.—옮긴이

9 무술(주술, magic)과 종교의 다른 점과 같은 점을 비롯하여 무술·신화myth·의례rite·토템totem 간의 상호관계 및 선후의 문제, 이것들을 동일시할 수 있는지의 문제 등에 대해서는 본서에서 다루지 않기로 한다.

10 "此情可待成追憶, 只是當時已惘然."[이상은李商隐, 「금슬錦瑟」]

11 "媧, 古之神性女, 化萬物者也."

12 "往古之時, 四極廢, 九州裂, 天不兼覆, 地不周載. (…) 女媧煉五色石以補蒼天, 斷鰲足以立四極."

13 "俗說天地開闢, 未有人民, 女媧摶黃土作人."

14 여매女禖는 혼인과 생육을 관장하는 여신인 고매高禖를 말한다.—옮긴이

15 "女媧禱祠神祈而爲女禖, 因置婚姻."

16 "宓羲氏之世, 天下多獸, 故教民以獵."

17 "古者, 庖羲氏之王天下也, (…) 近取諸身, 遠取於物, 於是始作八卦以通神明之德, 以類萬物之情. 作結繩而爲網罟, 以佃以漁."

18 "伏者, 別也, 變也. 戲者, 獻也, 法也. 伏羲始別八卦, 以變化天下, 天下法則, 咸伏貢獻, 故曰伏羲也." 문맥상 복희伏羲를 설명하는 것이므로 "희는 헌이다戲者, 獻也"에서 희戲는 희羲가 되어야 한다.—옮긴이

19 "(포희가) 혼인을 시작함으로써 인간의 도리를 갖추었다始嫁娶以修人道."(『습유기拾遺記』) "사슴가죽 두 장으로 혼인 예물을 삼는 예를 복희가 만들었다伏羲制儷皮嫁娶之禮."(『세본世本』) 복희·여와 남매혼이 반영하는 것은 혈족 군혼제일 것이다. 어쩌면 음陰(밤)·양陽(낮) 관념의 신화 단계일 수도 있다. 또한 레비스트로스가 말한 쌍둥이 신화일 수도 있다. 그리고 "혼인 제도를 만들었다", "성씨를 바로잡았다正姓氏"는 기록은 족외혼제가 시작되고 씨족 사회조직이 생겨났음을 반영하는 것일 터이다.

20 용사龍蛇는 용과 뱀을 각각 가리키는 말이 아니라, 뱀의 형태를 기본으로 하는 용을 의미한다.—옮긴이

21 "女媧, 古神女而帝者, 人面蛇身, 一日中七十變."

22 "燧人之世, (…) 生伏羲 (…) 人首蛇身."

23 "女媧氏 (…) 承庖羲制度, (…) 蛇身人首."

24 '공공의 신하共工之臣'는 『산해경』「대황북경」에 나오는 '상요相繇'를 가리킨다.—옮긴이

25 원이둬聞一多가 『복희고伏羲考』에서 정리한, "『산해경』에 보이는 사람 얼굴에 뱀의 몸 혹은 사람 얼굴에 용의 몸을 한 신들"의 표는 다음과 같다. 덧붙여 말하자면, 사람 얼굴에 뱀(혹은 용)의 몸을 한 신이 북쪽·서쪽·남쪽에는 모두 매우 많은데 비하여 동쪽에는 비교적 적다는 점에 주목할 필요가 있다.

중	「중산경」(중차십경)	수산에서 병산까지의 모든 신들	모두 용의 몸에 사람 얼굴	
남	「남산경」(남차삼경)	천우지산天虞之山에서 남우지산南禺之山까지의 신들	모두 용의 몸에 사람 얼굴	
	남「해내경」(남방)	연유延維	사람 머리에 뱀의 몸	
서	「서산경」(서차삼경)	고鼓	사람 얼굴에 용의 몸	
	서「해외서경」	헌원軒轅	사람 얼굴에 뱀의 몸/ 꼬리가 머리 위로 말려 있음	
북	「북산경」	(수首)	단호지산에서 제산까지의 신들	모두 사람 얼굴에 뱀의 몸
		북「북산경」(북차이경)	관잠지산에서 돈제지산까지의 신들	모두 뱀의 몸에 사람 얼굴
	북「해외북경」「대황북경」	촉룡燭龍(촉음燭陰)	사람 얼굴에 뱀의 몸/ 붉은색	
		북「해외북경」「대황북경」상류相柳(상요相繇)	아홉 개의 머리/ 사람 얼굴에 뱀의 몸/ 스스로를 휘감고 있음/ 푸른색	
	북「해내북경」	이부貳負	사람 얼굴에 뱀의 몸	
동	「해외동경」	뇌신雷神	용의 몸에 사람 머리	

* 이상의 표에서 본문에 언급된 산의 이름은 한자 표기를 생략했다.—옮긴이

26 "凡北山經之首, 自單狐之山至於隄山, 凡二十五山, 五千四百九十里. 其神皆人面蛇身."

27 "凡北次二經之首, 自管涔之山至於敦題之山, 凡十七山, 五千六百九十里. 其神皆蛇身人面."

28 "凡首陽山之首, 自首山至於丙山, 凡九山, 二百六十七里. 其神狀皆龍身而人面."

29 "西北海之外, 赤水之北, 有章尾山. 有神, 人面蛇身而赤. (…) 是燭九陰, 是謂燭龍."

30 "鍾山之神, 名曰燭陰, 視爲晝, 瞑爲夜, 吹爲冬, 呼爲夏, 不飮, 不食, 不息, 息爲風, 身長千里. (…) 其爲物, 人面蛇身赤色."

31 장학성章學誠은 『문사통의文史通義』「역교易教 하」에서, 상象을 '천지자연의 상天地自然之象'과 '사람의 마음이 만들어내는 상人心營構之象'으로 나누었다. 그는 사람의 마음이 만들어내는 상 역시 천지자연의 상에서 나온다고 했다.—옮긴이

32 리쩌허우의 인용문에 오류가 있어 『복희고伏羲考』를 참고하여 바로잡아 번역했다. 『복희고』에 나와 있는 문장은 다음과 같다. "接受了獸類的四脚, 馬的毛·鬣和尾, 鹿的角, 狗的爪, 魚的鱗和鬚."—옮긴이

33 "옛날 하후계가 꿈에서 비룡을 타고 하늘로 올라갔다昔夏后啟夢乘飛龍以登於天"(『태평어람太平御覽』 권929에서 인용한 「귀장龜藏」) "두 마리의 용을 타고 있는데, 이름을 하후개라고 한다乘兩龍, 名曰夏后開"(『산해경』「대황서경」) "「개서」에 이르기를, 곤이 죽었는데, (…) 황룡이 되었다고 했다開筮曰, 鯀死 (…) 化爲黃龍"(『산해경』「해내경」의 곽박郭璞 주) "하후씨는 성이 사이고, 어머니는 수사다夏后氏, 姒姓也,

母曰修巳."(『제왕세기帝王世紀』) 사姒와 사巳는 모두 뱀이다. 이상의 기록을 보건데, 하夏 부족(혹은 부족연맹)은 뱀-용 토템 전통과 관련이 있을 것이다. [제일 앞 문장의 리쩌허우 인용문은 다음과 같다. "昔夏后啟土乘龍飛以登於天睾." 그런데 이 인용문으로는 문맥이 통하지 않으므로, 문연각文淵閣 사고전서四庫全書의 『태평어람』에 근거해 고쳐서 번역했다.]

34 "최초의 용은 바로 뿔이 달린 뱀이었으며, 뿔을 통해 신이성을 드러냈다. 갑골문甲骨文과 금문金文에 보이는 '용龍' 자는 모두 그러하다."(류둔위안劉敦愿, 「마왕두이 전한前漢 백화의 몇 가지 신화 문제馬王堆西漢帛畵中的若干神話問題」, 『문사철文史哲』, 1978년 제4기)

35 리쩌허우의 인용에는 "때로는 연못에서 마시다或飲於淵"로 되어 있으나, 『주역周易』에 나오는 문장에 근거해 고쳐서 옮겼다.—옮긴이

36 "鳳, 神鳥也. 天老曰, 鳳之象也. 鴻前麐後. 蛇頸魚尾, 鸛顙鴛腮, 龍文龜背, 燕頷雞喙. 五色備擧, 出於東方君子之國."

37 "天命玄鳥, 降而生商."

38 "大荒之中, (…) 有神九首, 人面鳥身. 名曰九鳳."

39 "有五彩之鳥, (…) 惟帝俊下友. 帝下兩壇, 彩鳥是司."

40 궈모뤄郭沫若, 『청동시대青銅時代』「선진시대 천도관의 발전先秦天道觀的發展」.

41 "少皞摯之立也, 鳳鳥適至, 故紀於鳥, 爲鳥師而鳥名. 鳳鳥氏曆正也, 玄鳥氏司分者也, 伯趙氏司至者也, 青鳥氏司啓者也, 丹鳥氏司閉者也. 祝鳩氏司徒也, 鴡鳩氏司馬也, 鳲鳩氏司空也, 爽鳩氏司寇也, 鶻鳩氏司事也."

42 "『역』이란 만물의 이치를 깨달아 일을 이루게 한다. (…) 하늘과 땅을 본받아서 신물神物[길흉을 점치는 데 사용하는 시초蓍草를 가리킨다]을 사용함으로써 백성들이 사전에 따를 수 있게 한다. 그[『역』] 가르침은 정교·전장보다 앞선다. (…) 일대의 법이며, 성인 혼자만의 생각이 아니다夫『易』開物成務 (…) 象天法地, 是興神物, 以前民用. 其敎蓋出政敎典章之先矣. (…) 爲一代之法憲, 而非聖人一己之心思."(장학성, 『문사통의』「역교 상」) 여기서는 '상象을 가르침으로 삼고', '전장보다 앞서며', 개인의 창작이 아닌 상고시대 원시 의례로서 『역경易經』의 성질을 언급하고 있다. 장학성은 또한 『역경』이 훗날 '예禮'의 기원이 되었다고 말한다. "『역』을 배우는 것은 『주례』를 배우는 것이기도 하다學『易』者, 所以學『周禮』也."(『문사통의』「역교 중」)

43 예를 들면 다음과 같다. "그[가뭄의 여신인 발魃]를 쫓아내려는 사람들은 '신이여, 북쪽으로 가소서'라고 명령하듯 말한다. 먼저 물길을 청소하고 도랑을 터서 통하게 해놓는다所欲逐之者, 令曰, '神北行.' 先除水道, 決通溝瀆."(『산해경』「대황북경」) "흙은 원래 있던 곳으로 돌아가라! 물은 제 골짜기로 돌아가라! 곤충은 들끓지 마라! 초목은 제 소택지로 돌아가라!土反其宅, 水歸其壑, 昆蟲不作, 草木歸其澤" (『예기禮記』「교특생郊特牲」) [납제臘祭에 올리는 기도문이다. 흙이 유실되지 않고, 물이 범람하지 않고, 해충의 피해가 없고, 잡초가 농작물의 성장을 방해하지 않길 바라는 내용이다.]

44 "擊石拊石, 百獸率舞."

45 "若國大旱, 則帥巫而舞雩."

46 "帝俊有子八人, 是始爲歌舞."

47 "昔葛天氏之樂, 三人操牛尾, 投足以歌八闋."

48 "伏羲作琴, 伏羲作瑟, 神農作琴, 神農作瑟, 女媧作笙簧."

49 간척干戚은 방패와 도끼다. 우모羽旄는 꿩의 깃털과 긴 털을 가진 소의 꼬리다.—옮긴이

50 "夫樂之在耳曰聲, 在目者曰容. 聲應乎耳, 可以聽知, 容藏於心, 難以貌睹. 故聖人假干戚羽旄以表其容, 發揚蹈厲以見其意. 聲容選合, 則大樂備矣. (…) 此舞之所由起也."

51 "舞行綴短", "舞行綴遠"[『예기禮記』「악기樂記」. 행철行綴은 무도 행렬의 대오隊伍를 뜻한다. 단短은 춤추는 사람들 사이의 간격이 촘촘하다는 뜻이고, 원遠은 춤추는 사람들 사이의 간격이 느슨하다는 뜻이다. 왕에게 덕이 있으면 무도 행렬의 참가자가 많아서 사람들 사이의 간격이 촘촘한 반면에, 왕의 덕이 모자라면 무도 행렬의 참가자가 적어서 사람들 사이의 간격이 느슨하다는 의미다.]

52 "不知手之舞之足之蹈之."[『시경』「모시서毛詩序」]

53 시尸란, 제사지낼 때 죽은 이를 대신하여 제사를 받는 사람이다. 참고로 말하자면, 제사 때 신위神位 대신으로 앉혀 놓던 어린아이는 시동尸童이라고 한다.—옮긴이

54 "북치고 춤추며 신묘함을 다했다鼓之舞之以盡神.", "천하의 심오한 이치를 철저하게 이해하는 것은 괘에 달려있고, 천하의 움직임을 고무하는 것은 말에 달려 있다極天下之賾者存乎卦, 鼓天下之動者存乎辭."(『주역周易』「계사繫辭 상」) "아무 생각 없이 바람이 미친 듯 몰아치는 것처럼 움직임에 몰입할 따름이기에, 노래와 춤을 좋아하는 것을 무풍巫風이라고 하며, (…) 북치고 춤추는 것이 극에 이르게 되므로, 신묘함을 다한다고 하는 것이다無心若風狂然, 主於動而已, 故以好歌舞爲風 (…) 以至於鼓舞之極也, 故曰盡神."(『역설易說』) 무왕이 주왕을 토벌할武王伐紂 때, "앞뒤에서 춤추고 노래한 것前歌後舞"은 위협의 기능을 했던 고대의 토템 무술 춤의 흔적이다. 왕닝성汪寧生, 「'무왕벌주의 전가후무'에 대하여釋'武王伐紂前歌後舞'」(『역사연구歷史硏究』, 1981년 제4기) 참조.

55 "詩, 言其志也, 歌, 詠其聲也, 舞, 動其容也. 三者本於心, 然後樂氣從之."

56 『시경詩經』「현조玄鳥」「생민生民」 및 『사기史記』「은본기殷本紀」「주본기周本紀」 등 참조.

57 「칭하이 다퉁 현 상쑨자자이에서 출토된 무도 문양 채도분青海大通縣上孫家寨出土的舞蹈紋彩陶盆」, 『문물』, 1978년 제3기.

58 "전설에 의하면, 신농씨 시대는 평화롭게 발전한 시대이고 황제·요·순의 시대는 전쟁 속에서 탄생했다."(쑤빙치蘇秉琦, 「양사오 문화의 몇 가지 문제에 대하여關於仰韶文化的若干問題」, 『고고학보考古學報』, 1965년 제1기) 양사오 문화가 신농씨 시대에 속하는지 황제·요·순의 시대에 속하는지에 대해서는 아직도 견해들이 다르다.

59 쑤빙치, 「양사오 문화의 몇 가지 문제에 대하여」.

60 "古之人民皆食禽獸肉. 至於神農, 人民衆多, 禽獸不足, 於是神農因天之時, 分地之利, 制耒耜敎民農作. 神而化之, 使民宜之, 故謂之神農也."

61 "神農之世, 臥則居居, 起則于于. 民知其母, 不知其父. 與麋鹿共處, 耕而食, 織而衣, 無有相害之心."

62 반포 채도 문양은 지금까지 발견된 것 가운데 가장 이른 시기의 문양이다. 더 이른 시기의 도기(예를 들면 허베이 츠산, 허난 신정 등지의 7000년 이전의 도기)에는 이렇

다 할 문양이 없다.

63 "緜緜瓜瓞"『시경』「면緜」

64 엥겔스의 『가족 사유재산 국가의 기원』 제1판 서문 및 레비스트로스의 저서를 참조.

65 "蛇乃化爲魚"『산해경』「대황서경」

66 운뢰雲雷무늬란, 기본적으로 '회回' 자 형태의 선이 굽이굽이 연속되어 이루어진 무늬다. 원형이 굽이굽이 연속된 구도를 '운문雲紋'이라 하고, 방형이 굽이굽이 연속된 구도를 '뇌문雷紋'이라 한다. 운문과 뇌문을 합하여 운뢰문(운뢰무늬)이라고 한다.—옮긴이

67 「강남 지역 인문 도기에 대한 학술 토론회 요록江南地區印紋陶學術討論會紀要」, 『문물』, 1979년 제1기.

68 마자야오馬家窯에서 발견된 채도의 사람 머리 문양은 "머리를 짧게 자르고 몸에 문신을 새긴斷髮文身" 것처럼 보이는데, 이는 결코 장식이나 미관을 위한 것이 아니다. 그것은 무엇보다도 먼저 무술의례라는 중요한 의미를 지니고 있다. 기물의 '미관'을 추구하는 것은 당연히 인체의 '미관'을 추구하는 것 다음이다.

69 「강남 지역 인문 도기에 대한 학술 토론회 요록」

70 중국과학원 고고연구소, 『시안 반포西安半坡』, 185쪽, 문물출판사, 1963.

71 쑤빙치, 「양사오 문화의 몇 가지 문제에 대하여」

72 스싱방石興邦, 「마자야오 문화와 관련된 문제들有關馬家窯文化的一些問題」, 『고고』, 1962년 제6기.

73 스싱방, 「마자야오 문화와 관련된 문제들」

74 치자齊家 문화는 오늘날 간쑤甘肅 성 일대의 신석기시대 문화로, 그 주요 유적지가 치자핑齊家坪에 분포하므로 치자 문화라 명명했다. 1923년에 스웨덴의 지질학자 안데르손에 의해서 처음으로 발굴되었다.—옮긴이

75 쓰바四壩 문화는 청동기시대 초기 문화로, 하서주랑河西走廊 중부에 위치한 쓰바탄四壩灘에서 처음 발견(1960년대)되었기 때문에 쓰바 문화로 명명했다.—옮긴이

76 옌원밍嚴文明, 「간쑤 채도의 원류甘肅彩陶的源流」, 『문물』, 1978년 제10기.

77 예를 들면, '개구리'로 칭한 도상이 혹시 '거북'인지, 고대 문헌에 나오는 '거귀巨龜' '신귀神龜'와 관계가 있는 것은 아닌지 등에 대해서는 앞으로 더 연구할 필요가 있다.

78 클라이브 벨(1881~1964)은 영국의 미술평론가로, '의미 있는 형식'이라는 이론을 내놓았다. 그는 어떤 그림이 미적 감동을 불러일으키는 것은 그림의 주제 또는 재현 때문이 아니라 그림의 '의미 있는 형식'을 직관적으로 이해하는 데서 비롯된다고 보았다. 그는 순수 형식 요소, 즉 선과 색의 적절한 조합이야말로 예술 작품에서 가장 중요하다고 단언했다. 리쩌허우는 클라이브 벨의 '의미 있는 형식'이라는 술어를 응용했을 뿐 그가 이 술어를 통해 나타내고자 한 함의는 전혀 다른 것이다. 즉 클라이브 벨은 눈에 보이는 형식 그 자체가 의미 있다는 것을 말하고자 하는 반면, 리쩌허우는 형식에 어떠한 의미(예를 들면 토템 숭배)가 내재되어 있다는 것을 말하고자 한다.—옮긴이

79 클라이브 벨이 말한 'aesthetic emotion'을 리쩌허우는 중국어로 '심미 감정'으로 옮겼다. 한국어로는 '미적 정서'로 통용되고 이것이 보다 정확한 표현이라 판단되어 '미적 정서'로 옮겼다.—옮긴이

80 앞에서 언급했던 물태화物態化 활동과 통하는 개념이 바로 '물태화 생산'이다. 물

태화 생산은 정신적 수요를 위한 생산으로서, 인간의 현실적 생존을 위한 '물질생산'과 대비되는 개념이다. 앞에서 언급했던 물화物化 활동과 통하는 개념이 바로 '물화 생산'이다. 물태화 생산은 정신생산, 물화 생산은 물질생산에 해당한다. 리쩌허우 본인이 만들어낸 용어이므로 그 취지를 살리기 위해 '물태화 생산'과 '물화 생산' 그대로 옮겼다.—옮긴이

81 톱니무늬와 삼각무늬가 '산山'의 개념과 관계가 있는지(『산해경』에는 산이 많이 나오는데 산은 남성의 생식기 숭배와 관련이 있을 것이다), 방형이 토지나 사망 관념과 관계가 있는지, 원형이 (계속해서 순환하는) 천체의 운행 관념과 관계가 있는지, 이상은 모두 더 탐구해야 할 문제다.

82 이밖에도 우훙巫鴻이 「초기의 옥석 조각들—組早期的玉石雕刻」(『미술연구』, 1979년 제1기)에서 제기한, 옥 조각에 보이는 문양들 역시 바로 이 특정 시기에 속한다. 특히 독수리 도안 장식은 은殷나라 토템과 관련이 있음이 분명하다.

제2장 청동 도철

1 구정九鼎이란 정鼎이 많다는 것이다. 구九는 많음을 의미한다. 구제강顧頡剛의 『사림잡지초편史林雜識初編』 참조.

2 쩌우헝鄒衡, 「하 문화를 탐구하는 데 있어서 몇 가지 문제에 대하여關於探討夏文化的幾個問題」(『문물』, 1979년 제3기) 참조.

3 진징팡金景芳, 「상 문화의 중국 북방 기원설商文化起源於我國北方說」, 『중화문사논총中華文史論叢』 제7집 참조.

4 젠바이짠翦伯贊, 「중국의 모계씨족사회를 논하다論中國的母系氏族社會」, 『중국사논집中國史論集』 참조.

5 군사 민주제란, 혈연에 의한 공동체 조직을 기초로 하여 군사 지도자나 수장을 공동체의 구성원이 선출하는 제도를 말한다.—옮긴이

6 "汝則有大疑, 謀及乃心, 謀及卿士, 謀及庶人, 謀及卜筮. (…) 汝則從, 龜從, 筮從, 卿士逆, 庶民逆, 吉. 卿士從, 龜從, 筮從, 汝則逆, 庶民逆, 吉. 庶民從, 龜從, 筮從, 汝則逆, 卿士逆, 吉. [汝則從] 龜從, 筮逆, 卿士逆, 庶民逆, 作內吉, 作外凶. 龜筮共違於人, 用靜吉, 用作凶."

7 원서에는 '승려僧侶'라고 되어 있으나, 이는 불교에 한정된 용어이므로 그대로 옮기기에는 문제가 있다. 따라서 종교 제례를 주관하는 사람이라는 보다 넓은 의미를 지닌 '사제司祭'라는 용어로 옮겼다.—옮긴이

8 "我聞, 在昔成湯旣受命時, 則有若伊尹, 格於皇天. (…) 在太戊時, 則有若伊陟·臣扈, 格於上帝, 巫咸乂王家, 在祖乙時, 則有若巫賢."

9 "帝太戊立, 伊陟爲相. (…) 伊陟贊言於巫咸. 巫咸治王家有成. (…) 帝祖乙立, 殷復興, 巫賢任職."

10 '무巫'와 '윤尹'이 원서에는 '무巫'와 '이伊'로 나와 있으나 문맥상 명백한 오류이므로 '이伊'를 '윤尹'으로 번역했다. 참고로, 천멍자陳夢家의 『은허복사종술殷墟卜辭綜述』에 열거된 사관史官의 명칭은 다음과 같이 다양하다. 윤尹·다윤多尹·복卜·다복多卜·공工·다공多工·사史·북사北史·경사卿史 등.—옮긴이

11 『관당집림觀堂集林』,「석사釋史」.

12 사史·축祝·복卜은 동일한 존재다. 다음 예문을 참조하라. "공公[진晉 여공厲公]이 점을 치게 하니, 사가 말하길 길하다고 했다公筮之, 史曰吉."(『좌전左傳』 성공成公 16년) "진나라 조앙이 정나라를 구원하는 일로 점을 치니, 물이 불로 나아가게 된다는 징조를 얻었다. 이것이 어떤 의미인지 사조·사묵·사귀 등에게 해석하게 했다晉趙鞅卜救鄭, 遇水適火. 占諸史趙·史墨·史龜."(『좌전』 애공哀公 9년) "축과 사를 시켜 신주를 모신 석함石函을 주왕실의 종묘에다 옮기도록 했다使祝史徙主祏於周廟."(『좌전』 소공 18년) "그[진晉나라의 경卿 범무자范武子] 축사가 귀신에게 진실만을 고했습니다其祝史陳信於鬼神."(『좌전』 양공襄公 27년) "우리는 태사로, 그[위衛나라] 제사를 실제로 관장하고 있습니다我大史也, 實掌其祭."(『좌전』 민공閔公 2년) "사람마다 제사를 지내고 집집마다 무사를 두었습니다夫人作享, 家爲巫史."(『국어國語』「초어楚語 하」)

13 이상의 번역은 영문 및 한국어 번역본을 참고하였기 때문에 리쩌허우가 인용한 중국어 번역과는 내용이 약간 다르다는 것을 밝혀둔다. 참고한 한국어 번역본은 다음과 같다. 『독일 이데올로기』, 박재희 옮김, 청년사, 1988. 『칼 맑스 프리드리히 엥겔스 저작 선집』 제1권, 최인호 외 번역, 박종철출판사, 1992.—옮긴이

14 "현존하는 각종 사물을 상상하는 게 아니라, 어떤 것을 진실하게 상상할 수 있다"는 것은, 실재하지 않는 것을 정말로 실재하는 것처럼 상상할 수 있다는 의미다.—옮긴이

15 "自古聖王將建國受命, 興動事業, 何嘗不寶卜筮以助善. 唐虞以上, 不可記已, 自三代之興, 各據禎祥."

16 "昔夏之方有德也, 遠方圖物, 貢金九牧, 鑄鼎象物, 百物而爲之備, 使民知神奸. 故民入川澤山林, 不逢不若, 螭魅罔兩, 莫能逢之. 用能協於上下, 以承天休."

17 "이윤이 요리를 함으로써 탕왕에게 등용되기를 구했다伊尹以割烹要湯"[『맹자孟子』「만장萬章 상」]는 고대사의 미담은, 실제로 신성한 소를 죽이는 것과 관련된 제사 이야기일 것이다. 주나라 사람들의 제사에서도 여전히 소를 사용했다. 『논어論語』[「옹야雍也」]에서는 이렇게 말했다. "얼룩소의 새끼라 할지라도 털이 붉고 뿔이 반듯하다면, 비록 쓰지 않으려 해도 산천의 신이 그것을 그대로 버려두겠느냐犁牛之子, 騂且角, 雖欲勿用, 山川其舍諸?"

18 "有虔秉鉞, 如火烈烈"[『시경』「장발長發」]

19 "自剝林木而來, 何日而無戰? 大昊之難, 七十戰而後濟, 黃帝之難, 五十二戰而後濟, 少昊之難, 四十八戰而後濟, 昆吾之戰, 五十戰而後濟. 牧野之戰, 血流漂杵."

20 "非我族類,其心必異"[『좌전』 성공 4년]

21 "周鼎著饕餮, 有首無身, 食人未咽, 害及其身."

22 장광즈張光直의 『중국청동시대中國青銅時代』에 의하면, '식인食人'에 대한 과거의 해석은 오류다. 사람의 머리가 짐승의 입 속에 있는 것은 하늘과 통하는 무巫(shaman)를 의미하며, 이 짐승은 사람에게 보조자이지 적대자가 아니라는 것이다. 설령 그렇다 하더라도 내가 상술한 견해는 여전히 성립 가능하다.

23 궈모뤄, 『청동시대』「이기 형상학 시탐彝器形象學試探」. 여기에 다음과 같은 주가 달려 있다. "『수서』에 의하면, 개황 11년 정월 정해일에 진을 멸하고 획득한 옛 기물이 재앙과 변고를 일으켜서 그것을 훼손하라고 명했다隋書, 開皇十一年正

月丁亥, 以平陳所得古器多爲禍變, 悉命毁之." "정강 연간에 북쪽으로 옮겨가면서 기물 역시 함께 옮겨갔다. 금나라 말년에 변경汴京에서 종정이 앙화를 일으키자 궁전에 관상용으로 있던 것들을 남김없이 죄다 훼손했다靖康北徙, 器亦併遷. 金汴季年, 鐘鼎爲祟, 宮殿之玩, 悉毁無餘." [두 번째 문장은 송나라 정강 연간인 1127에 금나라가 카이펑開封(변경)을 함락시키고 황제를 비롯한 3000여 명을 포로로 잡아 북쪽으로 데려간 '정강의 변'과 관련된 내용이다. 정강의 변으로 인해 송나라는 카이펑을 금나라에 내주게 된다. 해당 문장의 출전은 원나라 양균楊鈞의 『증광종정전운增廣鐘鼎篆韻』에 실린 풍자진馮子振의 서序다.]

24 "倉頡之初作書, 蓋依類象形, 故謂之文."

25 "或象龜文, 或比龍鱗. 紆體放尾, 長翅短身. 頡若黍稷之垂穎, 蘊若蟲蛇之棼緼." [리쩌허우의 인용문에는 퇴穨(기울어지다)가 힐頡(날아올라가다)로, 사蛇(뱀)가 문蚊(모기)으로 나와 있으나 문맥이 통하지 않는다. 속수사고전서續修四庫全書 『채중랑집蔡中郎集』에 근거해 퇴穨와 사蛇로 고쳐서 옮겼다.]

26 "或櫛比鍼列, 或砥繩平直, 或蜿蜒繆戾, 或長邪角趣." [리쩌허우의 인용문에는 방원方圓이 현원玄遠으로 나와 있으나, 여러 판본을 살펴보아도 '현원'으로 된 것은 없다. 리쩌허우가 이 책을 쓰던 당시는 육필로 원고를 작성하던 시기였던 만큼 조판 과정에서 착오가 있었던 듯하다.]

27 "緬想聖達立卦造書之意, 乃復仰觀俯察六合之際焉. 於天地山川得方圓流峙之形, 於于日月星辰得經緯昭回之度, 於雲霞草木得霏布滋蔓之容, 於衣冠文物得揖讓周旋之體, 於鬚眉口鼻得喜怒慘舒之分, 於蟲魚禽獸得屈伸飛動之理, 於骨角齒牙得擺拉咀嚼之勢. 隨手萬變, 任心所成, 可謂通三才之品, 彙備萬物之情狀者矣."

28 의경意境이란, 작자의 주관적인 사상과 감정이 객관적인 사물이나 대상과 융합하여 생성된 분위기나 경계를 의미한다.—옮긴이

29 덩이저鄧以蟄, 「서법 감상書法之欣賞」. 쭝바이화宗白華의 「중국 서법의 미학사상中國書法裡的美學思想」(『철학연구哲學硏究』, 1962년 제1기)에서 재인용. [리쩌허우의 인용문에 오류가 있어서 덩이저의 원서(『덩이저 전집鄧以蟄全集』, 168쪽, 안후이교육출판사安徽敎育出版社, 1998)에 나오는 해당 글을 참고해 옮겼다. 다음은 덩이저의 원래 문장이다. "至其懸針垂韭之筆致, 橫直轉折, 安排緊湊, 四方三角等之配合, 空白疏密之調和, 諸如此類, 竟能給一段文字以全篇之美觀. 此美莫非來自意境而爲當時書家精意結撰可知也."]

30 박鎛은 종처럼 생겼으되 종보다 큰 악기다.—옮긴이

31 괄호 안의 내용은 리쩌허우의 인용문에는 생략되어 있으나 문맥상 꼭 필요하다고 판단되어 「중국 서법의 미학사상」에 근거해 보충하여 옮겼다.—옮긴이

32 악음樂音이란, 노랫소리나 악기 소리처럼 일정한 음높이를 느낄 수 있으며 진동이 규칙적이어서 좋은 느낌을 주는 소리로 음악의 소재가 된다. '고른음'이라고도 한다. "순수한 '악음樂音'"의 '순수한'이 리쩌허우의 인용문에는 생략되어 있는데, 「중국 서법의 미학사상」에 근거해서 추가해 옮겼다.—옮긴이

33 쭝바이화, 「중국 서법의 미학사상」.

34 영자팔법永字八法은 '영永' 자에 들어 있는 글자를 쓰는 여덟 방법으로, 해서의 기본 법칙이다. 순서대로 설명하자면 다음과 같다. 측側(점), 늑勒(가로획), 노努(세로획), 적趯(갈고리), 책策(짧은 가로획), 약掠(긴 삐침), 탁啄(짧은 삐침), 책磔(파임).—

옮긴이

35 질삽疾澀이란 붓놀림의 속도와 관련된 필세筆勢를 가리킨다. 질疾은 빠르다는 의미고 삽澀은 느리다는 의미다. 글자의 점과 획에 따라서 붓놀림의 속도가 다른 데서 이러한 구분이 생긴다.—옮긴이

36 궈모뤄의 「이기 형상학 시탐」에 의하면, 남상기濫觴期는 은상시대 전기에 해당한다.—옮긴이

37 궈모뤄, 『청동시대』 「이기 형상학 시탐」.

38 『은주청동기선殷周青銅器選』, 문물출판사, 1976.

39 궈모뤄의 「이기 형상학 시탐」에 의하면, 개방기開放期는 서주의 공왕恭王·의왕懿王 때부터 춘추 중엽까지다.—옮긴이

40 궈모뤄, 『청동시대』 「이기 형상학 시탐」.

41 궈모뤄의 「이기 형상학 시탐」에 의하면, 신식기新式期는 춘추 중엽부터 전국 말까지다.—옮긴이

42 궈모뤄, 『청동시대』 「이기 형상학 시탐」.

43 중산왕中山王 묘는 1974년부터 허난 성 핑산平山 현에서 발굴되었고 1977년에 정식으로 외부에 공포되었다.—옮긴이

44 '中' 형태의 예기는 아마도 '山' 형태의 예기인 듯하다. 무게가 56.6킬로그램에 달하며 중산국中山國을 상징하는 예기로서, 중산국 왕의 권위를 상징하는 동시에 중산국의 숭산崇山 관념을 반영하는 것이다.—옮긴이

45 양쭝룽楊宗榮 엮음, 『전국회화자료戰國繪畫資料』, 7쪽, 중국고전예술中國古典藝術출판사, 1957.

46 「장신궁등長信宮燈」은 1968년에 허베이 성 만청滿城 현에서 출토되었는데, 등에 '장신궁長信宮'이라는 글자가 새겨져 있기 때문에 '장신궁등'이라고 부른다. 현재 허베이성박물관에 소장되어 있으며, 2010년에는 상하이 엑스포에 전시되기도 했다.—옮긴이

47 「마답비연馬踏飛燕」은 1969년에 간쑤 성 우웨이武威 현에서 출토되었다. 말이 뒷발로 제비를 밟고 있는 형태인데, 처음에는 단지 '분마奔馬'라고 불렀으며 궈모뤄가 '마답비연'이라고 명명했다. 현재 간쑤성박물관에 소장되어 있다.—옮긴이

제3장 선진시대의 이성정신

1 리쩌허우, 「공자 재평가孔子再評價」, 『중국사회과학』, 1980년 제2기.

2 "宰我問: '三年之喪, 期已久矣. 君子三年不爲禮, 禮必壞, 三年不爲樂, 樂必崩. 舊穀既沒, 新穀既升, 鑽燧改火, 期可已矣.' 子曰: '食夫稻, 衣夫錦, 於女安乎.' 曰: '安.' '女安則爲之. 夫君子之居喪, 食旨不甘, 聞樂不樂, 居處不安, 故不爲也. 今女安則爲之.' 宰我出. 子曰: '予之不仁也. 子生三年, 然後免於父母之懷. 夫三年之喪, 天下之通喪也. 予也有三年之愛於其父母乎.'"

3 플레하노프Plekhanov의 다음 말을 참조. "종교를 다음과 같이 정의할 수 있을 것이다. 종교는 관념·정서·활동의 매우 엄정한 체계다. 관념은 종교의 신화 요소이고, 정서는 종교의 감정 영역에 속하며, 활동은 종교 예배의 측면 즉 종교 의례

의 측면에 속한다."(「러시아의 종교 탐색에 대하여論俄國的宗教探尋」, 『플레하노프 철학 선집普列漢諾夫哲學選集』 제3권, 363쪽)

4 "사람은 모두 차마 하지 못하는 마음을 가지고 있다人皆有不忍人之心."(『맹자』「공손추公孫丑 상」)—옮긴이

5 "禮云禮云, 玉帛云乎哉. 樂云樂云, 鐘鼓云乎哉."

6 "樂則生矣, 生則惡可已也. 惡可已, 則不知足之蹈之手之舞之."

7 "口之於味也, 有同耆焉, 耳之於聲也, 有同聽焉, 目之於色也, 有同美焉."

8 "夫樂者, 樂也, 人情之所必不免也. 故人不能無樂. (…) 使其聲足以樂而不流, 使其文足以辨而不諰, 使其曲直·繁省·廉肉·節奏, 足以感動人之善心, 使夫邪汚之氣無由得接焉."

9 "凡音者, 生人心者也. 情動於中, 故形於聲. 聲成文, 謂之音. 是故治世之音, 安以樂, 其政和. 亂世之音, 怨以怒, 其政乖. 亡國之音, 哀以思, 其民困. 聲音之道, 與政通矣."

10 궈모뤄, 『청동시대』「공손니자와 그의 음악 이론公孫尼子與其音樂理論」.

11 "目欲綦色, 耳欲綦聲, 口欲綦味."[『순자』「왕패王霸」]

12 "夫民有好惡之情而無喜怒之應, 則亂."[『순자』「악론樂論」]

13 "樂統同, 禮辨異."[『예기』「악기」]

14 "善民心, (…) 其移風易俗易."[『순자』「악론」]

15 형명刑名이란, 명칭과 그 실상이 부합하는지 여부를 따지는 명실론名實論을 법의 적용에 응용하려는 것을 의미한다.—옮긴이

16 "敬鬼神而遠之, 可謂知矣."[『논어』「옹야」]

17 "制天命而用之."[『순자』「천론天論」]

18 "天行健, 君子以自强不息."[『주역』 건괘乾卦]

19 "三軍可奪帥也, 匹夫不可奪志也."[『논어』「자한子罕」]

20 "富貴不能淫, 貧賤不能移, 威武不能屈."[『맹자』「등문공滕文公 하」]

21 "彷徨乎塵垢之外, 逍遙乎無爲之業."[『장자』「달생達生」]

22 "곤궁해지면 홀로 자신을 잘 지키고, 영달하면 천하를 더불어 구제한다窮則獨善其身, 達則兼濟天下."(『맹자』「진심盡心 상」)—옮긴이

23 "無僞則性不能自美."[『순자』「예론禮論」]

24 "天地有大美而不言."[『장자』「지북유知北遊」]

25 "可以言論者, 物之粗也, 可以意致者, 物之精也. 言之所不能論, 意之所不能察致者, 不期精粗焉."

26 "世之所貴道者, 書也, 書不過語, 語有貴也. 語之所貴者, 意也, 意有所隨. 意之所隨者, 不可以言傳也. 而世因貴言傳書. 世雖貴之, 我猶不足貴也, 爲其貴非其貴也."

27 "大巧若拙"[『노자老子』 45장]

28 "言不盡意"[『주역』「계사繫辭 상」]

29 "用志不紛, 乃凝於神."[『장자』「달생」]

30 "虞夏之書渾渾爾, 商書灝灝爾, 周書噩噩爾."

31 "泛彼柏舟, 亦泛其流. 耿耿不寐, 如有隱憂. (…) 我心匪石, 不可轉也. 我心匪席, 不可卷也. 威儀棣棣, 不可選也. 憂心悄悄, 慍於群小. 覯閔既多, 受侮不少. 靜言思之, 寤辟有摽."

32 "彼黍離離, 彼稷之苗. 行邁靡靡, 中心搖搖. 知我者謂我心憂, 不知我者謂我何求. 悠悠蒼天, 此何人哉."

33 "風雨淒淒, 雞鳴喈喈. 旣見君子, 云胡不夷. 風雨瀟瀟, 雞鳴膠膠. 旣見君子, 云胡不瘳. 風雨如晦, 雞鳴不已. 旣見君子, 云胡不喜."

34 "蒹葭蒼蒼, 白露爲霜. 所謂伊人, 在水一方. 遡洄從之, 道阻且長. 遡游從之, 宛在水中央."

35 "昔我往矣, 楊柳依依. 今我來思, 雨雪霏霏. 行道遲遲, 載渴載飢. 我心傷悲, 莫知我哀."

36 "賦者, 敷陳其事而直言之也. 比者, 以彼物比此物也. 興者, 先言他物以引起所詠之辭也."

37 "比者, 附也, 興者, 起也."

38 "起情故興體以立, 附理故比例以生."

39 "文已盡而意有餘, 興也. 因物喩志, 比也." [리쩌허우의 인용문에는 "글은 이미 다했으나 뜻은 남음이 있다文已盡而意有餘"가 "말은 다함이 있으나 뜻은 무궁하다言有盡而意無窮"로 나와 있으나, 종영鍾嶸의 『시품詩品』에 근거해서 옮겼다. 참고로 말하자면, 리쩌허우가 인용한 구절은 엄우嚴羽의 『창랑시화滄浪詩話』「시변詩辨」에 나온다.]

40 "小雅鶴鳴之詩, 全用比體, 不道破一句."

41 "不著一字, 盡得風流"

42 "羚羊挂角, 無跡可求"

43 "詩有三義, 賦止居一, 而比興居其二. 所謂比與興者, 皆托物寓情而爲之者也. 蓋正言直述則易於窮盡而難於感發, 惟有所寓托, 形容模寫, 反覆諷咏以俟人之自得, 言有盡而意無窮, 則神爽飛動, 手舞足蹈而不自覺. 此詩之所以貴情思而輕事實也."

44 "以樂景寫哀, 以哀景寫樂, 一倍增其哀樂"

45 주쯔칭朱自淸의 『시언지변詩言志辨』 참조.

46 『학술월간學術月刊』(1962년 제8기)에 실린 멍원퉁蒙文通의 글 참조.

47 "梁惠王曰: '寡人願安承敎.' 孟子對曰: '殺人以梃與刃, 有以異乎.' 曰: '無以異也.' '以刃與政, 有以異乎.' 曰: '無以異也.' 曰: '庖有肥肉, 廐有肥馬, 民有飢色, 野有餓莩, 此率獸而食人也. 獸相食, 且人惡之, 爲民父母行政, 不免於率獸而食人, 惡在其爲民父母也.'"

48 "北冥有魚, 其名爲鯤. 鯤之大, 不知其幾千里也. 化而爲鳥, 其名爲鵬. 鵬之背, 不知其幾千里也. 怒而飛, 其翼若垂天之雲."

49 "如翬斯飛"[『시경』「소아·사간斯干」. 궁궐의 처마를 형용한 표현이다.]

50 "作廟翼翼"[『시경』「대아·면緜」. '익익翼翼'은 "장엄하고 웅장하다"로 풀이하는 것이 일반적이지만, 본문의 맥락을 고려하여 "날개를 쫙 펼친 듯"으로 옮겼다.]

51 '미륜미환美輪美奐'은 『예기禮記』「단궁檀弓 하」에서 유래한 말로, 새로 지은 집이 높고 크며 화려함을 가리키는 말이다. 진晉나라 헌문자獻文子가 집을 완성하자 장로張老가 이를 축하하며 "아름답도다, 높고 큼이여! 아름답도다, 화려함이여美哉輪焉, 美哉奐焉!"라고 했다.—옮긴이

52 "美哉室, 其誰有此乎." [517년, 제나라 경공景公이 자신의 침전에서 안영晏嬰에게

토로한 말이다. 안영은 경공의 질문에 대답하길, 진씨陳氏(진환자陳桓子)가 백성들을 잘 돌보고 있기 때문에 장차 진씨의 것이 될 것이라고 했다.]

53 "臺美夫." [초나라 영왕靈王이 오거伍擧와 함께 대臺에 오르면서 그 아름다움을 찬탄한 구절이다. 리쩌허우는 이 구절의 출전을 『국어』「진어晉語」라고 했지만 「초어楚語」에 나온다. 초나라 영왕이 백성을 대거 동원하여 장화章華에 이궁離宮을 조성하고 대를 만들었는데, 그 대에 오르려면 3번은 쉬어야 할 정도로 높았다고 한다. 오거는 정당한 근거를 잃은 토목공사가 나라를 위험하게 만들 것이라고 경고했다. 참고로 말하자면, 『국어』「진어」에는 "집이 아름답구나室美夫!"라는 구절이 나온다.]

54 원서에 몇 가지 오류가 있어서 바로잡아 옮겼다. 리쩌허우는 이 내용의 출처가 『묵자墨子』「비악非樂」이라고 했으나 「비공非攻」에 나오는 이야기다. 그리고 10년 동안 지었다고 했으나 「비공」에는 7년으로 나온다. 「비공」의 해당 원문은 다음과 같다. "부차에 이르러서, (…) 마침내 고소대를 지었는데 7년이 지나도록 완공되지 못했다. 이 지경에 이르자 오나라에서는 민심이 흩어지고 지쳐갔다至夫差之身, (…) 遂築姑蘇之臺, 七年不成. 及若此, 則吳有離罷之心."—옮긴이

55 해당 원문은 다음과 같다. "31년 봄, 낭郎에 대를 쌓았다. 여름 4월, 설薛에 대를 쌓았다. 가을, 진秦에 대를 쌓았다三十有一年春, 築臺於郎. 夏四月, (…) 築臺於薛. (…) 秋, 築臺於秦."—옮긴이

56 제나라 환공桓公이 관중管仲에게 했던 말에 나오는 내용이다. 해당 원문은 다음과 같다. "옛날 나의 선왕이신 양공께서는 대를 쌓아 존귀함을 드러내셨소昔吾先君襄公築臺以爲高位." 양공은 환공의 형이다.—옮긴이

57 "秦每破諸侯, 寫放其宮室, 作之咸陽北阪上. 南臨渭, 自雍門以東至涇·渭. 殿屋複道周閣相屬."

58 고고학자들이 발굴한 아방궁 유적지의 규모는 사마천司馬遷이 묘사한 것보다 더 크다. 동서로 1270미터, 남북으로 426미터에 달한다고 한다.—옮긴이

59 "始皇以爲咸陽人多, 先王之宮廷小. (…) 乃營作朝宮渭南上林苑中. 先作前殿阿房, 東西五百步, 南北五十丈, 上可以坐萬人, 下可以建五丈旗. 周馳爲閣道, 自殿下直抵南山. 表南山之巔以爲闕."

60 대방자大房子는 씨족 우두머리의 주거지이자 씨족 구성원들의 집회 장소였다. 일반적으로 취락聚落 유적의 가운데에 대방자가 자리하고, 중소형 집들이 그 주위를 둘러싸고 있다.—옮긴이

61 누樓는 층이 여럿으로 된 건축물, 대臺는 높고 평평한 조망용 건축물, 정亭은 지붕은 있고 벽은 없는 휴식용 건축물, 각閣은 층집의 일종이다. 휴식 및 노닐며 감상하는 데 사용하는 건축물을 통틀어서 '누대정각'이라고 한다.—옮긴이

62 비첨飛檐이란 서까래 끝에 부연附椽을 달아 네 귀가 높이 들린 처마를 가리킨다.—옮긴이

63 "山節藻梲"(『논어』)[「공야장公冶長」]

64 "朽木不可雕也"(『논어』)[「공야장」]

65 포수鋪首는 대문 위에 장식하던 문고리를 말하는데, 짐승이 정면에서 둥근 고리를 물고 있는 형상이다. 사마상여司馬相如의 「장문부長門賦」에 황금 포수金鋪라는 표현이 나온다.—옮긴이

66 이상과 관련된 표현은 「장문부」 「서경부西京賦」 「서도부西都賦」 「노영광전부魯靈光殿賦」 등의 한부漢賦에 보인다.—옮긴이

67 "庭院深深深幾許"[구양수歐陽修, 「접련화蝶戀花·정원은 깊고도 깊어 대체 얼마나 깊은지庭院深深深幾許」]

68 "山重水復疑無路,柳暗花明又一村."[육유陸游, 「산서촌을 노닐다游山西村」. 이 시는 육유가 산인山陰(오늘날의 저장浙江 성 사오싱紹興)의 싼산 향三山鄕에 머물 때 쓴 것으로, 산서촌은 싼산 서쪽에 있던 촌락을 가리킨다.]

69 차경借景(경물을 빌리다)이란, 원림 밖의 경물을 의식적으로 원림 내부의 시야 범위 안으로 끌어들이는 것을 말한다. 빌려온 자연의 경치를 즐기기 위한 대표적 건축이 바로 누각과 정자인데, 벽체 없이 뼈대만으로 이루어져 있으므로 그 자체로 비어있는 큰 액자가 된다. 이 액자 속으로 강과 산의 경치가 채워지면서 자연의 풍경을 담은 산수화가 되는 것이다.—옮긴이

70 원림예술에서 허실虛實은 주로 허경虛景과 실경實景의 관계를 가리킨다. 실경은 산·돌·물·식물·길 등의 고정된 경물이고, 허경은 빛(햇빛과 달빛)·그림자·소리·냄새 등 비고정적인 경물이다. 허경과 실경의 운용 외에 공간의 배치에 있어서도 '허실'의 원리가 적용되는데, 통로나 창문 등을 통해 분할된 공간이 서로 스며들도록 하는 분경分景·격경隔景 등의 공간 분할이 대표적인 예이다. 허실의 결합을 통해 '허'로써 '실'을 확대하고 풍부하게 만드는 것이 원림의 공간미학이라고 할 수 있다.—옮긴이

제4장 초·한의 낭만주의

1 『산해경』이 남방의 산물이라는 것은 멍원퉁의 견해를 수용한 것이다. 이와 더불어서 구제강의 「장자와 초사에서의, 곤륜과 봉래 두 가지 신화 계통의 융합莊子和楚辭中昆侖和蓬萊兩個神話系統的融合」(『중화문사논총中華文史論叢』, 1979년 제2기) 참조.

2 "寬柔以敎, 不報無道, 南方之强也."[『중용中庸』 「명도明道」]

3 "衣被詞人,非一代也."(『문심조룡』)[「변소辨騷」]

4 『시자尸子』에 나오는 내용에 의하면 이러한 합리적 해석을 행한 이는 공자다. "자공이 여쭈었다. '옛날에 황제는 얼굴이 넷이었다고 하는데, 정말입니까?' 공자가 대답했다. '황제가 자기편으로 취한 자가 네 명이었는데, 그들로 하여금 사방을 다스리게 하니 도모하지 않아도 친하고 약속하지 않아도 이루어졌다. 이것을 일러 사면이라고 하는 것이니라'子貢曰: '古者黃帝四面, 信乎.' 孔子曰: '黃帝取合己者四人, 使治四方, 不計而耦, 不約而成. 此之謂四面.'"(『태평어람太平御覽』 권79에서 인용한 『시자』)—옮긴이

5 『대대례기大戴禮記』에 나오는 이 이야기에서도 공자가 합리적 해석의 주체로 등장한다. "재아가 공자에게 여쭈었다. '옛날 저는, 황제가 300년을 살았다고 영이가 말하는 것을 들었습니다. 여쭙건대 황제는 사람입니까, 사람이 아닙니까? 어떻게 300년을 살 수 있습니까?' (…) 공자가 대답했다. '(…) 살아서는 백성들이 100년간 그의 이로움을 입었고, 죽어서는 백성들이 그의 신령스러움을 100년

간 경외했으며, 사라지고 나서는 백성들이 그 가르침을 100년간 사용했으므로 300년이라고 하는 것이다'宰我問於孔子曰: '昔者予聞諸榮伊, 言黃帝三百年. 請問黃帝者人邪, 亦非人邪. 何以至於三百年乎.' (…) 孔子曰: '(…) 生而民得其利百年, 死而民畏其神百年, 亡而民用其教百年, 故曰, 三百年.'"(『대대례기』「오제덕五帝德」)—옮긴이

6 "공자는 괴력난신에 대해 언급하지 않았다子不語怪力亂神"(『논어』「술이述而」)는 이 말은 중국 신화가 합리화·역사화 된 원인으로서 공자를 지목할 때 꼬리표처럼 따라다니는 문구이기도 하다. 그런데 공자가 괴력난신에 대하여 말하지 않는 것은 "황제 사면黃帝四面" "황제 300년黃帝三百年" 등에 그가 일일이 합리적인 설명을 부여한 것과 모순처럼 보인다. 공자는 새로운 시대의 이성정신과 전통 종교 관념의 맞부딪힘 속에서 당황하며, 비이성적으로 보이는 것들은 언급하지 않음으로써 직접적인 비판을 회피했던 것이라 생각된다. 후세에 공자의 권위를 빌려서 자신의 주장을 펼치고자 했던 이들에 의해 공자가 합리적 해석의 주체로 등장하게 된 것이다.—옮긴이

7 리쩌허우는 "백 이랑의 지초와 난百畝芝蘭"이라고 했지만, 다음 「이소」의 내용에 근거해서 "넓은 땅의 난과 혜초"로 옮겼다. "나는 넓은 땅에 난을 기르고 다시 백 이랑의 땅에 혜초를 심었네余既滋蘭之九畹兮, 又樹蕙之百畝."—옮긴이

8 "마름으로 옷을 지어 상의로 삼고 부용을 캐서 치마로 만들리製芰荷以爲衣兮, 集芙蓉以爲裳."—옮긴이

9 "망서를 앞세우고 바람의 신 비렴을 뒤따르게 하네前望舒使先驅兮, 後飛廉使奔屬."—옮긴이

10 "무함이 저녁에 강신하면, 산초와 고운 쌀 안고 그를 맞으리라巫咸將夕降兮, 懷椒糈而要之."—옮긴이

11 리쩌허우는 "사막流沙과 독수毒水"라고 했지만, 「이소」에 독수는 나오지 않는다. 다음 「이소」의 내용에 근거해서 "사막과 적수"로 옮겼다. "홀연히 나는 이 사막을 지나가게 되었으니, 적수를 따라 천천히 배회하리라忽吾行此流沙兮, 遵赤水而容與."—옮긴이

12 "수레 모는 여덟 마리 용이 구불구불 나아가니, 수레에 꽂은 구름 깃발도 구불구불駕八龍之婉婉兮, 載雲旗之委蛇."—옮긴이

13 희화羲和는 태양을 모는 신이고, 엄자崦嵫는 해가 지는 산이다.—옮긴이

14 "忽反顧以遊目兮, 將往觀乎四荒. 佩繽紛其繁飾兮, 芳菲菲其彌章. 民生各有所樂兮, 余獨好修以為常. 雖體解吾猶未變兮, 豈余心之可懲. (…) 朝發軔於蒼梧兮, 夕余至乎縣圃. 欲少留此靈瑣兮, 日忽忽其將暮. 吾令羲和弭節兮, 望崦嵫而勿迫. 路曼曼其修遠兮, 吾將上下而求索."

15 "焉有石林, 何獸能言. 焉有虯龍, 負熊以遊. 雄虺九首, 儵忽焉在. 何所不死, 長人何守."

16 "昔楚國南郢之邑, 沅湘之間, 其俗信鬼而好祠. 其祠必作歌樂鼓舞以樂諸神. (…) 因爲作九歌之曲."

17 초성楚聲이란 전국·진·한 시기 초 지역의 음악을 말하며, '초조楚調' 혹은 '남음南音'이라고도 한다.—옮긴이

18 "辯, 猶遍也. 一闋謂之一遍. 亦效夏啓九辯之名, 紹古體爲新裁. 可以被之管弦. 其

詞激宕淋漓, 異於風雅, 蓋楚聲也. 後世賦體之興, 皆祖於此."[왕부지王夫之, 『초사통석楚辭通釋』]

19 195년에 유방劉邦이 회남왕淮南王 영포英布의 반란을 평정하고 고향(페이沛 현)으로 금의환향한 뒤 친지들을 초청한 연회에서 「대풍가大風歌」를 부르며 천하 통일의 웅지를 표현했다고 한다. 「대풍가」는 초사체楚辭體의 특징이 뚜렷한데, 내용은 다음과 같다. "큰바람이 이는구나, 구름이 바람 따라 솟구치는구나! 위풍당당하게 천하를 평정하고 고향에 돌아왔노라! 어디서 용맹한 군사를 얻어 사방을 지킬 것인가大風起兮雲飛揚, 威加海內兮歸故鄕, 安得猛士兮守四方!"—옮긴이

20 이는 쑨쭤윈孫作雲의 견해를 수용한 것이다. 쑨쭤윈, 「뤄양의 전한시대 복천추 묘실 벽화에 대한 고증과 해석洛陽西漢卜千秋墓室壁畵考釋」, 『문물』, 1977년 제6기.

21 쑨쭤윈의 「뤄양의 전한시대 복천추 묘실 벽화에 대한 고증과 해석」 참조.

22 이 문장과 관련하여 「뤄양의 전한시대 복천추 묘실 벽화에 대한 고증과 해석」에 나오는 쑨쭤윈의 설명을 참고로 덧붙인다. [쑨쭤윈은 돼지 머리에 사람 몸의 신을 방상씨方相氏로 보았다.] 그리고 리쩌허우가 발魃을 잡아먹는 신마神魔라고 말한 장면에 대해, 쑨쭤윈은 신호神虎가 여발女魃을 잡아먹는 것이라고 했다.—옮긴이

23 "토백구약土伯九約"의 '약約'에 대해 왕일王逸은 '약約'을 '굴屈(구불구불하다)'로 풀었고 이것이 일반적인 해석이다. 참고로 말하자면, '약約'을 '미尾(꼬리)'로 풀어서 "토백은 꼬리가 아홉이다"로 해석하기도 한다.—옮긴이

24 "魂兮歸來, 東方不可以託些. 長人千仞, 唯魂是索些. 十日代出, 流金鑠石些. (…) 魂兮歸來, 南方不可以止些. (…) 蝮蛇蓁蓁, 封狐千里些. 雄虺九首, 往來倏忽, 呑人以益其心些. (…) 魂兮歸來, 西方之害, 流沙千里些. 旋入雷淵, 爢散而不可止些. (…) 魂兮歸來, 北方不可以止些. 增冰峨峨, 飛雪千里些. (…) 魂兮歸來, 君無上天些. 虎豹九關, 啄害下人些. 一夫九首, 拔木九千些. 豺狼從目, 往來侁侁些. (…) 魂兮歸來, 君無下此幽都些. 土伯九約, 其角觺觺些. 敦脄血拇, 逐人駓駓些. 參目虎首, 其身若牛些."

25 "罷黜百家, 獨崇儒術" '독숭獨崇' 대신 '독존獨尊'을 쓰기도 한다. 유술이란, 유가의 원칙·학설·사상을 말한다. 동중서董仲舒가 무제武帝에게 이를 제시한 이후 2000여 년 동안 유가는 지배적 지위를 차지했다.—옮긴이

26 창런샤常任俠, 『한대회화선집漢代繪畫選集』, 2~3쪽.

27 창런샤, 『한대회화선집』. 뇌공雷公 등의 해석에는 오류가 있는 듯하지만, 여기서 논하지는 않겠다.

28 "厚人倫, 美敎化"[「모시서毛詩序」]

29 주공周公은 문왕文王의 아들이자 무왕武王의 동생이다. 무왕이 주 왕조를 건립하고 2년 뒤에 병사하자 주공은 무왕의 어린 아들 성왕成王을 보좌해 주 왕조의 기반을 다졌다.—옮긴이

30 진秦나라 왕(나중의 시황제)이 6국을 차례대로 멸망시켜 나갈 때, 연燕나라의 태자가 형가荊軻를 자객으로 보내 진나라 왕을 암살하고자 했다. 암살은 실패했고 형가는 바로 그 자리에서 죽임을 당했으며, 연나라 역시 멸망당했다.—옮긴이

31 전국시대 위魏나라 사람인 섭정聶政은 살인을 저지른 뒤 도망가 백정으로 살다가 한韓나라의 대부인 엄중자嚴仲子를 알게 되었다. 결국 섭정은 자신을 알아준

엄중자를 위해 그의 원수인 한나라 재상 협루俠累를 찔러 죽이게 된다. 그 뒤 섭정은 자신의 신분을 감추기 위하여 스스로 자신의 얼굴 가죽을 벗기고 눈을 도려내고 배를 갈라서 죽음을 맞았다.—옮긴이

32 춘추시대 제齊나라의 양공襄公이 피살되자, 망명생활을 하던 규糾와 소백小白은 왕위에 오르기 위해 서둘러서 제나라로 돌아오고자 했다. 이때 규를 모시고 있던 이는 관중管仲이고, 소백을 모시고 있던 이는 포숙아鮑叔牙다. 관중은 규가 왕위에 오르는 데 가장 장애가 되는 소백을 죽이기 위해 그를 활로 쏘았다. 그런데 화살은 소백의 허리띠에 맞았고, 결국 소백이 먼저 제나라 수도로 들어갔다. 왕위에 오른 소백 즉 환공桓公은 포숙아의 건의에 따라 관중을 재상에 임명했으며 관중의 노력으로 패자覇者가 될 수 있었다.—옮긴이

33 춘추시대 진晉나라 영공靈公은 폭군이었다. 곰발바닥을 설익게 삶았다는 이유로 요리사를 죽일 정도였다. 재상 조돈趙盾이 여러 번 간언하자 영공은 화를 냈다. 결국 간신 도안가屠岸賈가 조돈을 죽일 계략을 꾸미고 영오靈獒라는 개를 풀어 그를 물게 했는데, 제미명提彌明이 목숨을 바쳐 조돈을 지켜주었다. 간신히 탈출한 조돈은 국경 근처에 다다랐을 때 자신의 사촌아우가 영공을 죽였다는 소식을 듣고 다시 돌아왔다.—옮긴이

34 진秦나라 소왕昭王은 조趙나라의 화씨벽和氏璧이 탐나서 진나라의 성 15개와 바꾸자고 제의했다. 이에 조나라의 인상여藺相如가 진나라에 사신으로 가서 소왕에게 화씨벽을 바쳤다. 그런데 소왕은 성을 내줄 생각이 전혀 없었다. 결국 인상여는 뛰어난 계략으로 화씨벽을 다시 조나라로 돌려보냈다. 여기서 '완벽完璧'이라는 단어가 유래했다.—옮긴이

35 후영侯嬴과 주해朱亥가 죽인 위나라 장수는 진비晉鄙다. 후영은 전국시대 위나라 사람으로, 위나라의 신릉군信陵君이 70세가 넘은 문지기 출신의 그를 상객上客으로 삼았다. 진秦나라가 조나라를 포위하자 조나라는 위나라에 도움을 청했다. 그런데 위나라 왕이 장수 진비를 출정하게 해놓고도 공격을 미루자 조나라는 신릉군에게 도움을 청했다. 신릉군은 누님의 나라인 조나라를 돕기 위해 후영의 계략으로 병부를 빼돌리고, 후영이 천거한 주해를 시켜 진비를 죽인 뒤 진나라를 쳐서 조나라를 위기에서 구했다.—옮긴이

36 한漢나라 고조高祖 유방劉邦이 뱀을 두 동강으로 벤 일이 있었다. 후에 어떤 사람이 뱀이 죽은 장소를 지나가는데 노파가 울고 있기에 그 이유를 물으니, 자신의 아들은 백제白帝의 아들로 뱀으로 화했다가 적제赤帝의 아들에게 베임을 당했다고 대답했다. 백제는 소호少昊의 후손인 진秦나라 왕을 가리키고, 적제는 요堯의 후손인 유방을 가리킨다. 적제의 아들이 백제의 아들을 죽였다는 것은 유방이 진나라를 멸망시키고 한나라를 세울 것이라는 암시다.—옮긴이

37 홍문연鴻門宴은 진나라 수도 셴양咸陽의 교외에 있는 홍문에서 항우項羽가 유방에게 베푼 연회다. 먼저 셴양에 들어가는 이가 관중關中 지역을 차지하기로 되어 있었는데, 유방이 먼저 들어가는 바람에 항우는 격분했다. 유방이 항우의 진영이 있던 홍문으로 가서 사죄하며 관중을 차지할 마음이 없다고 하자, 항우는 화를 풀고 연회를 베풀며 유방을 환대했다. 이 연회에서 항우의 책사였던 범증范增은 유방을 제거하고자 했지만 결국 유방은 도망쳤다.—옮긴이

38 리위李浴, 『중국미술사강中國美術史綱』, 인민미술출판사, 1957년, 66~67쪽.

39 창런샤, 『한대회화선집』, 4-5쪽.

40 텅구滕固, 「난양 한대 화상석각의 역사 및 풍격 고찰南陽漢畫像石刻之歷史及風格之考察」. 리위, 『중국미술사강』(61쪽)에서 재인용.

41 리위, 『중국미술사강』, 63쪽.

42 1978년에 발견된 산둥 자샹嘉祥 쑹산宋山의 화상석과 관련된 내용이다.—옮긴이

43 두꺼비와 옥토끼는 달과 연관되어 있다.—옮긴이

44 삼주수三珠樹는 신화에 나오는 나무로, 『산해경』에 따르면 잎이 모두 구슬이라고 한다.—옮긴이

45 항탁項橐은 노魯나라의 신동으로, 공자가 7살의 항탁을 스승으로 삼아 가르침을 청했다고 한다.—옮긴이

46 처음 만나는 사람에게 예물로 바치는 새일 것이다. 해당 화상석을 보면 두 마리 새의 머리가 공자의 소매 안에서 밖으로 삐져나와 있다. 그리고 그 위 아래로 새가 한 마리씩 있다.—옮긴이

47 리쩌허우의 인용문에는 제6석으로 나와 있으나 문맥이 통하지 않으므로 제1석으로 고쳐서 옮겼다.—옮긴이

48 「산둥 자샹 쑹산에서 발견된 한대 화상석山東嘉祥宋山發現漢畫像石」, 『문물』, 1979년 제9기.

49 "奔虎攫拏 (…) 虯龍騰驤 (…) 朱鳥舒翼 (…) 白鹿孑蜺 (…) 神仙岳岳 (…) 玉女闚窗 (…) 圖畫天地, 品類群生. 雜物奇怪, 山神海靈. (…) 五龍比翼, 人皇九頭. 伏羲鱗身, 女媧蛇軀. (…) 黃帝唐虞, 軒冕以庸, (…) 忠臣孝子, 烈士貞女. 賢愚成敗, 靡不載敍."

50 "不歌而誦謂之賦"[『한서漢書』「예문지藝文志」]

51 "賦體物而瀏亮." [육기陸機의 「문부文賦」에 나오는 말로, '부'라는 문체의 풍격을 표현한 것이다.]

52 "苞括宇宙, 總覽人物" [사마상여司馬相如가 친구 성람盛覽에게 부를 짓는 것에 대해 말한 것으로, 갈홍葛洪의 『서경잡기西京雜記』 권2에 나오는 내용이다.]

53 치雉는 성벽의 크기를 나타내는 단위다. 길이 3장丈, 높이 1장에 해당하는 크기를 1치라고 한다.—옮긴이

54 9개의 시장 가운데, 여섯은 길 서쪽에 있어서 '서시西市'라 하고 셋은 길 동쪽에 있어서 '동시東市'라고 했다. 동시는 상업적 교역이 중심이었고, 서시에는 온갖 수공업 작업장이 있었다.—옮긴이

55 여기서 산동山東은 산둥 성이 아니라, 효산崤山과 화산華山의 동쪽 내지 태행산太行山의 동쪽에 해당하는 황하黃河 유역의 광대한 지역을 가리킨다.—옮긴이

56 "建金城而萬雉, 呀周池而成淵, 披三條之廣路, 立十二之通門. 內則街衢洞達, 閭閻且千, 九市開場, 貨別隧分. 人不得顧, 車不得旋. 闐城溢郭, 旁流百廛, 紅塵四合, 煙雲相連. 於是旣庶且富, 娛樂無疆. 都人士女, 殊異乎五方, 遊士擬於公侯, 列肆侈於姬姜. (…) 下有鄭白之沃, 衣食之源, 提封五萬, 疆場綺紛, 溝塍刻鏤, 原隰龍鱗. 決渠降雨, 荷插成雲. 五穀垂穎, 桑麻鋪棻. 東郊則有通溝大漕, 潰渭洞河, 泛舟山東, 控引淮湖, 與海通波. 西郊則有上囿禁苑, 林麓藪澤, 陂池連乎蜀漢, 繚以周牆, 四百餘里. 離宮別館, 三十六所, 神池靈沼, 往往而在. 其中乃有九眞之麟,大宛之馬, 黃支之犀, 條枝之鳥. 踰昆侖, 越巨海, 殊方異類, 至於三萬里."

57 직금織錦이란 화려하게 무늬를 짜 넣은 비단직물을 가리킨다.—옮긴이

58 대대로 세습되고 시간과 노동력을 따지지 않았기 때문에 기예가 극도로 뛰어났다.

59 서법 술어인 계백당흑計白當黑은 "백을 흑으로 간주하다"라는 뜻인데, 글자가 쓰이는 부분뿐만 아니라 글자 사이의 여백에도 신경을 써야 한다는 의미다. 이허당실以虛當實과 마찬가지로 여백의 미를 강조한 말이다.—옮긴이

제5장 위진풍도

1 이 책에서는 위진봉건설魏晉封建說을 수용했다. 후한後漢 때 이미 문벌이 있었고 그들이 정권을 독점하기 시작했다. "천하의 사士에는 삼속三俗이 있다. 인재를 선발하면서 족성과 벌열을 논하는 것이 일속이다天下士有三俗. 選士而論族姓閥閱, 一俗."(중장통仲長統, 『창언昌言』) "천거하려면 반드시 벌열을 우선시해야 한다貢薦則必閥閱爲前."(왕부王符, 『잠부론潛夫論』「교제交際」) 이후에는 더욱 그랬다. "위·진 이후로는 귀한 이가 천한 이를 부렸으며, 사족士族과 서족庶族의 등급이 확실히 나뉘었다魏晉以來, 以貴役賤, 士庶之科, 較然有辨."(『송서宋書』「은행전恩幸傳 서序」) "위씨가 구품을 세우고 중정을 설치해 귀족의 후예를 높이고 미천한 출신의 선비를 하대함으로써 권력이 호족豪族의 대성大姓에게로 귀속되었다. (…) 모두 명문 사족을 선발해 관리로 삼았고 문벌을 정해 인물을 품평했는데, 진·송이 이를 답습했다魏氏立九品, 置中正, 尊世胄, 卑寒士, 權歸右姓已. (…) 皆取著姓士族爲之, 以定門胄, 品藻人物, 晉宋因之."(『신당서新唐書』「유충전柳沖傳」) [여기서 위씨는 위나라 문제文帝 조비曹丕를 가리킨다. 조비는 구품중정제九品中正制라는 관리 등용제도를 실시했는데, 이는 지방의 주·군·현에 중정관을 두어 관리의 재질이 있다고 인정되는 자를 1품부터 9품까지 나누어서 중앙에 추천하게 하여 이에 따라 관리를 임용하던 제도다. 구품중정제로 인해 호족 출신이 관직을 독점하는 결과를 초래했다.]

2 한나라는 노예사회였으나 황건黃巾 기의起義의 주체는 농민이었다. 왕중뤄王仲犖의 『중국 노예사회의 와해 및 봉건관계의 형성 문제에 대하여關於中國奴隸社會的瓦解及封建關係的形成問題』 참조.

3 후한 최식崔寔의 『사민월령四民月令』에서 북조北朝 안지추顔之推의 『안씨가훈顔氏家訓』에 이르기까지, 왕융王戎이 자두에 구멍을 뚫고 재산을 축적한 것에서부터 강남으로 내려온 사족들이 전답과 가옥을 늘리는 데 힘쓴 것과 사영운謝靈運이 산에 길을 낸 것에 이르기까지, 이는 모두 실제로 어떤 의미에서는 이 계급이 여전히 장원경제를 적극적으로 관리하고 조직했음을 반영한다. 그들은 발전과 생산에 주의를 기울였으며, 제齊·양梁 시기처럼 세상일에 무관심한 채 사치스런 생활에 빠져 가만히 앉아 죽기를 기다리던 몰락의 단계에 이를 정도로 부패하지는 않았다. 이는 위진현학魏晉玄學과 문예가 제·양의 궁체宮體만큼 타락하지 않고, 신불멸론神不滅論의 진부한 교의를 덮어놓고 선양할 정도로 타락하지 않았던 것과 같다. 남조南朝의 문벌은 제·양에 이르러 완전히 몰락하고, 북조의 문벌

은 주周·수隋에 이르러 완전히 몰락하게 된다. [왕융이 자두에 구멍을 뚫은 이야기는 『세설신어世說新語』「검색儉嗇」에 나온다. 왕융의 집에 맛있는 자두가 열리는 자두나무가 있었는데, 그는 자두를 팔 때 다른 사람이 그 씨를 심지 못하게 하려고 반드시 씨에 구멍을 뚫었다고 한다.]

4 "罷黜百家, 獨尊儒術."

5 하안何晏은 그 당시 중요한 철학가였다. 하지만 정치 투쟁에서 실패한 탓에 사람들에 의해 엉망진창으로 왜곡되었다. 루쉰魯迅이 일찍이 이를 언급한 바 있다.

6 삼조三曹는 조조曹操·조비·조식曹植을 가리킨다.—옮긴이

7 이왕二王은 왕희지王羲之와 왕헌지王獻之를 가리킨다.—옮긴이

8 소이시蘇李詩란 전한시대 소무蘇武와 이릉李陵의 시를 가리킨다.—옮긴이

9 내 생각에 의하면, '고시십구수古詩十九首' 및 소무·이릉의 시는 실제로 후한 말 혹은 그보다 더 나중에 생겨났을 것이다.

10 왕야오王瑤, 『중고시대 문인의 생활中古文人生活』「문인과 약文人與藥」 참조.

11 "生年不滿百, 常懷千歲憂."[고시십구수 제15수, 「인생이란 백년도 채우지 못하거늘生年不滿百」]

12 "人生寄一世, 奄忽若飄塵."[고시십구수 제4수, 「오늘은 좋은 잔칫날今日良宴會」]

13 "人生忽如寄, 壽無金石固. 萬歲更相送, 賢聖莫能度."[고시십구수 제13수, 「수레를 몰아서 동문에 올라驅車上東門」]

14 "所遇無故物, 焉得不速老. (…) 人生非金石, 豈能長壽考."[고시십구수 제11수, 「수레를 돌려 먼 길 떠나니回車駕言邁」]

15 "出郭門直視, 但見丘與墳."[고시십구수 제14수, 「죽은 자는 날이 갈수록 소원해지고去者日以疏」]

16 "文溫以麗, 意悲而遠, 驚心動魄, 可謂幾乎一字千金."[『시품』「고시古詩」]

17 "行行重行行, 與君生別離. 相去萬餘里, 各在天一涯. 道路阻且長, 會面安可知? (…) 思君令人老, 歲月忽已晚. 棄捐勿復道, 努力加餐飯."[고시십구수 제1수, 「가고 가고 또 가고 가더니行行重行行」. 마지막 구절 "努力加餐飯"은 두 가지로 풀이할 수 있다. 식사를 잘 챙겨먹겠다는 본인의 의지로 풀이할 수 있는 한편, 상대가 식사를 잘 챙겨먹길 바라는 바람으로 풀이할 수도 있다. 후자로 볼 경우에, "끼니라도 잘 챙겨 드세요"로 해석할 수 있다.]

18 "古墓犁爲田, 松柏摧爲薪. 白楊多悲風, 蕭蕭愁殺人. 思還故里閭, 欲歸道無因."[고시십구수 제14수, 「죽은 자는 날이 갈수록 소원해지고」]

19 "征夫懷遠路, 起視夜何其? 參辰皆已沒, 去去從此辭. 行役在戰場, 相見未有期. 握手一長嘆, 淚爲生別滋. 努力愛春華, 莫忘歡樂時. 生當復來歸, 死當長相思."[소무, 「아내와 이별하며留別妻」]

20 조씨曹氏 부자는 조조·조비·조식을 가리킨다.—옮긴이

21 "對酒當歌, 人生幾何. 譬如朝露, 去日苦多."[「단가행短歌行」]

22 "人亦有言, 憂令人老. 嗟我白髮, 生亦何早."[「단가행」]

23 "人生處一世, 去若朝露晞. (…) 自顧非金石, 咄唶令人悲."[「백마왕 조표曹彪에게贈白馬王彪」]

24 "人生若塵露, 天道邈悠悠 (…) 孔聖臨長川, 惜逝忽若浮."[「영회詠懷」 제32수. 마지막 구절은 공자가 냇가에서 다음과 같이 말한 내용과 관련된 것이다. "가는 것이

이와 같구나! 밤낮으로 그치지 않는다逝者如斯夫. 不舍晝夜."(『논어』「자한」)]
25 "天道信崇替, 人生安得長. 慷慨惟平生, 俯仰獨悲傷."[「문 앞에 수레가 지나가는 데門有車馬客行」]
26 "功業未及建, 夕陽忽西流. 時哉不我與, 去乎若雲浮."[「노심에게 다시 주는 시重贈盧諶」]
27 "死生亦大矣. 豈不痛哉. (…) 固知一死生爲虛誕, 齊彭殤爲妄作. 後之視今亦猶今之視昔, 悲夫."[「난정서蘭亭序」]
28 "悲晨曦之易夕, 感人生之長勤. 同一盡於百年, 何歡寡而愁殷."[「한정부閑情賦」]
29 "晝短苦夜長, 何不秉燭遊."[고시십구수 제15수, 「인생이란 백년도 채우지 못하거늘」]
30 "不如飮美酒, 被服紈與素."[고시십구수 제13수, 「수레를 몰아서 동문에 올라」]
31 "何不策高足, 先據要路津."[고시십구수 제4수, 「오늘은 좋은 잔칫날」. 직역하면 다음과 같다. "어찌 말을 채찍질해 중요한 나루를 먼저 차지하지 않으리."]
32 "徐陳應劉, 一時俱逝."
33 "烈士暮年, 壯心不已."[조조, 「거북이 비록 장수한다지만龜雖壽」]
34 건안풍골建安風骨이란, 한나라 말 건안 연간(196~219)에 문단의 거장이었던 조씨 삼부자(조조·조비·조식)와 건안칠자建安七子(공융孔融·진림陳琳·왕찬王粲·서간徐幹·완우阮瑀·응창應瑒·유정劉楨)의 시에 나타나는 웅건하고 강건한 풍격을 가리킨다. 이들은 한대 악부민가樂府民歌의 현실주의를 계승하고 오언五言 형식을 채택해 강개하면서도 슬픔이 깃든 '건안풍골'이라는 독특한 풍격을 이루었다.—옮긴이
35 "群籟雖參差, 適我無非新."[왕희지, 「난정시蘭亭詩」]
36 "撫枕不能寐, 振衣獨長想."[「뤄양에 가는 길에 짓다赴洛道中作」]
37 "何意百煉剛, 化爲繞指柔."[「노심에게 다시 주는 시」]
38 정시正始는 삼국시대 위나라 조방曹芳의 연호(240~249)로, 현학玄學과 청담淸談을 숭상하던 그 당시의 기풍을 '정시지음正始之音'이라고 한다. 완적阮籍과 혜강嵇康을 대표로 하는 정시 연간의 문학 역시 '정시지음'이라고 하는데, 정시문학에는 서진西晉이 세워지기(265) 전까지의 문학도 포함한다.—옮긴이
39 "非湯·武而薄周·孔"[혜강, 「산거원에게 보내는 절교의 편지與山巨源絶交書」. 산거원은 죽림칠현竹林七賢의 한 사람이자 혜강의 친구인 산도山濤이다. 이 편지는 산도가 대장군종사중랑大將軍從事中郞으로 전임하게 되면서 자신의 원래 관직에 혜강을 추천하려 한다는 소식을 혜강이 알게 된 이후에 쓴 것이다.]
40 "縱情背禮敗俗"
41 "貴介公子, 縉紳處士 (…) 奮袂攘襟, 怒目切齒, 陳說禮法, 是非蜂起."
42 린수중林樹中, 「장쑤 단양의 남조 제나라 능묘 전인 벽화 연구江蘇丹陽南齊陵墓磚印壁畫探討」(『문물』, 1977년 제1기) 참조.
43 청담淸談과 청의淸議는 본래 같은 것이었다. 탕창루唐長孺, 『위진남북조사 논총魏晉南北朝史論叢』 참조.
44 불진拂塵은 불자拂子라고도 한다. 승려가 모기 같은 벌레를 쫓을 때 쓰던 먼지떨이 모양의 물건으로, 번뇌를 물리치는 상징이기도 하다.—옮긴이
45 "時人目王右軍, 飄如遊雲, 矯若驚龍."

46 “嵇叔夜之爲人也, 岩岩若孤松之獨立. 其醉也, 傀俄若玉山之將崩.”

47 “朗朗如日月之入懷”[『세설신어』「용지容止」. 하후태초夏侯太初(하후현夏侯玄)에 대한 평가다.]

48 “雙眸閃閃若岩下電”[『세설신어』「용지」. 배영공裴令公(배해裴楷)이 병이 나자 혜제惠帝가 왕이보王夷甫(왕연王衍)을 시켜 문안을 가게 했는데, 왕이보가 배영공을 보고 나오면서 한 말이다.]

49 “濯濯如春月柳”[『세설신어』「용지」. 왕공王恭에 대한 평가다.]

50 “謖謖如勁松下風”[『세설신어』「상예賞譽」. 이원례李元禮(이응李膺)에 대한 평가다.]

51 “若登山臨下, 幽然深遠”[『세설신어』「상예」. 산도에 대한 평가다]

52 “岩岩清峙, 壁立千仞”[『세설신어』「상예」. 왕연에 대한 평가다]

53 “目送歸鴻, 手揮五弦. 俯仰自得, 游心太玄.”[「종군하는 수재에게 드리는 시贈秀才入軍」. 수재는 혜강의 형인 혜희嵇喜를 가리킨다.]

54 “以無爲本”

55 “崇本息末” [‘식息’의 의미를 어떻게 보느냐에 따라 완전히 다른 해석이 가능하다. 즉 ‘식’을 숨 쉬다, 자라다, 쉬다의 의미로 보면 ‘식말息末’은 말단을 숨 쉬게 하다, 말단을 자라게 하다, 말단을 쉬게 하다로 해석할 수 있다. 반면에 ‘식’을 그치다, 멸하다의 의미로 보면 ‘식말’은 말단을 그치게 하다, 말단을 멸하다로 해석할 수 있다. 본本과 말末을 대립적인 관계로 보는 것보다는 본에 충실하면 말까지 충실해질 수 있다는 연관성의 관계로 보는 것이 더 타당하다고 판단되어 “근본을 숭상하여 말단을 자라게 한다”로 옮겼다. 『노자』 38장 주에 나오는 ‘숭본거말崇本擧末’이 ‘숭본식말’의 사상과 통하는데, 참고로 해당 문장을 덧붙인다. “어미를 지켜서 그 자식을 보존하고, 근본을 숭상하여 그 끝을 든다守母以存其子 崇本以擧其末.”]

56 “本在無爲, 母在無名, 棄本捨母而適其子, 功雖大焉, 必有不濟.”

57 “夫物之所以生, 功之所以成, 必生乎無形, 由乎無名, 無形無名者, 萬物之宗也.”

58 오정五情이란 사람이 가진 다섯 가지 감정으로, 희喜·노怒·애愛·락樂·원怨을 가리킨다.—옮긴이

59 “聖人茂於人者, 神明也, 同於人者, 人情也. 神明茂, 故能體沖和以通無. 五情同, 故不能無哀樂以應物.”

60 이형사신以形寫神(형상으로써 정신을 표현하다)은 외재적인 형태의 묘사를 통해 내재적 정신의 본질을 구현하는 것으로, 동진東晉의 화가 고개지顧愷之가 주장했다.—옮긴이

61 남조 제나라의 화가 사혁謝赫이 『고화품록古畵品錄』에서 회화의 육법六法을 제시했는데, 그중 첫 번째가 바로 ‘기운생동氣韻生動’이다. 기운생동이란 생동하는 기운을 통해 내재적인 생명과 정신과 신운神韻을 표현하는 것으로, 중국화의 창작·비평·감상의 표준이었다.—옮긴이

62 “窮理盡性, 事絶言象” 사혁이 『고화품록』 서문에서 말하길, “그림이란 모두 권계를 밝히고 성쇠를 드러내는 것이니, 천 년의 적막한 역사도 그림을 펼치면 살필 수 있다圖繪者, 莫不明勸戒, 著升沈, 千載寂寥, 披圖可鑒”고 했지만, 이는 회화의 기능에 대한 전통적인 견해를 인용한 것일 뿐이다. 그가 제기한 ‘육법’이야말로

새로운 원칙이다. 전자가 사회학적인 것이라면 후자야말로 미학적인 것이다.

63 "四體姸蚩本無關於妙處. 傳神寫照正在阿堵中."[『세설신어』「교예巧藝」에 나오는 말로, 고개지가 사람을 그려놓고 몇 년 동안 눈동자를 찍지 않자 누군가 그 까닭을 묻으니 고개지가 이렇게 답했다고 한다.]

64 "盡意莫若象, 盡象莫若言."

65 "言者所以明象, 得象忘言. 象者所以存意, 得意忘象."

66 탕융퉁湯用彤, 『위진현학 논고魏晉玄學論稿』「사영운의 『변종론』에 대한 평론謝靈運『辨宗論』書後」 참조.

67 탕융퉁, 『위진현학 논고』「'성인에게 정이 있다'는 왕필 학설에 대한 분석王弼聖人有情義釋」 참조.

68 루쉰, 『이이집而已集』「위진풍도와 문장에 있어서 약과 술의 관계魏晉風度及文章與藥及酒之關係」.

69 루쉰, 「위진풍도와 문장에 있어서 약과 술의 관계」—옮긴이

70 "年壽有時而盡, 榮樂止乎其身. 二者必至之常期, 未若文章之無窮."[『전론典論』「논문論文」]

71 "不假良史之詞, 不托飛馳之勢, 而聲名自傳於後."(『전론』「논문」)

72 "俳優畜之."[사마천, 「임소경에게 보내는 편지報任少卿書」]

73 후한 때 이미 변화가 생기기 시작했다. 범엽范曄의 『후한서後漢書』에서 처음으로 「문원전文苑傳」을 편성함으로써 유림儒林과는 약간의 차이를 두었다. 하지만 「문원전」의 인물들은 「유림전」의 인물들보다 명성에 있어서 한참 뒤떨어졌다.

74 "遵四時以歎逝, 瞻萬物而思紛. 悲落葉於勁秋, 喜柔條於芳春. 心懍懍以懷霜, 志渺渺而臨雲. (…) 其始也, 皆收視反聽, 耽思傍訊. 精騖八極, 心游萬仞. 其致也, 情曈曨而彌鮮, 物昭晣而互進. (…) 觀古今於須臾, 撫四海於一瞬."

75 "詩緣情而綺靡, 賦體物而瀏亮. 碑披文以相質, 誄纏綿而淒愴."

76 "若乃經國文符, 應資博古, (…) 至乎吟詠情性, 亦何貴於用事."

77 은수隱秀에서 은隱은 함축을 의미하고 수秀는 경구驚句를 의미한다. 『문심조룡』「은수」에서 이를 다루고 있다.—옮긴이

78 정채情采에서 정情은 사상·감정·내용을 의미하고, 채采는 수사·기교·형식을 의미한다. 『문심조룡』「정채」에서 이를 다루면서 창작의 두 요소인 문文(형식)과 질質(내용)의 관계를 규명하고 있다.—옮긴이

79 "日月疊璧, 以垂麗天之象. 山川煥綺, 以鋪理地之形. 此蓋道之文也."[『문심조룡』「원도原道」]

80 "言之文也, 天地之心哉."[『문심조룡』「원도」]

81 "夫四言文約意廣, 取效風騷, 便可多得. 每苦文繁而意少, 故世罕習焉. 五言居文詞之要, 是衆作之有滋味者也."[『시품』 서문]

82 심약沈約은 평平·상上·거去·입入의 사성四聲을 음운학 지식과 결합해, 오언시를 지을 때 성률 면에서 반드시 피해야 할 여덟 가지 병폐 즉 팔병八病을 지적했다. 팔병은 평두平頭·상미上尾·봉요蜂腰·학슬鶴膝·대운大韻·소운小韻·방뉴旁鈕·정뉴正鈕다. 사성팔병설의 주요 내용은 같은 성조의 중복을 피하는 것으로, 이는 근체시近體詩 등장에 결정적 역할을 했다.—옮긴이

83 착종錯綜이란, 평범하고 단조로움을 피하기 위해 일부러 어순을 도치하는 등 어

법의 파격을 추구하는 것을 가리킨다.—옮긴이

84 "譬人倫之有周孔"[『시품』]

85 "高臺多悲風, 朝日照北林."[조식, 「잡시雜詩 제1수」]

86 "驚風飄白日"[조식, 「공후인箜篌引」]

87 "朱華冒綠池"[조식, 「공연公宴」]

88 "潛魚躍淸波, 好鳥鳴高枝."[「공연」]

89 "孤魂翔故城, 靈柩寄京師."[조식, 「백마왕 조표에게」]

90 "去去莫復道, 沈憂令人老."[조식, 「잡시 제2수」]

91 이상은 샤오디페이肖滌非, 『독시삼찰기讀詩三札記』 참조.

92 엄우의 『창랑시화』 「시평詩評」에 나오는 다음 문장을 참고하라. "한·위의 고시는 기상이 혼연일체라서 시구를 따서 쓰기가 어렵다漢魏古詩, 氣象混沌, 難以句摘." —옮긴이

93 "傾情傾度, 傾色傾聲, 古今無兩."[왕부지, 『강재시화薑齋詩話』]

94 "殆天授非人力."

95 "率皆鄙質如偶語."

96 "儷采百字之偶, 爭價一句之奇."[『문심조룡』 「명시明詩」]

97 "무릇 유쾌한 감정을 나타내는 선은 (…) 막힘없이 흐르며 갑자기 꺾이지 않는다. 꺾는다 하더라도 뾰족함을 드러내지 않는다. 무릇 불쾌한 감정을 나타내는 선은 흐르다가 멈추면서 곤란한 상태를 나타내는데, 과도한 정지는 초조와 우울을 나타낸다."(뤼펑쯔呂鳳子, 『중국화법연구中國畫法硏究』, 4쪽, 상하이인민미술출판사, 1978년) 선의 서정적 성질에 대해 명확하고 구체적으로 설명하고 있으므로 참고할 만하다.

98 필의筆意는 글씨에 드러나는 작자의 풍격과 정취, 체세體勢는 글씨의 형체에 따른 필세, 결구結構는 글씨의 구성, 장법章法은 자간과 행간의 관계에 관한 것이다.—옮긴이

99 「이모첩姨母帖」 「상란첩喪亂帖」 「봉귤첩奉橘帖」은 왕희지의 작품이고, 「압두환첩鴨頭丸帖」은 왕헌지의 작품이다.—옮긴이

100 "情馳神縱, 超逸優游." [장회張懷가 『서의書議』에서 왕헌지의 서법을 평가한 말이다.]

101 "力屈萬夫, 韻高千古." [유희재劉熙載가 『예개藝概』에서 왕희지의 서법을 평가한 말이다.]

102 "淋漓揮灑, 百態橫生."[구양수, 『집고록集古錄』 「발왕헌지법첩跋王獻之法帖」]

103 이육二陸은 육기陸機와 육운陸雲을 가리킨다.—옮긴이

104 "廣陵散於今絶矣." 『세설신어』 「아량雅量」에 나오는 말로, 혜강이 누명을 쓰고 처형되기 직전에 「광릉산廣陵散」을 연주한 뒤 이 곡이 더 이상 전해지지 못하게 되었음을 탄식했다고 한다.—옮긴이

105 『세설신어』 「우회尤悔」에 의하면, 육기는 하교河橋의 전투에서 패하고 모함을 받아 죽임을 당하게 되는데 사형이 집행되기 전에 "화정의 학 울음소리를 듣고 싶어도 어찌 다시 기회가 있겠는가欲聞華亭鶴唳, 可復得乎!" 하고 탄식했다고 한다. 화정은 상하이 쑹장松江 현 서쪽에 있는 곳으로, 일찍이 육기가 동생 육운과 이곳에서 10년 동안 공부했다.—옮긴이

106 "常畏大網羅, 憂禍一旦並."[「언지言志」]
107 "心之憂矣, 永嘯長吟."[「종군하는 수재에게 드리는 시」]
108 "阮旨遙深"[『문심조룡』「명시」]
109 루쉰, 「위진풍도와 문장에 있어서 약과 술의 관계」—옮긴이
110 서산西山은 백이伯夷와 숙제叔齊가 은거했다는 수양산首陽山을 가리킨다.—옮긴이
111 "繁華有憔悴, 堂上生荊杞. 驅馬舍之去, 去上西山趾. 一身不自保, 何況戀妻子. 凝霜被野草, 歲暮亦云已."[「영회」 제3수]
112 "胸中懷湯火, 變化故相招. 萬事無窮極, 知謀苦不饒. 但恐須臾間, 魂氣隨風飄. 終身履薄冰, 誰知我心焦."[「영회」 제33수]
113 "獨有延年術, 可以慰吾心."[「영회」 제10수]
114 "人言願延年, 延年欲焉之."[「영회」 제55수]
115 "一飛衝青天, 曠世不再鳴. 豈與鶉鷃遊, 連翩戲中庭."[「영회」 제21수]
116 "抗身青雲中, 網羅孰能制. 豈與鄉曲士, 攜手共言誓."[「영회」 제43수]
117 "寧與燕雀翔, 不隨黃鵠飛. 黃鵠游四海, 中路將安歸."[「영회」 제8수]
118 사마소司馬昭가 위나라 원제元帝(조환曹奐)로부터 진왕晉王에 봉해지고 구석九錫을 하사받을 즈음, 공경公卿들은 사마소의 제위 등극을 꾀했다. 그리고 완적에게 사마소의 제위 등극을 권하는 글을 쓰게 했다. 그런데 이듬해에 사마소가 세상을 뜨자 그의 아들 사마염司馬炎이 제위에 올라 진晉나라를 세우게 된다.—옮긴이
119 "口不藏否人物."[『진서晉書』「완적전阮籍傳」]
120 사마소가 자신의 아들 사마염을 완적의 딸과 결혼시키려고 사람을 보냈는데, 공개적으로 이를 거절할 수 없었던 완적이 60일 동안 술에 취한 상태로 있으면서 혼담을 꺼낼 기회조차 주지 않자 결국 사마소도 체념했다고 한다.—옮긴이
121 1931년에 좌련左聯(중국좌익작가연맹)의 청년 작가 다섯 명이 체포되어 비밀리에 총살된 사건이 있었다. 2년 뒤에 루쉰은 이 사건과 관련된 「망각을 위한 기념爲了忘却的紀念」이라는 글을 쓰게 된다. 국민당의 백색테러가 자행되던 시기였기에 글의 표현이 상당히 완곡하고 함축적이다. 이 글에서 루쉰은 자신이 젊었을 때 「사구부思舊賦」가 왜 그리 짧은지 정말 이상하다고 생각했는데, 이제야 그 이유를 알겠다고 했다. 상수向秀가 혜강을 애도하며 지은 「사구부」가 완곡할 수밖에 없었던 것은 사마소 때문이었는데, 루쉰은 자신의 상황을 이것에 빗댄 것이다.—옮긴이
122 "一爲黃雀哀, 淚下誰能禁."[「영회」 제11수. 『전국책』「초책」에, 초나라 양왕襄王이 장신莊辛의 간언을 듣지 않다가 결국 진秦나라의 공격을 받아 위기에 처하자, 장신을 다시 불러 계책을 묻는 내용이 나온다. 이때 장신은, 참새가 아무 근심 없이 있지만 사실은 자신을 노리고 있는 탄환이 있음을 모르고 있다는 비유를 들었다. 완적의 이 시에서 언급한 '참새'는 언제 탄환을 맞아 떨어질지 모르는 신세를 빗댄 것이다.]
123 "誰云玉石同, 淚下不可禁."[「영회」 제54수]
124 「위진풍도와 문장에 있어서 약과 술의 관계」—옮긴이
125 「위진풍도와 문장에 있어서 약과 술의 관계」—옮긴이

126 "密網裁而魚駭, 宏羅制而鳥驚. 彼達人之善覺, 乃逃祿而歸耕."[「감사불우부感士不遇賦」]

127 "古時功名士, 慷慨爭此場. 一旦百歲後, 相與還北邙 (…) 榮華誠足貴, 亦復可憐傷."[「의고擬古」 제4수]

128 "枝條始欲茂, 忽値山河改. 柯葉自摧折, 根株浮滄海 (…) 本不植高原, 今日復何悔."[「의고」 제9수]

129 "人生似幻化, 終當歸空無."[「전원으로 돌아와 살면서歸園田居」 제4수]

130 "今我不爲樂, 知有來歲不."[「유시상에게 화답하다酬劉柴桑」 유시상은 유정지劉程之를 가리킨다.—옮긴이]

131 천인커陳寅恪, 『도연명의 사상과 청담의 관계陶淵明之思想與淸談之關係』 참조.

132 "이 말"은 앞에 나오는 구절, 즉 "하늘은 사사로움이 없다天道之無親"를 가리킨다. 이는 『사기』 「백이열전伯夷列傳」에서 "하늘은 사사로움이 없고 늘 선인과 함께한다天道無親, 常與善人"고 한 것을 인용한 말이다. 사마천은 「백이열전」에서 백이와 숙제 그리고 안회의 예를 들면서 천도天道를 의심했다. 도연명의 이 시 「감사불우부」 역시 이런 맥락에서 이해할 수 있다.—옮긴이

133 "夷投老以長飢, 回早夭而又貧 (…) 雖好學與行義, 何死生之苦辛. 疑報德之若玆, 懼斯言之虛陳."[「감사불우부」]

134 "蒼旻遐緬, 人事無已. 有感有昧, 疇測其理."[「감사불우부」]

135 "榮名非己寶, 聲色焉足娛. 採藥無旋返, 神仙志不符. 逼此良可惑, 令我久躊躇."[「영회」 제41수]

136 "寧固窮以濟意, 不委屈而累己. 既軒冕之非榮, 豈縕袍之爲耻. 誠謬會以取拙, 且欣然而歸止."[「감사불우부」]

137 "靄靄停雲, 濛濛時雨."[「멈춰 있는 구름停雲」]

138 "傾耳無希聲, 在目皓已潔."[「계묘년 12월에 종제 경원에게癸卯歲十二月中作與從弟敬遠」]

139 "平疇交遠風, 良苗亦懷新."[「계묘년 초봄 농막에서 옛일을 회고하다癸卯歲始春懷古田舍」]

140 "曖曖遠人村, 依依墟里煙. 狗吠深巷中, 鷄鳴桑樹巓. 戶庭無塵雜, 虛室有餘閑. 久在樊籠裏, 復得返自然."[「전원으로 돌아와 살면서」 제1수]

141 "時復墟曲中, 披草共來往. 相見無雜言, 但道桑麻長. 桑麻日已長, 我土日益廣. 常恐霜霰至, 零落同草莽."[「전원으로 돌아와 살면서」 제2수]

142 "種豆南山下, 草盛豆苗稀. 晨興理荒穢, 帶月荷鋤歸. 道狹草木長, 夕露霑我衣. 衣霑不足惜, 但使願無違."[「전원으로 돌아와 살면서」 제3수]

143 '세속을 초월한 것'은 아니다. '세속의 초월'에 대한 희망은 소식蘇軾에 이르러서야 생겨날 수 있었다.(제8장 참조)

제6장 붓다의 얼굴

1 동진 말년에 널리 유행했던 불교는 결국 양梁 무제武帝에 의해 국교로 정해졌다. 북조北朝의 경우는, 석륵石勒 부자가 불도징佛圖澄을 신봉한 이래로 이미 크게

유행했으며, 중간에 북위 태무제太武帝가 일시적으로 불교를 억압하긴 했지만, 문성제文成帝에 이르러 윈강雲崗 석굴을 조성하면서 불교의 지위는 더 이상 흔들리지 않았다.

2 석굴은 전란 속에서 묘당이나 궁전보다 잘 보존될 수 있었다. "예로부터 궁전은 결국 재가 되었다. 그대로 남아 있는 것이 있으면 그것을 모방하고자 했다. (…) 이에 오래도록 온전할 수 있는 산의 집을 돌아보게 되었다. (…) [굴을 파고] 존의[부처나 보살의 형체]를 설치했는데, 돌이나 흙으로 만들었다古來帝宮終逢煨燼, 若依立之效尤斯及. (…) 乃顧眄山宇可以終天. (…) 安設尊儀, 或石或塑."(석도선釋道宣, 『집신주삼보감통록集神州三寶感通錄』) 전란이 빈번했던 북조에 석굴이 많았다.

3 수달나須達拏는 수대나須大拏라고도 한다.—옮긴이

4 "尸毗王者, 今佛身是也."[『현우경賢愚經』]

5 이 이야기의 출처인 『현우경』에는, 마하국摩訶國이 아니라 염부제閻浮提에 있는 커다란 나라로 나오며 그 국왕의 이름이 마하라단낭摩訶羅檀囊이다.—옮긴이

6 막내 왕자의 이름은 마하살타摩訶薩埵이다.—옮긴이

7 『미학강의』에 나오는 말인데, 뒷부분의 의미는 헤겔이 말하고자 했던 의도와 다르게 해석될 여지가 있으니 다음 한국어 번역본을 참고하기 바란다. "여기서의 본래 목적은 고통을 일부러 의식하고 느끼는 것이다. 그 고통에 의해 희생된 상황이 지닌 가치와 사랑을 의식하고, 그럼으로써 더욱 지속적으로 희생하면 할수록, 그 목적은 더욱 더 순수하게 도달할 수 있는 것으로 여긴다. 그러한 시험을 자신에게 가하는 심정이 풍요로우면 풍요로울수록 값진 소유물을 많이 가지고 있으면서도 이 소유물을 하찮은 것으로 저주하고 마치 죄악으로 낙인찍고자 스스로에게 강요하면 할수록 화해의 여지는 더욱 적어지며, 이는 매우 끔찍한 경직성과 맹렬한 분열을 초래할 수 있다."(『헤겔의 미학강의2』, 449~450쪽, 두행숙 옮김, 은행나무, 2010)—옮긴이

8 "白骨露於野, 千里無雞鳴."[「호리행蒿里行」]

9 "白骨蔽野, 百無一存."

10 "道路斷絶, 千里無煙."

11 "身禍家破, 闔門比屋."

12 "餓死衢路, 無人收識."

13 "假慕沙門, 實避調役."

14 "經曰, 業有三報, 一者現報, 二者生報,三者後報. 現報者, 善惡始於此身, 苦樂即此身受. 生報者次身便受. 後報者, 或二生或三生, 百千萬生, 然後乃受."

15 수골청상秀骨淸相은 빼어난 골격에 맑은 모습을 뜻하며, 호리호리한 몸매와 수척한 얼굴에 온화한 미소를 머금고 맑은 정신과 표일한 풍모를 지닌 것이 그 특징이다.—옮긴이

16 "是年詔有司爲石像, 令如帝身. 既成, 顔上足下各有黑石, 冥同帝體上下黑子."

17 "秀骨淸相, 似覺生動, 令人懍懍若對神明."

18 "刻削爲容儀"[장언원張彦遠, 『역대명화기歷代名畫記』]

19 "淸羸示病之容, 隱幾忘言之狀" [『역대명화기』에서 고개지가 그린 유마힐維摩詰의 모습을 두고 한 말이다.]

20 양나라 무제 소연蕭衍을 두고 한 말이다.—옮긴이

21 “專事衣冠禮樂, 中原士大夫望之, 以爲正朔所在.”

22 “助王政之禁律, 益仁智之善性.”

23 “常乘輿赴講. 觀者號爲禿頭官家.”

24 “法果每言, 太祖 (…) 即是當今如來, 沙門宜應盡禮.”

25 요진姚秦은 후진後秦(384~417)으로, 16국 시기에 강족羌族의 귀족인 요장姚萇이 세운 나라다.—옮긴이

26 “自姚秦命僧䂮爲僧正, 秩同侍中. 此則公給食俸之始也.”

27 “言僧正者何. 正政也. 自正正人, 克敷政令, 故云也.”

28 “利根事佛, 餘力通儒 (…) 擧君臣父子之義, 敎爾靑襟 (…) 遂使悍戾者好空惡殺, 義勇者殉國忘家, 裨助至多.”

29 룽먼龍門 봉선사奉先寺의 본존대불本尊大佛은 17.14미터 높이의 노사나불盧舍那佛을 가리킨다.—옮긴이

30 노사나불은 광명을 상징하는데, 아폴론이 그리스신화에서 광명의 신이므로 노사나불을 아폴론에 비유한 것이다.—옮긴이

31 “以直報怨, 以德報德.”[『논어』「헌문憲問」]

32 “彼佛土 (…) 琉璃爲地, 金繩界道, 城闕宮閣, 軒窗羅網, 皆七寶成.”[『약사여래본원공덕경藥師如來本願功德經』]

33 경변經變은 경전의 내용이나 부처의 생애 등을 형상화한 그림으로, 변상變相·변상도變相圖라고도 한다.—옮긴이

34 미생원未生怨은 아사세왕阿闍世王이라고도 한다. 인도 마갈타국摩竭陀國의 태자인 그는 아버지 빈바사라왕頻婆娑羅王을 유폐시켜 죽음에 이르게 한 뒤에 즉위했다. 어머니가 그를 잉태하기 전부터 부모와 악연을 맺었기 때문에 아버지가 그의 이름을 ‘미생원(태어나기 전의 원한)’이라고 지었다.—옮긴이

35 십육관十六觀이란 『관무량수경觀無量壽經』에 나오는 관법觀法으로, 아미타여래의 정토 및 불신을 보는 16가지의 법을 가리킨다.—옮긴이

36 이사발국利師跋國의 공주로, 파라나국波羅奈國의 왕자인 선우태자善友太子와 이미 정혼한 사이였다. 공주와 선우태자는 그 사실을 모른 채 혼인하게 된다.—옮긴이

37 “人大於山, 水不容泛” [장언원이 『역대명화기』에서 위·진 이후의 그림에 대해 다음과 같이 언급한 내용에 나오는 말이다. “산수를 그린 것은, 뭇 봉우리의 형세가 마치 비녀 장식이나 무소뿔로 만든 빗과 같아서 혹은 물이 배를 띄울 수 없을 정도거나 혹은 사람이 산보다 크다其畵山水, 則群峰之勢, 若鈿飾犀櫛, 或水不容泛, 或人大於山.”]

38 “聚衆談說, 假托經論, 所言無非淫穢鄙褻之事. (…) 愚夫治婦樂聞其說. 聽者塡咽寺舍, 瞻禮崇奉, 呼爲和尙. 敎坊效其聲調, 以爲歌曲.”(조인趙璘, 『인화록因話錄』) 샹다向達, 『당대속강고唐代俗講考』 참조.

39 유무지변有無之辨이란, 천지만물의 근본이 ‘유’인가 ‘무’인가의 문제에 대한 위진 현학의 논의를 말한다. 이에 대한 대표적인 견해로는 왕필王弼의 귀무론貴無論, 배위裴頠의 숭유론崇有論, 곽상郭象의 독화론獨化論이 있다.—옮긴이

40 형신지쟁形神之爭은 인간의 정신과 육체의 관계에 관한 문제로, 불교의 윤회 및 윤회의 주체에 대한 논의와 연결된다. 정신이 몸과 함께 소멸된다는 신멸론神滅論

과 몸이 다해도 정신은 소멸하지 않는다는 신불멸론神不滅論이 팽팽히 맞섰는데, 전자는 윤회를 부정하는 주장이고 후자는 윤회를 옹호하는 주장이다.—옮긴이

41 수미산須彌山을 중심으로 일월·사천하 등으로 이루어진 세계가 천 개 모인 것을 천세계千世界라 하고, 소천·중천·대천의 세 천세계로 이루어진 세계를 삼천 대천세계라 한다. 대천세계大千世界는 삼천 대천세계의 세 번째인 대천의 세계로, 중천세계의 천 곱절이 되는 세계다.—옮긴이

42 묘명妙明은 매우 뛰어나게 밝은 마음이라는 의미로, 모든 번뇌에서 벗어나 진리를 터득한 지혜인 무루지無漏智를 가리킨다.—옮긴이

43 "釋迦如來功濟大千, 惠流塵境. 等生死者嘆其達觀, 覽文義者貴其妙明."

44 인도교印度敎는 힌두교의 철학을 배경으로, 전통적이고 민족적인 제도와 관습을 포괄한 인도의 민족 종교다. 범천梵天은 브라만교의 창조와 지배의 신으로, 범천왕이라고도 한다. 습파濕婆는 인도교의 삼대 주신主神의 하나로, 산스크리트어 '시바Siva'의 음역어다. 파괴 및 생식의 신 시바는 세 개의 눈으로 과거·현재·미래를 투시하고, 목에는 뱀과 송장의 뼈를 감고 있다.—옮긴이

45 가불매조呵佛罵祖는 "부처를 꾸짖고 조사祖師를 욕하다"라는 뜻으로, 어떠한 권위의 구속에도 얽매이지 말고 스스로 성불하라는 의미다. 『벽암록碧巖錄』에 실린 공안公案이기도 하다.—옮긴이

46 "山還是山, 水還是水." [『오등회원五燈會元』 권17에 나오는 다음 내용에서 유래한 말이다. 참선 전에는, 산을 보니 산이고 물을 보니 물이었다見山是山, 見水是水. 그 뒤에 앎을 얻고서는, 산을 보니 산이 아니고 물을 보니 물이 아니었다見山不是山, 見水不是水. 깨달음이 더 깊어진 뒤에는, 산을 보니 단지 산이고 물을 보니 단지 물이다見山只是山, 見水只是水. "산은 여전히 산이요, 물은 여전히 물이다"는 이상의 세 단계에서 마지막 단계에 해당한다.]

47 "語默動靜, 一切聲色, 盡是佛事."

48 "南朝四百八十寺, 多少樓臺煙雨中."[두목杜牧, 「강남의 봄江南春」. 두목은 당나라 시인으로, 그 시대의 불교는 남조 때의 융성에 훨씬 미치지 못했다. 본문에서 종교의 광적 도취가 쇠락했음을 이야기하면서 이 시구를 인용한 것은 이런 맥락에서 이해해야 한다.]

49 명리名理란 사물의 명칭과 도리를 의미하는데, 특히 위·진 이후 청담가들이 사물의 명칭 및 도리의 시비是非와 이동異同을 분석하여 밝히던 것을 가리킨다.—옮긴이

50 "妓小小等寫眞"

51 『유양잡조酉陽雜俎』 속집 권5 「사탑기寺塔記」에 나오는 기록으로, 창안長安 도정방道政坊의 보응사寶應寺에 그려진 제석천녀帝釋天女와 범천녀梵天女의 그림을 두고 한 말이다.—옮긴이

제7장 성당지음

1 강좌江左는 강동江東이라고도 하며 장강長江 하류의 남쪽 연안 지역을 가리킨다.—옮긴이

2 관중關中은 산시陝西 성 위하渭河 유역 일대를 가리킨다.—옮긴이
3 대북代北은 오늘날 산시山西 성 북부 및 허베이 성 서북부 일대에 해당한다.—옮긴이
4 "山東之人質, 故尙婚婭, (…) 江左之人文, 故尙人物, (…) 關中之人雄, 故尙冠冕, (…) 代北之人武, 故尙貴戚."
5 천인커의 견해를 받아들였다. 천인커, 『원백시전증고元白詩箋證稿』(상하이고적출판사, 1978) 참조.
6 고신告身은 조정에서 내리는 벼슬아치의 임명 사령서로, 직첩職牒이라고도 한다.—옮긴이
7 "태종께서 말씀하셨다. '나는 산동의 최·노·이·정씨 집안에 대해 예로부터 꺼리는 바가 없지만, 대대로 그들이 쇠미해져 벼슬아치가 전혀 없는 상황인데도 스스로 사대부라고 한다. (…) 왜 그들을 중요시하는가? (…) 내가 지금 명문거족을 특별히 정하는 것은 지금 왕조의 벼슬을 존중하고자 함이거늘, (…) 몇 대 이전을 따질 것 없이 오직 지금 관작의 고하만으로 등급을 정하도록 하라.' 마침내 최간을 제3등으로 정했다太宗曰: '我與山東崔盧李鄭, 舊既無嫌, 爲其世代衰微, 全無冠蓋, 猶自云士大夫 (…) 何以重之? (…) 我今特定姓族者, 欲崇重今朝冠冕, (…) 不須論數世以前, 止取今日官爵高下作等級.' 遂以崔幹爲第三等."(『구당서舊唐書』「고사렴전高士廉傳」) [태종의 이 말은, 고사렴이 『씨족지氏族志』를 편찬하면서 최간을 제1등으로 정한 것에 대해 질책한 내용이다. 결국 최간은 제3등으로 내려갔다. 태종이 『씨족지』를 편찬하게 한 목적은, 구 문벌에 타격을 주고 자신의 지지 세력에게 힘을 실어 줌으로써 통치를 공고히 하는 데 있었다.]
8 「소릉 배장묘 조사기昭陵陪葬墓調査記」, 『문물』, 1977년 제10기.
9 고종高宗 상원上元 3년(676)에 실시한 남선南選은, 계桂·광廣·교交·검黔 등의 남쪽 지역 인재 선발을 강화하기 위한 제도다. 남선사南選使를 해당 지역으로 보내어 인재를 선발해 정치에 참여하게 했다.—옮긴이
10 좌사左思는 서진西晉의 시인이다. "뤄양(낙양)의 지가紙價를 올렸다"는 「삼도부三都賦」를 지을 정도로 뛰어난 문재를 지니고 있었다. 미천한 출신이었던 그의 작품에는 사회적 모순과 정치에 대한 불평이 담겨 있다.—옮긴이
11 "鬱鬱澗底松, 離離山上苗. 以彼徑寸莖, 蔭此百尺條."[좌사, 「영사詠史」 제2수. 산골짜기 아래 소나무는 좌사 자신을, 산꼭대기의 묘목은 귀족자제를 비유한다. 신분이 재능보다 훨씬 중요한 시대와 자신의 처지에 대한 울분이 담긴 시다.]
12 백부장百夫長은 100명의 사병을 거느리는 우두머리로, 하급 군관을 가리킨다.—옮긴이
13 "寧爲百夫長, 勝作一書生."[양형楊炯, 「종군행從軍行」]
14 몽골·타타르·위구르 등의 소수민족이 군주를 '칸(가한)'이라고 불렀는데, 천가한天可汗은 소수민족이 당 태종을 부르던 존칭이다. 당 태종 외에 고종과 숙종肅宗도 천가한으로 칭해졌다.—옮긴이
15 "白, 隴西布衣, 流落楚漢. 十五好劍術, 遍於諸侯. 三十成文章, 歷抵卿相." [「한형주에게 드리는 글與韓荊州書」은 이백李白이 한형주韓荊州를 처음 만났을 때 써서 올린 자기추천서다. 한형주는 그 당시 징저우 장사荊州長史 겸 샹저우 자사襄州刺史, 산남동도채방사山南東道采訪使였던 한조종韓朝宗이다.]

16 "本朝人尚理, 唐人尚意興."

17 『담예록談藝錄』이 처음 나온 건 민국 시기이고, 1980년대에 대폭 증보되었다. 여기서 '최근'이라고 한 것은 증보된 것을 두고 한 말이다.—옮긴이

18 노조린盧照鄰의 「창안의 옛날을 그리는 정長安古意」을 두고 한 말이다.—옮긴이

19 낙빈왕駱賓王의 「여도사 왕영비를 대신해 도사 이영에게 쓰다代女道士王靈妃贈道士李榮」를 두고 한 말이다.—옮긴이

20 "洛陽城東桃李花, 飛來飛去落誰家. 洛陽女兒好顔色, 坐見落花長嘆息. 今年花落顔色改, 明年花開復誰在. 已見松柏摧爲薪, 更聞桑田變成海. 古人無復洛城東, 今人還對落花風. 年年歲歲花相似, 歲歲年年人不同." [이상에서 '호好'가 '석惜'으로, '좌견坐見'이 '행봉行逢'으로 되어 있는 텍스트도 있다.]

21 유희이劉希夷는 변새시邊塞詩를 많이 썼으나, 이 시야말로 상술한 특징을 잘 보여준다.

22 "단풍나무 자라는 강어귀青楓浦"는 '청풍포'라는 포구 이름으로 해석하기도 한다.—옮긴이

23 "春江潮水連海平, 海上明月共潮生. 灩灩隨波千萬里, 何處春江無月明. 江流宛轉繞芳甸, 月照花林皆似霰. 空裏流霜不覺飛, 汀上白沙看不見. 江天一色無纖塵, 皎皎空中孤月輪. 江畔何人初見月, 江月何年初照人. 人生代代無窮已, 江月年年只相似. 不知江月待何人, 但見長江送流水. 白雲一片去悠悠, 青楓浦上不勝愁, 誰家今夜扁舟子, 何處相思明月樓."

24 생략된 내용은 다음과 같다. "우주의식에 의해 승화된 순결한 애정, 애정이 방출해 내는 동정심이다."—옮긴이

25 "獨上高樓,望盡天涯路."[안수晏殊, 「접련화·난간 너머 국화는 시름의 연기에 잠기고 난초는 이슬에 젖어 운다檻菊愁煙蘭泣露」]

26 "少年不識愁滋味"[신기질辛棄疾, 「추노아醜奴兒·박산에 가는 도중에 벽에다 적다書博山道中壁」]

27 사걸四傑은 초당 사걸이라고도 하는데, 당나라 초 시단을 대표하는 네 시인 즉 왕발王勃·양형楊炯·노조린盧照隣·낙빈왕駱賓王을 일컫는다.—옮긴이

28 "海內存知己, 天涯若比鄰. 無爲在歧路, 兒女共沾巾."[「수저우로 발령받아 가는 두소부를 전송하며送杜少府之任蜀州」. 소부少府는 당대에 현위縣尉를 칭하던 단어다.]

29 "朝聞遊子唱離歌, 昨夜微霜初渡河. (…) 莫見長安行樂處, 空令歲月易蹉跎."[「서울 가는 위만을 전송하며送魏萬之京」]

30 여기서 유희이와 이기李頎를 비롯한 여러 사람들의 시는 결코 시간 순서에 따라 엄격히 배치하고 구분한 것이 아니라, 일종의 논리와 역사의 통일체로 보는 편이 낫다.

31 "前不見古人, 後不見來者. 念天地之悠悠, 獨愴然而涕下."

32 "春眠不覺曉, 處處聞啼鳥. 夜來風雨聲, 花落知多少."

33 이와 비교해볼 때, 신기질의 다음 작품은 얼마나 애틋하고 애통한가! "몇 번의 비바람을 더 견뎌낼 수 있으려나, 총총히 봄이 또 돌아가는구나. 봄이면 늘 꽃이 빨리 피는 것도 안타까운데, 하물며 꽃이 무수히 지는 것은 어떠하리更能消幾番風雨, 匆匆春又歸去. 惜春長恨花開早, 何況落紅無數!"[「모어아摸魚兒·몇 번의 비바

람을 더 견뎌낼 수 있으려나更能消幾番風雨」]

34 "千里黃雲白日曛, 北風吹雁雪紛紛. 莫愁前路無知己, 天下何人不識君."[「동대와 이별하면서別董大」. 동대는 당대에 유명했던 음악가 동정란董庭蘭이다. 형제 가운데 서열이 첫 번째라서 '동대'라고 칭했다.]

35 "葡萄美酒夜光杯, 欲飮琵琶馬上催. 醉臥沙場君莫笑, 古來征戰幾人回."[「양주사凉州詞」 제1수]

36 비장飛將은 한나라의 장군 이광李廣을 가리킨다.—옮긴이

37 "秦時明月漢時關, 萬里長征人未還. 但使龍城飛將在, 不敎胡馬渡陰山."[「출새出塞」]

38 강적羌笛은 강족羌族의 관악기다.—옮긴이

39 「양류楊柳」는 「절양류折楊柳」라는 악곡을 가리킨다.—옮긴이

40 "黃河遠上白雲間, 一片孤城萬仞山. 羌笛何須怨楊柳, 春風不度玉門關."[「양주사·황하는 멀리 흰 구름 사이로 흘러가고黃河遠上白雲間」]

41 "北風捲地白草折, 胡天八月卽飛雪. 忽如一夜春風來, 千樹萬樹梨花開."[「눈 오는 날 서울로 돌아가는 무판관을 전송하며白雪歌送武判官歸京」]

42 "回樂峰前沙似雪, 受降城外月如霜. 不知何處吹蘆管, 一夜征人盡望鄕."[「밤에 수항성에 올라 피리소리를 들으며夜上受降城聞笛」]

43 "天山雪後海風寒, 橫笛偏吹行路難. 磧裏征人三十萬, 一時回首月中看"[「북방 원정에 종군하여從軍北征」]

44 "濁酒一杯家萬里, 燕然未勒歸無計. 羌管悠悠霜滿地."[「어가오漁家傲·변방에 가을 오니 풍경이 사뭇 다르고塞下秋來風景異」. "연연의 돌에 아직 글자를 새기지 못했다燕然未勒"는 말은 군공을 아직 세우지 못했다는 의미로 쓰인다. 『후한서後漢書』「두융열전竇融列傳」에 "연연의 돌에 글자를 새기다勒石燕然"라는 전고가 나오는데, 후한의 두헌竇憲이 병사를 이끌고 흉노를 격퇴한 뒤 연연산燕然山까지 추격해 그곳의 돌에다 공적을 기록한 뒤 돌아왔다고 한다.]

45 "人閑桂花落, 夜靜春山空. 月出驚山鳥, 時鳴春澗中."[「새 우는 계곡鳥鳴澗」]

46 "木末芙蓉花, 山中發紅萼. 澗戶寂無人, 紛紛開且落."[「자목련이 자라는 둑辛夷塢」]

47 이십사교二十四橋는 24개의 다리를 가리키는 것으로 보기도 하고, 특정 다리의 명칭으로 보기도 한다.—옮긴이

48 "青山隱隱水迢迢, 秋盡江南草木凋. 二十四橋明月夜, 玉人何處敎吹簫."[「양저우 판관 한작에게寄揚州韓綽判官」]

49 "斯人淸唱何人和, 草徑苔蕪不可尋. 一夕小敷山下夢, 水如環佩月如襟."[「심하현沈下賢」. 심하현은 중당 시기의 유명한 문인 심아지沈亞之다. 두목杜牧의 이 시는 심아지를 추모하여 그에 대한 앙모의 정을 나타낸 것이다. 시에 나오는 '이 사람'은 심아지다. 심아지가 살아서나 죽어서나 제대로 된 평가를 받지 못한 것에 대한 안타까움이 깃들어 있는 시다. 꿈결에 나오는, 패옥 소리를 내며 흐르는 물과 옷깃 같은 달은 모두 심아지의 고결한 품격을 상징한다. 옷깃은 흉금을 의미하며, 달이 옷깃과 같다는 것은 심아지의 마음이 달처럼 밝고 맑음을 상징한다.]

50 "天子呼來不上船, 自稱臣是酒中仙."[두보杜甫, 「술 취한 여덟 신선을 노래하다飮中八仙歌」]

51 국구國舅는 태후나 황후의 형제를 의미하는데, 여기서는 양귀비楊貴妃의 사촌오빠(혹은 육촌오빠)인 양국충楊國忠을 가리킨다.—옮긴이

52 "君不見, 黃河之水天上來,奔流到海不復回. 君不見,高堂明鏡悲白髮, 朝如青絲暮成雪. 人生得意須盡歡,莫使金樽空對月."[이백李白, 「장진주將進酒」]

53 왕십이王十二를 가리킨다.—옮긴이

54 공자는 봉황이 오지 않으니 자신은 끝이라고 했다.(『논어』「자한」) 또한 기린이 잡혔다는 소식을 듣고서 자신은 끝이라고 했다.(『사기』「공자세가孔子世家」) 이백은 난세를 만나 이상을 실현하지 못한 자신을 공자에 빗댄 것이다.—옮긴이

55 동용董龍은 전한 때의 우복야右僕射 동영董榮(동용은 그가 어렸을 때의 자)으로, 황제에게 아첨하여 총애를 얻은 인물이다. 여기서는 현종玄宗의 총신인 이임보李林甫·양국충 등의 무리를 빗댄 것이다.—옮긴이

56 엄릉嚴陵은 엄자릉嚴子陵으로 후한 광무제光武帝 유수劉秀와 젊은 시절 친구였다. 유수가 황제가 된 뒤에도 엄릉은 신하의 예로 엎드려 절하지 않고, 두 손을 마주잡고 높이 들어서 허리를 굽히는 친구의 예만 취했다.—옮긴이

57 "與君論心握君手, 榮辱於余亦何有. 孔聖猶聞傷鳳麟, 董龍更是何雞狗. 一生傲岸苦不諧, 恩疏媒勞志多乖. 嚴陵高揖漢天子, 何必長劍拄頤事玉階."[이백, 「왕십이의 「추운 밤 홀로 술 마시며 감회에 젖어」라는 시에 답하다答王十二寒夜獨酌有懷」]

58 "棄我去者昨日之日不可留, 亂我心者今日之日多煩憂. (…) 抽刀斷水水更流, 擧杯消愁愁更愁. 人生在世不稱意, 明朝散髮弄扁舟."[이백, 「쉬안저우 사조루에서 교서 이운李雲을 전별하며宣州謝朓樓餞別校書叔雲」]

59 황학루黃鶴樓는 신선이 학을 타고 하늘로 날아갔다는 곳이고, 앵무주鸚鵡洲는 한나라 말에 「앵무부鸚鵡賦」를 지은 예형禰衡이 황조黃祖에게 살해되어 묻힌 곳이다. 예형은 자신의 재주를 믿고 당당히 뜻을 펼치려 했으나 그러지 못하고 결국 황조의 심기를 건드려 목숨을 잃었다. 황학루를 두드려 부숴버리고 앵무주를 뒤집어 엎어버린다는 것은, 더 이상 헛된 꿈을 꾸며 번뇌하지 않으리라는 의미다.—옮긴이

60 "頭陀雲月多僧氣, 山水何曾稱人意. 不然鳴笳按鼓戲滄流, 呼取江南女兒歌棹謳. 我且爲君搥碎黃鶴樓,君亦爲吾倒卻鸚鵡洲, 赤壁爭雄如夢裡, 且須歌舞寬離憂."[이백, 「장샤에서 난링 현령 위빙韋冰에게 주는 시江夏贈韋南陵冰」]

61 "蘭陵美酒鬱金香, 玉椀盛來琥珀光. 但使主人能醉客, 不知何處是他鄉."[이백, 「객지에서 짓다客中作」]

62 "朝辭白帝彩雲間, 千里江陵一日還. 兩岸猿聲啼不住, 輕舟已過萬重山."[이백, 「아침에 백제성을 떠나며早發白帝城」]

63 "莊屈實二, 不可以幷, 幷之以爲心, 自白始."(『최록이백집最錄李白集』)

64 엽적葉適은 『수심시화水心詩話』에서 이렇게 말했다. "소릉[두보]은 당음과는 결국 간격이 있는데, 두보의 시가 흥하자 천하가 모두 당나라 사람의 학문을 그만두었다少陵與唐音終隔一塵, 杜詩興而天下盡廢唐人之學矣."

65 필자는 「난정서蘭亭序」에 대한 궈모뤄의 견해에 동의하지 않는다. 하지만 지금 세상에 전해지는 「난정서」는 왕희지의 원본과 큰 차이가 있다. 원본은 아마도 「상란첩喪亂帖」 등과 보다 유사할 것이다. [「난정서」에 대한 궈모뤄의 견해란, 「난정서」

가 진대晉代의 작품이 아니라는 것이다. 궈모뤄는 「왕씨와 사씨 묘지 출토를 통해 「난정서」의 진위 여부를 논하다由王謝墓誌的出土論到蘭亭序的眞僞」(『문물』, 1965년 6기)에서 난징南京에서 출토된 진대의 묘지墓誌를 통해 볼 때 「난정서」가 진대의 필법과 다르므로 진대로부터 전해져온 작품이 아니라고 주장해서 큰 반향을 불러일으켰다. 그런데 1998년과 2003년에 난징에서 출토된 진대의 묘지는 「난정서」가 진대의 작품임을 증명해준다.]

66 "當時年少春衫薄" [위장韋莊의 「보살만菩薩蠻」에 나오는 구절로, 젊은 시절의 득의만면하고 의기양양함을 비유한다.]

67 "質以代興, 妍因俗易."

68 "馳騖沿革, 物理常然."

69 "達其情性, 形其哀樂"

70 "隨其性欲, 便以爲姿"

71 "情動形言, 取會風騷之意. 陽舒陰慘, 本乎天地之心."

72 회소懷素는 중당 사람이긴 하지만, 그의 예술은 성당에 편입시킬 수 있다.

73 "迅疾駭人."[안진경顔眞卿, 「회소 상인 초서가 서懷素上人草書歌序」]

74 "往時張旭善草書, 不治他技. 喜怒窘窮, 憂悲·愉佚·怨恨·思慕·酣醉·無聊·不平, 有動於心, 必於草書焉發之. 觀於物, 見山水崖谷, 鳥獸蟲魚, 草木之花實, 日月列星, 風雨水火, 雷霆霹靂, 歌舞戰鬪, 天地事物之變, 可喜可愕, 一寓於書. 故旭之書, 變動猶鬼神, 不可端倪."

75 "善草隸, (…) 忽有佳處, 人謂其機會與造化爭衡, 非人工可到."

76 "自破陳舞以下, 皆擂大鼓, 雜以龜玆之樂, 聲震百里, 動盪山谷. (…) 惟慶善舞獨用西涼樂, 最爲閑雅."[『구당서』「음악지音樂志」]

77 "琵琶起舞換新聲, 總是關山舊別情. 撩亂邊愁聽不盡, 高高秋月照長城."[왕창령, 「종군행從軍行」 제2수]

78 현종이 창안과 뤄양에 '이원梨園'을 설치하고 춤과 노래를 전문으로 하는 예인을 양성했는데, 이들 예인을 '이원제자梨園弟子'라고 한다.—옮긴이

79 "宮掖所傳, 梨園弟子所歌, 旗亭所唱, 邊將所進, 率當時名士所爲絶句爾."[왕사정王士禎, 「『당인만수절구선』 서문『唐人萬首絶句選』序」]

80 왕강녕王江寧(왕창령王昌齡), 왕지환王之渙, 고적高適 세 사람이 눈 내리는 어느 날 술집에 가서 기녀들이 누구의 시를 가장 많이 노래하는지 지켜보며 시명詩名을 겨루었다고 한다.—옮긴이

81 "三百篇亡, 而後有騷賦, 騷賦難入樂, 而後有古樂府, 古樂府不入俗, 而後以唐絶句爲樂府."

82 "張顚見公孫大娘舞劍器而筆勢益俊."(곽희郭熙, 『임천고치林泉高致』)

83 "江山代有才人出, 各領風騷數百年."[조익趙翼, 「논시論詩」]

84 "故詩至於杜子美, 文至於韓退之, 書至於顔魯公, 畫至於吳道子, 而古今之變, 天下之能事畢矣."

85 한유韓愈 본인의 개성은 중당의 특징을 반영하며, 두보나 안진경과는 다르다. 제8장을 참조하길 바란다.

86 오도자吳道子의 그림 속 인물의 의대衣帶가 바람에 흔들리는 듯이 보인다고 해서 이를 '오대당풍吳帶當風'이라고 하는데, 이는 탁월한 그림 솜씨와 표일한 풍격

에 대한 찬미다.—옮긴이

87 "出新意於法度之中, 寄妙理於豪放之外"[『동파제발東坡題跋』]

88 "曾聞碧海掣鯨魚, 神力蒼茫運太虛. 間氣古今三鼎足, 杜詩韓筆與顔書."

89 "少陵詩法如孫吳, 太白詩法如李廣."

90 "李·杜二家, 其才本無優劣. 但工部體裁明密, 有法可尋, 靑蓮興會標擧, 非學可至."

91 억양抑揚은 기세의 기복, 개합開闔은 시문의 구조에 있어서 전개·갈무리 등의 변화, 기복起伏은 문장의 리드미컬한 변화, 호조呼照는 문장의 호응과 관련된 것이다.—옮긴이

92 "文字之規矩繩墨, 自唐宋而下所謂抑揚開闔起伏呼照之法, 晉漢以上絶無所聞. 而韓·柳·歐·蘇諸大家設之, (…) 故自上古之文至此而別爲一界."

93 제예制藝는 과거 시험에 사용되는 문체를 가리킨다.—옮긴이

94 "穩實而利民用"(『예주쌍즙藝舟雙楫』「역하필담歷下筆談」)

95 "顔公變法出新意"[「손신로의 요청으로 쓴 묵묘정 시孫莘老求墨妙亭詩」]

96 "元氣渾然, 不復以姿媚爲念"[「안노공의 「쟁좌위첩」 발문顔魯公争座位帖跋」]

97 "羲之俗書逞姿媚"[「석고가石鼓歌」]

98 "逸少草有女郎材, 無丈夫氣, 不足貴也"[「서의書議」]

99 "一洗二王惡札, 照耀皇宋萬古" [모진毛晉의 『해악지림海岳志林』에 기록된 미불米芾의 말이다. 미불이 휘종徽宗의 어명으로 병풍에 『주관周官』을 쓴 뒤에 붓을 바닥에 던지며 큰소리로 이 말을 했다고 한다.]

100 미불은 비록 안진경을 비난하긴 했지만 안진경 서법의 학습자이자 계승자였다. [미불은 『보진영광집寶晉英光集』에서 안진경의 글씨에 대해 "후세의 흉측하고 졸렬한 서체의 시조後世醜怪惡札之祖"라고 비난한 바 있다.]

101 노서奴書란 다른 이의 글씨를 모방하는 것에서 벗어나지 못한 채 자신의 독특한 풍격이 없는 서체를 의미한다.—옮긴이

102 "歐虞褚陸, 真奴書耳" [원대의 장안張晏이 이백의 「상양대첩上陽臺帖」에 발문을 쓰면서 언급한 이백의 말이다. 이백은 이 말에 이어서 말하길, 가슴에서 저절로 흘러나오는 것은 애써 익혀서 도달할 수 있는 게 아니라고 했다.]

103 "書貴瘦硬方通神"[「이조의 팔분과 소전에 대해 노래하다李潮八分小篆歌」]

104 "杜陵评书贵瘦硬,此论未公吾不凭."[「손신로의 요청으로 쓴 묵묘정 시」]

105 판원란范文瀾, 『중국통사간편中國通史簡編』 제3편 제2책, 749쪽, 인민출판사, 1965.

106 "文從字順"[한유, 「난양 번소술 묘지명南陽樊紹述墓志銘」]

107 "文起八代之衰"[소식, 「자오저우 한문공 묘비潮州韓文公廟碑」. 이는 소식이 한유를 찬양한 말이다. '팔대八代'가 가리키는 것은 후한·위·진晉·송·제·양·진陳·수다. '쇠락함'은 팔대에 성행한 변문騈文으로 인해 문풍이 쇠락했다는 의미다.]

108 "韓子之文如長江大河"[소순蘇洵, 「한림학사 구양수에게 올리는 첫 번째 글上歐陽内翰第一書」]

109 "唐自貞觀以後, 文士皆沿六朝之體. 經開元天寶詩格大變, 而文格猶襲舊規. 元結與(獨孤)及始奮起湔除, 蕭穎士·李華左右之. 其後韓柳繼起, 唐之古文遂蔚然極盛."

110 "壯浪縱恣, 擺去拘束, (…) 鋪陳終始, 排比聲韻."[「당나라 공부 원외랑 고故 두군杜君(두보)의 묘지명과 서문唐故工部員外郎杜君墓繫銘幷序」]

111 "獨唐杜工部如周公制作, 後世莫能擬議"(주둥룬朱東潤의 『중국문학비평사대강中國文學批評史大綱』에서 인용한 오기지敖器之의 말) [오기지의 『구옹시평臞翁詩評』에 나오는 문장이다. 오기지의 이름은 오도손敖陶孫으로, '기지'는 자이고 '구옹'은 호다.]

112 "學詩當以子美爲師, 有規矩, 故可學."(『후산시화後山詩話』)

113 "盛唐句法渾涵, 如兩漢之詩, 不可以一字求. 至老杜而後, 句中有奇字爲眼, 才有此句法."(『시수詩藪』)

114 바로 앞에서 설명한 두보 시의 특징으로, 정조精粗·거세巨細·교졸巧拙·신진新陳·험이險易·천심淺深·농담濃淡·비수肥瘦를 모두 갖춘 것을 가리킨다.—옮긴이

115 "參其格調, 實與盛唐大別. 其能會萃前人在此, 濫觴後世亦在此."(『시수』)

116 "二句三年得,一吟雙淚流."[가도賈島, 「시를 지은 후에題詩後」]

117 "一聯如得意, 萬事總忘憂."[귀인歸仁, 「스스로 마음을 달래다自遣」]

118 "近體之難, 莫難於七言律. 五十六字之中, 意若貫珠, 言如合璧. 其貫珠也, 如夜光走盤, 而不失迴旋曲折之妙. 其合璧也, 如玉匣有蓋, 而絶無參差扭捏之痕. 綦組錦繡相鮮以爲色, 宮商角徵互合以成聲. 思欲深厚有餘而不可失之晦, 情欲纏綿不迫而不可失之流. (…) 莊嚴則淸廟明堂, 沈著則萬鈞九鼎, 高華則朗月繁星, 雄大則泰山喬嶽, 圓暢則流水行雲, 變幻則淒風急雨. 一篇之中, 必數者兼備, 迺稱全美. 故名流哲匠, 自古難之."

119 "風急天高猿嘯哀, 渚淸沙白鳥飛回. 無邊落木蕭蕭下, 不盡長江滾滾來. 萬里悲秋常作客, 百年多病獨登臺. 艱難苦恨繁霜鬢, 潦倒新停濁酒杯."[두보, 「높은 곳에 올라登高」]

120 이가夷歌는 촉蜀 지역 소수민족의 노래다.—옮긴이

121 와룡臥龍은 제갈량諸葛亮, 약마躍馬는 공손술公孫述을 가리킨다.—옮긴이

122 "歲暮陰陽催短景, 天涯霜雪霽寒宵. 五更鼓角聲悲壯, 三峽星河影動搖. 野哭幾家聞戰伐,夷歌數處起漁樵. 臥龍躍馬終黃土, 人事音書漫寂寥."[두보, 「서각西閣에서의 밤閣夜」]

123 침울돈좌沈鬱頓挫는 두보의 시 풍격을 압축한 용어다. '침울'은 내용이 심오하고 제재가 엄숙하며 감정이 깊고 진지한 것을 가리킨다. '돈좌'는 표현수법이 차분하고 절도 있고 함축적이면서 변화가 다양한 것을 가리킨다.—옮긴이

124 "致君堯舜上, 再使風俗淳."[두보, 「위좌승께 올리는 22운奉贈韋左丞丈二十二韻」. '장丈'은 남자에 대한 존칭이며, 위좌승은 현종 때의 상서좌승尙書左丞 위제韋濟다.]

125 "博愛之謂仁, 行而宜之之謂義, 由是而之焉之謂道."(「원도原道」)

126 "忠義之節, 明若日月而堅若金石"(『육일제발六一題跋』) [구양수가 안진경을 칭송하며 한 말이다.]

127 "盛唐諸公之詩, 如顏魯公書, 既筆力雄壯, 又氣象渾厚."

제8장 운외지치

1 시柴씨 자손은 후주後周의 왕손을 의미한다. 송나라를 건국한 조광윤趙匡胤은 후주의 근위군 총사령관이었다. 그가 황제로 추대된 진교병변陳橋兵變은 성공적인 무혈 쿠데타로 평가된다. 또한 자신이 뒤엎은 왕조의 후손을 해치지 않은 것도 전례에 없던 일이다.—옮긴이

2 "太祖勒石, 鎖置殿中, 使嗣君即位, 入而跪讀, 其戒有三. 一保全柴氏子孫, 二不殺士大夫, 三不加農田之賦. (…) 終宋之世, 文臣無歐刀之辟."

3 "我自應天從人, 何預天下士大夫事?"[『양서梁書』「안협전顏協傳」. 소연이 양나라를 세우자 제나라 관리였던 안견원顏見遠이 며칠 동안 식음을 전폐하다가 죽었는데, 그 소식을 들은 무제(소연)가 이를 유감스러워하며 한 말이다.]

4 "소연의 시대"는 남조 양나라를 가리킨다. 소연은 양나라의 개국 황제다.—옮긴이

5 "天下興亡, 匹夫有責."[고염무顧炎武, 『일지록日知錄』「정시正始」]

6 복의지쟁濮議之爭은 북송 영종英宗의 생부 복안의왕濮安懿王(복왕)을 추존하는 전례와 관련된 논쟁을 말한다. 인종仁宗이 아들이 없어서 복왕의 아들 영종이 왕위를 계승하게 되었는데, 영종은 즉위한 다음해에 복왕을 추존하는 전례를 논의하게 했다. 여회呂誨·범순인范純仁·여대방呂大防·사마광司馬光 등은 인종을 황고皇考(황제의 돌아가신 아버지)라 칭하고 복왕을 황백皇伯(황제의 백부)이라 칭해야 한다고 주장했다. 이에 맞서 한기韓琦와 구양수 등은 복왕을 황고라 칭해야 한다고 주장했다. 결국 영종은 복왕의 원릉園陵을 조성하고, 여회 등을 좌천시켰다.—옮긴이

7 이궁지안移宮之案은, 명나라 광종光宗이 즉위하자 광종의 총애를 받던 이선시李選侍가 어린 황태자 주유교朱由校를 돌보기 위해 황제가 거주하는 건청궁乾淸宮으로 들어갔는데 한 달도 채 되지 않아 광종이 죽고 난 뒤에도 건청궁에 머물길 고집하다가 결국 다른 궁으로 옮겨가게 된 사건이다. 이선시는 계속 건청궁에 머물면서 어린 황태자를 끼고 조정의 실권을 장악하고자 했는데, 양연楊漣·좌광두左光斗 등의 동림당東林黨 인사들이 궁을 옮기도록 강하게 압박했고, 결국 그녀는 건청궁에서 나와 인수전仁壽殿으로 가게 된다. 이는 후에 동림당을 제거하고자 하는 이들이, 선제의 뜻을 거스르고 황제의 서모를 핍박해 내쫓았다는 명목으로 동림당을 탄압하는 구실이 되기도 했다.—옮긴이

8 유안劉晏은 당대의 재정 관리자이자 경제 개혁가로, 일련의 개혁 조치를 통해 안사安史의 난 이후 당나라 경제의 회복과 발전에 큰 공헌을 했다. 그의 공헌은 관중管仲과 소하蕭何에 비견될 정도다.—옮긴이

9 양염楊炎은 당대의 정치가이자 재정 관리자다. 재상이 된 이후 그는 국가 세금이 황제의 사유화가 되지 않게 할 것을 가장 먼저 건의했는데, 덕종德宗은 그 건의를 받아들였다. 덕종은 또한 양염의 건의를 받아들여 조租·용庸·조調를 폐지하고 양세법兩稅法을 실시했다.—옮긴이

10 "長安風俗, 自貞元侈於遊宴, 其後或侈於書法圖畫, 或侈於博奕, 或侈於卜祝, 或侈於服食."

11 "京城貴游尚牡丹三十餘年矣. 春暮車馬若狂, 以不耽玩爲耻."

12 “外人不見見應笑, 天寶末年時世裝.”[「상양의 백발 궁녀上陽白髮人」]

13 천인커, 『원백시전증고』, 2쪽.

14 “自大中皇帝好儒術, 特重科第. (…) 故進士自此尤盛, 曠古無儔. (…) 僕馬豪華宴遊崇侈.”

15 “大道如青天, 我獨不得出行路難.”[이백, 「행로난行路難」]

16 “至於貞元末, 風流恣綺靡.”[「감회시感懷詩」]

17 대력십재자大歷十才子는 당 대종代宗 대력 연간의 10명의 시인으로 대표되는 시의 유파다. 그들은 모두 시의 형식적 기교에 편중했다. 이단李端·노윤盧綸·길중부吉中孚·한굉韓翃·전기錢起·사공서司空曙·묘발苗發·최동崔洞·경위耿湋·하후심夏侯審이 그 10명이다. 태평성세를 찬미하고 산수를 읊고 은일을 찬양하는 것이 이들 시의 기본적인 주제다.—옮긴이

18 이육二陸은 서진의 육기와 육운, 삼장三張은 서진의 장재張載·장협張協·장원張元을 가리킨다.—옮긴이

19 고잠高岑은 고적高適과 잠삼岑參을 대표로 하는 변새시파를 가리키고, 왕맹王孟은 왕유王維와 맹호연孟浩然을 대표로 하는 전원산수시파를 가리킨다.—옮긴이

20 내 생각에, 고병高棅이 '만당晩唐의 변화'라고 한 것은 사실 중당에 속한다.

21 “大歷·貞元中, 則有韋蘇州之雅澹, 劉隨州之閑曠, 錢·郎之淸贍, 皇甫之沖秀, 秦公緖之山林, 李從一之臺閣. 此中唐之再盛也. 下暨元和之際, 則有柳愚溪之超然復古, 韓昌黎之博大其詞, 張·王樂府, 得其故實, 元·白序事, 務在分明. 與夫李賀·盧仝之鬼怪, 孟郊·賈島之飢寒, 此晩唐之變也. 降而開成以後, 則有杜牧之之豪縱, 溫飛卿之綺靡, 李義山之隱僻, 許用晦之偶對.”

22 묘苗·최崔·노盧·경耿·길吉·이李는 대력십재자에 속하는 묘발·최동·노윤·경위·길중부·이단을 가리킨다.—옮긴이

23 황초黃初는 삼국시대 위나라 문제 조비의 연호다. 조비 시기의 문학 및 조비의 문학사적 지위에 대해서는 제5장을 참고하길 바란다.—옮긴이

24 왕·장은 왕건王建과 장적張籍을 가리킨다. 송염宋濂이 이 두 사람을 지나치게 화려하고 아름답다고 평가한 것은 오류인 듯하다. '장왕'으로 병칭되는 두 사람은 모두 악부시樂府詩에 능했는데, 이를 '장왕 악부'라고 한다. 장적의 시는 언어가 간결하고 쉽고 자연스러운 특징을 지니고 있으며, 각종 사회 모순을 반영하고 인민의 질고를 동정하는 내용이 주를 이룬다. 장적의 오언 율시 역시 수식과 조탁에 힘쓰지 않고 자연스러움 속에서 완곡함과 진지함을 잘 표현하고 있다. 왕건은 편폭이 비교적 짧은 칠언 가행歌行을 많이 지었는데, 언어는 역시 통속적이고 명확하며 민가의 색채가 짙다.—옮긴이

25 “至於大歷之際,錢·郎遠師沈·宋, 而苗·崔·盧·耿·吉·李諸家, 亦皆本伯玉而宗黃初. 詩道於是爲最盛. 韓·柳起於元和之間, (…) 元·白近於輕俗, 王·張過於浮麗.”

26 “元和而後, 詩道浸晩, 而人才故自橫絶一時. 若昌黎之鴻偉, 柳州之精工, 夢得之雄奇, 樂天之浩博, 皆大家材具也. (…) 東野之古, 浪仙之律, 長吉樂府, 玉川歌行, 其才具工力, 故皆過人. (…) 俊爽若牧之, 藻綺若庭筠, 精深若義山, 整密若丁卯, 皆晩唐錚錚者.”

27 천인커, 『원백시전증고』 참조.

28 "世事茫茫難自料, 春愁黯黯獨成眠."[「이담 원석에게寄李儋元錫」. 이담은 위응물韋應物의 친구로, 자字가 원석이다.]

29 "驚風亂颭芙蓉水, 密雨斜侵薜荔牆."[「류저우 성루에 올라 장저우·팅저우·펑저우·롄저우 4주의 자사刺史에게登柳州城樓寄漳汀封連四州」]

30 "巴山楚水淒涼地, 二十三年棄置身."[「양저우에서 만난 낙천이 술자리에서 나에게 주었던 시에 화답하노라酬樂天揚州初逢席上見贈」. 낙천은 백거이白居易의 자다. 유우석劉禹錫은 랑저우朗州·롄저우連州·쿠이저우夔州 등지에서 23년 동안 폄적 생활을 했다. 쿠이저우는 고대 파국巴國에 속하고, 랑저우와 롄저우는 고대 초국楚國에 속한다.]

31 "文章合爲時而著, 歌詩合爲事而作."(「원진에게 보내는 편지與元九書」)

32 "十年一覺揚州夢"[두목, 「마음을 달래다遣懷」]

33 "言及君臣理亂, 時有以激發人意."(『이장길 가시』 서李長吉歌詩敍」)

34 "若乃春風春鳥, 秋月秋蟬, 夏雲暑雨, 冬月祁寒, 斯四候之感諸詩者也. 嘉會寄詩以親, 離群托詩以怨."

35 "文之爲德也大矣. 與天地並生."

36 "寫天地之輝光, 曉生民之耳目."

37 "晉宋以還, 得者蓋寡."[「원진에게 보내는 편지」]

38 "非三代兩漢之書不敢觀."[「이익에게 답하는 편지答李翊書」]

39 "其辭質而徑, 欲見之者易喻也. 其言直而切, 欲聞之者深誡也. 其事核而實, 使採之者傳信也. 其體順而肆, 可以播於樂章歌曲也. 總而言之, 爲君·爲臣·爲民·爲物·爲事而作, 不爲文而作也."

40 "當君白首同歸日, 是我青山獨往時."[「대화大和 9년 11월 21일의 일에 느끼어 짓다九年十一月二十一日感事而作」]

41 감로지변甘露之變이란, 환관이 권력을 장악하고 있던 상황에서 문종文宗이 권력을 회복하기 위해 대화 9년(835)에 이훈李訓·정주鄭注 등을 통해 환관들을 모두 죽이고자 했던 사건이다. 감로가 내렸다는 거짓말로 환관들을 꾀어내 주살하려 했으므로 이 사건을 '감로지변'이라고 한다. 결국 실패로 돌아가 중요한 관리들이 도리어 환관들에게 피살되었고, 환관 세력은 더욱 극성을 부리게 되었다.—옮긴이

42 "窮通諒在天, 憂喜卽由己. 是故達道人, 去彼而取此."[「술잔 들고서把酒」]

43 "素垣夾朱門, (…) 主人安在哉,(…) 何如小園主, 拄杖閑即來. (…) 以此聊自足, 不羨大池臺."[「작은 정원에 부치는 글自題小園」]

44 "從小邱西行百二十步, 隔篁竹聞水聲如鳴佩環, 心樂之. 伐竹取道, 下見小潭, 水尤清冽. 全石以爲底, 近岸, 卷石底以出, 爲坻, 爲嶼, 爲嵁, 爲巖. 青樹翠蔓, 蒙絡搖綴, 參差披拂. 潭中魚可百許頭, 皆若空遊無所依. 日光下澈, 影布石上, 佁然不動, 俶爾遠逝, 往來翕忽, 似與遊者相樂. 潭西南而望, 斗折蛇行, 明滅可見, 其岸勢犬牙參互, 不可知其源. 坐潭上, 四面竹樹環合, 寂寥無人, 淒神寒骨, 悄愴幽邃. 以其境過清, 不可久居, 乃記之而去."[「소구 서쪽의 소석담 유람기至小丘西小石潭記」. 원화元和 4년(809)에 유종원柳宗元이 소석담에 놀러갔던 일을 기록한 글로, 영주팔기永州八記 가운데 4번째 작품이다.]

45 "只是要作文章, 令人觀賞而已."

46 “韓愈之於聖人之道, 蓋亦知好其名矣, 而未能樂其實.”[소식, 「한유론韓愈論」]

47 “人人盡說江南好, 遊人只合江南老. 春水碧於天, 畵船聽雨眠.”[위장, 「보살만·다들 강남이 좋다고 말하니人人盡說江南好」]

48 “相見時難別亦難, 東風無力百花殘. 春蠶到死絲方盡, 蠟炬成灰淚始乾.”[이상은, 「무제無題」]

49 “銀燭秋光冷畵屛, 輕羅小扇撲流螢. 天階夜色涼如水, 臥看牽牛織女星.”[두목, 「가을 저녁秋夕」]

50 “海日生殘夜, 江春入舊年.”[왕만王灣, 「북고산 아래에 머물며次北固山下」]

51 “風兼殘雪起, 河帶斷冰流.”[우량사于良史, 「겨울날 들판 바라보며 이찬부에게 부치다冬日野望寄李贊府」]

52 “雞聲茅店月, 人跡板橋霜.”[온정균溫庭筠, 「상산을 새벽에 거닐며商山早行」]

53 “盛唐句如海日生殘夜, 江春入舊年. 中唐句如風兼殘雪起, 河帶斷冰流. 晩唐句如雞聲茅店月, 人跡板橋霜. 皆形容景物, 妙絶千古, 而盛·中·晩界限斬然. 故知文章關氣運, 非人力.”

54 “花落子規啼, 綠窗殘夢迷.”[온정균, 「보살만·화려한 누각에 달은 밝고 그리움은 끝이 없어라玉樓明月長相憶」]

55 “夜夜夢魂休漫語, 已知前事無尋處”[풍연사馮延巳, 「접련화·창밖 추워지니 닭이 새벽을 알리고窓外寒鷄天欲曙」]

56 “風不定, 人初靜, 明日落紅應滿徑”[장선張先, 「천선자天仙子·「수조」 몇 가락을 술잔 들고서 듣는데水調數聲持酒聽」]

57 “無有遠近幽深” [『주역周易』「계사繫辭」에 나오는 말로, 점쳐서 알고자 하는 것이 멀리 있든 가까이 있든 외진 곳에 있든 깊숙한 곳에 있든 『역』을 통해 장차 사물의 변화를 알 수 있다는 내용이다. 한편 본문에서 인용한 담헌譚獻의 『복당사화復堂詞話』 서문에서는, 사가 항상 풍風과 관련되어 있음을 말한 것이다. ‘풍’은 『시경』의 풍을 가리키며, 담헌은 이 글에서 사가 시의 풍·아雅·송頌과 관련이 있음을 말하고 있다. 그는 특히 풍을 강조하고 있는데, 이는 풍이 민간가요에 뿌리를 두고 있기 때문이다. 이 글의 처음에서는 “사를 시여라고 하는데, 사는 시지여(시의 잔여)일 뿐만 아니라 악부지여(악부의 잔여)다詞謂詩餘, 非徒詩之餘, 而樂府之餘也”라고 했다. 시는 원래 노래할 수 있는 것이었는데 노래할 수 없게 되자, 노래할 수 있는 시로서의 사가 민간으로부터 나오게 되었다는 것이 사의 유래에 관한 일반적인 학설이다. ‘악부’는 바로 노래할 수 있는 시이자 민간가요라고 할 수 있다. 담헌은 노래할 수 있는 시로서의 사의 특징과 더불어 사의 비흥比興을 강조했다. 이는 그가 사의 형식보다는 비흥과 함축을 중요하게 여긴 상주사파常州詞派의 사론을 받아들였던 것과 관계가 있다.]

58 “其感人也尤捷, 無有遠近幽深, 風之使來. 是故比興之義, 升降之故, 視詩較著.”

59 “詩有賦比興, 詞則比興多於賦.”

60 “夢後樓臺高鎖, 酒醒簾幕低垂. 去年春恨卻來時, 落花人獨立, 微雨燕雙飛.”[「임강선臨江仙·꿈에서 깨어나니 누대의 문은 굳게 잠겨 있고夢後樓臺高鎖」]

61 “佇倚危樓風細細, 望極春愁, 黯黯生天際. 草色煙光殘照裡, 無言誰會憑欄意. 擬把疏狂圖一醉, 對酒當歌, 强樂還無味. 衣帶漸寬終不悔, 爲伊消得人憔悴.”[「접련화·높은 누각에 우두커니 기대섰는데 바람은 산들산들佇倚危樓風細細」]

62 "漠漠輕寒上小樓, 曉陰無賴似是窮秋, 淡煙流水畵屛幽. 自在飛花輕似夢, 無邊絲雨細如愁, 寶簾閑掛小銀鉤."[「완계사浣溪沙·안개 자욱하고 서늘한데 작은 누각에 오르니漠漠輕寒上小樓」]

63 "眞珠簾捲玉樓空, 天淡銀河垂地. 年年今夜, 月華如練, 長是人千里. 愁腸已斷無由醉, 酒未到, 先成淚. 殘燈明滅枕頭欹, 諳盡孤眠滋味. 都來此事, 眉間心上, 無計相回避."[「어가행御街行·꽃잎 가득한 섬돌에 낙엽은 잇달아 떨어지고紛紛墜葉飄香砌」]

64 "綠樹聽鵜鴂, 更那堪, 鷓鴣聲住, 杜鵑聲切. 啼到春歸無尋處, 苦恨芳菲都歇! 算未抵人間離別."[「하신랑賀新郎·사촌 동생 무가를 전송하며別茂嘉十二弟」]

65 "向晩意不適, 驅車登古原. 夕陽無限好, 只是近黃昏."[「낙유원에 올라登樂遊原」]

66 "浮生長恨歡娛少, 肯愛千金輕一笑. 爲君持酒勸斜陽, 且向花間留晩照."[송기宋祁, 「옥루춘玉樓春·동성의 풍광이 점점 좋아짐을 느끼나니東城漸覺風光好」]

67 "翠葉藏鶯, 朱簾隔燕, 爐香靜逐游絲轉. 一場愁夢酒醒時, 斜陽卻照深深院."[안수, 「답사행踏莎行·오솔길에 붉은 꽃 드문데小徑紅稀」]

68 "汲汲顧景, 唯恐不及."[사마광, 『자치통감資治通鑑』 제185권. 여자와 술에 빠져 지내던 수隋 양제煬帝가 나라가 위태로워진 뒤로는 조회가 끝나면 바로 옷을 갈아입고 지팡이를 쥐고서 궁전 곳곳과 사방 경치를 둘러봤다고 한다.]

69 "凡斯種種, 感盪心靈, 非陳詩何以展其義. 非長歌何以騁其情."[종영, 『시품』 서문]

70 "神用象通, 情變所孕. 物以貌求, 心以理應."[『문심조룡』「신사神思」]

71 "寥寥長風"[『이십사시품二十四詩品』「웅혼雄渾」]

72 "蓬蓬遠春"[『이십사시품』「섬농纖穠」]

73 "落花無言, 人淡如菊"[『이십사시품』「전아典雅」]

74 '생각思'은 작자의 사상과 감정을 말하고, '환경境'은 묘사 대상 즉 객관 사물을 말한다. 이처럼 양자의 조화로운 어우러짐을 정경교융情景交融이라고 하는데, "환경과 뜻의 어우러짐境與意會"(소식) "정신과 환경의 합일神與境合"(왕세정王世貞) 등도 정경교융을 표현한 말이다.—옮긴이

75 육조六朝시대에는 문장을 문文과 필筆로 나누었는데, 운韻이 있는 것을 문이라 하고 운이 없는 것을 필이라 했다.—옮긴이

76 "近而不浮, 遠而不盡, 然後可以言韻外之致耳."[「시를 논하며 이생에게 보내는 편지與李生論詩書」. '가깝다'는 것은 구체적이고 생동적인 시의 형상을 두고 한 말로, 이 경우에는 자칫 표현이 부박해지기 쉽다. '멀다'는 것은 표현하기 어려운 경지를 두고 한 말로, 이 경우에는 자칫 직설적으로 다 설명해버리게 된다. 그래서 "가까워도 부박하지 않고 멀어도 다함이 없는 뒤라야 운외지치韻外之致를 말할 수 있다"고 한 것이다. '운외지치'는 언어를 뛰어넘은 함축적 의미를 지닌 운치를 가리킨다. 운외지치의 운외는 운내韻內와 상대되는 말로, '운내'는 시의 언어로 전달할 수 있는 의미에 해당하고 '운외'는 시의 언어로 전달되는 의미 너머의 함축적인 의미를 가리킨다.]

77 「시를 논하며 이생에게 보내는 편지」—옮긴이

78 「극포에게 보내는 편지與極浦書」. 극포極浦는 왕극汪極으로, 사공도司空圖의 친구다.—옮긴이

79 「극포에게 보내는 편지」—옮긴이

80 "味在酸鹹之外" [사공도는 「시를 논하며 이생에게 보내는 편지」에서 시의 맛을 음식의 맛에 비유하여 설명하면서 신맛과 짠맛 너머의 순미醇美한 맛을 강조했다. 이 순미한 맛이야말로 그가 강조한 "맛 너머의 맛味外之旨"이라 하겠다.]

81 "可望而不可置於眉睫之前" [「극포에게 보내는 편지」에서 사공도가 인용한 대용주戴容州(대숙륜戴叔倫)의 말이다. 인용문은 다음과 같다. "시인이 그려내는 경물은, 란텐에 해가 따뜻하게 비치면 좋은 옥에서 아지랑이가 피어오르는 것과 같으니 멀리서 바라볼 수는 있지만 눈앞에 가져다 놓을 수는 없다詩家之景, 如藍田日暖, 良玉生煙, 可望而不可置於眉睫之前."]

82 『창랑시화』「시변」—옮긴이

83 "漢魏尚矣, 不假悟也."[『창랑시화』「시변」]

84 공령空靈은 텅 비어 있는 듯하면서도 생동감이 있는 것, 맑고 영롱한 것, 청신한 것 등을 의미한다.—옮긴이

85 송대 초에 황체복黃體復이 『익주명화록益州名畫錄』에서 일품逸品을 신품神品·묘품妙品·능품能品 위에 두었는데, 이것이 갈수록 정론이 되었다.

86 「신종 황제에게 올리는 상서上神宗皇帝書」(1069)와 「다시 황제에게 올리는 상서再上皇帝書」(1070)를 가리킨다. 두 상서 모두 왕안석王安石의 변법에 반대하는 내용을 담고 있다.—옮긴이

87 희녕변법熙寧變法은 왕안석이 추진한 변법을 가리킨다. 희녕(1068~1077)은 신종의 연호다. 왕안석은 북송의 부국강병을 위해 다양한 개혁을 추진했지만 반대 세력의 강한 반발을 불러일으켰고 최종적으로는 실패하고 말았다.—옮긴이

88 영왕永王은 현종의 열여섯째 아들 이인李璘이다. 이백은 안녹산安祿山의 난을 평정하는 데 공을 세우고자 하는 포부를 품고 영왕의 막료로 들어갔다. 그런데 영왕을 경계하던 숙종肅宗이 결국 영왕의 군대를 반란군으로 간주했고, 이백은 이에 연루되어 유배된 적이 있다.—옮긴이

89 "而今識盡愁滋味, 欲說還休, 欲說還休, 卻道天涼好個秋."[신기질, 「추노아·박산에 가는 도중에 벽에다 적다」]

90 "寄蜉蝣於天地, 渺滄海之一粟. 哀吾生之須臾, 羨長江之無窮."

91 "自其變者而觀之, 則天地曾不能以一瞬, 自其不變者而觀之, 則物與我皆無盡也."

92 "惟江上之淸風, 與山間之明月, (…) 是造物者之無盡藏也, 而吾與子之所共適."

93 "道士顧笑, 予亦驚悟. 開戶視之, 不見其處."

94 "世路無窮, 勞生有限, 似此區區長鮮歡. 微吟罷, 憑征鞍無語, 往事千端."[「심원춘沁園春·쓸쓸한 객사에 등불은 푸르고孤館燈青」]

95 "世事一場大夢, 人生幾度新涼, 夜來風葉已鳴廊, 看取眉頭鬢上."[「서강월西江月·세상사 한바탕 꿈일지니世事一場大夢」. '신량新涼'은 '새롭게 맞게 될 가을'을 의미하는 동시에 '새롭게 맞게 될 인생의 풍파'를 의미하기도 한다.—옮긴이]

96 "驚起卻回頭, 有恨無人省, 揀盡寒枝不肯棲, 寂寞沙洲冷."[「복산자卜算子·이지러진 달은 성긴 오동나무에 걸려 있고缺月掛疏桐」]

97 "料峭春寒吹酒醒, 微冷, 山頭斜照卻相迎. 回首向來蕭瑟處, 歸去, 也無風雨也無晴."[「정풍파定風波·숲에 들이치는 빗소리 듣지 말지니莫聽穿林打雨聲」]

98 "夜飮東坡醒復醉, 歸來彷彿三更. 家童鼻息已雷鳴. 敲門都不應, 倚杖聽江聲. 長恨此身非我有, 何時忘卻營營. 夜闌風靜縠紋平. 小舟從此逝, 江海寄餘生."[「임강

선·밤늦도록 동파에서 술 마시다가 깨었다 다시 취했는데夜飮東坡醒復醉」]
99 엽몽득葉夢得을 가리킨다.—옮긴이
100 '오대시안烏臺試案'으로 인해 소식이 황저우黃州로 폄적되어 있던 때였기 때문에 '죄인'이라고 표현한 것이다.—옮긴이
101 "采菊東籬下, 悠然見南山. (…) 此中有真意, 欲辨已忘言."[「음주飮酒」 제5수]
102 "方山子 (…) 庵居蔬食, 不與世相聞. 棄車馬, 毁冠服, 徒步往來山中, 人莫識也. (…) 然方山子世有勛閥, 當得官, 使從事於其間, 今已顯聞. 而其家在洛陽, 園宅壯麗, 與公侯等. 河北有田, 歲得帛千匹, 亦足以富樂. 皆棄不取, 獨來窮山中, 此豈無得而然哉. 余聞光黃間多異人, 往往佯狂垢汚, 不可得而見. 方山子儻見之歟."
103 "人生到處知何似, 應似飛鴻踏雪泥. 泥上偶然留印爪, 鴻飛那復計東西."[「멘츠에서의 추억을 노래한 자유의 시에 화답하다和子由澠池懷舊」. 자유는 소식의 동생 소철蘇轍로, 이 시는 소철이 소식에게 보낸 「멘츠에서의 일을 추억하며 자첨 형에게懷澠池寄子瞻兄」라는 시에 대한 소식의 화답시다.]
104 "莫聽穿林打葉聲, 何妨吟嘯且徐行."[「정풍파·숲에 들이치는 빗소리 듣지 말지니」]
105 "鬢微霜, 又何妨."[「강성자江城子·미저우에서 사냥하다密州出猎」]
106 루쉰의 『중국소설사략中國小說史略』에 나오는 구절이다. 루쉰은 『홍루몽紅樓夢』의 주인공 가보옥賈寶玉의 집안에 거듭 일어난 변고를 서술하면서, "슬프고 처량한 안개가 화려한 숲을 뒤덮고 있었지만 이를 호흡하고 깨달았던 이는 오직 보옥뿐이었다"고 했다.—옮긴이

제9장 송·원 산수의 의경

1 "峰岫嶢嶷, 雲林森渺."
2 "其畫山水, 則群峰之勢, 若鈿飾犀櫛, 或水不容泛, 或人大於山. 率皆附以樹石, 映帶其地, 列植之狀, 則若伸臂布指."
3 텅구滕固, 『당송회화사唐宋繪畫史』 참조.
4 푸시녠傅熹年, 「「전자건유춘도」의 연대에 관한 연구關於展子虔遊春圖年代的探討」(『문물』, 1978년 제11기) 참조.
5 "狀石 (…) 如冰澌斧刃. 繪樹則刷脈鏤葉, (…) 功倍愈拙, 不勝其色."
6 "山水之變, 始於吳, 成於二李."[『역대명화기』]
7 "李思訓數月之功, 吳道子一日之迹"[『당조명화록唐朝名畫錄』. 당 명황明皇(현종)이 오도자에게 대동전大同殿에 그림을 그리게 했는데 하루 만에 다 그렸다. 명황은 이사훈李思訓에게도 대동전에 그림을 그리게 했는데 몇 달이 걸려서야 다 그렸다. 이때 명황이 "이사훈의 여러 달 공적, 오도자의 하루 행적은 모두 그 신묘함을 다했다"고 말했다.]
8 "所畫掩障, 夜聞水聲"[『당조명화록』. 명황이 이사훈에게 대동전 벽과 가림벽에 그림을 그리게 한 일이 있었다. 그 뒤에 명황이 이사훈에게 말하길, "그대가 가림벽에 그린 그림에서 밤마다 물소리가 들리니, 신통력을 지닌 고수로다"라고 했다.]
9 후세 사람은 형호荊浩를 가리킨다. 곽약허郭若虛의 『도화견문지圖畫見聞誌』에

의하면 형호가 이렇게 말했다고 한다. "산수를 그리는 데 있어서 오도자는 붓은 있되 먹은 없고, 항용은 먹은 있되 붓은 없는데, 나는 마땅히 두 사람의 장점을 취하여 일가의 체재를 이루겠다吳道子畵山水, 有筆而無墨, 項容有墨而無筆, 吾當採二子之所長, 成一家之體."—옮긴이

10 "吳生每畵, 落筆便去, 多使琰與張藏布色."

11 "堂上不合生楓樹, 怪底江山起煙霧."[「펑셴의 유소부가 그린 산수 병풍에 대한 노래奉先劉少府新畵山水障歌」. 소부는 당나라 때 현위縣尉의 존칭으로, 유소부는 그 당시 펑셴 현위였던 유단劉單을 가리킨다.]

12 "張璪畵古松, 往往得神骨."[「화송畵松」]

13 사녀仕女는 '사녀士女'라고도 하며 봉건시대 중상층에 속하는 미녀로 중국화의 주요 제재였다.—옮긴이

14 "若論佛道·人物·士女·牛馬, 則近不及古. 若論山水·林石·花竹·禽魚, 則古不及近."

15 "本朝畵山水之學, 爲古今第一."

16 화간파花間派는 농염하고 섬세한 풍격을 지닌 만당·오대의 사파詞派로, 대표적 인물은 온정균과 위장이다. 이 유파에 속하는 사인들의 작품이 『화간집花間集』에 실려 있다.—옮긴이

17 "直以太平盛世, 君親之心兩隆, (…) 然則林泉之志, 煙霞之侶, 夢寐在焉, 耳目斷絶. 今得妙手郁然出之, 不下堂筵, 坐窮泉壑. 猿聲鳥啼, 依約在耳, 山光水色, 滉漾奪目, 此豈不快人意實獲我心哉. 此世之所以貴夫畵山水之本意也."

18 "渡口只宜寂寂, 人行須是疏疏." [왕유王維, 「화학 비결畵學秘訣」]

19 "野橋寂寞, 遙通竹塢人家. 古寺蕭條, 掩映松林佛塔."[이성李成, 『산수결山水訣』]

20 "非無舟人, 止無行人"[등춘鄧椿, 『화계畵繼』]

21 "畵山水惟營丘李成·長安關仝·華原范寬, (…) 三家鼎峙, 百代標程."

22 "夫氣象蕭疏, 煙林淸曠, (…) 營丘之制也. 石體堅凝, 雜木豐茂, (…) 關氏之風也. 峰巒渾厚, 勢狀雄强, (…) 范氏之作也."

23 퉁수예童書業, 『당송회화담총唐宋繪畵談叢』, 48쪽, 중국고전예술출판사, 1968.

24 "齊魯之士唯摹營丘, 關陝之士唯摹范寬."[『임천고치』 제노齊魯는 산둥, 관섬關陝은 산시陝西에 해당한다. 이성李成의 출신지인 영구營丘(잉추)와 범관范寬의 출신지인 화원華原(화위안)은 각각 산둥과 산시에 있다.—옮긴이

25 칭저우靑州 역시 산둥에 있다.—옮긴이

26 "煙林平遠之妙始自營丘."

27 "成之爲畵, (…) 掃千里於咫尺, 寫萬趣於指下. (…) 林木稠薄, 泉流深淺, 如就真景."

28 "李成之筆, 近視如千里之遠, 范寬之筆, 遠望不離坐外."

29 "山從人面起, 雲傍馬頭生."[이백, 「촉 땅으로 들어가는 벗을 전송하며送友人入蜀」]

30 "卜居於終南太華岩隈林麓之間, 而覽其雲煙慘淡風月陰霧難狀之景. (…) 則千岩萬壑, 恍然如行山陰道中, 雖盛署中, 凜凜然使人急欲挾纊也."

31 "太行山 (…) 因驚其異, 遍而賞之. 明日攜筆復就寫之. 凡數萬本, 方如其真."

32 "畵者, 畫也. 度物象而取其真. (…) 苟似可也, 圖真不可及也."

33 "似者得其形, 遺其氣. 真者氣質俱盛."

34 "四時之景不同也. (…) 朝暮之變不同也."[『임천고치』]

35 "真山水之煙嵐, 四時不同. 春山淡冶而如笑. 夏山蒼翠而如滴. 秋山明淨而如妝. 冬山慘淡而如睡. 畵見其大意而不爲刻畵之跡."

36 "山水有可行者, 有可望者, 有可遊者, 有可居者. (…) 但可行可望不如可居可遊之爲得."

37 "看此畵令人生此意, 如真在此山中, 此畵之景外意也."

38 "楚塞三湘接, 荊門九派通. 江流天地外, 山色有無中. 郡邑浮前浦, 波瀾動遠空, 襄陽好風日, 留醉與山翁."[「한수漢水에 배 띄우고 조망하다漢江臨眺」]

39 "巨障高壁, 多多益壯" [『도화견문지』에 나오는 말로, 곽희의 그림에 대한 설명이다.]

40 "溪橋漁浦洲渚掩映" [미불의 『화사畵史』에 나오는 말로, 동원董源의 그림에서 묘사한 강남의 풍경을 이른 것이다.]

41 도연명, 「전원으로 돌아와 살면서」 제1수.—옮긴이

42 "采菊東籬下, 悠然見南山. 山氣日夕佳, 飛鳥相與還."[도연명, 「음주」 제5수]

43 "무릇 산수에 있어서는 반드시 이성을 고금의 제일로 여긴다凡稱山水者, 必以成爲古今第一"(『선화화보宣和畵譜』), "이성은 고금의 일인자다李成 (…) 古今一人"(『민지연담澠池燕談』) 등 송대에 기록이 끊이지 않았다.

44 '무이론無李論'은 세상에 전해지는 이성의 작품은 없다는 주장으로, 미불이 제기한 것이다.—옮긴이

45 "尤工秋嵐遠景, 多寫江南真山, 不爲奇峭之筆."(심괄沈括, 『몽계필담夢溪筆談』) 그런데 『선화화보』에서는 동원의 그림에 대해, "첩첩 이어진 산과 절벽이 보는 사람에게 장엄함을 느끼게 한다重巒絶壁, 使人觀而壯之"고 했다. 지금은 일단 세상에 전해지는 작품 및 일반적인 평론을 기준으로 삼았다.

46 퉁수예의 『당송회화담총』에서 이미 이 점을 지적했다.

47 송대 한림도화원翰林圖畵院 및 그 이후 궁정 화원에 속한 화가들이 그린 직업화가 양식의 정교한 회화를 원체화院體畵 혹은 원체院體·원화院畵라 하고, 이러한 회화 유파를 원체화파院體畵派 혹은 원체파라고 한다.—옮긴이

48 "孔雀升高必先擧左."(등춘, 『화계』) [휘종이 화원의 화가들이 그린 공작 그림의 잘못을 지적하며 그 근거로 제시한 말이다.]

49 등춘, 『화계』. 앞의 공작 이야기와 더불어 대부분의 중국 미술사 서적에서 인용하는 이야기다. [월계화 이야기 역시 휘종이 한 말로, 해당 원문은 다음과 같다. "월계화를 잘 그리는 사람은 드물다. 사계절과 아침·저녁에 따라 꽃·꽃술·잎이 모두 다르다月季鮮有能畵者. 蓋四時·朝暮·花·蕊·葉皆不同."]

50 텅구, 『당송회화사』, 제7장 참조.

51 진선陳善의 『문슬신어捫蝨新語』 및 등춘의 『화계』 참조.

52 "嫩綠枝頭紅一點, 動人春色不須多." [왕안석의 「석류화를 노래하다詠石榴花」에 나오는 다음 구절을 변용한 것이다. "온통 짙게 푸른 가지에 붉은 꽃 한 송이, 사람을 감동시키는 봄빛은 많을 필요가 없다네濃綠萬枝紅一點, 動人春色不須多."]

53 "蝴蝶夢中家萬里"[최도崔塗, 「나그네의 심경旅懷」]

54 "踏花歸去馬蹄香"[작자 미상, 「서자고瑞鷓鴣」]

55 "含不盡之意見於言外" [『송사宋史』「문원文苑」에 나오는 매요신梅堯臣의 말로, 구

양수의 『육일시화六一詩話』에서도 이를 인용하고 있다.]

56 위응물韋應物의 「추저우의 서쪽 시내滁州西澗」에 나오는, "야외 나루터엔 사람 없고 배는 멋대로 떠 있네野渡無人舟自橫"라는 시구를 원용한 것이다.—옮긴이

57 "所試之題如野水無人渡, 孤舟盡日橫, 自第二人以下, 多繫空舟岸側, 或拳鷺於舷間, 或棲鴉於蓬背. 獨魁則不然. 畵一舟人, 臥於舟尾, 橫一孤笛, 其意以爲非無舟人, 止無行人耳."

58 여기에 나오는 시정詩情과 화의畵意를 '유아지경' '무아지경'과 혼동하지 않도록 주의해야 한다. 무인無人은 결코 '무아'가 아니고, 유인有人은 결코 '유아'가 아니다. 또한 이 책에서 말하는 유아지경과 무아지경은 왕궈웨이王國維가 말한 것과도 결코 같지 않다.

59 "竹鎖橋邊賣酒家" [이 시제의 핵심은 '쇄鎖(가두다)'에 있다. 다들 대숲·다리·술집은 묘사해도 '쇄'에 해당하는 의경을 표현하지 못했다. 그런데 당지계唐志契의 『회사미언繪事微言』에 의하면, 이당李唐이 술집을 화면에 드러내지 않으면서도 술집 깃발을 통해 술집이 대숲 속에 있음을 표현해내 일등을 차지했다고 한다.]

60 "嘗試'竹鎖橋邊賣酒家', 人皆可以形容, 無不向酒家上著工夫. 惟一善畵但於橋頭竹外掛一酒簾, 書'酒'字而已, 便見得酒家在竹內也."

61 "郁郁乎文哉."[『논어』 「팔일八佾」]

62 곽희에서부터 조영양趙令穰과 이당에 이르기까지를 북송에서 남송으로의 점진적 과도 과정으로 볼 수 있다.

63 "春山煙雲連綿, 人欣欣. 夏山嘉木繁陰, 人坦坦."[『임천고치』]

64 '잉수잔산剩水殘山'은 파괴된 산하를 의미하며, 나라가 망하거나 전란을 겪은 이후의 경물을 나타낼 때 사용하는 말이다. 마원馬遠과 하규夏珪를 '잉수잔산'이라고 부르는 것은 그들의 그림이 전통적인 전경全景의 구도와 달리 한쪽에 치우쳐 여백이 많은 구도를 취하고 있기 때문이다. 한 귀퉁이一角의 경치, 절반半邊의 경치만을 표현했다고 해서 두 사람을 각각 마일각馬一角, 하반변夏半邊이라고 부른다. 이러한 그림이 북쪽 지역을 이민족에게 빼앗긴 남송의 상황을 상징하는 것이라고 해석하는 이도 있다.—옮긴이

65 마원과 하규 역시 큰 화폭의 산수, 총체적인 산수를 그릴 수 있었다. 여기서는 다만 그들의 공인된 독창성에 대해 말한 것이다.

66 "虛實相生, 無畵處均成妙境."(달중광笪重光, 『화전畵筌』)

67 "意在言外"[사마광, 『온공속시화溫公續詩話』]

68 "此時無聲勝有聲."[백거이, 「비파행琵琶行」]

69 "狀難寫之景如於目前, 含不盡之意" [『송사』 「문원」에 나오는 매요신의 말로, 구양수의 『육일시화』에서도 이를 인용하고 있다.]

70 형荊·관關·동董·거巨는 각각 형호·관동關仝·동원·거연巨然을 가리킨다.—옮긴이

71 유劉·이李·마馬·하夏는 각각 유송년劉松年·이당·마원·하규를 가리킨다.—옮긴이

72 "山水畵至大小李一變也. 荊·關·董·巨又一變也. 李成·范寬又一變也. 劉·李·馬·夏又一變也. 大痴·黃鶴又一變也."

73 이당·유송년·마원·하규 중에서 이당만 북송과 남송에 걸쳐 있고 나머지 세 사

람은 모두 남송에 속한다.—옮긴이

74 원사가元四家는 원대 산수화의 대표적인 네 명의 화가를 합쳐 부르는 말이다. 왕세정의 『예원치언藝苑卮言』에서는 조맹부趙孟頫·오진吳鎭·황공망黃公望·왕몽王蒙을 원사가라고 했다. 동기창董其昌의 『용대별집容臺別集』에서는 황공망·왕몽·예찬倪瓚(예운림倪雲林)·오진을 원사가라고 했다.—옮긴이

75 "學而優則仕" [『논어』「자장子張」에 나오는 구절로, 다음 두 가지로 해석할 수 있다. "배워서 뛰어나면 벼슬을 한다." "배우고 여유가 있으면 벼슬을 한다." 문맥을 고려하여 전자로 해석했다.]

76 "人物以形模爲先, 氣韻超乎其表. 山水以氣韻爲主, 形模寓乎其中."

77 "僕之所謂畵者, 不過逸筆草草, 不求形似, 聊以自娛耳."[『청비각집淸閟閣集』「장조중에게 보내는 답신答張藻仲書」]

78 "余之竹聊以寫胸中之逸氣耳, 豈復較其似與非."[「「소죽도」 제발疏竹圖題跋」]

79 "墨戱之作, 蓋士大夫詞翰之餘, 適一時之興趣."(『철망산호鐵網珊瑚』, 천헝거陳衡恪의 「문인화의 가치文人畵之價値」에서 재인용.)

80 철선묘鐵線描는 주로 인물화의 의복 주름을 표현하는 데 사용하는 기법으로, 선의 굵기 변화가 없으며 꼿꼿하여 철사와 같은 느낌을 주기 때문에 붙여진 이름이다.—옮긴이

81 순채묘蓴菜描는 선의 리듬감이 풍부한 기법으로, 옷소매가 순채와 같이 너울거리며 생동감을 주기 때문에 붙여진 이름이다.—옮긴이

82 조의출수曹衣出水는 마치 물에서 막 나온 듯 옷이 몸에 밀착되도록 그리는 것으로, 북조 북제北齊의 조중달曹仲達이 창조한 화법이다.—옮긴이

83 쭝바이화宗白華, 「중국 시화에 표현된 공간감中國詩畵中所表現的空間感」(『신중화新中華』, 제10권 제10기) 참조.

84 비백飛白은 후한의 채옹蔡邕이 만든 서체라고 전해진다. 붓이 지나가는 선에 먹으로 채워지지 않은 흰 부분이 드러나며, 필체가 나는 듯하다고 해서 붙여진 이름이다.—옮긴이

85 "石如飛白木如籀, 寫竹還應八法通, 若也有人能會此, 須知書畵本來同." [조맹부趙孟頫가 「수석소림도秀石疏林圖」에 쓴 자제시自題詩다.]

86 "元人工書, 雖侵畵位, 彌覺其雋雅."

87 공청空青은 양매청楊梅青이라고도 한다. 공작의 날개와 같은 밝은 녹색을 띠며 장식물이나 안료로 쓰이는 광물인 공작석孔雀石의 일종이다.—옮긴이

88 오색五色은 청青·적赤·황黃·백白·흑黑을 가리킨다.—옮긴이

89 먹색을 운용하여 오색을 갖추는 것을 '묵분오색墨分五色'이라고 한다. 이는 물로 먹의 농도를 조절하여 먹색에 다양한 변화를 주는 기법이다. 묵분오색의 오색에 대한 설은 여러 가지가 있는데, 초焦·농濃·중重·담淡·청淸이라고도 하고 농濃·담淡·건乾·습濕·흑黑이라고도 한다. 후자에 백白을 추가한 것은 육채六彩라고 한다. 장언원은 안료를 사용하지 않아도 먹의 농도와 건습乾濕을 다양하게 조절함으로써 계절과 날씨에 따라 다른 산수의 빛깔을 표현할 수 있다고 여겼다.—옮긴이

90 "草木敷榮, 不待丹綠之采. 雲雪飄颺, 不待鉛粉而白. 山不待空青而翠, 鳳不待五色而粹. 是故運墨而五色俱, 謂之得意."

91 이상에서 사용된 단어는 순서대로 다음과 같다. 비침飛沈·섭방躍放·고습枯濕·농담濃淡·조희稠稀·종횡縱橫.—옮긴이

92 준皴은 준법皴法으로, 동양화에서 산이나 바위의 입체감과 질감을 나타내기 위해 사용한 기법을 말한다. 피마준披麻皴은 마麻를 찢어놓은 것 같은 주름이라는 뜻인데, 같은 방향의 선을 반복적으로 길게 그은 것으로 주로 남종화南宗畫에 사용되었다. 부벽준斧劈皴은 도끼로 찍어낸 듯한 주름이라는 뜻인데, 견고하고 날카로운 바위의 질감을 나타낼 때 사용하며 주로 북종화北宗畫에 사용되었다.—옮긴이

93 "意足不求顏色似, 前身相馬九方皋." [오진이 「묵죽보墨竹譜」에서 인용한 진간재陳簡齋(진여의陳與義)의 시 「묵매墨梅」에 나오는 구절이다.]

94 『열자列子』「설부說符」에 나오는 이야기다. 말을 잘 보는 백락伯樂이 진秦 목공穆公에게 구방고九方皋를 추천하자 목공이 구방고에게 천리마를 구해 오도록 명령했다. 석 달 만에 돌아온 구방고가 천리마를 찾았다고 했는데 누런 암컷이라고 했다. 목공이 다른 사람을 시켜 알아보니, 검은 수컷이었다. 목공이 백락을 불러서 탓하자 백락이 말하길, 구방고가 본 것은 천기天機(타고난 자질)이며, 정수를 얻었기에 부차적인 것은 잊은 것이며 내적 자질을 보느라 외적인 면은 잊은 것이라고 했다. 결국 그 말은 천리마였다.—옮긴이

95 "宋人寫樹, 千曲百折. (…) 至元時大痴仲圭一變爲簡率, 愈簡愈佳."

96 가행歌行은 악부시樂府詩에 속하는 체재로, 변화가 많고 오언과 칠언뿐 아니라 잡언도 있다.—옮긴이

97 "層巒疊翠如歌行長篇, 遠山疏麓如五七言絶. 愈簡愈入深永."

98 "山水之勝, 得之目, 寓諸心, 而形於筆墨之間者, 無非興而已矣."

99 "遠山一起一伏則有勢, 疏林或高或下則有情."

100 『세설신어』「문학文學」에 나오는 말이다. 유자숭庾子嵩이 「의부意賦」를 지었는데, 조카 문강文康이 그것을 보았다. 뜻이 있는 것이라면 다 표현할 수 없을 테고, 뜻이 없는 것이라면 무엇을 표현한 것이냐는 문강의 질문에 유자숭이 대답하길, "바로 뜻이 있음과 뜻이 없음의 사이에 있다正在有意無意之間"고 했다.—옮긴이

101 동기창의 『화선실수필畫禪室隨筆』에 나오는 다음 구절에서 나온 말이다. "선생(석전石田 즉 심주沈周)의 노련한 필법과 면밀한 구상은 원진元鎭(예운림)의 담박한 듯하고 성긴 듯한 것과는 정취를 달리할 뿐이다先生老筆密思, 於元鎭若淡若疏者異趣耳."—옮긴이

102 "元人幽亭秀木, 自在化工之外, 一種靈氣. 惟其品若天際冥鴻, 故出筆便如哀弦急管, 聲情竝集, 非大地歡樂場中可得而擬議者也."

103 "至平·至淡·至無意, 而實有所不能不盡者."

104 당시 회화에서 비단 대신 종이를 사용한 것은, 서화의 취향이 신속히 발전하게 된 도구적 조건이자 원인이다.

105 "蕭條淡泊, 此難畫之意. (…) 故飛走遲速, 意淺之物易見, 而閑和嚴靜, 趣遠之心難形."[「감화鑒畫」]

106 "欲記荒寒無善畫."[「가을 하늘의 구름秋雲」]

107 "豈復較其似與不似."[예찬, 『청비각집』「제화죽題畫竹」]

108 양주팔괴揚州八怪란 청대 중기에 양주揚州(양저우)에서 활동한 8명의 화가를 가리키는 말로, 양주화파라고도 한다. 양주팔괴에 누가 해당하는지에 대해서는 여러 설이 있는데, 일반적으로 나빙羅聘·이방응李方膺·이선李鱓·김농金農·황신黃愼·정섭鄭燮·고상高翔·왕사신汪士愼을 이른다.—옮긴이

109 "有條則不紊. (…) 有緒則不雜."

110 "因性之自然, 究物之微妙."

111 "畵者當以意寫之."

112 "高人勝士寄興寫意者, 愼不可以形似求之."

113 "論畵以形似, 見與兒童鄰. 賦詩必此詩, 定非知詩人."(소식, 「옌링 왕주부가 그린 절지화에 쓰다書鄢陵王主簿所畵折枝」)—옮긴이

114 "畵寫物外形, 要物形不改. 詩傳畵外意, 貴有畵中態."(조보지晁補之, 「이갑의 기러기 그림에 대한 소한림(소식)의 제화시에 화답하다和蘇翰林題李甲畵雁」)—옮긴이

115 "東坡有詩曰: '論畵以形似, 見與兒童鄰. 作詩必此詩, 定非知詩人.' 余曰, 此元畵也. 晁以道詩云, '畵寫物外形, 要物形不改. 詩傳畵外意, 貴有畵中態.' 余曰, 此宋畵也."

116 "先觀其氣象, 後定其去就, 次根其意, 終求其理."

117 "先觀天眞, 次觀筆意, 相對忘筆墨之跡, 方爲得趣."

118 "夜闌更秉燭, 相對如夢寐."[두보, 「강촌羌村」 제1수]

119 "今宵剩把銀釭照, 猶恐相逢是夢中."[안기도晏幾道, 「자고천鷓鴣天·고운 빛깔 소매 속 손으로 다정하게 귀한 술잔 받드니彩袖殷勤捧玉鍾」]

120 "小樓一夜聽春雨, 深巷明朝賣杏花."[육유, 「린안의 봄비가 갓 멈추고臨安春雨初霽」]

121 "杏花疏影裡, 吹笛到天明."[진여의, 「임강선·밤에 작은 누각에 올라 뤄양에서 노닐던 때를 추억하며夜登小閣憶洛中舊遊」]

122 "覺來紅日上窗紗, 聽街頭賣杏花."[왕원정王元鼎, 「취태평醉太平·한식寒食」]

123 "寒鴉千萬點, 流水繞孤村."[양광楊廣, 「야망野望」. '천만점千萬點'이 '비수점飛數點'으로 되어 있는 텍스트도 있다.]

124 "斜陽外, 寒鴉數點, 流水繞孤村."[진관秦觀, 「만정방滿庭芳·산은 옅은 구름 어루만지고山抹微雲」. '수점數點'이 '만점萬點'으로 되어 있는 텍스트도 있다.]

125 "枯藤老樹昏鴉, 小橋流水人家, 古道西風瘦馬."[마치원馬致遠, 「천정사天淨沙·추사秋思」]

126 유럽에서 스타인·실러·러스킨 등이 제기한 고전과 낭만, 소박한 시와 감상적 시 등도 이와 비슷하다. 이는 아마도 예술 변화의 보편적 규율일 것이다.

제10장 명·청의 문예사조

1 평화平話는 송·원 시기 민간에서 성행한 구비문학의 일종이다.—옮긴이

2 여기서는 '평화'라는 용어보다는 '설화說話'라는 용어가 더 적합하다. 송대 설화에는, 소설小說을 비롯하여 역사와 전쟁 이야기인 강사講史, 불경 이야기인 설경說經, 만담과 같이 언어유희의 성격을 지닌 설창說唱 기예인 합생合生이 있었다. 그

리고 소설 가운데 사랑 이야기인 연분煙粉, 신령과 요괴 이야기인 영괴靈怪, 색다른 이야기인 전기傳奇, 협객이 입신출세하는 이야기로 설공안說公案이라고도 하는 공안公案 등이 있었다.—옮긴이

3 설창문학은 강창講唱문학이라고도 하며, 설창예술의 문학 버전으로서 운문과 산문을 겸용하며 이야기와 노래가 병존하는 통속적인 문예 형식이다. 대표적인 설창문학으로는 당대의 변문變文, 송대의 고자사鼓子詞, 금대金代의 제궁조諸宮調, 명대의 탄사彈詞, 청대의 자제서子弟書 등이 있다.—옮긴이

4 지괴志怪는 "괴이한 것을 기록하다"라는 의미로, 주로 신선과 귀신 등에 관한 위·진 시대의 소설을 가리킨다.—옮긴이

5 당인唐人소설은 '전기傳奇'라고도 하며, 당대 문언 단편소설을 가리킨다.—옮긴이

6 "說國賊懷奸從佞, 遣愚夫等輩生嗔. 說忠臣負屈銜冤, 鐵心腸也須下淚. 講鬼怪, 令羽士心寒膽戰.論閨怨, 遣佳人綠慘紅愁. 說人頭廝挺, 令羽士快心. 言兩陣對圓, 使雄夫壯志."

7 포옹노인抱甕老人의 『금고기관今古奇觀』은 풍몽룡馮夢龍의 단편소설집 삼언三言(『유세명언喻世明言』『경세통언警世通言』『성세항언醒世恒言』)과 능몽초凌濛初의 단편소설집 양박兩拍(『초각박안경기初刻拍案驚奇』『이각박안경기二刻拍案驚奇』)에 나오는 이야기를 골라서 편찬한 책이다.—옮긴이

8 "極摹人情世態之歧, 備寫悲歡離合之致." [이 문장은 소화주인笑花主人이 「『금고기관』 서문今古奇觀序」에서, 풍몽룡의 삼언을 두고 한 말이다.]

9 무생武生은 중국 전통극의 남자 무사 역을 가리킨다.—옮긴이

10 화본話本이란 송대에 흥기한 백화白話소설로, 송·원 민간 예인이 설창에 사용하던 저본底本이었다. 통속적인 문장을 사용했으며, 주로 역사 이야기와 당시의 사회생활을 제재로 삼았다.—옮긴이

11 의화본擬話本이란 화본의 형식을 모방하여 창작한 소설로, 주로 명대 문인이 송·원 화본을 모방하여 지은 백화 단편소설을 가리킨다.—옮긴이

12 여기서 말하는 전기傳奇는 명·청 시기의 남곡南曲을 위주로 한 희곡을 가리킨다. 전기는 송·원의 남희南戲에서 발전한 것으로 원 잡극雜劇의 우수한 점도 흡수했다.—옮긴이

13 곤곡崑曲은 원래 곤산강崑山腔·곤강崑腔이라고 하는 중국 희곡의 곡조로서, 남희 계통에 속한다. 본래는 쑤저우蘇州 일대에 한정되어 있었는데, 만력萬曆 연간에 장강 이남 및 전당강錢塘江 이북까지 확산되었고 마침내 베이징까지 유입되었다. 이로써 곤곡은 명대 중기에서 청대 중기까지 영향력이 가장 큰 곡조가 되었다.—옮긴이

14 경극京劇은 중국에서 영향력이 가장 큰 희곡으로, 베이징을 중심으로 전국에 분포되어 있다. 원래 남방에서 공연하던 삼경三慶·사희四喜·춘대春臺·화춘和春의 4대 휘반徽班이 청대 건륭乾隆 연간에 잇달아 베이징으로 들어가 곤곡·진강秦腔 등의 곡조와 연출 기법과 세부 레퍼토리를 받아들이고 지방의 민간 곡조를 흡수해간 결과 마침내 경극이 형성되었다.—옮긴이

15 창唱·념念·주做·타打는 희곡의 4가지 표현 수단으로, 사공四功이라 부른다. '창'은 노래, '념'은 대사, '주'는 동작, '타'는 무공武功을 가리킨다.—옮긴이

16 소생小生과 소단小旦은 중국 희곡에서 배역行當의 종류로, 소생은 젊은 남자 배역에 해당하고 소단은 젊은 여자 배역에 해당한다.—옮긴이

17 양상亮相은 희곡의 표현 동작의 일종으로, 배우가 등장할 때나 퇴장하기 전이나 춤 동작을 끝낸 뒤의 짧은 멈춤을 말한다. 조소와 같은 자세를 취함으로써 인물의 형상을 집중적이면서도 두드러지게 나타낼 수 있다.—옮긴이

18 토자吐字는 교자咬字라고도 하며, 노래唱曲나 대사說白에서 전통의 음으로 글자를 읽는 것을 가리킨다.—옮긴이

19 성정聲情은 문장이나 노랫가락에서 소리가 전달하는 감정을 의미한다.—옮긴이

20 휘각徽刻은 후이저우徽州(휘주) 민간에서 간행한 서적을 가리킨다. 진홍수陳洪綬는 문인화와 민간예술을 융합하여 판화 예술을 새로운 경지로 끌어올린 인물로, 그의 목각 판화는 휘각 판화의 전형으로 일컬어진다.—옮긴이

21 '삼일치三一致 법칙'이란 극의 행위·시간·장소가 단일해야 한다는 서양의 연극이론으로, 삼일치의 법칙을 엄격하게 지키려면 연극은 하루를 넘지 않는 시간 내에 단일한 장소에서 일어나는 줄거리만을 다루어야 한다.—옮긴이

22 「취운루를 불태우다火燒翠雲樓」는 『수호전水滸傳』 66회 「시천이 취운루를 불태우고 오용은 지혜를 써서 대명부를 탈취하다時遷火燒翠雲樓, 吳用智取大名府」의 내용을 표현한 판화다.—옮긴이

23 수화곤水火棍은 관아에 속한 이들이 사용했던 몽둥이로, 붉은색과 검은색이 절반씩 칠해져 있다. 붉은색은 불을 의미하고 검은색은 물을 의미하는데, 여기에는 사사로운 정을 용납하지 않는다는 뜻이 담겨 있다.—옮긴이

24 왕보민王伯敏, 『중국판화사中國版畫史』, 77~78쪽, 83쪽, 상하이인민미술출판사, 1961.

25 "文必秦漢, 詩必盛唐."

26 전후칠자前後七子에 속하는 14명은 '복고'를 표방하고 "문필진한文必秦漢, 시필성당詩必盛唐"을 내세웠다. 전칠자에 속하는 이는 이몽양李夢陽·하경명何景明·왕구사王九思·변공邊貢·강해康海·서정경徐禎卿·왕정상王廷相이다. 후칠자에 속하는 이는 이반룡李攀龍·왕세정·사진謝榛·오국륜吳國倫·종신宗臣·서중행徐中行·양유예梁有譽다.—옮긴이

27 "士翕然爭拜門牆."

28 "南都士靡然向之."

29 대강大江은 장강을 가리키며, 대강 남북은 장강 중하류의 광대한 지역을 일컫는다.—옮긴이

30 연계燕薊는 지금의 베이징 일대에 해당한다.—옮긴이

31 "由之大江南北及燕薊人士無不傾動."

32 "夫私者, 人之心也."

33 "雖聖人不能無勢利之心."

34 고선古選은 남조 양나라 소통蕭統이 편찬한 중국 최초의 시문 선집인 『문선文選』을 가리킨다.—옮긴이

35 원본院本은 금대 희곡의 대표적 양식이다.—옮긴이

36 거자업擧子業은 거업擧業이라고도 한다. 주로 주희朱熹가 주석을 단 사서四書를 외우고 팔고문八股文(과거 답안에 쓰이던 문체)을 익히던 과거 공부를 거자업이라고

하는데, 여기에서는 바로 팔고문을 의미한다.—옮긴이

37 "詩何必古選, 文何必先秦. 降而爲六朝, 變而爲近體, 又變而爲傳奇, 變而爲院本, 爲雜劇, 爲西廂曲, 爲水滸傳, 爲今之擧子業. 皆古今至文, 不可得而時勢先後論也. 故吾因是而有感於童心者之自文也, 更說什麽六經, 更說什麽語·孟乎."

38 평점評點이란 책을 읽으면서 행간에 느낌과 깨달음을 적고 뛰어난 구절에 권점圈點을 찍는 것을 가리킨다.—옮긴이

39 "種種日用, 皆爲自己身家計慮, 無一釐爲人謀者. 及乎開口談學, 便說爾爲自己, 我爲他人, 爾爲自私, 我欲利他. (…) 翻思此等, 反不如市井小夫. 身履是事, 口便說是事. 作生意者但說生意, 力田作者但說力田. 鑿鑿有味, 真有德之言, 令人聽之忘厭倦矣."

40 경정향耿定向은 유가 성현의 권위를 부정하는 이지李贄를 이단으로 몰았고, 두 사람은 여러 해에 걸쳐 논쟁을 벌였다. 이들의 논쟁은 봉건 이데올로기와 진보사상의 충돌이라고 할 수 있다. 「경사구에게 답하는 편지答耿司寇」에 나오는 해당 인용문은 이지가 경정향의 언행이 일치하지 않음을 겨냥하여 한 말이다.—옮긴이

41 "夫童心者, 真心也. (…) 夫童心者, 絶假純眞, 最初一念之本心也."

42 "夫天生一人, 自有一人之用, 不待給於孔子而後足也. 若必待取足於孔子而後足, 則千古之前無孔子, 終不得爲人乎."

43 "先生旣見龍湖, 始知一切掇拾陳言, 株守俗見, 死於古人語下, 一段精光不得披露. 至是浩浩焉如鴻毛之遇順風, 巨魚之縱大壑. (…) 能轉古人, 不爲古轉. 發爲語言, 一一從胸襟流出."[원중도袁中道]

44 "有李百泉先生者, 見其『焚書』, 畸人也. 肯爲求其書, 寄我駘蕩否?" [이는 이지의 『분서焚書』가 처음 출간되었을 때 탕현조湯顯祖가 쑤저우 지부知府 석곤옥石昆玉에게 쓴 편지 「쑤저우 지부 석초양(석곤옥)寄石楚陽蘇州에게」에 나오는 말이다.]

45 풍유룡馮猶龍은 풍몽룡을 가리키며, 이 문장의 주어는 원무애袁無涯와 풍유룡 두 사람이다.—옮긴이

46 시채蓍蔡는 시초점과 거북점을 의미하며, 덕망이 높은 사람을 비유하기도 한다.—옮긴이

47 "酷嗜李氏之學, 奉爲蓍蔡."

48 삼원三袁은 명대 후기에 성령설을 주장한 공안파公安派의 대표 인물인 원종도袁宗道, 원굉도袁宏道(원중랑), 원중도袁中道를 가리킨다.—옮긴이

49 "獨抒性靈, 不拘格套, 非從自己胸臆流出, 不肯下筆. (…) 真人所作, 故多真聲. 不效顰於漢魏, 不學步於盛唐, 任性而發, 尚能通於人之喜怒哀樂嗜好情欲, 是可喜也."

50 소수小修는 원중도이고 『소수시小修詩』는 원중도의 시집이다. 이 글은 원중랑이 아우 원중도의 시집에 쓴 서문이다.—옮긴이

51 화조절花朝節은 꽃의 생일을 기념하는 날로 지역에 따라 음력 2월 2일, 2월 12일, 2월 15일 등 날짜가 다양하다.—옮긴이

52 "燕地寒, 花朝節後, 餘寒猶厲. 凍風時作, 作則飛沙走礫. 局促一室之內, 欲出不得. 每冒風馳行, 未百步輒返. 廿二日, 天稍和, 偕數友出東直, 至滿井. 高柳夾堤, 土膏微潤. 一望空闊, 若脫籠之鵠. 於是冰皮始解, 波色乍明, 鱗浪層層, 淸澈見底, 晶晶然如鏡之新開而冷光之乍出於匣也. 山巒爲晴雪所洗, 娟然如拭, 鮮豔明媚,如倩女之靧面而髻鬟之始掠也. 柳條將舒未舒, 柔梢披風, 麥田淺鬣寸許."
53 "但信手寫出, 便是宇宙間第一等好詩. (…) 唐宋而下, 文人莫不語性命, 談治道, 滿紙炫然, 一切自托於儒家. (…) 極力裝作, 醜態盡露."[「지현 모녹문(모곤茅坤)에게 보내는 두 번째 답신答茅鹿門知縣二」]
54 "項脊軒, 舊南閣子也. 室僅方丈, 可容一人居. 百年老屋, 塵泥滲漉, 雨澤下注. 每移案, 顧視無可置者. 又北向, 不能得日, 日過午已昏. 余稍爲修葺, 使不上漏. 前辟四窗, 垣牆周庭, 以當南日, 日影反照, 室始洞然. 又雜植蘭桂竹木於庭, 舊時欄楯, 亦遂增勝. 借書滿架, 偃仰嘯歌, 冥然兀坐, 萬籟有聲. 而庭階寂寂, 小鳥時來啄食, 人至不去. 三五之夜, 明月半牆, 桂影斑駁. 風移形動, 姍姍可愛. (…) 後五年, 吾妻來歸. 時至軒中, 從余問古事, 或憑几學書. 吾妻歸寧, 述諸小妹語曰: '聞姊家有閣子, 且何謂閣子也.' 其後六年, 吾妻死, 室壞不修. 其後二年, 余久臥病無聊, 乃使人復葺南閣子, 其制稍異於前. 然自後余多在外, 不常居. 庭有枇杷樹, 吾妻死之年所手植也. 今已亭亭如蓋矣."
55 당송팔대가唐宋八大家는 당대와 송대의 고문古文의 여덟 대가를 가리킨다. 당대의 한유·유종원, 송대의 구양수·왕안석·증공曾鞏·소순·소식·소철이다.—옮긴이
56 「연화락蓮花落」은 민간 속곡으로, 죽판竹板이나 북으로 박자를 맞춘다. 거지가 구걸할 때 「연화락」을 자주 불렀는데, 여러 기록에 의하면 당백호唐伯虎가 거지 분장을 하고서 놀았다고 한다.—옮긴이
57 "如乞兒唱蓮花落"[『예원치언』]
58 해원解元은 과거 향시鄕試의 수석 합격자를 가리킨다.—옮긴이
59 삼소인연三笑姻緣은 당백호가 추향秋香이라는 여종에게 첫눈에 반해 우여곡절 끝에 결국 부부의 인연을 맺게 된다는 이야기다. 두 사람의 우연한 첫 만남에서 추향이 당백호를 보며 세 번 웃었고 그 웃음에 당백호가 사랑에 빠져 결국 부부의 인연으로까지 발전하게 된다. 물론 이것은 사실이 아니라 오랫동안 민간에서 전해지면서 끊임없이 재창작되어 나온 이야기다.—옮긴이
60 상성相聲은 민간 설창예술로, 우스갯소리·만담·수수께끼·성대모사 등을 통한 풍자와 유머로 웃음을 자아내는 것이 특징이다. 혼자서 하는 단구單口 상성, 둘이서 하는 대구對口 상성, 셋 이상이 하는 군구群口 상성이 있다.—옮긴이
61 "第云理之所必無, 安知情之所必有邪."
62 "良辰美景奈何天, 賞心樂事誰家院."[『모란정牡丹亭』 제10출出 「경몽驚夢」. 단旦(여자 주인공)인 두여랑杜麗娘의 노래로 곡패曲牌는 '조라포皂羅袍'다.]
63 왕발王勃의 「등왕각서滕王閣序」에 나오는 다음 시에서 유래한 구절이다. "그림 그려진 마룻대엔 아침에 남포의 구름 날리고, 구슬주렴엔 저녁에 서산의 비가 말려 들어가네畵棟朝飛南浦雲, 珠簾暮卷西山雨."—옮긴이
64 "朝飛暮卷, 雲霞翠軒, 雨絲風片, 煙波畵船. 錦屛人忒看的這韶光賤."[『모란정』「경몽」. 곡패는 '조라포'이고 합창하는 부분이다.]
65 여기에는 두견새와 두견화의 이미지가 어우러져 있는데, 두견새가 피를 토하며 울고 그 피로 꽃이 붉게 물든 것이 두견화(진달래꽃)라는 전설이 있다.—옮긴이
66 "遍青山啼紅了杜鵑, 荼蘼外煙絲醉軟. 牡丹雖好, 他春歸怎占的先."[『모란정』「경몽」. 두여랑의 노래로 곡패는 '호저저好姐姐'다. 찔레나무(들장미)는 5월에 꽃이 핀

다. 그리고 모란 역시 5월에 꽃이 핀다. "모란이 좋다 한들, 봄이 돌아가는데 어찌 우위를 뽐내리"에는 꽃의 여왕 모란이 늦봄에야 피기에 봄이 얼마 남지 않았음을 안타까워하는 의미가 담겨 있다.]

67 "笙歌靡麗之中, 或有掩袂獨坐者, 則故臣遺老也. 燈炧酒闌, 唏噓而散."

68 '애강남哀江南'은 7개의 노래가 한 세트로 이루어진 북곡北曲으로, 소곤생蘇崑生이 남명南明이 멸망한 이후 다시 난징을 돌아다니며 본 처량한 상황을 노래하며 망국의 슬픔을 토로하고 있다.—옮긴이

69 진회하秦淮河는 난징 안을 흐르는 작은 강이다. 수사水榭는 물가에 지은 정자를 가리킨다.—옮긴이

70 오의항烏衣巷은 난징 동남쪽에 있는 곳으로, 동진東晉 시기 왕도王導와 사안謝安 등 귀족 관료의 저택이 모두 이곳에 있었다. 당나라 시인 유우석劉禹錫의 시 「오의항」은 오의항의 변화를 통해 고금의 흥망성쇠에 대한 감개를 표현했는데, 여기에서도 오의항은 이러한 시상詩想을 지닌다.—옮긴이

71 막수호莫愁湖는 난징 진회하 서쪽에 있는 호수로, 막수라는 여인의 이름을 딴 것이다. 남조 양나라 무제가 막수에게 반하여 그녀의 남편을 죽이고 막수를 자신의 여인으로 취하고자 했는데, 그녀는 호수에 빠져 죽었고 그 뒤로 깊은 밤이면 호수에서 막수의 통곡소리가 들렸다고 한다.—옮긴이

72 "'北新水令' 山松野草帶花桃, 猛抬頭秣陵重到. 殘軍留廢壘, 瘦馬臥空壕. 村郭蕭條, 城對著夕陽道.// '駐馬聽' 野火頻燒, 護墓長楸多半焦, 山羊群跑, 守陵阿監幾時逃. 鴿翎蝠糞滿堂拋, 枯枝敗葉當階罩. 誰祭掃. 牧兒打碎龍碑帽.// (…) // '沽美酒' 你記得, 跨青溪半里橋, 舊紅板沒一條. 秋水長天人過少, 冷清清的落照, 剩一樹柳彎腰.// '太平令' 行到那舊院門, 何用輕敲, 也不怕小犬哰哰. 無非是枯井頹巢, 不過些磚苔砌草. 手種的花條柳梢, 盡意兒采樵. 這黑灰是誰家廚灶.// '離亭宴帶歇指煞' 俺曾見, 金陵玉殿鶯啼曉, 秦淮水榭花開早, 誰知道容易冰消. 眼看他起朱樓, 眼看他宴賓客, 眼看他樓塌了. 這青苔碧瓦堆, 俺曾睡風流覺, 將五十年興亡看飽. 那烏衣巷不姓王, 莫愁湖鬼夜哭, 鳳凰臺棲梟鳥. 殘山夢最真, 舊境丟難掉, 不信這輿圖換稿. 謅一套哀江南, 放悲聲, 唱到老."

73 "風一更, 雪一更, 聒碎鄉心夢不成. 故園無此聲."[「장상사長相思·산 넘고 물 건너 山一程水一程」]

74 낭하狼河는 백낭하白狼河라고도 하며 오늘날 랴오닝遼寧 성의 대릉하大陵河이다.—옮긴이

75 "歸夢隔狼河, 又被河聲攪碎. 還睡還睡, 解道醒來無味."[「여몽령如夢令·거대한 파오 안에 사람들은 취해 있고萬帳穹廬人醉」]

76 사교謝橋는 사낭교謝娘橋로, 정인情人과 만나는 곳을 의미한다.—옮긴이

77 "誰翻樂府淒涼曲, 風也蕭蕭, 雨也蕭蕭, 瘦盡燈花又一宵. 不知何事縈懷抱, 睡也無聊, 醉也無聊, 夢也何曾到謝橋."[「채상자采桑子·그 누가 악부의 처량한 곡을 연주하는가誰翻樂府淒涼曲」]

78 "將愁不去, 秋色行難住. 六曲屏山深院宇, 日日風風雨雨. 雨餘籬菊初香, 人言此日重陽. 回首涼雲暮葉, 黃昏無限思量."[「청평악淸平樂·기나긴 시름은 떠나가지 않고將愁不去」]

79 "一葉落而知秋." [『회남자淮南子』「설산說山」에 "나뭇잎 하나가 떨어지는 것을 보

고 한 해가 곧 저물 것임을 안다見一葉落而知歲之將暮"라는 문장이 나온다. 송나라 당경唐庚의 『당자서문록唐子西文錄』에서 인용한 당나라 시에는 "나뭇잎 하나가 떨어지는 것을 보고 천하의 가을을 안다一葉落知天下秋"라고 되어 있다.]

80 류융지劉永濟는 왕[왕사정, 즉 왕어양王漁洋]이 신운神韻을 표방한 것은 현실에서 이탈한 것으로, 화를 피하려는 의도가 있다고 지적했는데(『당인절구정화唐人絶句精華』의 범례), 매우 뛰어난 견해다.

81 "觀其寓意之言, 十固八九, 何其悲以深也."(『요재지이』 발跋 2)

82 "浮白載筆, 僅成孤憤之書, 寄托如此, 亦足悲矣."(「『요재지이』 자서聊齋自志」)

83 "避席畏聞文字獄, 著書都爲稻粱謀." [공자진龔自珍의 『기해잡시己亥雜詩』 「영사詠史」에 나오는 구절로, 비굴하게 아첨하며 공덕을 찬양하는 절개 없는 문인을 풍자한 것이다.]

84 강건성세康乾盛世는 청나라가 가장 번영을 누린 강희康熙·옹정雍正·건륭乾隆 시기를 가리킨다. 이 시기에 사회가 안정되고 경제가 신속히 발전하고 인구가 급속히 늘었으며 영토가 확장되었다.—옮긴이

85 "內囊卻也盡上來了." [『홍루몽』 제2회 「냉자흥이 영국부에 대해 설명하다冷子興演說榮國府」에서, 가부賈府의 외면적 번영만 보는 가우촌賈雨村을 겨냥하여 냉자흥이 한 말이다.]

86 리쩌허우, 『미학논집美學論集』, 388쪽, 상하이문예출판사, 1980.

87 루쉰, 「노라는 집을 나간 뒤 어떻게 되었나娜拉走後怎樣?」—옮긴이

88 "獨步江南者二十年."(『청하서화방淸河書畫舫』 해집亥集)

89 판톈서우潘天壽가 『중국회화사中國繪畫史』에서 당인唐寅을 두고 한 말이다.—옮긴이

90 주탑朱耷은 그림에 팔대산인八大山人이라는 서명을 사용했는데, 이 글자들을 연결하여 쓴 형태가 마치 '곡지哭之'처럼 보이기도 하고 '소지笑之'처럼 보이기도 하기 때문에 이를 '역곡역소亦哭亦笑'라고 한 것이다.—옮긴이

91 "夫畫者, 從於心者也."

92 "山川使予代山川而言也, (…) 山川與予神遇而跡化也."

93 건가성세乾嘉盛世는 건륭乾隆·가경嘉慶 시기에 해당하며, 청 왕조의 성세는 여기서 끝이 난다.—옮긴이

94 첩학帖學은 법첩法帖(명필의 서첩)의 원류·우열·진위 등을 연구하는 학문이다. 위·진 이후 법첩을 숭상하는 서법 학파를 첩학이라고도 하는데, 이는 '비학碑學'과 상대되는 개념이다.—옮긴이

95 북비北碑는 남북조시대 북조 석각(비갈碑碣·묘지墓誌·마애각석摩崖刻石 등)을 가리킨다. 북조에서 북위北魏가 가장 강력했기 때문에 북비를 위비魏碑라고도 칭한다.—옮긴이

96 정판교鄭板橋(정섭), 황영표黃瘿瓢(황신), 김동심金冬心(김농), 이복당李復堂(이선), 나양봉羅兩峰(나빙)은 양주팔괴에 속하는 이들이다.—옮긴이

맺는말

1 르네 웰렉과 오스틴 워런의 공저 『문학의 이론Theory of Literature』 참조. [르네 웰렉은 『문학의 이론』에서 작품 자체만을 대상으로 하는 내재적 접근과 작품의 외적 조건을 적극적으로 고려하는 외재적 접근을 구별하였으며, 외재적 접근을 비판적으로 보았다. "공통성 내지 보편성을 띤 문예 발전의 총체적 묘사"를 찾고자 하는 리쩌허우의 '객관적 법칙' 추구는 바로 외재적 접근에 해당한다. "르네 웰렉은 이러한 탐구에 반대했다"는 말에서 '이러한 탐구'는 바로 이를 의미한다. 덧붙이자면 르네 웰렉은 전기·심리학·사회·사상 등의 외재적 접근에도 주의를 기울였다.]

2 리쩌허우, 『비판철학의 비판批判哲學的批判』 제10장 참조.

옮긴이의 말

1 웨이이衛毅, 「적막한 사상가」(리쩌허우 지음, 이유진 옮김, 『중국철학이 등장할 때가 되었는가?』, 226~227쪽, 글항아리, 2013).

2 '역사의 누적-침전은 내 모든 연구를 둘러싸고 있는 동심원의 중심이다', 『중국철학이 등장할 때가 되었는가?』, 106~109쪽.

3 이 단락의 논의는 '미는 도의 자유로운 운용이다'(『중국철학은 어떻게 등장하는가?』, 리쩌허우 지음, 이유진 옮김, 글항아리, 근간) 참고.

4 이 단락의 논의는 '종교와 감성의 신비 경험' '우주-자연은 내가 유일하게 신봉하는 신이다'(『중국철학은 어떻게 등장하는가?』), '생물과학이 발전하지 않으면 미감에 대해 확실히 말할 수 없다'(『중국철학이 등장할 때가 되었는가?』) 참고.

5 이 단락의 논의는 '우주-자연은 내가 유일하게 신봉하는 신이다' '퉁스쥔童世駿과의 대화'(『중국철학은 어떻게 등장하는가?』) 참고.

6 '어떤 사람은 계몽을 뒤집으면서, 계몽했던 것을 다시 몽매로 만들려고 한다', 『중국철학이 등장할 때가 되었는가?』, 241쪽.

7 '"칸트로 돌아간다"는 것은 어떤 의미인가'(『중국철학은 어떻게 등장하는가?』).

8 도연명과 두보의 말은 리쩌허우가 '시간과 시간성'(『중국철학은 어떻게 등장하는가?』)에서 인용한 구절이기도 하다.

찾아보기

ㄱ

ㅂ

ㅅ

ㅇ

ㅈ

ㅊ